"十三五"国家重点图书出版规划项目
2017年主题出版重点出版物

复兴之路
中国改革开放40年回顾与展望丛书

构建共享型社会
中国社会体制改革40年

宋晓梧 ◎ 主编

广东经济出版社
— 广州 —

图书在版编目（CIP）数据

构建共享型社会：中国社会体制改革40年/宋晓梧主编.
—广州：广东经济出版社，2017.9
ISBN 978-7-5454-5810-7

Ⅰ.①构… Ⅱ.①宋… Ⅲ.①体制改革－研究－中国 Ⅳ.①D61

中国版本图书馆 CIP 数据核字（2017）第 237858 号

出 版 人：姚丹林
责任编辑：甘雪峰　周伊凌
责任技编：许伟斌

Goujian Gongxiangxing Shehui
Zhongguo Shehui Tizhi Gaige 40 Nian

出版发行	广东经济出版社（广州市环市东路水荫路11号11~12楼）
经销	全国新华书店
印刷	中华商务联合印刷（广东）有限公司 （深圳市龙岗区平湖镇春湖工业区中商大厦）
开本	787毫米×1092毫米　1/16
印张	23　2插页
字数	357 000字
版次	2017年9月第1版
印次	2017年9月第1次
书号	ISBN 978-7-5454-5810-7
定价	58.00元

如发现印装质量问题，影响阅读，请与承印厂联系调换。
发行部地址：广州市环市东路水荫路11号11楼
电话：（020）38306055　37601950　邮政编码：510075
邮购地址：广州市环市东路水荫路11号11楼
电话：（020）37601980　营销网址：http://www.gebook.com
广东经济出版社新浪官方微博：http://e.weibo.com/gebook
广东经济出版社常年法律顾问：何剑桥律师
·版权所有　翻印必究·

复兴之路——中国改革开放40年回顾与展望丛书

编委会
EDITORIAL BOARD

编委会主任

魏礼群

编委会副主任

张卓元　迟福林

编　委

（按姓氏汉语拼音排序）

蔡　武　曹远征　常修泽

迟福林　贾　康　李晓西

隆国强　宋洪远　宋晓梧

王　珺　魏礼群　张卓元

郑新立

总 序
PREFACE

坚定不移推进改革开放
实现中华民族伟大复兴

实现中华民族伟大复兴，是中华民族近代以来最伟大的梦想。这个梦想，凝聚了几代中国人的夙愿，体现了中华民族和中国人民的整体利益，是每一个中华儿女的共同期盼。为了实现中华民族伟大复兴的中国梦，中国共产党人进行了长期不懈的奋斗和极为艰辛的探索。经过深刻总结历史经验，科学认识中国国情，顺应时代发展潮流，终于找到了一条正确道路。这条道路，就是中国特色社会主义道路，而改革开放则是中国特色社会主义道路最鲜明的特征。

1978年底，中国共产党召开具有重大历史意义的十一届三中全会，开启了改革开放的伟大征程。改革开放是我们党在新的时代条件下带领人民进行的新的伟大革命，目的就是要解放和发展生产力，加快推进国家现代化；就是要推动我国社会主义制度的自我完善和发展，赋予社会主义新的生机活力；就是要在坚持和发展中国特色社会主义的伟大事业中，实现国家富强、人民幸福、民族振兴。回顾改革开放的历史进程，我们党和人民锐意推进改革，从农村到城市、从经济领域到其他各个领域，成功实现了从高度集中的计划经济体制到充满活力的社会主义市场经济体制的伟大历史性转变；我们不断扩大对外开放，从建立经济特区到开放沿海、沿江、沿边、内陆地区，再到加入世界贸易组织、主动参与经济全球化和提出"一带一路"倡议，从大规模"引进来"到大踏步"走出去"，成功实现了从封闭半封闭到全方位开放的伟大历史性转变。我们在深化经济体制改革的同时，不断深化政治体制、行政体制、文化体制、社会体制、生态文明体制改革和党的建设制度改革，在推进国家治理体系和治理能力现代化方面不断迈出新的步伐。

改革开放以来，我国经济社会发展创造了人类史上的伟大奇迹，经济总量连续跃上几个大台阶，综合国力大幅提升，全国人民总体上过上小康生活，城乡面貌焕然一新。同时，我国政治建设、文化建设、社会建设、生态文明建设等各领域各方面都取得了举世公认的巨大成就，中国的国际地位越来越高，影响力越来越大。现在，我们比历史上任何时期都更接近中华民族伟大复兴的目标。实践充分证明，改革开放是当代中国一切发展进步的动力之源，是全国人民大踏步赶上时代潮流的重要法宝，是坚持和发展中国特色社会主义的必由之路，是实现国家现代化和中华民族伟大复兴中国梦的关键抉择。

习近平总书记指出："改革开放只有进行时，没有完成时。没有改革开放，就没有中国的今天，也就没有中国的明天。"这是对我国改革开放以来走过道路的深刻总结，也是实现未来更加美好目标的根本遵循。无论过去、现在和将来，坚持和发展中国特色社会主义都必须坚定不移地依靠改革开放。具有重大历史意义的中国共产党第十九次全国代表大会即将隆重召开，这是在全面建成小康社会决胜阶段召开的一次十分重要的大会。当前，我国不仅处于全面建成小康社会、实现第一个百年奋斗目标的决胜阶段，还处于为实现第二个百年奋斗目标，即建成社会主义现代化强国奠定基础的关键时期。我们必须按照习近平总书记治国理政新理念新思想新战略，在已经取得历史性成就的基础上，不忘初心，继往开来，坚定不移地推进改革开放的伟大事业，为我国未来发展开辟更为广阔的前景，继续沿着中华民族伟大复兴的康庄大道奋勇前进。

2018年，我国将迎来改革开放40周年。为此，广东经济出版社、中国（海南）改革发展研究院联袂策划并组织出版"复兴之路——中国改革开放40年回顾与展望丛书",献礼党的十九大,献礼我国改革开放40周年。这套丛书共13本,分别针对行政体制改革、计划投资体制改革、现代市场体系建设、所有制结构改革、农村改革、财税体制改革、金融体制改革、对外开放、社会体制改革、文化体制改革、环保体制改革等重点领域,从不同角度客观记录我国改革开放40年的历史进程,并展望改革开放的未来趋势。

这套丛书的主编和作者大多是相关领域知名的专家学者,也是我国改革开放的亲历者、见证者,这套丛书集结了他们长期亲历和研究我国改革开放的重要成果,凝聚了他们对改革开放伟大事业的一腔热情。广东经济出版社对这套丛书的出版给予了全力支持;作为以直谏中国改革为己任的改革智库,中国(海南)改革发展研究院为此书的策划、出版作出了重要贡献。作为编委会主任,我对为这套丛书付出艰辛努力的各位编委会成员、作者,对出版社的领导、编辑表示由衷的感谢!

这套丛书跨越多个领域,力图客观地反映改革开放伟大历程中的理论探索与实践经验,意义重大且任务艰巨,难免有不足之处,欢迎读者批评指正。

魏礼群

2017年7月

目 录

前言 / 1

第一章 教育体制改革 / 1
  第一节 我国教育体制改革历程 / 1
  第二节 我国教育体制改革的主要成就 / 22
  第三节 我国教育体制改革面临的主要问题 / 26
  第四节 深化教育体制改革的总体思路和改革展望 / 30

第二章 医疗卫生体制改革 / 36
  第一节 我国医疗卫生体制改革历程 / 36
  第二节 我国医疗卫生服务体制改革取得的成就 / 50
  第三节 我国医疗卫生体制改革面临的主要问题 / 66
  第四节 医疗卫生体制改革未来展望 / 74

第三章 劳动就业体制改革 / 84
  第一节 我国劳动就业体制改革历程 / 84
  第二节 劳动就业体制改革的主要成就 / 107
  第三节 劳动就业体制改革面临的困难和挑战 / 124
  第四节 劳动就业体制改革未来展望 / 129

第四章 收入分配体制改革 / 136
  第一节 我国收入分配体制改革历程 / 136
  第二节 收入分配体制改革的主要成就 / 152
  第三节 收入分配体制改革面临的挑战 / 160

第四节　收入分配体制改革未来展望 / 165

第五章　社会保障制度改革 / 169
　　第一节　社会保障制度改革历程 / 169
　　第二节　社会保障制度改革的主要成就 / 187
　　第三节　社会保障制度改革面临的问题和挑战 / 200
　　第四节　社会保障制度改革未来展望 / 207

第六章　养老服务体系改革 / 214
　　第一节　养老服务体系改革发展历程 / 214
　　第二节　我国养老服务体系建设取得的成就 / 227
　　第三节　养老服务体系改革发展存在的问题 / 233
　　第四节　养老服务体系改革未来展望 / 239

第七章　基本公共服务体系建设与完善 / 245
　　第一节　基本公共服务体系的发展历程 / 246
　　第二节　基本公共服务体系建设的主要成效 / 253
　　第三节　基本公共服务体系的主要问题 / 286
　　第四节　健全基本公共服务体系的总体思路 / 289
　　第五节　健全基本公共服务体系的展望 / 292

第八章　社会治理体制改革 / 302
　　第一节　社会治理体制的改革历程 / 303
　　第二节　社会治理体制改革的主要成绩 / 312
　　第三节　社会治理体制改革面临的主要问题 / 316
　　第四节　社会治理创新面临的挑战和机遇 / 322
　　第五节　社会治理体制改革的战略思考 / 326
　　第六节　社会治理体制改革的展望 / 330

后记　实现共享型社会的三个重大问题 / 338

参考文献 / 348

前　言

改革开放以来，与经济高速增长相伴随，我国迈入世界中等偏上收入国家行列。与此同时，我国教育、医疗卫生、就业和社会保障等各项社会事业取得长足进步，基本公共服务均等化初显成效，社会治理创新扎实推进，城乡居民的幸福感和获得感明显增强。尤其是党的十八大以来，以习近平同志为核心的党中央坚持以人民为中心的发展思想，坚定不移全面深化改革，我国的社会治理事业取得了巨大成就，大大增强了人民群众的获得感和认同感。

——更满意的收入。2013年以来，城乡居民收入增速与GDP增长基本同步，实现年平均增长7.4%；基尼系数从2013年的0.473下降到2016年的0.465，收入差距逐步缩小。

——更稳定的工作。2013年到2016年，我国城镇新增就业人数连续4年保持增长，累计达5258万人，平均每年增加1300万人以上。目前，涉及1800万城镇低保人口的基本生活保障制度正在完善之中，针对900多万城镇登记失业人员的免费职业技能培训也正在开展。

——更好的教育。到2016年，我国义务教育基本实现了免试就近入学、划片规范入学、阳光监督入学。贫困地区特别是中西部农村地区学生上重点大学的机会大幅提升。2016年，通过实施专项计划录取的来自农村和贫困地区的学生9.1万人，比2015年增长了21.3%。党的十八大以来，学生资助和中职免学费政策使全国92%的中职学生的学费得以免除，约有40%的中职学生和25%的高职学生享受到国家助学金。

——更可靠的社会保障。我国城乡居民基本医保财政补助标准大幅提升，由2012年的人均240元提高到2015年的人均380元。目前，我国职工基本医疗保险、城镇居民基本医疗保险和新农合参保人数超过13亿，参保覆盖率超过95%。

——更高水平的医疗卫生服务。2016年，我国城乡居民医疗保险财政补助标准达到人均420元。目前，家庭医生签约服务正在加快推进，已有200个公立医院改革试点城市开展了家庭医生签约服务，试点城市签约服务率达22.2%，重点人群覆盖面达38.8%。

——更舒适的居住条件。2016年，全国棚户区改造开工600万套，全国新入住公租房266万户，中央安排的314万户农村危房改造任务基本完成。其中，棚户区改造货币化安置比例达48.5%，比上年提高18.6个百分点。30个国家试点城市"海绵城市"项目开工面积累计达320平方公里，修建地下综合管廊2005公里，全面落实了2016年政府工作报告提出的目标任务。开工黑臭水整体整治项目962个。

——更优美的环境。2013年以来，我国共治理沙化土地1.26亿亩，土地荒漠化、沙化的整体趋势得到抑制，重点治理区的土地情况得到明显改善，沙化土地面积年均缩减1980平方公里，实现了由"沙进人退"到"人进沙退"的历史性转变。在大气治理方面，与2013年相比，2016年京津冀地区的PM2.5平均浓度下降了33%，长三角地区下降了31.3%，珠三角地区下降了31.9%。

让广大人民群众共享改革发展成果，是社会主义的本质要求，是社会主义制度优越性的集中体现，也是全心全意为人民服务根本宗旨的重要体现。我们追求的发展是造福人民的发展，我们追求的富裕是全体人民共同富裕。人民共享改革发展成果的水平越高，社会凝聚力就会越强，人民群众的积极性、主动性和创造性就会越高。改革开放以来，我国经济总量的"蛋糕"在不断做大，一部分人、一部分地区实现了率先发展和富裕，但率先发展带动落后地区发展、先富带动后富的作用并未得到充分发挥，还存在收入差距较大、分配不够公平的不足，改革发展成果共享得还不够。与城乡居民日益增长的多元化社会服务需求相比，社会发展滞后于经济发展、社会体制改革滞后于经济体制改革的问题依然存在。

习近平总书记在十八届五中全会提出"创新、协调、绿色、开放、共享"五大发展理念，这五大发展理念是总书记治国理政思想的重要内容，也是今后我国发展思路、方向以及着力点的集中体现，对破解发展难题、增强发展动力、厚植发展优势具有重要的现实意义。共享的发展理念，就是要按照人人参与、人人尽力、人人享有的要求，注重机会公平，保障基本民生，实现全体人民共同迈入全面小康社会。共享理念的提出，具有深刻内涵和重大时代意义。只有树立并坚持共享发展理念，根据实际条件来完善促进共同富裕的制度安排，缩小收入分配差距，将保障和改善民生作为出发点和落脚点，才能使人民得到更好的教育、更稳定的工作、更满意的收入、更可靠的社会保障、更高水平的医疗卫生服务、更舒适的居住条件和更优美的环境。

基于上述考虑，本书在《中国社会体制改革30年回顾与展望》的基础上，对改革开放以来特别是近年来的社会发展成就进行全面梳理、总结和评估，力求充分反映各领域的政策沿革、发展脉络、主要成绩、存在问题和进一步完善的政策举措。如果能为相关领域专家学者和相关职能部门工作人员提供一定的参考，我们将感到十分欣慰。同时毫不讳言，由于社会政策和体制的内涵、理论还存在一定争议，掌握的资料数据还不全面，同时由于时间原因，一些数据来不及更新，不成熟之处在所难免，我们恳请读者提出宝贵意见。

参与本书写作的五位同志是宋晓梧、邢伟、张璐琴、翁仁木和关博。其中，宋晓梧撰写前言和后记，邢伟为基本公共服务体系建设与完善和社会治理体制改革两章供稿，张璐琴为教育体制改革和收入分配体制改革两章供稿，翁仁木为劳动就业体制改革和社会保障制度改革两章供稿，关博为医疗卫生体制改革和养老服务体系改革两章供稿。宋晓梧负责全书总撰。最后，还要感谢中国（海南）改革发展研究院对本书写作的大力支持。

第一章
教育体制改革

内容摘要：改革开放以来，我国教育事业取得跨越式发展，国民素质显著提高，教育体制改革取得实质性突破，实施了九年义务教育，建立起较为健全的职业教育体系，高等教育体制不断变革以适应培育人才的需求，教育法律法规日益健全，显著提升了我国人力资源素质，并推动了经济社会发展。与此同时，教育仍面临基础教育公平性保障机制薄弱，职业教育能力水平滞后于经济发展对技能人才的需要，高等教育创新人才培养水平跟不上创新发展战略的需要等问题，迫切需要全面推进教育体制改革，重建政府、社会、学校的关系，推进管办评改革，公平配置基础教育资源，形成多元办学体制，增强学校的自主性。

以重新恢复全国统一高考制度为起点，我国教育的改革发展已近40年。教育培养的各类人才正在成为我国现代化事业强劲的动力和资源。与此同时，教育面临着新的问题、新的改革要求、新常态下提高水平和进一步支撑经济发展的挑战。

第一节
我国教育体制改革历程

总体来看，近40年来，我国教育体制改革经历了教育体制恢复并确立"三个面向""四有人才"总体要求的阶段（1978—1984年）、探索建立与社会主义现代化建设相适应的教育体制改革阶段（1985—1989年）、推动多元化办学改革阶段

(1990—2003年)、强化教育公平性改革阶段(2003—2013年)、深化教育体制综合改革阶段(2013年至今)五个阶段。

一、教育体制恢复并确立"三个面向""四有人才"总体要求的阶段(1978—1984年)

1976年之后,国家确定了以经济建设为中心的新的发展路线。1977年邓小平发表《尊重知识 尊重人才》的著名讲话,随后,他又在当年的全国科学教育工作会议上说:"高考一定要恢复!"1977年11月,已经中断了10年的高等学校统一招生考试制度得以恢复,在全社会重新树立了尊重知识、重视教育的风气。

1. 以恢复高考为切入点进行高等教育领域的拨乱反正

恢复高考,是结束"文化大革命"之后我国政府做出的一项重大的教育政策决定,它不只是恢复了一个入学考试,更重要的是,中华民族的振兴所需的人才储备有了保障机制,从而使中国走向全面复兴有了可能。针对当时高校面临的主要矛盾,即社会急需人才,高校渴望发掘自身潜力为社会多作贡献,但高教管理制度和规章又把高校的手脚捆得"过死"的问题,1978年国务院一次批准恢复和新建高等学校169所。到1981年,全国共有高等学校704所。为了尽快培养社会经济发展迫切所需的各方面人才,1983年国务院批准了教育部和国家计划委员会《关于加速发展高等教育的报告》,提出要千方百计克服困难,调动各方面的积极性,贯彻"两条腿走路"的方针,加速发展高等教育。各省(自治区、直辖市)按照这些原则积极设立高等学校。到1984年底,全国高等学校达到902所;1985年又增加114所;到1986年底,全国高校达到1054所。

2. 提出学生教育的"四有人才"目标

1980年5月,邓小平为《中国少年报》和《辅导员》杂志题词,第一次提出了"四有"的培养目标,"四有"即"有理想、有道德、有知识、有体力"。这一表述后来在1983年的中共十二大政治报告中改为"有理想、有道德、有知识、守纪律";到1985年,正式改为"有理想、有道德、有知识、有纪律"。邓小平特别强调:"这四条里面,理想和纪律特别重要。"培养"四有人才"成为20世纪80

年代重要的教育口号。

3. 提出教育现代化任务

1983年,邓小平为景山学校题词"教育要面向现代化,面向世界,面向未来",正式提出了教育现代化的任务。"四有人才"和"三个面向"构成了改革开放时期教育发展的两个重要方向——对青年学生的教育要强调"四有";改革教育要强调"三个面向"。在某种程度上,它反映了新时期仍然存在的教育的政治标准与业务标准的内在冲突。

4. 加快教育恢复和整顿

一是重建教学秩序。1980年,教育部先后颁发修改而成的《全日制中学暂行工作条例》《全日制小学暂行工作条例》和《全国重点高等学校暂行工作条例》,即"中教四十条""小教三十条""高教六十条"。重新颁发20世纪60年代初制定的学校管理条例等,整顿和恢复教学秩序。

二是恢复学位制度、职称制度和重点学校制度。1978年,恢复大规模派遣留学生,并首次向美国派送留学生;恢复职称制度。1980年12月,中小学学制由"文化大革命"中的10年恢复为12年,并在中小学重新建立重点学校制度。1980年,第五届全国人大通过《中华人民共和国学位条例》,从1981年1月1日起实施,规定我国的学位分为学士、硕士、博士三级。

二、探索建立与社会主义现代化建设相适应的教育体制改革阶段（1985—1989年）

在党的十一届三中全会确立的改革开放的战略方针指导下,农村改革初见成效,城市改革也拉开了序幕,全社会对教育提出了迫切的新要求。国家需要提高国民的文化道德素质,培养大量合格的劳动者和技术人员,以加快经济建设的步伐。1982年党的十二大提出了"两个文明"一起抓、建设社会主义四个现代化的宏伟目标。当时的现实情况是,教育的供需矛盾非常突出,教育严重滞后于实践的发展,基础教育尤其薄弱,制约了经济发展和全面改革的步伐。1985年颁布的《中共中央关于教育体制改革的决定》,是新时期教育的真正起点,极大地推动了社会主义现代化的进程。

1. 形成教育体制改革的第一次顶层设计

《中共中央关于教育体制改革的决定》提出与"以经济建设为中心"的政治路线相一致的新的教育方针,即"教育必须为社会主义建设服务,社会主义建设必须依靠教育",强调教育促进经济和社会发展的功能,教育从为政治服务转而为经济建设服务。为达到上述目标,从根本上扭转轻视教育、轻视知识、轻视人才的错误思想,必须从教育体制入手,有系统地进行改革。改革管理体制,在加强宏观管理的同时,坚决实行简政放权,扩大学校的办学自主权;调整教育结构,相应地改革劳动人事制度;改革同社会主义现代化建设不相适应的教育思想、教育内容、教育方法。做出确保教育经费实现"两个增长"的决定,要求"中央和地方政府的教育拨款的增长要高于财政经常性收入的增长",并使按在校学生人数平均的教育费用逐步增长。同时,决定地方政府可征收教育费附加,为义务教育增加了一项资金来源。

2. 实施九年义务教育制度

一是提出了义务教育从普及小学教育开始。1983年,《中共中央 国务院关于加强和改革农村学校教育若干问题的通知》提出在农村经济迅速发展的新形势下普及初等教育的任务和应当采取的方针和措施。同年,教育部发出《关于普及初等教育基本要求的暂行规定》,提出了普及初等教育的基本要求,指出普及初等教育应从我国实际情况出发,坚持统一性与多样性相结合的原则。1985年颁布的《中共中央关于教育体制改革的决定》明确指出"义务教育,是依法律规定的,适龄儿童和青少年都必须接受的,国家、社会、家庭必须予以保证的国民教育""把发展基础教育的责任交给地方,有步骤地实行九年义务教育"。《中共中央关于教育体制改革的决定》提出的目标是20世纪80年代在全国基本实现普及小学教育,要求各省、自治区、直辖市根据本地区的经济文化基础和其他条件各自分步实施。经济基础好、教育较发达地区在1985年前普及小学教育,其他地区在1990年前普及小学教育,对极少数山高林密、人口稀少的地区,其普及期限可以延长。在地方的职责划分上,原则上由各省、自治区、直辖市决定。在具体执行中,各地基本采用

"县办高中，乡办初中，村办小学"的做法，把农村义务教育的责任落实到了乡（镇）政府头上。

二是颁布《中华人民共和国义务教育法》。1986年通过《中华人民共和国义务教育法》，以法的形式对义务教育加以规范和强制，使我国走上了依法治校的轨道。

三是确立教育分级办学体制。1985年《中共中央关于教育体制改革的决定》确定了基础教育"由地方负责、分级管理"的原则。地方政府在中央大政方针的指导下，对学校实行统筹和管理。为促进教育同经济、科技的密切结合，中央要求县、乡两级政府把教育纳入当地经济、社会发展的整体规划，同时还要求积极推进农村教育、城市教育和企业教育的综合改革。《中华人民共和国义务教育法》也确定了农村义务教育的责任以县、乡（镇）政府为主，农村基础教育的经费主要由县、乡两级政府筹措。基础教育的管理权限由此下放给地方，形成事实上以乡为主举办义务教育的体制。

3. 职业教育大胆探索发展

改革开放以后，由于经济建设对人才的渴求和人们压抑已久的创造性与工作热情得到激发，接受职业教育成为人们满足教育需求和参与经济建设的重要途径和手段，加上乡镇企业异军突起，为中等职业教育发展提供了良好的社会环境和人才需求基础。这一阶段在职业教育体制改革方面采取的主要措施有：

一是改革中等教育结构，发展职业技术教育。1985年颁布的《中共中央关于教育体制改革的决定》明确提出："调整中等教育结构，大力发展职业技术教育""逐步建立起一个由初级到高级、行业配套、结构合理而又能与普通教育相互沟通的职业技术教育体系"。同时，国家改革了有关劳动人事制度，实行"先培训、后就业"的原则。1986年，全国高中阶段各类职业学校的在校生已占整个高中阶段在校生总数的33%。同年，国家教委、国家计委、国家经贸委、劳动人事部联合在北京召开了全国职业教育工作会议，这是我国改革开放以后第一次专门召开职业教育方面的会议，是我国当代职业教育发展进程中的里程碑。

二是试办高等职业教育，探索高等职业教育规律。20世纪80年代，一批新型地方性大学——职业大学，在我国东南沿海及一些经济较发达地区率先出现，这是我国最早具有高等职业技术教育性质的学校。截至1985年，经国家教委批准，各地共兴办了120多所职业大学。职业大学与其他大学的区别是学生自费、走读、不包分配。这些学校通过校际协作共同对高等职业教育方案、发展模式进行大胆探索，取得了一定的成绩。但是，由于经验不足、认识不够、国家政策不配套等原因，还存在办学特色不明显，职业大学办成了"压缩式"传统大学等问题。

按照《中共中央关于教育体制改革的决定》提出的"逐步建立起一个从初级到高级、行业配套、结构合理又能与普通教育相互沟通的职业技术教育体系"精神，国家教委决定在上海电机制造技术专科学校、西安航空技术高等专科学校和北京防灾技术高等专科学校这三所中专学校基础上试办五年制技术专科教育。经过不断实践，统筹安排五年制高等职业技术教育教学计划，实现了中等职业教育与高等职业教育的有机衔接。由于学生年龄小、可塑性强的特点，再加上较充分的教学时间，这三所学校学生职业意识和职业能力得到较好的培养，学校提高了教学质量和办学效益。五年制高等职业教育适应了经济建设和生产第一线岗位对高等技术应用性人才的需要，适应了职业教育多样化发展的需要，受到了用人单位和社会的认可与欢迎，职业教育探索取得可喜成绩。

对高中起点的职业教育的探索稍为滞后。1991年，经国家教委和中国人民解放军总后勤部共同批准，中国人民解放军军需工业学校改建为邢台高等职业技术学校，率先在全国探索高中起点的高等职业技术教育模式。国家教育管理部门对试办学校的基本要求是"双起点""双证书"，即学校招收普通高中起点和相当于高中阶段的职业学校起点的毕业生，学生学成毕业时既获得大专学历证书又取得职业资格证书。经过几年的实践探索，邢台高等职业技术学校形成了特色鲜明的"双起点、双业制、双证书、订单式"高等职业教育办学道路，被国家教委称为"邢台模式"。

到1990年底，各类职业技术学校已发展到16000多所，在校生超过600万人，同时全国建有就业训练中心2100余个，每年培训待业人员90多万人。高中阶段各类职业技术学校和普通高中的招生数之比已接近1:1，中等教育结构单一的状况有了较大改变。

4. 高等教育体制改革全面展开

我国高等教育长期在高度计划经济体制下运行，形成了适应计划经济的一套机制、理念，其特点是"一包二统"，即一切都由国家包下来，学生毕业后统一分配、安排到单位就业，全国大学管理都由各级教育行政部门统起来。换言之，就是只有公办大学这样一种办学形式，学校办学和学生上学都由国家包下来，经费由国家包下来，学校没有办学自主权。这种高等教育管理体制存在诸多弊端，在教育事业管理权限的划分上，政府有关部门对高等学校统得过死，使学校缺乏应有的活力，而政府应该加以管理的事情，又没有很好地管起来。

1985年颁布的《中共中央关于教育体制改革的决定》，提出了教育体制改革的根本目的是提高民族素质，多出人才、出好人才。之后，我国提出并践行"有计划的商品经济"理论。两项举措不仅标志着我国经济体制改革进入到一个新的阶段，而且对科技、教育改革提出了新的要求。高等教育体制改革探索主要围绕着"五大体制"全面展开。

（1）探索高等教育办学体制的改革。

主要实践是办学主体多元化：一是在有条件的中心城市创办市属高校，它突破了以往只有中央和省两级政府办学的体制。二是试办民办高等学校，它突破了单一政府办学的体制。1988年，北京已有17所民办高校，在校生人数达1.2万。民办高等教育的旺盛生命力来源于充分尊重市场规律。三是探索"一校两制""一校多制"的办学模式，它开辟了我国高等教育办学体制改革的新局面。"一校两制"有两种形式：一种是指隶属关系由单一化变成多样化，如"多方投资，共同管理"；另一种是指在一所大学中，既有公办教育，又有民办教育。

（2）扩大了高校办学自主权。

《中共中央关于教育体制改革的决定》明确赋予高等学校六个方面的自主权，即"在执行国家的政策、法令、计划的前提下，高等学校有权在计划外接受委托培养学生和招收自费生；有权调整专业的服务方向，制订教学计划和教学大纲，编写和选用教材；有权接受委托或与外单位合作，进行科学研究和技术开发，建立教学、科研、生产联合体；有权提名任免副校长和任免其他各级干部；有权具体安排国家拨发的基建投资和经费;有权利用自筹资金,开展国际教育和学术交流"。1988年4月,国家教委下发《关于高等学校逐步实行校长负责制意见》,积极推进这一制度的实施。至1989年初,已有100多所高等学校实行了校长负责制。

(3)探索高等学校招生、收费和毕业生就业制度的改革。

一是突破单一的指令性招生计划,试行指令性计划和调节性计划相结合的新的招生计划制度,后来逐步扩大调节性计划。这一改革使学校能够在保证完成国家计划的前提下,根据自身资源情况及国家规定的比例,挖掘潜力,扩大招生计划。据统计,到1991年止,我国自费生已达11.34万人,占在校大学生总数的5.2%;委培生达20.7万人,占在校大学生总数的9.48%。与此同时,针对贫困、落后地区"招不来,回不去"的问题,一些地区还相继实行了"定向招生,定向培养,定向就业"的招生改革尝试。从1985年开始,国家将"统一录取"改为"学校单独录取",将"学校招生,政府录取"改为"学校录取,招办监督"的新体制。

二是试行"双向选择"的毕业生就业制度的改革。1986年,国家教委、财政部、劳动人事部等有关部门联合提出《高等学校毕业生分配制度改革方案》,提出我国高等学校毕业生就业制度改革的长远目标是在国家就业方针、政策指导下,逐步实行毕业生自主择业,用人单位择优录用的制度。该方案曾率先在清华大学、上海交通大学等学校试行,总结经验后向全国推广。1989年,国务院批转了《国家教委关于改革高等学校毕业生分配制度的报告》和《高等学校毕业生分配制度改革方案》。同年,又有100多所高校按照这两个文件精神启动实施一定范围内的"双向选择"就业办法。

(4)探索高等教育投资体制的改革。

主要实践是推进投资多元化:一是由少数高等学校"自费"试点,到"双轨并存"(既有自费又有公费),再到"收费制"模式的过渡。这项改革开辟了国家、政府投资以外的一个新的资金来源渠道——个人投资。据统计,到1992年止,全国高等学校的学费收入大约为5亿元,约占全国高等教育事业费的4.6%。尽管这个比例还很低,但它标志着我国高等教育"成本分担和成本补偿制度"开始建立,其作用不仅在于增加了高等学校的经费收入,更重要的是激发了学生刻苦学习的上进心。二是兴办校办产业,开展广泛的科技服务。这项改革赋予高等学校开展创收活动和使用创收资金的自主权。之后,大多数高校都开始利用自身的智力资源优势,结合教学、科研工作,开展了多种形式的科技开发、技术咨询和人才培训等服务兼创收活动,有效地挖掘高等学校潜力,既促进了生产,又促进了教学、科研,增加了学校收入,拓宽了经费来源渠道,改善了办学条件。据统计,截至1992年末,全国高等学校科技服务创收已达到21.6亿元,相当于同期高等教育事业费的五分之一,有力地支持了高等学校的发展。三是政府制定政策,开征专项用于高等教育的附加费。这项改革通过政府行为,推动高等教育投资改革,拓宽高等教育投资渠道。例如北京市决定征收高消费品教育费附加、广告费教育费附加等。四是接受捐赠,允许私人依法办学。这一改革引起海外华侨及国内企业家出资兴办民办高校、私立学校的浓厚兴趣,拓宽了高等教育投资渠道。

(5)探索高等学校内部管理体制的改革。

借中共中央经济、科技和教育三大体制改革的东风及其创造的外部环境,探索了高校内部运行机制的转换,实行"公平竞争,择优上岗,多劳多得,合理流动"的运行机制,探索民主化、法治化管理方式,调动了广大教师教书育人的积极性,促进了高校办学效益和办学质量的全面提高。

三、推动多元化办学改革阶段(1990—2003年)

1992年,《中共中央 国务院关于加快发展第三产业的决定》颁布,明确将教育定义为第三产业;1993年出台的《中国教育改革和发展纲要》,明确要对小学体制进行改革,突破国家一元化办学格局,逐渐建立起以政府办学为主、社会各界积极参与办学为辅的办学体制。教育发展进入规模扩张阶段,以办学体制为引领,推动教育运行体制、教学管理方式等多方面的改革。1999年颁布的《中共中央 国务院关于深化教育改革全面推进素质教育的决定》和2001年颁布的《国务院关于基础教育改革与发展的决定》逐步推开了第二轮教育体制改革。

1. 落实九年制义务教育

(1)实施义务教育评估验收。

1993年，国家教委建立了义务教育评估验收制度，以检查各地义务教育的实施情况。依据国家教委设定的评估指标，当时全国已有27个省、自治区、直辖市对554个普及九年制义务教育（以下简称"普九"），扫除青壮年文盲（以下简称"扫盲"）的县、市、区进行了评估验收。到1995年底，我国基本实现"普九"和"扫盲"的县、市、区累计已达1025个，覆盖人口占全国人口总数的36.2%。2000年底，我国宣布如期实现了基本普及九年制义务教育和基本扫除青壮年文盲（以下简称"两基"）的目标，"普九"地区人口覆盖率已达到85%以上，青壮年文盲率降到5%以下。

（2）建立多渠道筹资办学模式。

2002年国务院出台《国务院关于进一步加强农村教育工作的决定》，鼓励农村学校"大胆破除束缚农村教育发展的思想观念和体制障碍，在农村办学体制、运行机制、教育结构和教学内容与方法等方面进行改革探索"。义务教育经费除政府财政拨款外，辅以征收教育税费、学杂费、社会捐助、集资等多个筹资渠道。2003年底《中华人民共和国民办教育促进法》的出台，进一步确定了发展民办教育和教育产业的合法性。

（3）确立农村义务教育"以县为主"的管理体制。

从2000年起，农村实行税费改革，取消了农村教育费附加和农村捐资集资，农村教育经费日益紧张。2001年5月，《国务院关于基础教育改革与发展的决定》提出，"实行在国务院领导下，由地方政府负责、分级管理、以县为主的体制"，将基础教育管理权限上升至县级，以保障农村基础教育的基本需要，尤其是教师工资的发放。"以县为主"的管理体制，在一定程度上改善了教育管理重心过低、教育经费以乡镇为主的问题；但对于很多财力薄弱的县而言，县级财政仍然无力承担农村义务教育投入的任务。

2. 确立职业教育在国家社会发展中的重要地位

1991年，《国务院关于大力发展职业技术教育的决定》颁布，明确了职业教育进一步发展的目标和任务：一是重视并积极发展对在职人员进行职业技术培训的成人教育；二是广泛开展短期职业技术培训；三是在普通教育中积极开展职业指导，因地制宜地在适当阶段引进职业教育因素，在不同阶段对学生实行分流教育；四是努力办好现有各类职业技术学校。

1993年，劳动部颁发了《职业技能鉴定规定》，职业教育的内容有了系统的、科学的计量指标。1994年，全国教育工作会议首次提出了通过"三改一补"发展高等职业教育的方针。这一举措整合了现有高等教育资源，标志着我国高等职业教育发展过程中的重大政策转变，是我们对高职教育更加深入认识的体现。1996年5月，全国人大常委会审议通过了《中华人民共和国职业教育法》，它是我国职业教育法制化的开端，为职业教育的发展提供了法律保障，使职业教育步入了规范化发展的快车道。随后，职业教育体系逐步完善，发展规模不断扩大，办学体制日益多元化，形成了职业教育发展的良好局面。

1997年，为了明确高等职业学校的发展方向和规范校名，国家教委明确提出新建高等职业学校一律定名为"××职业技术学院"或"××职业学院"，同时鼓励通过改革、改组、改制发展高职教育的其他学校照此更名。同年3月，国家教委首批批准的深圳职业技术学院和邢台职业技术学院挂牌。

1998年，教育部提出"多渠道、多规格、多模式发展高职教育"的要求，并发放了11万个招生指标，用于在20个省市试点发展高职教育。这一时期的职业教育探索初步形成了以职业能力教育为中心的人才培养模式，初步开创了中国特色的高等职业教育之路。1999年1月，为了逐步把高等职业教育的招生计划、入学考试和文凭发放等方面的责权下放给省级人民政府和学校，便于省级人民政府在国家宏观指导下对本地区高等职业教育的现有资源进行统筹，教育部提出：毕业生不包分配，不再使用《普通高等学校毕业生就业派遣报到证》，国家不再统一印制毕业证书内芯，以学生缴费为主（简称"三不一主"）的政策。此项改革的目的是改变传统的专科人才培养模式，加快专科教育向高等职业教育转变的步伐。"三不一主"政策是我国高等职业教育进入快速发展时期的重要标志。

经过各方面的共同努力，在完善和调整中等职业教育体系结构的同时，高等职业技术教育得到了长足的发展。截至1999年底，我国共有高职高专学校1345所，占高等教育学校总数的69.26%。2000年全国共有高职高专毕业生99.84万人，占高等教育学校毕业生总人数的50%。

3. 高等教育体制改革攻坚突破

1993年，中共中央、国务院联合颁发了《中国教育改革和发展纲要》，提出教育体制改革的目标是"建立起与社会主义市场经济体制、政治体制和科技体制相适应的教育体制"，全面提出了办学体制、管理体制、投资体制、招生就业体制、学校内部管理体制等方面改革的目标。1994年《国务院关于〈中国教育改革和发展纲要〉的实施意见》提出高等教育"逐步实行中央和省、自治区、直辖市两级管理，以省级政府为主"的分权管理体制。这两份文件要求高等教育要适应加快改革和现代化建设的需要，积极探索发展的新路子，使其规模有较大发展，结构更加合理，质量效益明显提高，坚持走以内涵发展为主的道路，努力提高办学效益。

在办学体制上，加快了"建立以中央和省、自治区、直辖市两级政府办学为主，社会各界广泛参与办学的新格局"的步伐，形成了一个以公办高校为主，民办高校、民办公助、与境外合作办学等多种形式共存的办学新格局。

在教育投资体制上，加快了"建立以国家财政拨款为主，多渠道筹措高等教育经费的新体制"的步伐。提出了高等学校实行缴费上学、成本分担的原则，使高等学校经费来源中学费所占比例由改革开放初的0（免费）提高到2006年的30%左右。

在教育管理体制上，以"共建、划转、合并、合作办学和参与办学"为主要途径，实施高等教育体制改革的重点突破。1994年，全国高等教育体制改革座谈会在上海召开。会议明确指出，进一步深化高等教育体制改革的重点和难点是"条块分割"的管理体制（即中央部委和地方分别管理一部分高校），并就高等教育管理体制改革的目标、思路和途径提出了明确的意见，同时确定在广东省、上海市、机械工业部进行一省、一市、一部的高等教育管理体制改革试点（后又增加江苏省作为试点省）。1995年，国务院办公厅转发了国家教委《关于深化高等教育体制改革的若干意见》，进一步推动了全国高等教育管理体制改革的深化。到1997年末，全国已有30个省、自治区、直辖市和48个中央部委不同程度地进行了高等教育管理体制改革的探索，涉及普通高等学校400多所，成人高等学校200多所。

在教育招生规模上，1998年我国在校大学生只有780万人，占同龄人比例为9.8%，不但大大低于发达国家的水平，也低于国际高等教育大众化最低标准15%的水平。1999年6月，第三次全国教育工作会议发布了《中共中央 国务院关于深化教育改革全面推进素质教育的决定》，提出"通过多种形式积极发展高等教育，到2010年，我国同龄人口的高等教育入学率要从现在的9%提高到15%左右"。为保证高等学校扩招后的教育、教学质量，扩招与实行改革并存，主要改革措施有：实行高校后勤社会化，减轻高校办社会的负担；提高高校教师收入，实行教师聘任制，鼓励优秀教师合理流动；推动建立多种形式的办学体制和多元投资体系。这些改革举措调动了地方政府、社会和家庭的多种力量，用不到10年的时间就使高等教育管理体制改革和高等学校布局结构调整取得突破性进展和历史性成就，基本形成了中央和省两级管理，以省级政府管理为主的新的高等教育管理体制，为高等学校扩招提供了体制和资源的支持，在比较短的时间内实现了高等教育由精英教育向大众化教育的转变。高等教育毛入学率从1990年的3.4%提高到2006年的22%。国际上公认的高等教育"大众化阶段"临界指标为毛入学率达到15%以上，而我国高校从1999年开始扩大招生规模以后，实际上2003年就已达到了毛入学率15%的目标。

在高校收费和资助制度上，从中华人民共和国成立初期到20世纪80年代初，我国实行的是"免费上大学"加"人民助学金"的资助政策，大学学费由国家全包，学校以奖学金、助学金的形式补贴大学生的学习和生活开支，并免费提供医疗和住宿。从20世纪90年代后期开始，实行高校收费制度改革试点。1997年全国高校实现"公费"和"自费"招生"并轨"收费，形成缴费上大学的局面，同时，通过"奖、贷、勤、减、补"等五种方式帮助贫困生。

在高等教育资源布局上，这一阶段的特点是集中力量打造世界一流大学。1998年开始进行"建设世界一流大学"的"985工程"。第一期工程对清华大学和北京大学两校三年各投资18亿元。2007年，进入"985工程"的高校已经达到43所。但这一政策具有副作用，那就是会加剧三级教育之间资源配置的失衡，使教育经费更多地流向高等教育。2000年全国各类教育经费总计384.9亿元，高等教育支出

98.3亿元，占25.5%；国家财政预算内教育经费总计208.6亿元，高等教育支出52.97亿元，占25.4%。大多数国家的这一比例通常在18%以下，我国的这一比例经常在20%~22%，无论与国外还是与自己比，25%的水平都是极高的。此外，重点建设的高校，缺乏竞争和公平，且以高校整体为建设对象而不是按学科，也不够科学。

4. 教育法律法规不断健全

（1）颁布《中华人民共和国教师法》。

第八届全国人大常委会第四次会议于1993年10月31日通过《中华人民共和国教师法》，并于1994年1月1日起开始施行。《中华人民共和国教师法》第一次全面地对教师的权利和义务、资格和任用、培养和培训、考核、待遇、奖励等方面做出法律规定。《中华人民共和国教师法》要求"各级人民政府应当采取措施，加强教师的思想政治教育和业务培训，改善教师的工作条件和生活条件，保障教师的合法权益，提高教师的社会地位""全社会都应当尊重教师"，从法律上保障了教师的合法权益。1995年12月，国务院颁布了《教师资格条例》，对教师资格条件、资格考试、资格认定等做出了具体规定。同年，国家教委根据《中华人民共和国教师法》的授权，颁布了《教师资格认定的过渡办法》。2000年9月，教育部颁布了《〈教师资格条例〉实施办法》。此外，国家有关部门先后制定了《关于〈中华人民共和国教师法〉若干问题的实施意见》《教师和教育工作者奖励规定》《高等学校教师培训工作规程》《中小学教师继续教育规定》等《中华人民共和国教师法》配套法规和其他相关政策，教师管理的法律法规体系框架初步形成，教师队伍建设逐步走上了法制化轨道。

（2）颁布《中华人民共和国教育法》，并完善教育相关法律体系。

1995年3月，第八届全国人民代表大会第三次会议通过了《中华人民共和国教育法》，并由中华人民共和国主席令第45号公布，自1995年9月1日起施行。《中华人民共和国教育法》的颁布，为健全内容和谐一致、形式完整统一的教育法体系奠定了坚实的基础。至此，我国改变了过去教育无法可依的状况。教育成为除经济领域外立法最多的领域，已颁布实施的与基础教育相关的法律有《中华人民共和国义务教育法》（1986年）、《中华人民共和国教师法》（1993年）、《中华人民共和国教育法》（1995年）等，还有其他教育行政法规和教育行政规章，教育法律法规体系的基本框架已经建立起来。

这一阶段特点：一是义务教育的中心任务是落实《中华人民共和国义务教育法》，依法督教、依法治教，强制实施代替行政管理，推动政府行为归位。从举办方的政府到承办方的学校，从施教方的教师到受教方的学生，从法定监护人的家长到临时监护人的学校、教师，各方的法律责任都得到明确。二是职业教育发展受到高度重视，职业教育由内在需求不足向内在需求旺盛转变，同时，推动了高等职业教育规范化发展。三是高等教育突出"管理体制改革"这个重点和难点，集中力量，明确目标，限期突破，建立多元办学体制，逐步实现高等教育由免费教育向付费教育转变，由精英教育向大众化教育转变。

四、强化教育公平性改革阶段（2003—2013年）

随着科学发展观的提出，单纯追求经济增长的思路开始受到质疑。从2003年下半年起，教育部开始围绕解决农村义务教育问题，对农村教育、义务教育、教育公平的关注逐渐取代了此前以数量、规模、速度为主的追求，促进教育公平逐渐成为教育公共政策的基本价值。2006年，党的十六届六中全会通过的《中共中央关于构建社会主义和谐社会若干重大问题的决定》提出"坚持教育优先发展，促进教育公平"的方针，引导教育更加注重公平。

1. 促进义务教育均衡发展

到2003年底，全国实现"两基"的地区人口覆盖率达到91.8%，但义务教育仍面临一些突出问题与困难，主要表现在以下三个方面。一是义务教育的目标已实现，但进一步普及、巩固和提高质量任务艰巨。2003年尚有381个县没有实现"普九"，农村地区、西部地区突击"普九"，质量水平低，容易反复。二是义务教育经费投入明显不足，各级政府财政经费负担比例不合理，农村中小学公用经费普遍不足。2003年审计署统计报告显示，在所调查的50个县中，2001年底，义务教育的负债为23.84亿元，到2003年6月底，这一数字上升至38.98亿元。

1994—2001年，我国义务教育经费的78%由乡镇财政负担，9%左右由县财政负担，省财政负担11%，中央财政负担不足2%，造成乡镇财政负担重。三是义务教育发展严重不均衡。重点班校制度导致义务教育不公平，特别是城乡教育水平差距过大在一定程度上影响了国民素质的整体提高。

促进义务教育均衡发展的措施有以下方面。

(1) 深化农村义务教育经费保障机制改革。

2003年，国务院做出了进一步加强农村教育工作的决定，召开了中华人民共和国成立以来第一次全国农村教育工作会议，明确了农村教育在教育工作中重中之重的战略地位，做出了"新增教育经费主要用于农村"的重大决策，决心用更大的精力和更多的财力，重点加强农村义务教育，深化农村教育改革，发展农村教育事业。

2005年，《教育部关于进一步推进义务教育均衡发展的若干意见》发布，随后国务院又发出了《国务院关于深化农村义务教育经费保障机制改革的通知》，要求充分认识推进义务教育均衡发展在构建和谐社会中的重要作用，有效遏制城乡之间、地区之间和校际之间教育差距增大的势头；要以区域推进为重点，优先解决好县域内义务教育均衡化问题，并明确提出了推进义务教育均衡发展的措施，即"明确各级责任、中央地方共担、加大财政投入、提高保障水平、分步组织实施"，逐步将农村义务教育全面纳入公共财政保障范围，建立中央和地方分项目、按比例分担的农村义务教育经费保障机制。

为了加快西部地区、贫困地区、边疆地区、民族自治地区义务教育的发展，2003年国务院决定实施西部地区"两基"攻坚计划。到2007年，全国410个"两基"攻坚县中已经有317个县实现了目标，西部地区"两基"人口覆盖率由2003年的77%提高到96%。民族自治地区699个县中，已经有614个县实现了"两基"，占民族自治地区总县数的87.8%。"两基"攻坚计划的实施，有力地促进了西部地区农村义务教育的发展，使农村学校的办学条件大大改善，教学质量得到提高。

（2）实行农村免费义务教育。

在减轻农村家庭的教育负担上，国家逐步实施了免除义务教育阶段学杂费，对贫困家庭学生免费提供教科书并补助寄宿生生活费的政策，即"两免一补"政策，2006年起在西部农村和部分中部农村地区实施，2007年春季开学时在全国农村全面实施，惠及1.5亿农村义务教育阶段中小学学生。农民的教育负担得到切实减轻，平均每年每个小学生家庭减负140元，初中生家庭减负180元。

（3）修订《中华人民共和国义务教育法》。

2006年6月29日，第十届全国人民代表大会常务委员会第二十二次会议通过了修订的《中华人民共和国义务教育法》，并自2006年9月1日起实施。新《中华人民共和国义务教育法》无论是形式还是内容上都做了重大调整，突出了义务教育的权利性、平等性、公益性、免费性、强制性和基础性的特征，为我国义务教育的完善奠定了坚实的法律基础；明确各级政府举办义务教育的责任，将义务教育经费全面纳入政府保障范围，为全面普及九年义务教育提供了制度保障。

（4）探索改革重点学校管理体制。

1997年，上海市首先改革重点学校制度，全市各区县全部实行小学毕业生就近免试对口入学，初高中脱钩，重点中学停止举办初中。高校招生采取与中学脱离的"社会化"方法。开展小学取消百分制、实行等级评分的试点。此后，广东、北京和其他各地采取类似改革。国家教委宣布今后在义务教育阶段不再设重点学校，以缩小中小学之间实际存在的差距，并加强薄弱学校建设。但由于学校之间客观存在的巨大差距，教育政策在资源配置上并未实现一视同仁，严重的"择校热"并未降温。

2. 高等职业教育大发展

伴随着我国经济体制改革的不断深入，经济结构深刻调整，同时高校扩招毕业生步入就业市场，在就业形势日益严峻的情况下，国家提出了"就业导向"的职业教育观。考虑到接受更高的教育是人们尤其是农村和城市底层青少年改变身份的唯一途径，应鼓励和支持职业学校学生对口升入高水平大学，进一步发展高等职业教育。

主要采取了以下措施。

（1）制定高等职业教育发展方针。

2000年1月，为大力推进高职高专教育人才培养模式的改革，加强高等职业学校基本建设和教学管理，教育部下发了《教育部关于加强高职高专教育人才培养工作的意见》，提出了我国高职高专教育的办学指导思想、人才培养工作重点和工作思路，它成为此后我国高职高专教育人才培养工作的指导性文件。2002年7月，国务院召开了全国职业教育工作会议，并发布了《国务院关于大力推进职业教育改革与发展的决定》。这次职业教育会议与其后颁发的配套文件，构成了21世纪初我国高等职业教育发展的基本政策思路和总体改革方向。之后，教育部指导各高等职业院校从人才培养模式到教学内容体系改革、专业试点、实训基地、产学研结合等方面进行了探索和实践。

2003年，劳动和社会保障部颁发了《关于贯彻落实中共中央、国务院关于进一步加强人才工作决定，做好高技能人才培养和人才保障工作的意见》，强调要加快建立起以职业能力为导向，以工作业绩为重点，注重职业道德和职业知识水平的技能人才评价新体系。劳动和社会保障部同年决定在全面实施国家高技能人才培训工程的基础上，从2004年到2006年的3年内，在全国开展"三年五十万新技师培养计划"，即在这一时期内，在制造业、服务业及有关行业技能含量较高的职业中，实施50万新技师（包括技师、高级技师和其他高等级职业资格人才）培养计划。其中，2004年培养10万名新技师，2005年培养15万名新技师，2006年培养25万名新技师。

（2）以示范基地建设带动高等职业教育发展。

2000年9月和2001年6月，教育部先后启动了国家首批15所和第二批16所示范性职业技术学院建设项目，推动了高等职业教育的建设和发展。2004年，教育部、国家发改委、财政部等七部门联合发布了《关于进一步加强职业教育工作的若干意见》，指出"职业教育仍然是我国教育的薄弱环节"，提出了要"深化办学体制改革，促进多元办学格局的形成；加快职业教育实训基地建设，切实提高学生职业技能；深化职业院校人事制度改革，加强'双师型'教师队伍建设"等意见。

2005年10月，国务院提出在"十一五"期间建设100所示范性高等职业院校的计划。2006年11月，教育部、财政部开始共同组织实施国家示范性高等职业院校建设计划，重点支持100所国家示范性高等职业院校，加快高等职业教育改革与发展。2006年12月和2007年8月，教育部、财政部先后评选出了首批28所和第二批42所"国家示范性高等职业院校建设计划"立项建设院校。这些学校的示范性建设带动和影响了全国高等职业院校的改革与发展，高等职业教育迎来了一个前所未有的发展机遇。

为了在全国树立一批高职高专教育的先进典型，发挥典型的样板作用，进一步推动高职高专教育的发展，2001年6月，教育部首次对沈阳电力高等专科学校的"教学工作优秀学校"进行了试点评估。同时，决定从2003年开始，在高等学校中建立5年一轮的高校教学工作评估制度，2004年至2008年为高职高专院校人才培养工作水平评估的第一个周期。从2003年下半年开始进行的高职高专人才培养工作水平评估，极大地促进了高等职业院校的发展。从1999年到2006年，我国高等职业教育的规模得到迅速扩大，高等职业教育已经占据我国高等教育的半壁江山。到2006年底，独立设置的高等职业学校数量为1147所，当年高等职业院校招生人数为293万人，超过了普通本科招生人数，在校生人数为796万人，接近普通本科在校生人数。

（3）建立多种办学模式。

在办学原则上，我国高等职业教育采取多种形式、多种机制、多种模式相结合的政策。这一举措整合了我国现有的高等教育资源，有利于高等职业教育快速发展。举办高等职业教育的形式有：短期职业大学、职业技术学院、普通高等专科学校、独立设置的成人高校、本科院校内设立的高等职业教育机构（二级学院）、具有高等学历教育资格的民办高校等六类院校。采用灵活多样的高等职业教育运行体制，充分利用社会资源。在高等职业教育的办学模式、管理方式、投资渠道、办学功能领域里，初步构建了开放、灵活及多元化的职业教育体系，推动传统教育向终身教育转变。

3. 推动高等教育内涵式发展

从2006年起，教育部门控制高等教育的发展规模，高校招生数量的增长率控制为5%，将高等教育纳入内涵发展、提高质量的轨道。以完善治理结构、加强章程建设、扩大社会合作、推进专业评价为重点的现代大学制度建设迈开新的步伐，以提高质量为核心的人才培养模式改革、考试招生制度改革和质量评价制度创新，在不同类型高校收到新成效。

建立贫困学生教育资助制度。2007年5月，国务院发布文件，建立健全普通高校、高等职业院校和中等职业学校家庭贫困学生资助政策体系。在高等教育阶段设立国家奖学金、国家励志奖学金和国家助学金，由中央和地方财政按比例分担。这是继免除农村义务教育学杂费之后，促进教育公平的又一重大举措。从2007年秋季起，在6所教育部直属师范大学实行师范生免费教育，以吸引、鼓励更多优秀学生从事教师工作。

高等教育管理体制和布局结构调整取得新进展，进一步促进了已合并高校的实质性融合。推动地方本科高校转型发展，培养应用型、技术技能型人才，更好地服务于当地经济社会发展。2012年末，各省份陆续出台了异地高考方案。

五、深化教育体制综合改革阶段（2013年至今）

2010年，国务院成立国家教育体制改革领导小组，在研究部署、指导实施教育改革方面发挥了极为重要的统筹协调作用，同时还设置了教育咨询委员会，对重大教育改革问题进行调研、论证、评估。同年，国家教育体制改革试点425个项目全面启动，带动各地教育改革创新不断前行。2013年，党的十八届三中全会提出要深化教育领域综合改革。

1. 围绕优布局，推动教育布局结构优化和地方高校转型发展

推进"中西部高等教育振兴计划"，优化东中西部高等学校布局。实施"中西部高校基础能力建设工程""中西部高校综合实力提升工程"和对口支援西部地区高校工作。出台鼓励社会力量兴办教育的政策文件，召开全国民办教育工作会议。研究制定民办学校分类管理配套政策。推进独立学院规范发展。印发《关于引导部分地方本科高校向应用型转变的指导意见》，启动改革试点，有序引导部分有条件、有意愿的地方高校转型发展。推动修订《普通高等学校设置暂行条例》，制订高校

分类体系和设置标准，加快建立高等教育分类设置、评价、指导制度，促进高校科学定位、办出特色。推动各地优化城市基础教育学校和中等职业学校布局结构。

职业教育发展上，国务院发布了《国务院关于加快发展现代职业教育的决定》，对构建新时期中国特色、世界水平的现代职业教育体系做出系统设计。引导普通本科院校转型，发展应用型教育，大力发展专业学位研究生教育，为职业教育在读学生打破了专科层次的天花板限制。至此，从中职、专科高职、本科应用型教育及至专业学位研究生教育的现代职业教育体系已经完全形成，为职业教育未来的发展奠定了体制基础，优化了舆论环境和社会氛围。

2. 围绕理关系，深入推进管办评分离

发布《关于推进管办评分离提高教育治理水平的若干意见》。进一步简政放权，深入落实《教育部职能转变方案》。实行清单管理，依法明确权力清单和责任清单。推进教育事业单位分类改革。加快现代学校制度建设，推动所有高校完成章程制定工作，实现一校一章程。推动普通高中、中等职业学校章程建设。开展义务教育学校章程建设试点。加强学校章程执行情况的督促检查。出台《高等学校学术委员会规程》《普通高等学校理事会规程（试行）》《学校教职工代表大会规定》。推进高等学校质量报告发布制度建设。启动全国义务教育质量监测工作。开展职业院校和普通高校评估。扩大社会参与教育评价的领域，委托第三方参与教育评价。

3. 围绕改计划，全面启动考试招生制度改革

提高中西部和人口大省高考录取率，增加农村学生上重点高校人数。完善随迁子女升学考试政策，推行义务教育"学区制"，破解义务教育学校择校难题。2014年国务院印发《国务院关于深化考试招生制度改革的实施意见》，以"促进公平、科学选才"为导向，全面启动恢复高考以来最全面、最系统的一次考试招生制度改革。在上海、浙江开展高考综合改革试点，积极探索基于统一高考和高中学业水平考试成绩、参考综合素质评价的多元录取机制。减少和规范高考加分项目及分值，全国性鼓励类加分项目全部取消，地方性加分项目减少63%，13个省份取消所有地方性加分项目，大部分省份普遍降低加分分值。推行高考成绩公布后填报志愿，完善平行志愿投档方式，增加学生选择机会。自主招生选拔安排在全国统一高考后

进行，不得采用联考方式。全国90个高校实行自主招生方案，取消校长推荐，学生可以自荐，自主招生考试首次放在高考之后进行。

4. 围绕改学校，建设现代学校制度

坚持和完善普通高校党委领导下的校长负责制，健全党委与行政议事决策制度和协调运行机制。加强学术组织建设，充分发挥学术委员会在学术事务方面的作用。推进校内民主管理，切实保障教职工民主参与和监督的权利。加强高校理事会建设，完善多方参与学校治理平台。加强中小学家长委员会建设。推进直属高校和直属单位总会计师委派工作，完善总会计师管理制度，开展全员培训。

5. 围绕强督导，有序推进教育管理体制改革

先后取消或下放了21项教育行政审批事项，评审、评估、评价事项减少了三分之一。加强省级政府教育统筹，推动省级政府落实城乡教育协调发展、保障教育投入等方面的职责。强化国家教育督导，国务院出台教育督导条例，成立教育督导委员会。建立责任督学挂牌督导制度。实行日常督导和专项督导相结合，开展学校安全、重大突发事件等专项督导。发挥信息公开监督功能，建立覆盖教育行政部门、高校和中小学的信息公开制度。

6. 围绕激活力，全面推开教师职称制度改革

推进中小学、幼儿园教师国家级培训，培训教师700多万人次，全面覆盖中西部农村义务教育学校和幼儿园。2015年9月，在全国全面推开中小学教师职称制度改革，实行统一的中小学教师职称制度，在中小学设置正高级岗位。启动实施"乡村教师支持计划"，吸引更多优秀人才到乡村学校任教。

第二节
我国教育体制改革的主要成就

我国党和政府历来高度重视教育。中华人民共和国成立以来，在几代领导集体

的领导下，在全党全国人民共同努力下，我国已经开创了中国特色的社会主义教育发展道路，教育事业取得了显著成就。

一、中国特色社会主义教育体系基本形成

我国已经形成了普及和巩固义务教育、大力发展职业教育、提高高等教育质量的总体格局。这个体系的建立和不断完善，不仅保障了广大人民群众享有接受教育的机会，而且为全面深化改革、全面建成小康社会和社会主义现代化建设提供了强有力的人力资源保证。

各级各类教育持续协调快速发展，初步实现了让所有孩子"有学上"的目标；各级各类教育普及程度明显提高，已接近中等收入国家平均水平。早在2010年底，全国2856个县（市、区）全部实现"两基"，全国"两基"人口覆盖率达到100%。2015年，九年义务教育巩固率达到93.0%，小学学龄儿童净入学率达到99.88%，初中阶段毛入学率达到104.0%，初中毕业生升学率达到94.1%，高中阶段毛入学率达到87.0%，高等教育毛入学率达到40.0%[①]。

二、教育水平显著提升

经过近40年的发展，我国教育总体发展水平进入世界中上行列，学前教育毛入园率达到中高收入国家平均水平，义务教育普及率超过高收入国家平均水平，高中阶段教育和高等教育毛入学率超过中高收入国家平均水平。2015年，我国主要劳动年龄人口受过高等教育的比例达到15.83%，人力资源强国建设推进加快。

1. 各级各类教育普及程度明显提高

基础教育成绩斐然，"两基"目标基本实现，义务教育政策得到较充分落实，保证教育质量的软、硬环境明显改善，部分基础较好的地区普及了高中教育，为我国进一步提高国民素质树立了榜样。我国职业教育虽然起步较晚，但经过职业教育体制改革，发展较快，主要表现为职业教育体系不断完善，层次不断提高，作用显

---

① 数据来源于《2015年全国教育事业发展统计公报》。

著加强,缓和了教育的供求矛盾。高等教育是教育事业中发展最快的一个领域,实现了高等教育大众化,形成了门类齐全、形式多样的高等教育体系,聚集了大量优质资源,改善了高等学校基础设施,提升了高等学校教育科研水平。学前教育发生了历史性的重大变化,强化了政府对学前教育的责任,稳步推进了学前教育体制机制的改革,唤醒了全社会对学前教育重要性的认识,稳定和提升了教师队伍素质,提高了学前教育质量。

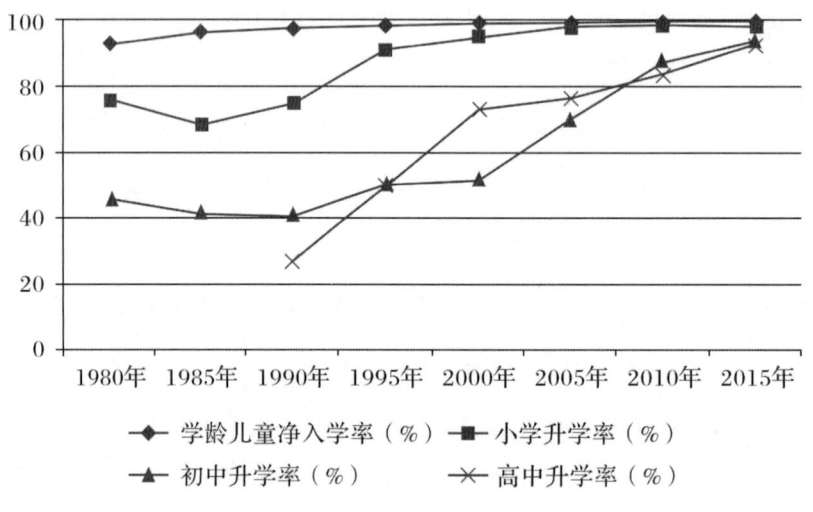

图1-1 主要年份我国各级各类教育入学率或升学率

2. 国民素质有了很大提高,我国已经成为人力资源大国

根据1964年、1982年、1990年、2000年人口普查数据进行的计算表明①,我国国民人均受教育年限逐步提高,四次普查结果分别为2.5年、3.2年、5.5年和7.1年。据教育部《国家中长期教育改革和发展规划纲要(2010—2020年)》总体评估报告资料反映,2010—2014年,我国大专以上文化程度人口占总人口的比例从8.75%提高至11.01%,提高了2.26个百分点;高中(含中专)文化程度人口占总人口比重从13.72%提高至16.35%,提高了2.63个百分点,已经明显超过了劳动年龄人口比例下降的幅度。

---

① 商江:《浅谈中国人均受教育年限与人均国内生产总值的关系》,《眺望中国教育:商江教育论文汇集》,吉林大学出版社,2007年版。

3. 教育为现代化建设培养了大批人才，为科技创新作出了重要贡献

近40年来，教育为经济社会发展提供了重要的人才支撑。2010年至2015年，职业教育共为我国各个行业培养了5000万名中高级技术技能人才，每年开展各类培训受众达到2亿人次。1.33万所职业院校开设了近1000个专业、近30万个专业点，基本覆盖了国民经济建设的各个领域，职业教育已经具备了大规模培养技术技能人才的能力。高校科技经费大幅增加，科技人才队伍不断壮大。20世纪70年代末，全国高校科技经费不足1亿元，研究与发展人员折合全时人员9万人年；2009年，全国高校科技经费728亿元，研究与发展人员折合全时人员达到19万人年；2015年，全国高校科技经费1244亿元，研究与发展人员折合全时人员达到28.36万人年。

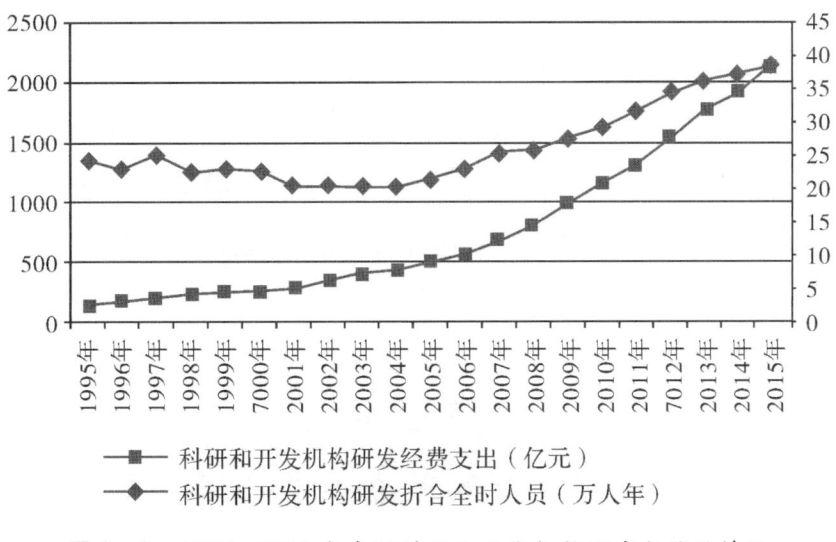

图1－2　1995—2015年我国科研和开发机构研究与试验情况

三、构建了比较完整的教育法律法规体系

基本上形成了由教育法律、教育法规、教育规章三个层次构成的教育法制体系框架。从1980年开始，全国人大及其常委会先后制定、颁布及修订了《中华人民共和国学位条例》《中华人民共和国义务教育法》《中华人民共和国教师法》《中华人民共和国教育法》《中华人民共和国职业教育法》《中华人民共和国高等教育法》《中华人民共和国民办教育促进法》等7部教育法律，国务院制定了14项教育行政

法规，教育部颁布了70余项部门规章，各省级政府也颁布了数百项地方性法规和规章。在教育活动的主要领域基本实现了有法可依，为全面实行依法治教，促进教育改革与发展提供了制度保障。

四、教育管理体制不断健全

基本形成了中央和省级两级办学、以省级政府统筹为主的高等教育管理体制。根据《中共中央关于教育体制改革的决定》和《中国教育改革和发展纲要》的要求，推进高等教育管理体制的改革，主要是解决政府与高等学校、中央与地方、国家教委与中央各业务部门之间的关系，扩大省（自治区、直辖市）的教育决策权，包括对中央部门所属学校的统筹权。近40年来，省级人民政府的管理权限明显扩大——负责民办高等教育筹办阶段的审批，负责发展高等职业教育和高等专科教育，负责审批学士学位授予单位和部分新增硕士点，负责统筹协调本行政区域内高等学校的专业设置和调整工作。到21世纪初，已经基本形成两级管理、分工负责、以省为主、条块结合的高等教育新体制，全国有556所高校合并组建为232所，有509所高校进行了管理体制的调整，中央部门所属高校划转地方管理。

第三节
我国教育体制改革面临的主要问题

在教育体制改革取得重大进展的同时，也应该看到，我国教育还不能完全适应经济社会发展的要求，还无法满足广大人民群众接受良好教育的愿望。教育优先发展的战略地位仍未得到完全落实，建设教育强国仍然任重而道远。

一、教育公平性有待进一步改善

我国在经济落后的国情下形成的非均衡的教育发展模式逐渐导致较为严重的教

育不公平,突出表现为城乡之间、地区之间、学校之间的教育差距较大,近年来,虽采取了很多改革措施推进教育公平,但长期积累形成的差距很难在短期内有效解决。教育公平事关一个社会阶层的流动性,而流动性对于一个社会可持续发展、和谐稳定至关重要。例如,各级教育生均预算内教育事业费存在明显的地区差异,北京走在前列,中部地区的河南、湖北等由于人口众多,甚至排在了西部地区之后。在同一个地区不同学校之间,教育资源配置也存在不平衡。我国虽然已经取消中小学重点学校制度,但示范校建设或一些传统名校利用优势掌握大量资源,并通过赞助费、共建费等名目进一步做大做强,逐步拉大与普通学校的距离。

表1-1 2015年各级教育生均公共财政预算公用经费的地区差异

	普通小学	普通初中	普通高中
最高值(元)	9753.38(北京)	15945.08(北京)	14807.38(北京)
最低值(元)	1770.62(河北)	2233.70(贵州)	1631.64(湖南)
最高值/最低值	5.5	7.1	9.1

资料来源:2015年全国教育经费执行情况统计公告。

影响我国教育公平的背后有两种不同性质的原因:一类是发展性原因,即由历史原因形成的城乡之间、地区之间的巨大发展差距,这只能通过发展社会经济逐渐缩小;另一类则是制度性原因,如城市中心、等级化的公办学校制度等不合理制度设计,如与城镇发展规划匹配的各种资源配置等不合理区域发展政策导向,如对幼儿教育的公共投入的长期不足等公共政策导向,都加剧了客观存在的教育不公,这完全可以通过政策调整和制度创新来改善。

二、教育质量有待进一步提高

教育质量是评价教育水平高低和效果优劣的标准,最终体现在培养对象的质量上,尤其是社会普遍关注的中小学生素质教育和大学生培养质量问题。

首先,素质教育多年没有实现,广大中小学生始终摆脱不了应试教育的包袱。素质教育这一概念是在教育实践中产生的,1985年《中共中央关于教育体制改革的决定》开宗明义的第一句话就是:"教育体制改革的根本目的,在于提高全民族的素质。"后来广大教育工作者在工作中逐渐延伸、衍生出素质教育的概念。1987年4月,国家教委副主任柳斌在九年义务教育各科教学大纲统稿会上提出,"基础教育不能办成单纯的升学教育,而应当是社会主义的公民教育,是社会主义公民的素质教育"。但多年来中小学教学过程中重智育,轻德育、体育、美育的现象十分普遍,素质教育仍在路上。

从高等教育来看,高等教育大国并不是必然的高等教育强国。我国高校在规模持续高速扩张的过程中,办学经费短缺、师资力量不足、教学图书设备缺乏、人才培养模式不适应社会发展需要、管理相对滞后等固有的各种矛盾逐步显现,并随着规模的扩张不断激化。在市场对部分技能型人才需求十分旺盛的情况下,大学毕业生就业率连续多年徘徊在70%左右,引发了社会各界对高等教育发展战略和人才培养质量的严重质疑。

三、教育投入有待不断提高

教育投入是教育发展的重要保障,它体现了一个国家对教育的重视程度。按绝对值计算,2014年我国人均教育经费为640美元,约为美国2010年人均教育经费3300美元的1/5,约为2010年经济合作与发展组织(OECD)成员国和韩国人均教育经费2200美元的1/3。按相对值计算,2014年我国教育总投入占国内生产总值(GDP)的5.15%,而美国2010年这一比例为7.3%,韩国为7.6%,智利为6.4%,OECD成员国平均为6.3%。其中,财政性教育投入占GDP比例,我国为4.15%,低于美国的5.3%、韩国的4.8%以及OECD成员国的平均水平。社会和私人教育投入占GDP比例,我国2014年为1.0%,也低于美国、韩国以及OECD成员国的平均水平。

我国教育经费投入占GDP的比例徘徊在5.3%左右。1995—2005年,通过政府加大投入和市场机制双轮驱动,我国教育投入占GDP的比例提高了1.46个百分点。但2005—2014年,由于降低了非义务教育家庭成本分担的比例,全国冻结大学和高中学费标准达10年之久;否定名校办民校、名校办分校的产权、管理权分离办学模式；削减了行业、企业办学规模，在政策上也缺少对教育捐、集资的激励措施，导致 2014 年多渠道教育投入占 GDP 的比例较 2005 年下降了 0.76 个百分点，全国教育总投入占 GDP 的比例仅提高了 0.6 个百分点。

四、教育结构不合理

首先，我国多年来重高等教育、轻基础教育，重普通教育、轻职业教育现象十分突出。在教育经费分配上，高等教育比重明显较高；与普通教育相比，职业教育成本更高，但获得的经费支持反而较少。同时，教育结构体系缺乏必要的衔接和沟通，普通教育毕业生可以进入高一级职业学校，职业教育毕业生则几乎不可能进入高一级普通教育学校。教育结构体系的相对封闭性，影响了各级各类教育协调发展，限制了部分学生的上升空间和渠道，尤其是降低了职业教育的吸引力。

其次，部分类型学校功能定位不清。部分学校盲目拔高办学层次、扩大办学范围，出现了许多中专学校办专科、专科学校办本科等现象，直接影响相关学校根据自己的目标办出特色，影响教育整体效益的发挥。受现行劳动人事制度和管理体制的影响，目前我国也存在各种非正规教育普遍追求学历教育的倾向，不仅影响了非学历教育培训的发展，也导致社会上各种学历文凭鱼目混珠，对于接受正规学历教育的人来说是不公平的。

最后，教育资源垄断造成"体制性短缺"。面对社会旺盛的教育需求，在政府教育投入不足的情况下，国家对教育资源的垄断，妨碍了社会资源向教育的流动，也使得教育结构体系缺乏面向社会自动调节的机制，各级各类学校也难以自主地根据劳动力市场供求状况对培养目标、规模和发展速度等进行合理的调整，导致当前我国劳动力市场上毕业生供求结构性失衡现象十分严重。

五、教育体制机制不完善

我国现行教育管理体制主要是在计划经济时期形成的，由于改革上的滞后，行政化、官本位色彩比较明显，成为教育体制机制不完善的一个重要原因。由于长期实行高度集中的计划管理方式，政府部门的权力过于集中，统得过多，管得过死，教育行政化的弊端十分突出，此外，教育决策的科学化、民主化程度低，主观随意性强，容易导致腐败和决策失误。20世纪90年代中后期以来，教育部以专项经费形式推出了许多教育工程，但教育工程越多，教育计划性反而越强。在政府与学校的关系上，教育行政部门对学校的管理过于具体和微观，限制了学校的自主办学权，形成公立学校严重依赖政府的惯性。行政主导下的学校成绩评价看重数量（数字），而无法重视教育质量、科研质量。为了迎合上级部门的评价，学校往往在升学率以及科研论文等数量指标上下功夫。尤其是在高校中，创新是一个长期过程，应当允许有才能的人在较长时期内充分积累。行政化主导下的另一个结果是，民办教育发展环境不理想。教育部门管办不分，公立学校过度依赖政府，严重挤压了社会力量参与办学的空间。当前我国民办教育规模依然较小，从在校生比例来看，除了幼儿园教育以外，民办教育在数量上完全处于补充的地位。

第四节
深化教育体制改革的总体思路和改革展望

教育不仅是重要的民生问题，也是关系国家和民族长远发展的基础性、全局性、战略性事业。40年来，世界范围内的教育改革风起云涌，从未停息。世界各国的教育竞争在某种程度上已经体现为教育改革的竞争，教育改革的危机感和紧迫感日益增强。我国的教育体制改革主要是服务于教育强国和人才强国建设，服务于国家战略，我们要举办人民满意的教育，举办能够与社会主义市场经济体制、政治文明建设相合拍的、能够兴国的教育。

一、总体思路

当前，特别需要形成新的教育改革共识，通过一系列深度的体制机制改革和政策举措，进一步将政府和市场作用有机结合，进一步理顺由主体之间关系构成的教育管理体制，进一步优化以办学体制为核心的教育资源与服务供给方式，进一步明晰经济社会发展的需求与现代教育体系之间的关系，实现教育治理体系和能力现代化水平的提升，进而更加有效地服务国家经济社会发展的人力资本需求，服务民生的改善。

1. 正确处理教育事业与产业的关系

教育是兼具事业和产业双重属性的，要办适应我国经济社会发展需求的人民满意的教育，一方面，需要更好地发挥政府作用，在基础教育上政府职能不缺位。政府需要恪守自己在教育治理中的主体、角色和边界，从教育治理的微观操作层面抽离，转而进入宏观调控维度，把日常的决策权留给学校，留给掌握直接信息更多的受教育者。政府的责任是扫清障碍，建立有利于提升效益的制度，做好基本公共服务。另一方面，要充分发挥市场决定性作用，满足人民日益增加的多样化教育需求，着力推进学校主体性建设，强化社会和市场的有效参与。近年来，随着社会力量、市场力量越来越成为我国教育发展中不可忽视的重要组成部分，要想从办学主体、财政制度、扶持政策乃至融资机制等方面对教育进行综合改革，迫切需要我们构建起全方位、多主体、立体化的办学体制和融资制度。

2. 正确处理教育规模与结构的关系

我国当前的教育供给在总量上发展稳定，不存在太大问题，但在结构上存在着质量无法有效满足需求的问题。近年来，随着教育消费结构的转型升级，我国人民群众对教育的品质和特色不断提出新的要求，如果教育有效供给不足、品质不高，新兴的、升级的教育需求在供给体系中找不到对接方，就会造成教育需求受抑和教育消费"外溢"的问题。2014年，我国出国留学人数为45.98万人，留学人员境外消费总额为2000亿元，而当年我国中央财政的教育总支出不过4101.59亿元。在教育消费大量外溢的同时，国内一些学校却面临着严重的生源危机。同年，我国大部分省市都没有完成高招计划，就连山东、河南等传统生源大省也有超过10%的计划没有完成。解决这一问题的关键在于推进精准性补短板的同时，着力提高教育供给的品质和效益。

3. 推动教育实现"三个转变"

要推动从教育数量增长、规模扩张逐渐转变到促进人的全面发展、提高人才培养水平上来；由单纯从国家、社会的角度去塑造人，转变为更加注重由学习者自主学习、塑造自己，适应国家和社会的需要；从政府直接配置教育资源，转变为政府主要配置义务教育资源，推动实现资源配置方式多元化。

4. 进一步突出保障教育公平

保障教育公平，建立教育公共财政制度，逐渐提供基本均等化的教育公共服务。通过广泛的公众参与，建立科学、民主、高效的行政管理体系。重建政府、社会、学校的关系，通过向学校赋权、向家长和学生赋权，恢复学校的自主性，建立新型的政校关系。通过向地方和学校赋权，促进教育因地制宜地自主发展，促进办学体制的多样化，增加教育的丰富性和选择性。

二、推动教育管办评分离

建立政府、学校、社会新型关系，健全政府管学、学校办学、包括社会在内多元评学的体制机制。以落实学校办学主体地位、激发学校办学活力为核心任务，加快健全学校自主发展、自我约束的运行机制；以进一步简政放权、改进管理方式为前提，加快建设法治政府和服务型政府；以推进科学、规范的教育评价为突破口，建立健全政府、学校、专业机构和社会组织等多元参与的教育评价体系。第一步，推进政校分开，建设依法办学、自主管理、民主监督、社会参与的现代办学制度。第二步，推进依法行政，形成政事分开、权责明确、统筹协调、规范有序的教育管理体制。第三步，推进依法评价，建立科学、规范、公正的教育评价制度。在上述三方面改革中，最关键的改革是改革教育事业单位管理体制和改革教育部的职能和权限。

1. 改革教育事业单位管理体制

确立事业法人主体平等地位，建立事业单位法人治理结构。逐步取消学校行政级别和行政化管理模式，扩大学校办学自主权。改革学校内部管理体制，完善学校内部治理结构和校长办学绩效考核，支持大专院校深化与企业的合作与融合。改革完善人事等管理制度，改革公办学校按编制管理和按编制人数支付工资的制度，实行真正的岗位管理、岗位聘任制。同时建立经费来源不同但标准统一的社会保障制度。推动事业单位逐步转变为非营利法人，统一非营利法人管理体制，包括：统一监管现有事业单位和非营利机构，统一纳入规划，统一履行基本公共服务职能，统一按提供基本公共服务程度享受财政补贴。财政投入主要转向政府购买和间接融资，而非直接以人头费等形式投入事业单位。对非营利机构实行相同的财税、会计、价格、人事、职称等管理制度。统一人员管理（取消编制）、职能评定和学科建设等。

2. 改革教育部的职能和权限，强化监管

建立新型的政校关系，撤销"主管部门"职能，变为"行业管理"职能；将代管的"直属"大学的国有资产移交给财政部或国资委管理；撤销对"直属"大学副校职以下的人事任免权或人事管理权等。建立健全教育监管体制，实行教育行政管理职能与政府办学职能相分离。

三、建立公平均衡配置基本教育资源的制度

1. 健全公共教育财政保障制度

实现政府教育责任、教育投入的法治化，明确各级政府的财权、事权的划分和转移支付，建立透明、公开、民主的公共教育财政制度，逐步实现教育公共服务的均等化。政府直接配置的增量教育资源要以公平为导向，重点向薄弱地区、薄弱环节、薄弱群体倾斜。改革教育预算和财政拨款体制。预算覆盖的范围，应该是"年龄人口"，而不只是目前的"公办学校教师和学生数"。统一城乡义务教育学校生均公用经费基准定额，取消义务教育阶段各学校重点与非重点等行政划分。建立以学科为核心的"211工程""985工程"动态调整机制。公共财政平等扶持所有义务教育办学机构，支持采取政府购买服务、委托管理等方式，探索实施教育券制度。

2. 改革和完善招生（考试）和毕业制度

改革计划招生制度，实行指导性计划招生制度。改革招生考试评价制度，坚持

义务教育阶段免试、划片就近入学制度。推行初高中学业水平考试和综合评价，实施学生考试、综合素质考核等多样化的录取形式，优质普通高中招生指标均衡地分配到初中学校。探索将音乐、美术纳入中考考查科目范围。职业学校全面实行按规范自主招生。完善高等学校招生名额分配方式和招生办法，逐步扩大高等院校自主招生权。

3. 建立多元办学体制

放开行业准入，实现全社会多元化办学。引导社会资金以多种方式进入教育领域，支持民办教育事业发展，并积极鼓励行业、企业等社会力量参与公办学校办学，形成以政府办学为主体、全社会积极参与、公办教育和民办教育共同发展的格局。

四、改革创新育人模式

从德智体美各个教育环节入手，使大中小学各个学段相互衔接，让学校、家庭、社会相互融通。

1. 强化社会主义核心价值观教育

在立德树人方面，着力培养学生的社会责任感、创新精神和实践能力，使其能够适应将来经济社会发展和个人自由全面发展的需要。通过综合施策来显著扭转应试教育倾向，彰显有教无类、因材施教、终身学习、人人成才的理念，搭建符合基本国情的人才成长"立交桥"。

2. 推进课堂教学改革工程

转变教学方式，丰富学生的学习成长体验。继续加强课程开发和课程基地建设工程，给学生更多发展选择。深入推进素质教育，提高课程实施水平，健全教育质量保障体系和学生学业质量评价体系。改革高校学科设置与管理制度，基于教育体系学段和类型的发展实际，进行动态的学科结构调整。

3. 推动教师角色定位转变

作为教育航标的掌舵者，教师既要承续文化之精，又要适应社会的创新和发展。教师们正确认识自身角色的转变，有助于我国教育事业的成功转型。具体包括：一是从知识的传承者转变为学习过程的引导者。根据学生的能力水平、个性差异等激发学生的学习欲望，引导学生主动地利用教育资源获取知识，提供更多的机会给他们自学、自读、自说、自练和自做。二是从教材的复制者转变为学生创造力的培养者。促进学生创新意识的萌发和创新能力的发展，让学生参与各种实践活动，重在激发学生对某个学科或领域的学习研究兴趣，把培养学生的创新意识和创新能力落到实处。三是从单一知识的教员转变为复合式的教育专家。单一学科的知识已不能满足教育更新和学生知识需求的发展。教师需要由专科型向通识型转变，要拥有广博的知识，既是学科领域的专家，又是教育教学领域的专家。通过自身的教育素养使教学充满启发性和创造性，对学生产生潜移默化的感染力，这样才能达到培养学生综合素质，促进学生全面发展的目的。四是从"模子"教育的塑造者转变为因材施教的推行者。培养出的人才都是从同一个"模子"里出来的，这是不符合素质教育和创新教育的。这就要求教师必须从"传道、授业、解惑"的知识传递者转变为学生个性发展的推动者，要认识到学生不同的个性特点、学习类型、学习风格、解决实际问题能力，进而在自己的教育活动中恰当应用。

第二章
医疗卫生体制改革

内容摘要：医疗卫生是人民健康最基本的保障，推进健康中国建设，深化医疗卫生体制改革，建立健全基本医疗卫生制度，实现人人享有基本医疗卫生服务，是我国社会体制改革的重大任务和基本目标。改革开放近40年来，特别是新医改以来，我国医疗卫生事业取得了长足进步，在公立医院改革、基层医疗卫生服务建设、基本药物制度制定等关键领域和重点环节取得突破性进展。但由于改革初期"经济腿长、社会腿短"的不正确倾向，医疗卫生体制的基本建制理念和价值取向受到一定程度上扭曲，部分制度问题和机制障碍迁延为痼疾顽症，"看病难""看病贵"的问题长期不能得到根本解决。在下一阶段改革中，要按照《"健康中国2030"规划纲要》的总体要求，更好落实基本医疗卫生人人享有的发展目标，坚持"保基本、强基层、建机制"的方针不动摇，全面深化公立医院改革，进一步推进药品流通和保障体制改革，优化从医环境，理顺医疗费用补偿机制，促进医疗卫生事业持续、稳定、健康发展。

第一节
我国医疗卫生体制改革历程

一、医疗卫生体制的恢复和改革探索阶段（1978—1992年）

在计划经济时期，我国坚持面向工农兵、预防为主、中西医结合、卫生工作与群众运动相结合四大卫生工作方针,在当时的历史阶段较好地平衡了经济发展低水平和医疗服务有限供给之间的矛盾,在公共卫生全民覆盖、医疗保障制度建设等方面取得了显著成效。但"文化大革命"期间卫生经费极度紧缺,人才队伍建设青黄不接,技术水平和工作效率极低,医疗卫生工作正常秩序被打乱,制度发展受到严重干扰。1978年,我国开始恢复医疗卫生服务供给能力,并以医疗机构管理、多样化办医和药品价格管理为突破口,探索启动部分改革。

1. 恢复医疗卫生服务能力

改革开放后,卫生部以培养医疗卫生人员和加强机构管理为抓手,规范医疗机构服务质量,卫生服务能力得到了恢复和提高,卫生人员数量明显增长,服务范围和数量有所扩大。从1978年到1992年,我国卫生人员数量从310.6万人增长到514万人,增幅65.5%;卫生机构数量从16.98万个增加到20.48万个,增幅20.6%;卫生机构床位数量从107.9万张增加到199.3万张,增幅84.7%。医疗服务供给能力的改善方便了人民群众看病就医,从1980年到1992年,城市医疗机构诊疗人次从10.53亿人次增长到15.35亿人次,增幅达到45.8%。

2. 予以医院经营管理自主权

1979年,卫生部开始在县级以上中医院试点"全额管理、定额补助、结余留用",在经济管理方面逐步向医院放权。1981年3月,卫生部正式颁布了《医院经济管理暂行办法(修改稿)》和《卫生部关于加强卫生事业单位经济管理的若干意见》,改革重点放在了提高机构经济效益、减轻财政负担压力上,提出了扩大医院服务范围、增加合理业务收入以及逐步按成本收费的改革措施。

1985年4月,国务院批转了卫生部《关于卫生工作改革若干政策问题的报告》。这份改革开放后医疗卫生事业改革的第一个指导性文件对全民所有制卫生机构明确提出了扩大医院自主权、医疗收费改革等改革内容。1989年,国务院批转了卫生部、财政部等五部门《关于扩大医疗卫生服务有关问题的意见》,主要内容包括积极推进各种形式的承包责任制,开展有偿业务服务,进一步调整卫生服务收费标准,允许卫生预防保健机构开展有偿服务,卫生事业单位实行"以副补主"和"以工补医"等。

医疗机构经营自主权改革有效地激发了医疗机构经营活力，促进供给能力改善和提升，但也导致了医疗费用分担格局发生变化，个人医疗负担显著加重。在卫生总费用中，政府预算卫生支出占比从1978年的32.2%下降到1989年的27.3%，社会卫生支出占比从1978年的47.4%下降到1989年的38.6%，而个人现金卫生支出占比快速攀升，由1978年的20.4%增长到1989年的34.1%，较改革开放初期增长约1.5倍。与此同时，部分医疗机构开始出现片面追求经济效益的现象，削弱了医疗卫生事业的公益属性。

3. *规范和改善医疗机构管理*

改革开放后，卫生管理部门开始努力加强医疗机构管理，于1982年1月颁行了《全国医院工作条例》，明确医院必须以医疗工作为中心，在提高医疗质量的基础上，合理兼顾教学和科研任务。

一是规范医院的医疗工作。加强医院急诊工作，医院设急诊室，并要有一定数量的观察床，实行24小时开放应诊。门诊各科室各部门要按规定任务配足医疗力量，缩短门诊时间，支持有条件的医院设立专科或专病门诊。规范住院病人诊疗，实行住院医师、主治医师、主任医师（科主任）三级负责制。积极创造条件逐步实行住院医师24小时负责制和住院总医师制。

二是优化中西医结合方式。规定医院在中医、西医、中西医结合全面发展基础上，根据机构特点对三支力量有所侧重。建立健全中医科和中药房，设置中医门诊和病房。中医病房的床位一般应占全院总床位的5%，有条件的医院亦可超过这个比例。要有计划地将中医院校毕业生充实到中医科，加强中医技术力量。继承、发掘、整理、提高祖国医药学遗产，总结名老中医、中药人员的经验，搜集、验证民间单方、验方，总结疗效，推广应用。

三是落实教学和科研任务。规定医院要在保证医疗质量、完成医疗任务的基础上积极承担高中等医药院校学生临床教学和毕业实习以及在职人员进修培训任务。要积极开展以提高临床医疗、护理水平为主的科研工作和临床药学研究。

4. *放松药品生产和流通领域管制*

1978年，国务院成立国家医药管理总局，由卫生部代管，其主要任务是"把中西药品、医疗器材的生产、供应、使用统一管理起来"。1982 年，国家医药管理总局改称国家医药管理局，由国家经贸委代管，负责医药（不含中药）行业管理。1988 年国家成立国家中医药管理局，专门负责中药管理工作。自此，我国医药行业行政管理中中西药分治的格局确立。

计划经济时期，国家对于药品的生产、流通和销售实施严格的调配管理，药品价格受到完全管制。20 世纪 80 年代开始，市场规律开始在医药资源配置中发挥调节作用，药品价格管制开始松动。1984 年，国家开始转变药品价格形成形式价格管理，实行国家定价、国家指导价、市场调节价相结合的办法，并将药品价格管理权下放到地方和企业。仅当年，国家医药管理局主管价格就由 1900 种减少到了 250 种，使绝大部分药品可以由产地、销售地和生产企业自主定价，不再执行统一的计划调配价格。同时，以调整药品的进销差率和作价办法为突破口，促进价格调整。1984 年，国家主动调整了 119 种药品的价格，按照产地价格政府管理，销地价格按实际成本的 5% 确定综合差率，内部调拨由买卖双方协商的原则，促进市场机制在药品价格形成中发挥作用。

伴随着价格管理松动，国家也逐步把药品生产和调配自主权归还企业。一是药品生产领域的供求关系开始发挥作用。1985 年起，国家将原来按照指令性计划管理的 12 大类共 292 种原料药减少为 30 种，其余药品改为执行指导性计划管理，中药材中指令性计划管理的由 30 种减少为 4 种，化学原料药品则完全取消了指令性计划，由生产企业和药品需求方根据市场原则自行平衡供需数量。药品生产领域放权改革极大促进了制药企业的生产积极性，我国化学制药工业的总产量由 1989 年的 20 多万吨增长到 1998 年的 35 万吨，药品产品结构更加丰富，通过合资生产、自主研发等方式，一批世界先进水平的药品开始在我国临床应用，改变了医疗机构长期依赖黄连素、庆大霉素、土霉素等基础药物治疗的格局。二是药品供应体系发生根本性改变，三级批发、主机调拨的供应体系开始解体，医疗机构开始自主选择医药品种和品牌，药品生产企业也开始自由选择销售对象，流通渠道更加多元，不合理的批发环节逐步取消，专业从事医药流通的商业企业数量增加，以供求关系为主导、以市场流通为渠道的医药商品化流通新体系逐步形成。

5. 探索医疗主体多元化

1980年，国务院批转了卫生部《关于允许个体开业行医问题的请示报告》，允许过去领有开业执照、现无工作、仍能继续行医者，因各种原因目前未在国家或集体医疗机构工作的中医（包括民族医）、西医、助产士和牙科技工，以及一部分原在国家或集体医疗机构工作现已退休的医生、助产士和牙科技工等三类人员，作为个体开业医生行医。这初步改变了医疗机构"一公二大"的格局，在一定程度上弥补了国家对医疗资源投入的不足，促使国有医院的改革更加顺利地进行。

二、医疗卫生服务体制改革"向市场进军"阶段（1992—2000年）

1992年10月，党的十四大明确提出经济体制改革的目标是建立社会主义市场经济体制。1993年党的十四届三中全会通过了《中共中央关于建立社会主义市场经济体制若干问题的决定》，进一步明确了市场经济体制和社会主义基本制度密不可分的关系，同时指出要建立适应市场经济要求，产权清晰、权责明确、政企分开、管理科学的现代企业制度。在卫生医疗领域，继续探索适应社会主义市场经济环境的医疗卫生体制。受经济体制市场化改革影响和"效率优先"理念浸润，以1992年国务院下发的《关于深化卫生医疗体制改革的几点意见》为标志，医疗卫生服务体制改革正式启动。这一阶段的改革确立了"三医联动"基本架构，在措施上虽然也提出要坚持医疗卫生事业的福利属性，但总体来看制度导向更加强调市场机制作用，"向市场进军"成为改革主旋律。

1. 卫生经费补偿机制发生根本变化

1992年9月，国务院下发《关于深化卫生医疗体制改革的几点意见》，要求拓宽卫生筹资渠道，完善费用补偿机制；鼓励采取部门和企业投资、单位自筹、个人集资、银行贷款、社团捐赠、建立基金等多种形式，多渠道筹集社会资金，用于卫生建设；同时，要求打破平均主义分配方式，在支持医疗单位在实行工资总额包干的基础上，对包干结余和创收部分，在保证事业发展和完成科教任务的前提下，可由单位自主支配，支持有条件的单位办成经济实体或实行企业化管理，做到自主经营、自负盈亏。该文件进一步刺激了医疗机构的经济利益导向，为一些机构通过开大处方、大检查方式进行过度医疗和诱导医疗提供了政策通道。卫生部在落实相关政策精神时，进一步提出了"建设靠国家、吃饭靠自己"的理念，在此理念下，虽然在"以工助医、以副补主"等方面取得新成绩，鼓励医疗机构积极创收，弥补国家财政资助的不足，但使医疗机构的公益性发挥受到极大影响。

1997年《中共中央 国务院关于卫生改革与发展的决定》虽然重申了公立卫生机构是非营利性公益事业单位，并明确提出了增加卫生投入和医药分开核算的改革要求，但同时把政府支付责任局限在了政府办的各类卫生机构的基本建设及大型设备的购置费、维修费，离退休人员费用和卫生人员的医疗保险费，预防保健机构的人员经费和基本预防保健业务经费等有限的几种支出上，而医药分离政策没有得到落实，使医疗机构筹资结构并没有得到改变，对各类有偿医疗行为和"以药养医""以医养医"的依赖程度不断加深。

这一时期，我国卫生总费用结构发生了完全逆转。1990—2002年，公共卫生支出占卫生总费用的比重由59.64%下降为32.58%，私人卫生支出占卫生总费用的比重由40.36%上升为67.42%。其中，社会保障卫生支出占公共卫生支出的比重在60%以上，个人现金卫生支出大约占私人卫生支出的90%。由此可见，绝大多数医疗费用需要由个人直接负担，医保对于医疗费用的分担能力趋弱，酿成较为严重的"看病贵"感受。

2. 医疗服务供给能力发展受到限制

由于政府投资不足，医疗机构缺少建设资金和设备购置资金支持，故服务供给能力发展长期处于一个较低水平，1993年至2000年，卫生机构人员数、卫生机构床位数、每千人口医生数、每千人口床位数等关键指标都没有显著提升和改善。医疗服务供给进入"平台期"，而城乡居民收入增长带来的健康需求激增，使医疗供需失衡形势严峻，"看病难"问题更加凸显。

表 2-1 1993—2000 年中国医疗卫生基本供给情况

年份	卫生机构人员数（万人）	卫生机构床位数（万张）	每千人口医生数（人）	每千人口床位数（张）
1993	521.5	309.9	1.55	2.36
1994	530.7	313.4	1.57	2.36
1995	537.3	314.1	1.58	2.39
1996	541.9	310.0	1.59	2.34
1997	551.6	313.5	1.61	2.35
1998	553.6	314.3	1.60	2.40
1999	557.0	315.9	1.67	2.39
2000	559.1	317.7	1.68	2.38

3. 发展社区卫生服务

1997 年《中共中央 国务院关于卫生改革与发展的决定》提出，要构建全覆盖的城市基层卫生服务网，积极发展社区卫生服务，逐步形成功能合理、方便群众的卫生服务网络。基层卫生机构要以社区、家庭为服务对象，开展疾病预防工作、常见病与多发病的诊治、医疗工作、伤残康复、健康教育、计划生育技术服务工作以及妇女儿童与老年人、残疾人保障等工作。要把社区医疗服务纳入职工医疗保险，建立双向转诊制度。有计划地分流医务人员和组织社会上的医务人员在居民区开设卫生服务网点，并将在居民区开设卫生服务网点纳入社区卫生服务体系。明确基层社区卫生服务与医院服务的不同职能分工，城市大医院主要从事急危重症和疑难病症的诊疗，结合临床实践开展医学教育和科研工作，不断提高医学科技水平，还要指导和培训基层卫生人员。

4. 农村医疗卫生服务能力大幅衰退

农村家庭联产承包责任制改革深入推进之后，以集体经济为依托的村级卫生受到严重冲击，三级卫生网络发生断裂，县级医院、乡镇卫生院和村卫生室由之前的指导协调关系转变为竞争关系。再加上国家一度大大削减了对农村医疗机构费用的补偿，设施设备和服务人员短缺，各级农村机构又缺乏足够力量开展高质量有偿服务，在与城市医疗机构的竞争中处于劣势，使三级医疗卫生服务网络的服务提供数量和服务供给能力均大幅衰退，功能作用不能得到充分发挥。

从服务提供数量来看，1991年到2002年，乡镇卫生院诊疗人次从10.82亿人次下降到7.10亿人次，住院人数从2016万人下降到1625万人，降幅分别达到34.4%和19.4%。从供给能力来看，县级医院、乡镇卫生院床位数从1990年的123.74万张下降至2001年的101.73万张，县级及以下医疗机构卫生技术人员数从1990年的171.26万人下降到163.6万人。

5. 进一步推进药品生产和流通体制改革

1992年，国家医药管理局在《关于医药行业搞好国营大中型工业企业的意见》中指出：除一些关系国计民生的医药行业产品必须由国家集中掌握定价之外，其余产品允许企业按照国家统一作价方法，根据市场供求情况，制定产品价格，逐步缩小国家管理定价的产品范围，医药价格逐步走向全面开放。

但是在政策实践中发现，完全放开药品价格管制虽然极大地调动了企业的生产积极性，但也使大部分药品价格持续上涨，严重增加了城乡居民的就医负担，也使公费医疗、劳保医疗和新生的社会医疗保险制度面临严峻的支出压力。为保持药品价格水平的相对稳定，有关部门开始全面加强药品零售价格管理。1996年9月，国家计委发布《药品价格管理暂行办法》，1997年又发布了《药品价格管理暂行办法的补充规定》，通过三方面政策手段来限制价格：一是重新扩大了药品零售价格政府定价和政府指导价范围，规定生产、经营具有垄断性的药品，以及临床应用面广、量大的少数基本治疗药品、预防制品等药品实行政府定价和政府指导价。二是重新调整药品价格的作价办法，明确出厂价、批发价和零售价三个环节的作价公式，并对药品流通差率进行限制，如规定批发环节进销差率针剂最高为20%，片剂为19%，医院药房批零差率最高为15%等。三是对部分替代性低、用量大的药品实施最高零售价格限价政策。

三、医疗卫生服务体制改革开始回归公益性阶段（2000—2008年）

事实上，对于医院注重效益而忽视公益性的倾向长期存在争议。1993年5月召开的全国医政工作会议上,时任卫生部副部长殷大奎明确表示反对市场化,要求多顾及医疗的大众属性和起码的社会公平。此后,医改领域内的政府主导和市场主导之争逐步成为管理部门、理论界和社会所关注的焦点问题。2002年,党的十六大提出了全面建设小康社会的奋斗目标,把社会更加和谐、人民生活更加殷实作为小康社会的重要指标。2003年的"非典"事件暴露了医疗卫生网络能力的"短板",倒逼政府增加公立医疗机构的设施、设备和人员投入。在此背景下,医疗卫生服务体制改革的大方向也开始扭转,由市场化导向转向重新强调医疗服务的社会事业公益属性。

1. "三医联动"架构基本确立

针对个人医疗费用负担增长过快、"看病难、看病贵"现象突出的问题,2000年国务院办公厅转发了国务院体改办等八部门《关于城镇医药卫生体制改革的指导意见》,明确了要同步推进职工基本医疗保险制度、医疗卫生体制和药品生产流通体制三项改革,用比较低廉的费用提供比较优质的医疗服务,满足城镇广大职工基本医疗服务的需求,从而初步确定了推动医疗卫生体制改革需要医疗、医药和医保"三医联动"的医改架构。这是我国医疗卫生体制改革过程中又一里程碑式的指导政策。

改革的主要措施包括:实行卫生工作的全行业管理,理顺和完善卫生监督体制;建立新的医疗机构分类管理制度,将医疗机构分为营利性和非营利性两类管理,建立健全包括社区卫生服务组织、综合医院和专科医院在内的分工合理的医疗服务体系;加强卫生资源配置的宏观管理,实施区域卫生规划;坚持预防为主的方针,建立综合性预防保健体系;转变公立医疗机构的运行机制,深化医疗机构人事制度和分配改革;实行医药分开核算、分别管理,切断医疗机构和药品营销之间的利益联系;按照公共财政和分级财政体制的要求,规范财政补助范围和方式,调整医疗服务价格,体现医务人员的技术劳务价值等。

2. 政府卫生投入下降态势获初步扭转

2003年以后,国家开始逐步提高政府预算卫生支出水平,20世纪80年代以来政府卫生投入持续下降的趋势得到了初步扭转。2003年至2006年,政府预算支出的绝对水平从1116.9亿元提高到1778.9亿元，年均增幅18.4%，高于同期卫生总费用增幅4.1个百分点。政府预算卫生支出占卫生总费用的比例，从2003年的17.0%提高到2006年的18.0%，实现了稳中有增。

3. 探索公立医院产权改革

《关于城镇医药卫生体制改革的指导意见》虽然提出了要破除"以药养医"的卫生费用补偿机制，但是对于公立医院财政补助来源、补助水平等并没有做出明确规定。在此背景下，江苏宿迁、辽宁海城等地为了解决政府财力投入不足、公立医院"持米叫饥"、人民群众看病就医负担日趋加重的三方困境，开始在区域内探索实施公立医院产权改革：政府退出医疗服务领域，由"举办医院"向"管理医院"转型。把医疗机构的改革按照国企改制办法进行，将其中优质资产盘活，获得了过去50年在医疗机构凝聚的固定资产价值，成为发展地方经济的重要筹资补充。社会资本注资又解决了医疗机构的运行和发展所需资金，提升了医疗服务的供给能力和质量，改善了卫生人员的待遇。同时，通过引入企业经营机制和市场竞争机制，促进机构进入良性发展轨道，变"诱导需求"为公平竞争，减少不合理医疗和过度医疗，并使群众就医的实际负担有所减轻。但从后来的改革评估看，公立医院一"卖"了之，反而导致了医疗机构更加明显的利益冲动，基本医疗卫生职能弱化，医疗服务同质化竞争加剧，高水平医疗人才严重流失，城乡居民的就医负担和周边地区相比没有显著差异，改革初衷并未实现。

专栏一

宿迁市场化医改的探索与失败

2000年起，江苏省宿迁市启动了以构建市场化医疗环境和医疗资源市场化改造为主要目标的医疗卫生体制改革，改革分为两方面内容：

一是对公立医疗机构进行产权制度改革。宿迁市124个乡镇卫生院和9个县级以上医院先后进行了产权置换，被改造为股份制、合伙制、混合所有制和个人独资医疗机构，形成了全部公立医院民营格局。

二是依据"靠大靠外靠强"思路引进外部资本。对于宿迁市的医疗服务中心，则采取引入外部专业医院管理集团方式加强管理和运营。2003年10月，宿迁市人民医院以7013万元向金陵药业转让70%股权；2005年6月，宿迁市人民医院采用技术扶持方式把市工人医院改造为"南京鼓楼医院集团宿迁市人民医院第一分院"。

宿迁医改在短期内显著扩大了卫生资源总量。2004年宿迁市卫生总资产达到15.39亿元，较改革前增长了10.44亿元，增长了210.1%，其中民营资产9.65亿元，占总资产的62.7%。经过10余年的发展，截至2014年底，宿迁市医疗卫生资产总量达到105.3亿元，是改制前的21倍，医院总数达到226家，比改制前增加81家，其中二级医疗机构由8家发展到30家，三级医疗机构由0家发展到40家，千人床位数由1.06张增长到4.20张。但也必须承认，改制后医疗机构逐利化运营特征更加明显，科室承包、绩效提成现象更加普遍，基本医疗卫生服务发生滑坡，优质医疗相对短缺，且改制职工权益保障不足。从改革对全国实际影响来看，宿迁医改只是又一次引燃了医疗卫生应该市场化还是公益化的激烈争论，但是没有形成大范围推广示范效应。2015年9月，由政府投资举办的宿迁市第一人民医院正式投入运行，标志着公立医疗机构的回归，表明宿迁完全市场化的医改道路已经不能持续。

4. 恢复城镇公共卫生体系功能

2003年"非典"事件暴露出我国城镇公共卫生体系的薄弱环节，时任国务院副总理吴仪指出我国疾控体系普遍存在"定位不准，职责不清；机构不少，功能不强；队伍庞大，素质不高；设施陈旧，条件落后；防治脱节，缺乏合力；经费不足，忙于创收"等问题。同时，城镇基层医疗服务趋于瓦解，公共卫生末梢"肌无力"情况比较普遍。2003年开始，我国以加强疾控中心系统建设和基层社区卫生服务组织建设为重点，着力恢复城镇公共卫生体系功能。

一是规范发展疾病预防控制体系。2005年1月，卫生部颁行《关于疾病预防控制体系建设的若干规定》，要求建立国家、省、设区的市、县四级疾病预防控制网络,加强各级机构和基层预防保健组织建设,强化医疗卫生机构疾病预防控制的责任;建立功能完善、反应迅速、运转协调的突发公共卫生事件应急机制;健全覆盖城乡、灵敏高效、快速畅通的疫情信息网络;改善疾病预防控制机构基础设施和实验室设备条件;加强疾病预防控制专业队伍建设,提高流行病学调查、现场处置和实验室检测检验能力。城乡基层疾病预防控制任务主要由城镇社区卫生服务中心、村卫生室、乡村医生等提供,并按其服务数量与质量予以合理经费补助。同时,明确疾病预防控制机构向社会提供公共卫生服务所需经费,由同级政府预算和单位上缴的预算外资金统筹安排。对困难地区疾控中心建设以及涉及面广、危害严重的重大传染病预防控制、地方病和职业病的预防控制、突发公共卫生事件应急处理、重大灾害防疫等项目,中央财政和省级财政予以补助。

二是城镇社区卫生工作受到重视。受"非典"对公共卫生带来的冲击影响,本阶段关于城镇社区卫生组织建设的政策密集出台:2000年12月卫生部印发《城市社区卫生服务机构设置原则》《城市社区卫生服务中心设置指导标准》;2001年11月卫生部印发《城市社区卫生服务基本工作内容(试行)》,同年12月印发《关于2005年城市社区卫生服务发展目标的意见》;2006年初,《国务院关于发展城市社区卫生服务的指导意见》等文件发布。在相关政策指导下,我国城镇社区卫生服务框架基本确立,明确社区卫生服务以基层医疗机构为主体,以全科医生为骨干,以解决社区主要卫生问题、满足基本卫生需求为目的,使城市居民可以享受到与经济社会发展水平相适应的基本卫生服务。各地方也纷纷出台加强社区卫生服务的政策措施,积极开展试点探索,优化医疗资源和政府投入配置结构,促进部分优质资源加快下沉,调动社会力量参与社区卫生服务体系建设,城镇社区服务网络和卫生服务功能开始逐步恢复。

5. 重建农村三级医疗卫生服务网络

2003年,我国开始试点并推广新型农村合作医疗制度。基本医疗保险为各类农村卫生机构提供了稳定的筹资支持,使农村三级医疗卫生网络得到了恢复和重建,服务能力和实际服务供给显著提升。

从服务能力来看,县级医院数量从2003年的2057个增长至2006年5870个,增幅185%；县级医院床位数从2003年的33.9万张增长到2006年的59.9万张，增幅77%；卫生人员数从2003年的38.3万人，增加到2006年的78.3万人，增幅104%。但同期也出现了县医疗机构对乡镇卫生院虹吸效应加强的问题，乡镇卫生院实际服务能力受到一定影响，仅床位数量从67.3万张增长到74.7万张，小幅增长了11.0%，而卫生院绝对数量和卫生人员数都出现下降，其中乡镇卫生院总数从44000个降至39836个，降幅9.5%，卫生人员数从105.7万人降至86.3万人，降幅18.4%。

从服务供给来看，新农合有效减轻了农村居民的就医负担，促进了就医需求合理释放，县医院和乡镇卫生院的诊疗人数与入院人数均呈现出积极的增长态势。2003年到2007年，县医院诊疗人次和入院人数分别从1.5亿人次和849.8万人增加到3.3亿人次和1890.5万人，增幅分别为120%和122%；乡镇卫生院诊疗人次和入院人数分别从6.9亿人次和1608万人增加到7.6亿人次和2662万人，增幅分别为10%和66%。由此可见，新增医疗服务主要集中在县医疗机构，乡镇医疗机构在总服务供给量和门诊服务上变化不大，在住院医疗部分实现的增幅也仅是县医院住院部分增长的一半。

四、新医改全面实施阶段（2009年至今）

长期以来，我国对医疗卫生体系改革缺少顶层规划，医疗卫生体系供给方式和供给结构已经不能适应经济社会发展新形势。公立医疗机构公益性缺乏，医药费用过快上涨，部分医务人员行为扭曲，居民个人医疗负担不断加重；医疗卫生资源总量不足，配置不均衡，优质资源过度向大城市和大医院集中；基本医疗保险覆盖面狭窄，造成城乡间、地区间和人群间医疗服务可负担性拉大。这些体制机制背后隐藏的深层次矛盾不断积累并激化，削弱了人们获得基本医疗服务的可及性，并表现为突出的"看病难"和"看病贵"问题，引起了社会和政府的广泛关注。在此背景下，经过认真论证并征求多方意见，以"四梁八柱"为基础的新医改方案正式出台。新医改针对我国医疗卫生体系所面临的主要问题和挑战作出了系统性制度安排，并突出强调政府责任理念，从而明确回答了医疗卫生服务体系是应该"政府主导"还是"市场主导"这一关键问题。

1. 新医改方案的启动和制定背景

面对医疗卫生领域医药卫生资源总量不足且配置不合理，基层卫生服务体系薄弱，医疗保障制度不完善，公立医院公益性质淡化，药品和医用器材生产流通秩序混乱、价格虚高等突出问题，以及日趋严重的"看病难""看病贵"难题，社会各界要求深化医改的呼声高涨。2000年以来，根据新华网、人民网等主流媒体统计，"医疗卫生"一直位居老百姓关心的重点问题前列。2005年国务院发展研究中心报告提出"前期医改基本不成功"的判断，引发了社会舆论和决策层的广泛关注。

面对日益迫切的改革要求，2006年9月，11部委组成医疗卫生体制改革协调小组，启动新一轮医改方案研定。同年10月，中央政治局第35次集体学习就医疗卫生体系改革问题进行了专门研讨。2008年底，成立了16部委组成的深化医药卫生体制改革领导小组，统筹协调医改中的重大问题。在新医改方案形成过程中，积极引入智库决策力量，科研机构参与力度明显增加。北京大学、中国人民大学、中国社会科学院等9家科研机构平行研究，提出相应的医改方案，为最终医改方案的确立提供了有益的技术和证据支持。2009年4月，《中共中央 国务院关于深化医药卫生体制改革的意见》正式发布，标志着我国新医改全面启动。

2. 新医改的总体目标和重点内容

根据《中共中央 国务院关于深化医药卫生体制改革的意见》，新医改的总体目标是：建立健全覆盖城乡居民的基本医疗卫生制度。到2011年，通过健全完善基本医疗保障制度、基本药物制度、城乡基层医疗卫生服务体系，普及基本公共卫生服务等措施，明显提高基本医疗卫生服务的可及性，有效减轻居民就医费用负担，切实缓解"看病难、看病贵"问题。到2020年，基本建立覆盖城乡居民的基本医疗卫生制度，在深入推进前序改革基础上，着力改革药品供应保障体系，建立比较科学的医疗卫生机构管理体制和运行机制，形成多元办医格局，进一步提高人民群众的健康水平。

为实现总体目标，新医改方案着力强调政策体系的顶层设计，形成了"四梁八柱"的制度框架。其中，"四梁"是指建设覆盖城乡居民的医疗服务体系、公共卫生服务体系、医疗保障体系、药品供应保障体系,形成"四位一体"的基本医疗卫生制度,四大体系相辅相成,配套建设,协调发展;"八柱"是指完善医药卫生的管理体制、运行机制、投入机制、价格形成机制,加强科技与人才保障、信息系统、监管体制机制、法制建设,保障医药卫生体系有效规范运转。"四梁八柱"既是医疗卫生体系的基本制度框架,也是新医改的改革重点内容和关键领域。

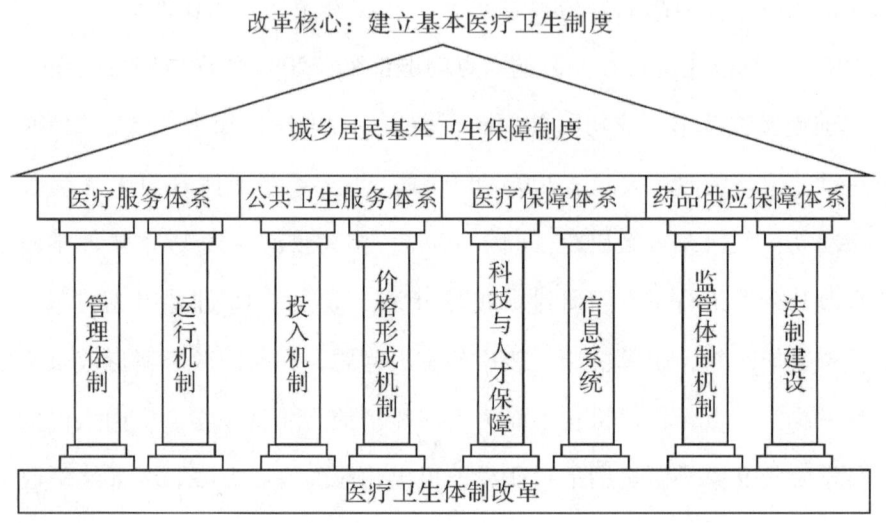

图 2-1 新医改"四梁八柱"总体框架

第二节
我国医疗卫生服务体制改革取得的成就

一、建立起更加合理的卫生总费用筹资机制

1. 卫生总费用增速放缓

着力降低医疗卫生总费用,减轻城乡居民"看病贵"压力,是本轮新医改的改革重点。目前,控制药费占比,控制次均诊疗费用增速,加强收费监管等医疗卫生

费用控费措施均已经收到了一定效果，卫生总费用无序增长势头在一定程度上得到了控制，居民卫生消费支出也明显下降。

新医改以来，我国卫生总费用增速由2009年的20.81%下降到2014年的10.59%，卫生总费用增速与国内生产总值增速的差值也已经由2009年的6.87个百分点下降到2014年的3.24个百分点。居民医疗卫生消费增长明显放缓。公立医院住院和门诊、急诊次均费用增速均呈现明显下降态势，其中住院次均费用增速由2010年的12.9%下降到2014年的7.0%，门（急）诊次均费用增速从2010年的8.6%下降到2014年的6.3%。

2. 个人卫生支出比重持续下降

新医改以来，卫生总费用筹资结构得到了显著优化，个人卫生费用畸高态势得到了根本性扭转，实际自负比例下降，"看病贵"问题得到了切实缓解。2008年到2014年，我国政府卫生支出占卫生总费用比重从24.37%提高到29.96%，增加了5.59个百分点；社会卫生支出所占比重从34.85%提高到38.05%，增加了3.20个百分点；相应个人卫生支出比重持续下降，由40.42%下降到31.99%，下降了8.43个百分点。

一方面，政府投入力度不断加大。政府卫生支出由2008年的3593.94亿元增加到2014年的10579.23亿元；占财政支出的比重由5.74%增加到6.98%，占GPD的比重由1.13%增加到1.66%。另一方面，"全民医保"基本建立，卫生费用的偿付能力不断增强，社会卫生支出已经取代了个人卫生支出，成为医疗卫生总费用的主要筹资来源。个人就医负担切实减轻，直接表现为医疗卫生支出占居民必须消费支出的比重持续下降。2008年至2014年，居民个人卫生支出占居民消费支出的比重由5.89%下降到5.61%，城乡居民看病就医方面的负担更轻了，"看病贵"问题得到了一定程度的缓解。

3. 政府投入更加向基本医保和基层机构倾斜

新医改以来，政府投入更多向基本医疗保险和基层医疗卫生机构倾斜，较好地体现了"保基本、强基层、建机制"的改革要求。从政府投入总量来看，政府财政对于城乡居民基本医疗保险的补助总金额由2008年的902.08亿元增加到2014

年的3892.10亿元，增幅达到331.46%，高于同期医疗卫生支出整体增幅137.1个百分点。政府财政对于基层医疗机构投入总额由2010年的534.84亿元增加到2014年的1071.68亿元，增幅达到100.37%，高于同期医疗卫生支出总体增幅15.82个百分点。

从政府投入支出结构来看，2008年至2014年，财政医疗卫生支出中对新农合和城镇基本医疗保险的投入所占比重由25.10%增加到36.79%；财政医疗卫生支出中对医疗机构的支出所占比重虽然由2010年的53.63%降至2014年的47.80%，但对基层卫生机构的投入所占比重却由9.33%提高到了10.13%。

4. 社会卫生投入力度加大

一是"全民医保"扩大了社会卫生筹资能力。"十二五"时期，我国构建起世界上最大的基本保障网，为超过13亿人提供了基本医疗风险保护。截至2014年底，我国全民基本医保覆盖了13.25亿人，其中职工基本医疗保险覆盖人数2.83亿人，比"十一五"末期增长了14.9%；城镇居民医疗保险覆盖人数3.15亿人，比"十一五"末期增长了61.5%。三大基本医疗保险综合参保（合）率95%以上，不仅做到了制度全覆盖，而且在人员层面上也基本实现了"人人享有"的目标。各项基本医疗保险基金总收入达到12712.3亿元，基金总支出11024亿元，医保支付收入占医疗机构收入的比重已经由2009年的36.7%提高到50%以上，成为医疗卫生服务机构最大支付方，对于卫生总费用的影响举足轻重。

二是商业健康保险迅速发展。新医改以来，商业健康保险费由2008年的573.90亿元增长到2014年的1587.20亿元，增幅达到了176.56%，占社会卫生支出的比重由9.32%增加至11.81%。2015年5月8日，财政部、国家税务总局和中国保监会联合发出《关于开展商业健康保险个人所得税政策试点工作的通知》，明确试点地区个人和企事业单位购买符合规定的商业健康保险产品的支出允许在当年（月）个人计算应纳税所得额时予以税前扣除，扣除限额为2400元/年（200元/月），对商业健康保险筹资扩大起到了进一步促进和推动作用。

> **专 栏 二**
>
> **我国个人税优商业健康保险产品特征**
>
> 　　以人保健康公司首批签发的个人税优商业健康保险产品为例,第三层次医疗保障产品具有如下特征:
>
> 　　一是自愿参保,税收优惠。个人税优商业健康保险由商业保险公司公开发售,由企业和有意愿投保的人员自主、自愿购买。所缴保费可按照2400元/年的限额标准予以税前扣除,降低了被保险人购买健康保险的经济支出。
>
> 　　二是万能保险,保障双全。产品均采用万能保险方式,包括医疗保险和个人账户积累两项责任,医疗保险对投保期间的医疗费用进行承保分担。个人账户设计使投保人员部分缴费能够保值增值,保障功能向退休延伸,用于支付退休后的健康保险费用和个人医疗自负。
>
> 　　三是覆盖广泛,持久投保。保障人群为16周岁以上、未满法定退休年龄、适用健康保险税收优惠政策的纳税人,投保时根据其健康状况确定为既往症人群在投保前连续纳税满1年也可投保。健康险产品保证续保至法定退休年龄,在保证续保期间内,不得因被保险人的健康状况而拒绝投保人续保。
>
> 　　四是责任全面,紧密衔接。个人税优商业健康保险提供包括住院及住院前后门(急)诊保险责任、特点门诊和慢性病门诊责任及健康管理责任等全方位保障。产品设计与基本医疗保险紧密衔接,在基本医疗保险基础上提供补充报销。如,"个人税收优惠型健康保险(万能型)A款"在基本医疗保险支付范围内个人自付费用100%报销,基本医疗保险支付范围外费用80%报销,健康人群首年保额20万,终身保额80万,患病人群首年保额4万,终身保额15万。

　　三是社会资本对医疗卫生的固定资产投资迅速增长。新医改对社会办医的支持力度空前加大,推动社会资本更多投入医疗卫生事业建设。社会卫生固定资产投资由2008年的780.68亿元增加到2014年的2618.77亿元,年均增速为19.1%,社会卫生固定资产投资占社会卫生支出的比重也由15.41%增至19.49%。

二、基层医疗卫生服务更加健全

1. 基层医疗卫生服务网络进一步完善

新医改"强基层"的改革方针进一步巩固和完善了城乡基层卫生服务网络。2010年至2014年，我国各类基层医疗卫生机构由901709家增至917335家，年均增速0.43%。目前，基层医疗机构已经占全国医疗机构总数的93.5%，其中社区卫生服务中心8669家，社区卫生服务站26000个，乡镇卫生院36902家，村卫生室645470个，诊所（卫生所、医务室）188000个。

在数量稳步增长的同时，基层医疗卫生机构分布结构呈现出与经济社会发展趋势相适应的新变化。一方面，城乡结构更加合理。随着新型城镇化稳步推进，2015年底我国城镇化率已经达到了56.1%，更多人常住在城镇，这相应推动了城镇社区卫生服务中心和服务站数量持续增长，而乡镇卫生院和村卫生室数量略有减少。另一方面，随着鼓励社会办医政策效果充分显现，门诊部、诊所等社会办基层医疗机构呈现出稳健增长态势，为城乡基层医疗卫生服务网络提供了重要的补充。

2. 基层卫生服务能力得到明显改善

一是基层卫生人员数量和质量稳步提升。2009年至2014年，基层卫生机构人员数量由315.2万人增长到353.8万人，年均增幅为2.3%。其中，卫技人员从183.3万人增长到217.6万人，年均增幅3.5%；执业（助理）医师从92.8万人增长到106.4万人，年均增幅2.8%；注册护士数从42.2万人增加到60.4万人，年均增幅7.4%。在数量增长的同时，基层卫生人员学历结构也有了较大改善。2009年至2014年，社区卫生服务机构和乡镇卫生院执业（助理）医师中本科以上学历人员占比分别增加了6.4个百分点和3.1个百分点；注册护士中大专以上学历人员占比分别增加了13.1个百分点和8.9个百分点。

二是基层卫生人员配置结构进一步改善。2009年至2014年，每千常住人口基层执业（助理）医师数从0.70人增加到0.78人，每千常住人口注册护士数从0.32人增加到0.44人，医护比从1∶0.45提高到1∶0.57，每万常住人口全科医生数从2012年的0.81人增加到2014年的1.27人。

三是基层医疗机构服务条件得到了明显优化。随着中央相关专项投资项目的推进和地方投入力度不断加大，基层医疗卫生机构设施设备条件明显优化，服务环境得到显著改善。国家卫计委监测数据显示，2013年社区卫生服务中心、社区卫生服务站、乡镇卫生院和村卫生室的基础设施建设达标率分别为91.1%、91.1%、83.5%和84.0%。

3. 基本医疗卫生服务效量双升

基层医疗服务供给效率稳步增长。2009年至2014年，基层医疗卫生机构总诊疗人次由33.92亿人次提高到43.64亿人次，增加了9.72亿人次，年增幅5.2%。其中，社区卫生服务机构诊疗人次数由3.77亿人次增加到6.85亿人次，年增幅12.7%，村卫生室诊疗人次数由15.52亿人次增加到19.86亿人次，年增幅5.1%，表明基层医疗机构利用率得到较大提升。乡镇卫生院执业（助理）医师日均负担诊疗人次从8.3人次增加到9.5人次，社区卫生服务中心医师诊疗人次由14.0人次增加到16.1人次，年增幅分别为2.7%和2.8%，社区服务供给效率有所改善。

公共卫生服务覆盖率大幅提高。新医改以来，全国孕产妇系统管理率和7岁以下健康儿童管理率分别提高到89.5%和90.7%，比改革前增加了11.4和13.3个百分点。截至2013年底，全国规范化居民电子健康档案建档率达到83.4%，管理高血压患者8503万人、糖尿病患者2467万人、中性精神病患者372万人、老年人11692万人，其中慢病管理量比2010年增加了1倍以上。

4. 基层医疗卫生费用得到一定程度控制

基层就医成本增幅放缓。2009至2014年，社区卫生服务中心和乡镇卫生院次均门（急）诊费用年增速分别为1.2%和1.8%，显著低于同期城市医院7.3%和县级医院7.1%的增速。2014年，社区卫生服务中心次均门（急）诊费用和住院费用分别为100元和2289元，仅为城市医院的21.98%和19.75%；乡镇卫生院次均门（急）诊费用和住院费用分别为60元和1314元，仅为县医院的36.36%和28.36%。

同时，基层医疗卫生机构收入结构更趋于合理。由于基本药物制度全面实施，试点开展药品集中招标采购等，有效降低了基层医疗卫生机构基本药物采购价格，再加上药品加成全面取消,使药品收入占医疗机构收入的比重有所下降。2014年,各类基层医疗机构药占比为54.4%,较新医改启动前下降了4.2个百分点。

三、公立医院改革走向深入

1. 破除"以药养医"改革迈出关键一步

深入推进公立医院改革是新医改的重中之重,而破除"以药养医"的不合理医疗费用偿付机制又是公立医院改革的关键领域。2010年2月,卫生部等五部门联合发布《关于公立医院改革试点的指导意见》,开始在17个城市试点公立医院改革,推进医药分开,取消药品加成,完善医疗保障支付机制。2012年又以医药分开为重点,启动县级公立医院综合改革。到2015年,增设城市公立医院改革试点城市66个,并要求全国所有县级全面实施医药分开。到2016年底,公立医院药占比已经由2009年的46%下降到2016年底的不到40%。在前期两轮试点的基础上,明确2017年底城市公立医院全部取消药品加成,利用服务收费和政府补助两个渠道弥补医药收入缺口,预计可以使个人医药费用负担下降600亿~700亿元。自此,药品销售从医疗机构的收入来源转变为成本构成,在医疗机构层面"以药养医"问题得到了根本解决。同时,全面推进公立医疗机构价格综合改革,降低检查治疗和检验价格,避免"用耗材""大检查""多化验"等不合理获利手段,推动形成"以技养医"的公立医疗机构费用偿付新格局。

专 栏 三

公立医疗机构偿付机制改革"组合拳"

一是全面取消药品加成。各级各类公立医疗机构于2017年9月前全部取消药品加成,除中药饮片外其他药品实施"零差率"销售,推动破除"以药养医"。

二是优化医疗服务价格结构。动态调整医疗服务价格,试点推广医事服务费制度,重点提高诊疗、手术、康复、护理等体现医务人员技术劳动价值的项目价格，以提供科学、合理、优质诊疗服务作为公立医疗机构主要收益来源，推动形成"以技养医"格局。同时大幅降低设备检查治疗和检验价格。

三是医保分担有增有减。把调整后的医疗服务类收费纳入医保支付范围，不增加参保人员的经济负担。加强医保控费管理，为医疗服务价格调整和药品"零差率"改革腾出空间。

四是做好财政投入政策衔接。对于药品"零差率"政策实施形成的收入缺口，服务费用调整后仍然不能弥补的部分，由各级财政按比例予以补助。

2. 公立医院管理体制改革有所创新

2013年3月，国务院发布《"十二五"期间深化医药卫生体制改革规划暨实施方案》，明确提出了建立现代医院管理制度的改革任务。此后，各地加快推进公立医疗机构管办分离，合理界定政府作为出资人的举办、监督职责和医院作为事业单位的自主运营管理权限，推进落实公立医院独立法人地位和经营管理自主权，完善公立医院法人治理结构和治理机制。到2013年底，全国已经有114个地市建立专门的公立医院管理机构，管办分离取得明显进展。全国二级以上公立医院中已经有29.8%的医院建立了理事会等多种形式公立医院法人治理结构，并明确理事会与院长职责，现代医院管理制度正在形成。

公立医院人事取得关键突破。新医改以来，国家卫计委等部门先后发布《卫生部关于医师多点执业有关问题的通知》《关于印发推进和规范医师多点执业的若干意见的通知》等文件，明确提出放宽条件、简化程序，优化医师多点执业政策环境，使长期以来事实存在的医师多点执业现象合法化、规范化发展。支持医师在参加城乡医院对口支援、支援基层，或在签订医疗机构帮扶或托管协议、建立医疗集团或医疗联合体的医疗机构间多点执业。推动多点执业成为医疗服务资源均衡化的重要政策杠杆。随着多点执业改革纵深推进，医生集团模式试水，进一步盘活了医疗资源，释放了体制内公立医院的优质医疗服务能力，并为我国公立医院管理运行体制和人事制度改革提供了新的探索路径。

> **专栏四**
>
> **我国医生集团执业模式**
>
> 据统计，我国现有医生集团超过30家，根据医生集团与执业医师的契约关系以及业务提供方式，可以分为全职医生集团、多点执业集团和线上医生集团三种方式。
>
> 全职医生集团：以张强医生集团、万峰医生集团、杏香园、中欧医生集团等为代表，执业医师完全脱离了原公立医院人事关系，采用签订委托中介合同的自由执业模式，由医生集团承担执业医师经纪人角色。
>
> 多点执业集团：以大家医联、中康医生集团等为代表，执业医师以多点执业方式加入医生集团，由医生集团根据签约医师专业及空闲服务时间，在确保医师第一执业地点工作安排的基础上组团排班就诊。
>
> 线上医生集团：以好大夫、春雨医生等为代表，借助移动互联网技术，实现医师利用专业技术开展医疗服务咨询服务，在闲暇时间咨询问诊，增加个人收入。同时，执业医师把线上咨询与线下公立机构本职工作相衔接，起到了疾病初筛和分诊作用，节约医疗资源。

公立医院薪酬制度改革解冻。2017年1月，人力资源与社会保障部等四部委联合发布《关于开展公立医院薪酬制度改革试点工作的指导意见》，正视现行公立医院工资制度不适应医改新形势要求，也不符合医疗行业人才培养周期长、职业风险高、技术难度大、责任担当重的特征，允许公立医院薪酬突破"现行事业单位工资调控水平"这道"天花板"，允许医疗服务收入扣除成本并按规定提取各项基金后主要用于人员奖励。同时，要求完善公立医院薪酬正常调整机制，逐步提高诊疗费、护理费、手术费等医疗服务收入在医院总收入中的比例以及推进公立医院主要负责人薪酬改革等，给予医疗机构更大的财务分配权。

3. 医疗服务能力得到显著提升

新医改以来，公立医院卫生服务能力得到了明显提升，以三级医院扩张为引领,公立医院床位数量快速增长,床位使用率指标结构有所改善,诊疗人次快速增加。

一是公立医院床位数快速增长,增速回归平稳。到2015年,公立医院床位数已经由新医改前的2792544张增长到4296401张,增幅达到53.9%。值得关注的是,2014年以来,公立医院床位增速发生"断崖式"下行,表明因新医改后医疗卫生投入"补欠账"带来"报复式"增长阶段基本结束,公立医院服务能力增长恢复合理水平,特别是三级医院无序扩张的势头得到了明显遏制。

二是医疗服务可及性明显增强,资源投入绩效显现。新医改以来,医疗资源分配得到了整合优化,等级公立医疗机构配置结构更加均衡,增强了优质医疗的辐射集聚和纵向流动。各地以市级高水平公立医院为龙头,以县级医院为支撑的"1小时优质医疗服务圈"基本形成,再加上基本医疗保险制度全民覆盖政策的保障,城乡居民就医诊疗意愿得到了充分释放,"看不到病"的时代一去不复返,人们在家门口就能接受到较高水平的等级医疗机构服务,观念由"看病贵"向"敢看病"转变。随着公立医院配置结构均等化和服务能力改善,公立医院床位使用率持续保持在90%以上高位运行,诊疗人次由2009年的17.7亿人次提高到27.1亿人次,表明资源投入获得了较好的产出绩效。

表2-2 新医改以来我国公立医院服务能力提升情况 (2009—2015年)

年份	公立医院床位数(张)	公立医院床位增幅(%)	公立医院床位使用率(%)	三级医院床位使用率(%)	诊疗人次(亿)
2009	2792544	—	87.7	102.5	17.7
2010	3013768	7.9	90.0	102.9	18.7
2011	3243902	7.6	92.0	104.2	20.5
2012	3579309	10.3	94.2	104.5	22.9
2013	3865385	8.0	93.5	102.9	24.6
2014	4125715	6.7	92.8	101.8	26.5
2015	4296401	4.1	90.4	98.8	27.1

4. 分级诊疗管理取得积极进展

为合理配置医疗资源，促进基本医疗卫生服务均等化发展，2015年9月，《国务院办公厅关于推进分级诊疗制度建设的指导意见》发布，要求到2017年建立起基层首诊、双向转诊、急慢分治和上下联动的分级诊疗体系，通过提高县级公立医院综合服务能力，推进区域医疗资源共享，鼓励优质医疗下沉基层，建立公立医院床位调控机制，推进医保支付机制改革等手段合理规范就医秩序。从床位使用结构来看，三级医院床位使用率从2009年的102.5%下降到2015年的98.8%，表明服务需求开始向二级以下基层医疗机构分流，分级诊疗改革成效有所体现。

四、公共卫生事业取得重大成效

1. 公共卫生服务体系逐步完善

新医改以来，我国逐年加大公共卫生投入，公共卫生专业机构数量逐年增加，从业人员专业技术能力进一步提升，公共卫生服务体系进一步完善。截至2013年底，我国共有国家、省、市、县四级专业公共卫生机构3516个，较新医改前增加了2.63倍，极大地提高了公共卫生服务和疾病预防控制服务的可及能力。公共卫生专业技术人员数量大幅增长。截至2013年底，各类专业公共卫生机构人员数达到826221人，较新医改前增加了1.32倍。其中卫生技术人员总人数为608560人，占服务机构总人数的73.7%。人员分布情况有所优化。其中农村机构卫生专业技术人员276570人，占比达到52.9%，高于城市机构5.8个百分点。公共卫生机构人员专业素质得到了明显提升。全国四级疾控中心专业人员中大学本科以上的占比达到33.5%，较新医改前增加了8.61个百分点；具备中高级职称的人员占比达到42.7%；具有10年以上工作经验的人员占比达到80.6%。

2. 重大公共卫生专项成效显著

针对我国公共卫生领域的突出缺项短板，新医改以来，我国先后启动了六项重大公共卫生服务项目：一是15岁以下人群补种乙肝疫苗项目；二是农村妇女乳腺癌、宫颈癌检查项目；三是增补叶酸预防神经管缺陷项目，对全国农村妇女孕前、孕早期进行免费补服叶酸；四是实施"百万贫困白内障患者复明工程"；五是在贵州、云南等六省实施消除燃煤型氟中毒危害项目;六是实施农村改水改厕项目,为农户进行无害化厕所建设。项目实施后,相关重大公共卫生专项取得了显著成效,有力提升了妇女、儿童等重点人群和农村地区的公共卫生服务保障水平。

表2-3 六项重大公共卫生服务项目主要内容及实施成效

公共卫生服务项目	项目内容	实施效果
15岁以下人群补种乙肝疫苗	对1994至2001年出生的未免疫人群实施乙肝疫苗接种	累计补种6198.7万人,适龄儿童乙肝接种率和首针及时接种率均有明显上升
农村妇女两癌筛查	对农村适龄妇女进行宫颈癌和乳腺癌检查	自2009年到2014年,累计为3715万名农村妇女进行检查,查出患病妇女4.6万人,对提高妇女健康水平,降低疾病负担发挥了积极作用
增补叶酸预防神经管缺陷项目	为农村地区妇女在怀孕前3个月和怀孕后3个月免费增补叶酸	2009年至2013年,累计为4577万农村妇女补服叶酸,新生儿神经管缺陷发生率已经从2000年的11.95例/万人下降到3.37例/万人
贫困白内障患者复明	对全国(不含北京市、天津市、上海市)贫困白内障患者进行筛查,并实施复明手术,每例手术中央财政补助经费800元	2009年以来,累计完成手术任务超过140万例
消除燃煤型氟中毒	在贵州、云南等地实施改炉、改灶,消除高氟煤燃烧引致的氟污染及健康风险	截至2013年年底,累计改炉、改灶796.5万户,受益群众超过3200万人

(续表)

公共卫生服务项目	项目内容	实施效果
农村地区改水改厕	支持农村特别是中西部贫困地区和血吸虫重点流行地区改厕工作	到"十二五"末,项目地区卫生厕所普及率超过85%,基本卫生条件明显改善,粪口传播疾病发病率由37.5例/10万人下降到22.2例/10万人

3. 国家基本公共卫生服务项目稳步推进

2009年发布的《中共中央 国务院关于深化医药卫生体制改革的意见》明确提出了实施国家基本公共卫生服务项目,使城乡居民逐步享有均等化基本公共卫生服务的改革要求,并框定了9大类基本公共卫生项目"服务包"。2012年7月发布的《国家基本公共服务体系"十二五"规划》把国家基本公共卫生项目"服务包"进一步扩展到11大类41项。由此,我国建立起稳定的政府公共卫生投入补偿机制,基本公共服务经费人均补助标准逐年增长,由2009年的不低于15元提高到2016年的不低于45元。

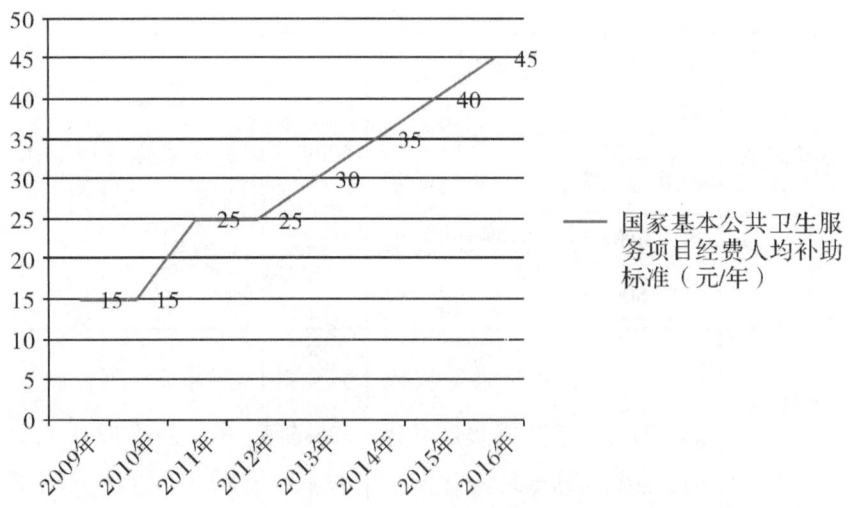

图2-2 新医改以来国家基本公共卫生服务项目经费人均补助标准增长情况

从实施绩效看,国家基本公共卫生服务项目覆盖人群和服务量稳步增加,服务公平性较好实现,取得了积极的健康效益。2014年城乡孕产妇死亡率分别降至20.5例/10万人和22.2例/10万人,差距由新医改前的6.9例/10万人缩小到1.7例/10万人。城乡5岁以下儿童死亡率分别降至22.7‰和7.9‰,差距较新医改前缩减6.5‰。慢病管理人数、孕产妇系统管理率、7岁以下儿童健康管理率、麻疹病发病率、乙肝疫苗全程接种率等关键公共卫生指标均有不同程度提高。

五、药品流通和保障体系建设深入推进

1. 药品价格改革取得重大突破

2015年5月,国家发改委、国家卫计委等六部门联合下发《关于印发推进药品价格改革意见的通知》,明确提出改革药品价格形成机制,充分发挥市场机制在药品供需和资源配置中的基础性作用,逐步建立起市场价格机制为主导的药品价格形成机制,最大限度减少政府对药品价格的直接干预;要求到2015年6月1日,除麻醉药品和第一类精神药品外,全面取消政府药品定价,由生产经营者依据生产经营成本和市场供求情况,自主制定价格;要求完善药品集中招标采购制度,发挥医保控费作用,用好低价药目录管理、医疗机构带量议价等政策工具,确保药品价格稳定在合理水平。

表2-4 药品价格形成机制改革后药价调控政策工具

政策名称	适用对象	调控机制
政府定价	麻醉药品、第一类精神药品	在制定出厂和批发价格的基础上,逐步实行全国统一零售价格
医保支付标准	医保基金支付的药品	根据药物在治疗效果上的等效性和临床上的替代性进行药品分组,按照某个基准价确定各组药品的医保补偿水平。引导药品使用者减少使用高价药,引导生产者降低药品价格

(续表)

政策名称	适用对象	调控机制
药品阳光采购	医疗机构常用药	利用药品阳光采购平台，使医疗机构常用药品价格动态联动全国省级药品集中采购最低价，降低医疗机构药品集中招标采购价格
医疗机构带量议价	医疗机构大量使用的药品	医疗机构单体或各采购片区医疗机构实行联合体带量议价采购，对使用量大的药品可以使用限采、约谈等手段与药品供货企业二次协议价格，促进药品在集中招标采购挂网基础价格上进一步下浮
医保谈判目录	专利药品、独家生产的药品	对缺少替代分组的专利药、独家生产的药品开展国家医保谈判，使谈判药品大幅降低价格水平后纳入医保支付范围
低价药清单	符合低价药日均费用标准的药品	把不超过3元的西药，不超过5元的中成药等低价药品动态纳入低价药清单，直接挂网销售，优先纳入医保目录
"两票制"	公立医疗机构采购的药品	允许生产企业到流通企业开一次发票，流通企业到医疗机构开一次发票，压缩中间环节费用

2. 国家基本药物制度全面巩固实施

2009年8月，国家发改委等9部门联合下发了《关于建立国家基本药物制度的实施意见》，标志着我国正式建立起国家基本药物制度。这里所说的基本药物，是指适应基本医疗卫生需求，剂型适宜，价格合理，能够保障供应，公众可公平获得的药品。各级医疗机构应保障基本药物供应，并按比例使用。基本药物实施目录管理，根据我国基本医疗卫生需求和基本医疗保障水平变化、疾病谱变化、药物经济学评价等方面因素，动态调整目录内药品。

2015年2月，国家卫计委等9部门下发了《国家基本药物目录管理办法》，进一步完善基本药物目录遴选规则，不鼓励省级自行增补基本药物，并明确了逐步通过医保支付标准和集中采购形成基本药物价格。各地基本药物普遍采取集中招标采购，有力地推动了药品价格回归合理水平，有效减轻了城乡居民的医药费用负担，并提高了基本药物的可及性。

表 2-5 新医改以来我国基本药物制度的建立和巩固

政策环节	2009 年基本药物制度	2015 年基本药物制度调整
目录管理	允许省级增补	不鼓励省级增补调整
配备使用	基层医疗机构全面配备使用，其他机构优先使用	各级医疗机构全面配备，并按比例使用
药品采购	"双信封"招标采购为主	使用"双信封"、限价采购、谈判采购等多种采购方法
医保支付	全部纳入医保甲类报销，新农合提高报销比例 5 个百分点	全部纳入医保甲类目录，按照医保支付标准确定实际补偿水平。对老年患者药品和儿童剂型实施差别化报销政策
价格管理	在政府定价基础上通过省级招标形成采购价格，"零差率"销售	按照医保支付标准和集中招标采购形成价格

3. 药品流通配送效率有所改善

药品零售终端进一步发展壮大。截至 2014 年底，全国共有药店门面 43.48 万家，较新医改初期增加了 3.59 万家。其中药品连锁企业门店 17.14 万家，同比增长了 25.1%，单体药店 26.34 万家，较 2011 年减少 1.4 万家，表明流动零售企业结构进一步优化，企业集中度有所上升。药品及时配送率进一步提高，基层"缺药"问题得到了极大缓解。2013 年基本药物配送及时率达到 90.9%，全国部分省份配送及时率超过 95%。

第三节
我国医疗卫生体制改革面临的主要问题

一、卫生筹资可持续风险加大

1. 卫生总费用高增长态势不变

2015年,我国卫生总费用达到40974.64亿元,同比增加16.03%,是2009年新医改前卫生总费用的2.34倍,年均增幅达到22%以上,增速持续高于国内生产总值增长,卫生总费用快速增长的趋势并没有得到根本性扭转。2015年,我国卫生总费用规模占国内生产总值的比重已经达到6.05%,较2009年增加了0.97个百分点,超过世界卫生组织推荐中高收入国家卫生总费用占国内生产总值5%左右的标准1.05个百分点。如卫生总费用继续保持现有增长速度,预计到2020年,我国卫生支出将占国内生产总值7%左右,对社会生产和消费支出形成明显挤压效应,并会显著增加财政兜底压力、医保基金支付压力和城乡居民就医自负压力。

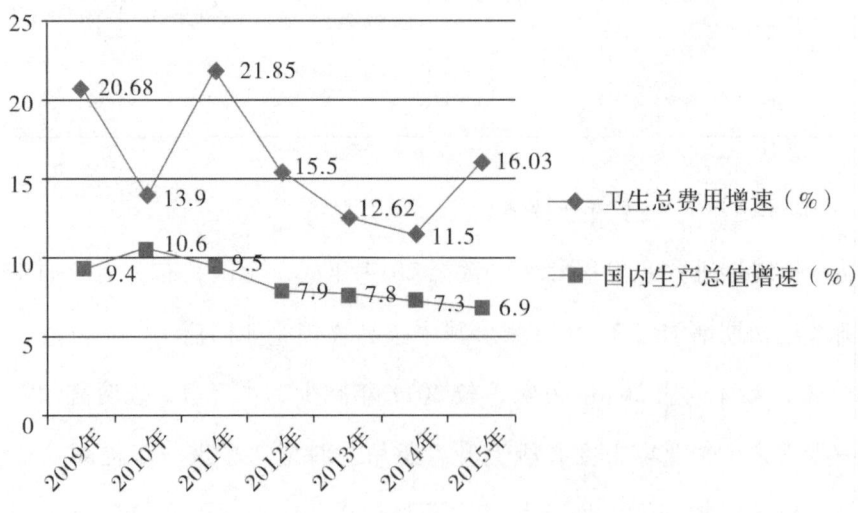

图2-3 新医改以来卫生总费用快速增长情况

2. 个人医疗负担依然沉重

2015年我国个人卫生支出为11992.65亿元,从相对负担水平来看,个人卫生支出占卫生总费用的比重降至29.27%,较新医改前下降了11.15个百分点,完成"十二五"时期个人卫生支出占比下降到30%以下的改革任务,个人卫生总费用构成结构也符合世界卫生组织所提出的中等收入国家个人卫生支出占比不超过30%的合理区间。

但从个人实际负担水平来看,由于卫生总费用快速增长,所以尽管个人卫生支出占比下降,但因总费用核算基数扩大,个人卫生支出实际上保持着持续增长态势,较2009年增加了82.5%。再加上基本医疗保险制度普遍建立对就医服务消费起到了加杠杆作用,个人获得医疗卫生数量快速增长,所需负担的治疗、药品、检查等相关费用有增无减,城乡居民人均个人卫生支出绝对负担反而从新医改初期的492.34元增加到2015年的872.48元,个人人均支出实际增长了77.21%,城乡居民"看病贵"问题并未得到根本缓解。

表 2-6 新医改以来个人卫生支出变动情况

年份	个人卫生支出(亿元)	个人卫生支出占比(%)	人均个人卫生支出(元)
2009	6571.16	37.46	492.34
2010	7196.61	35.29	525.86
2011	8465.28	34.80	628.84
2012	9656.32	34.34	713.14
2013	10729.34	33.90	788.99
2014	11295.41	31.99	825.89
2015	11992.65	29.27	872.48

二、"强基层"改革效果受到削弱

1. 高等级医院机构虹吸效应依然明显

新医改以来,基本医疗保险制度覆盖全民,城乡居民单位诊疗就医负担下降,推动就医需求进一步释放。当前我国医疗卫生资源配置还不均衡,基层机构和等级医院之间、各级医院之间存在明显的服务治疗差异,人们更愿意去高等级医疗机构就诊。再加上缺少有约束性的分级诊疗管理制度,对基层机构又一度执行过于严格的财务、诊疗和药品管理约束,导致服务提供方之间缺乏配合,反而形成了完全竞争关系,大城市三级甲等医院资源集聚和虹吸效应明显,服务使用不断趋向上级机构,而基层机构的人力、设施和服务能力没有得到充分激励与使用。数据显示,2015年我国医院类医疗机构总诊疗人次达到308364.1万人次,占当年医疗卫生机构总诊疗人次的40.1%,较新医改初期增加5.2个百分点,而2015年基层医疗机构总诊疗人次为434192.7万人次,占当年医疗卫生机构总诊疗人次的58.7%,同期下降了3.2个百分点。在医院类机构中,三级医疗机构诊疗人次占比持续增长,由2010年的37.3%增长到2015年的48.7%,三级机构诊疗量相当于一级机构和二级机构诊疗量之和。

表2-7 新医改以来各类医疗机构诊疗量变化（单位：万人次）

年份	总诊疗人次	基层医疗机构诊疗人次	医院机构诊疗人次	其中：三级医院诊疗人次	其中：二级医院诊疗人次	其中：一级医院诊疗人次
2010	583761.6	361155.6	203963.3	76046.3	93120.4	14573.6
2011	627122.6	380559.8	225883.7	89807.8	99198.5	15336.5
2012	688832.9	410920.6	254161.6	108670.6	105476.7	16766.5
2013	731401.0	432431.0	274177.7	123821.9	109169.1	17617.9
2014	760186.6	436394.9	297207.0	139804.4	114708.6	18478.1
2015	769342.5	434192.7	308364.1	149764.6	117233.1	20567.9

我国公立医疗卫生机构实行严格的规划管理，各级财政对于不同等级医院投入力度大不相同。高等级公立医院在竞争公共资源方面具有更多的技术优势和行政便利，物质、资金和人力资源越来越向三级医院集中。如不能有效对公立医院发展边界进行控制，并给予基层医疗卫生机构更大的发展自主性，必然使医疗卫生服务机构之间"强者恒强，弱者恒弱"的"马太效应"更加明显，"强基层"的改革目标也无法真正落到实处。

2. 基层卫生补偿机制尚不完善

部分地区对基层医疗采取严格的收支两条线管理，对于收支核定和财务管理缺乏必要的激励机制，基层机构开展医疗活动形成的结余必须完全上缴财政，导致基层医疗机构负责人和技术人员进一步扩展业务的动机弱化，很多机构仅满足于完成财政购买服务的公共卫生任务，工作量严重不饱和，严重影响了基层卫生机构的运行效率。即使一些地区对基层机构实行了"核定任务、核定收支、核定考核补助、结余按规定使用"的政策，但由于在人员薪酬分配方面过度强调"大锅饭"，缺乏合理绩效工资激励机制，医务人员"多劳少获"情况非常严重，因此基层医疗机构和医务人员的积极性并没有真正得到调动。

地区间补偿水平悬殊，导致了基层机构服务内容与服务质量存在明显差异。当前，县区级财政是基层医疗卫生机构政府补偿的主要来源，但各地经济社会发展水平不同，财政保障能力强弱不一，进而影响了对基层机构的补助力度。据国家卫计委监测发现，2014年人均基层卫生补助水平最高为200元，最低仅有40元。补助资金不足以偿付必要成本，导致在不少地区健康档案、家庭医生签约等公共卫生工作流于形式，并没有真正发挥守住城乡居民健康底线的作用。

3. 基层人才匮乏问题突出

基层医疗机构专业技术人才明显不足，医护结构不合理。截至2014年底，我国每千人口基层卫生机构卫生人员为2.95人，其中，每千人口基层机构执业（助理）医师0.78人，注册护士0.44人。从卫生人员总规模来看，与《全国医疗卫生服务体系规划纲要（2015—2020年）》所要求的每千名常住人口基层卫生人员达到3.5人以上的目标还有明显差距。同时，基层机构执业（助理）医师与注册护士之比为1:0.78,医护比例倒挂问题突出,远未达到《中国护理事业发展规划纲要(2011—2015年)》所要求的医护比达到1:1至1:1.5的人才配比结构。

基层机构人员职业认同感不强,乡村医生队伍不稳定。相比于高等级公立医疗机构,城乡居民对于身边基层机构的信任度明显不足。基层机构人员收入构成结构单一,总体待遇水平偏低,专业技术相对薄弱,进修学习机会少,职称晋升渠道狭窄,造成基层医务人员的职业认同感不高,且认为难以实现自身价值,高水平人才"引进难、留不住",现有骨干也流失严重。乡村医生年龄结构老化问题突出,且业务量大、职业风险大、收入低,相当比例年轻乡村医生转入其他行业,已经获得执业医师资格的乡村医生也选择离开农村,进入更高一级医疗机构服务,造成各地普遍面临乡村医生队伍后继无人的困境。

三、公立医院改革关键领域有待突破

1. 科学的费用补偿机制尚未完全形成

补偿水平低于药品收入,政策性"缺口"有待填补。根据公立医疗机构"医药分离"改革要求,在药品全面实施"零差率"销售后,原药品加成部分收入通过政府财政补助和调整医疗服务价格两个渠道获得补偿。但从改革实际情况看,部分地方存在改革政策间协调失当的现象,在取消药品加成后,服务政策调整没到位,财政补助水平不足,补助范围狭窄,使得两方面补偿收入不足以覆盖政策性"缺口"。特别是一些地方在核定政府补偿资金时,把高校医院、厂矿企业医院排除在外,造成药品"零差率"改革后相关医院收入大幅下降。为了应对药占比下降和药品由收入项向成本项转变,部分公立医院提高检查频次,不合理开具"大检查"单,导致坚持门诊病人次均检查费用快速上涨,检查费占比有所增加。

表2-8 新医改以来公立医院门诊病人次均医药费变动情况

年份	公立医院门诊病人次均药费(元)	药占比(%)	公立医院门诊病人次均检查费(元)	检查费占比(%)
2010	87.4	52.3	30.8	18.4

(续表)

年份	公立医院门诊病人次均药费（元）	药占比（%）	公立医院门诊病人次均检查费（元）	检查费占比（%）
2011	92.8	51.5	33.4	18.5
2012	99.3	51.3	36.2	18.7
2013	104.4	50.2	38.7	18.6
2014	109.3	49.3	41.8	18.9
2015	113.7	48.4	44.3	18.8

"带金销药"形成医务人员回扣，"以药补医"依然存在。"以药补医"不仅体现在医疗机构药品加成收入，更多表现在一些医务人员为了获得药品销售回扣而诱导需求，不合理增加临床用药种类和数量，"大处方"现象普遍存在。药品代表"带金销药"已经成为药品流通领域的"潜规则"，相关回扣成本分摊至最终环节，进一步导致药价"虚高"，加重就诊患者经济负担，也给医保资金带来严重浪费。根据中央电视台等媒体调查，在某些医院某些药品最终价格构成中，医生回扣部分占到了30%到40%，药品销售代表佣金及其他流通环节成本仅占成本构成的10%。医药回扣已经成为推高卫生费用和居民就医成本的主要推力，其中的参与者也成为药价"虚高"的主要获益者。目前"医药分离"改革着力点在机构层面的药品加成收入，对如何破除"带金销药"的灰色领域尚未形成制度化的改革安排，"以药补医"的利益链条并未斩断。

2. 公立医疗机构债务负担沉重

"十二五"时期，我国公立医院进入了发展快车道，在政府投入不断增加的同时，医院为了扩大经营能力，不断加大自筹资金规模，上项目、建大楼、增床位、购设备，"借债"发展现象突出，长期基建借款迅速增加。据有关报道披露，截至2014年底，全国8677所政府办的公立医院长期负债合计2333亿元，其中地市以上医院占52%，区级医院占9%，县级医院占39%。部分县级公立医院当年偿还债务本息总额超过了当年业务收支结余，已经陷入了无力偿还的困境。很多公立医院通过延迟支付药品款项、变相二次议价等方式将债务负担暂时性转嫁给药企,药企利润空间不断受到挤压,不得不降低药品质量,通过非正当手段扩大药品销售量,进一步加剧了药品生产和流通领域乱象。

3. 法人治理结构建设总体缓慢

目前,对公立医院法人治理结构组织形式尚缺乏统一的人事管理制度,各地做法差别很大。一些地方虽然参照试点地区建立了医院管理委员会等专门化办医机构,但是并没有新设编制和相应的职能处、室,使医院管理委员会成为临时议事会,不能真正起到在公立医院重大发展事项中的决策和监督作用。一些地方则由医管办负责人兼任区域内主要公立医院院长。这些都导致新的"管办不分"矛盾出现。相互分工、互相制衡的公立医院管理和运行制衡机制尚未建立,法人治理结构下医疗机构自主办医权利虚化。

4. 公立医院医患关系日趋紧张

近年来,社会对公立医疗机构公益性丧失问题的认识逐步深化,再加上现有卫生服务资源和内容与城乡不匹配,医疗费用上涨过快、幅度过大,导致社会对公立医疗机构及其医务人员的不满情绪普遍加剧,医患关系日趋紧张。一些地方医疗机构出现的医疗差错和医疗事故成为医疗矛盾激化的导火索。据统计,2014年全国共发生医疗纠纷11.5万起,个别纠纷因没有得到妥善化解处理,最终迁延为暴力伤医事件。

同时,部分医务人员讳言的行业机构普遍存在的诱导需求、不合理用药等非正常获利现象,忽视医疗质量和无序的医疗牟利行为在激化医患矛盾中起到了关键作用。

四、药品供应保障体系不断出现新问题

1. 药品招标领域"权力寻租"问题频发

药品集中招标采购制度的初衷是通过规模优势而获得更加优惠的价格,并引优汰劣,进而降低医疗机构用药成本,减轻就医负担。但从实践情况看,由于招标与采购相分离,再加上招标技术手段不规范,为医疗机构和有用药主导权的医务人员

留下了相当大的"权力寻租"空间,集中招标采购政策"降药价""保质量"等功能发挥不彻底。

一是药品招标与购买分离,留下系统性"权力寻租"空间。药品招标由政府有关部门组织,但医疗机构才是药品的最终采购者、使用者和支付者,药品招标仅完成中标价格确定环节,获得能够进入公立医疗机构的"入场券",具体采购内容、数量和批次均由医疗机构确定。为确保药品顺利进入医疗机构,药企开展回扣等隐性二次竞争,成为"带金销药"等医疗腐败问题的重要诱因,因为要留足寻租空间,药品的中标价格往往被抬至高价,形成了"越招价越高"的恶性循环,以至于部分地方出现了药品集中招标采购价高于药店终端零售价 5 倍的极端案例。

二是药品招标技术有待完善,对高价低质药采购缺乏约束。有关部门执行的药品招标采购权力集中于招标环节,无法对医疗机构采购管理形成有效引导,导致药品回扣空间越大、药价越高,越受到一些医疗机构药采部门偏爱。同时,我国药品招标过程中缺少标准化技术测量环节,对药品质量考察主观性过强,不能进行公允评价,药品一致性检验工作开展滞后,致使招标结果不能全面反映药品真实质量情况,高价低质药泛滥。一些相比较而言质优价廉的投标药品,因为利润空间窄,药品生产企业公关动机不足,反而成了没人采购的"死标"或者采购量很少的"僵尸标"。

2. 基本药物制度面临空壳化危险

药品改革政策环境发生深刻变化,基本药物制度作用淡化。随着公立医院"医药分离"改革全面推进,以及医保支付标准改革落地,药品质量与药品价格成为药物选择、采购和使用的关键因素,基本药物失去实施的制度载体。特别是 2015 年新的基本药物制度改革放宽了基本药物在基层机构的使用限制,使基本药物目录更多作为各级医疗机构的指导用药参考,对医疗机构实际用药行为的约束作用逐步淡化。

基本药物制度调整缓慢,已不能满足城乡居民多元化的就医需求。目前,基本药物目录范围狭窄,且缺乏调整弹性,利用有限数目的药物难以起到促进医疗卫生服务公平可及的作用。同时,在遴选基本药物时过分强调了经济性原则,药品质量和疗效不佳，医疗机构缺乏使用动力，就医患者也不认可，特别是在基层机构，对其不信任、不接受现象普遍存在。

第四节
医疗卫生体制改革未来展望

一、加强三医联动顶层设计

1. 坚持健康融入一切医改政策的总体思路

《"健康中国2030"规划纲要》明确提出了把人民健康放在优先发展的战略地位，将健康融入所有政策，人民共建共享的要求。深化医疗卫生体制改革，要坚持健康融入一切医改政策的基本遵循，把切实提高城乡居民健康水平，改善城乡居民健康获得，营造有利于促进健康的社会环境和政策支持作为医改政策设计的出发点和政策落实的最终目标。

要加快推进重点体制和关键环节的改革攻坚，破除影响医疗卫生资源配置的体制机制障碍，把改革创新作为推进健康中国的第一动力。要推进城乡间、地区间、人群间健康均衡发展，补齐落后地区医疗卫生服务"短板"，消除重点人群健康发展"跛腿"现象，确保人人享有基本健康服务。要在医改政策中更加突出预防为主的基本理念，切实落实全龄、全周期健康观。以医疗卫生体系改革助力脱贫攻坚，彻底消除因病致贫、因病返贫情况。

2. 发挥好医保对深化医疗卫生体制改革的引领作用

从国际经验来看，医疗保障制度不仅是医疗卫生服务体系的基本筹资来源，以医保资金购买服务为杠杆，通过完善的第三方支付机制，还可以对医疗卫生服务资源配置和药品规范使用起到基础性的引导作用。在新医改的"四梁八柱"体系中，已经把医疗保障制度建设作为完善医疗卫生服务体系，解决城乡居民"看病难"

和"看病贵"的制度基础。当前，我国全民医保体系覆盖范围在95%以上，年医保筹资水平已经超过1.3万亿，基本医疗保险总支出占全国医疗机构业务收入的比例达到了52.4%，医保制度已经成为医疗服务市场最重要的购买方，发挥医保对医疗卫生服务体系改革引领作用的前提条件已经具备。

一是用好医保三方支付杠杆，优化资源利用结构。医疗保险的实际支付标准在医疗卫生服务中相当于价格信号，对医疗服务和药品配置具有引导性作用，是医疗卫生服务体系和药品流通体系改革的基础性杠杆政策。要合理确定药品支付标准，实现对医疗机构用药行为的引导，并对药品生产企业定价产生直接约束，避免药品价格改革后药价无序上涨。积极制定并落实差异化报销政策，促进参保人员就医需求更多向基层机构分流，推动实现分级诊疗和有序就医。

二是加强支付机制刚性约束，构筑医疗控费"防火墙"。医保支付机制是实现医保资金联动医疗服务和药品资源配置的基本途径，对门诊、住院、药品和检查等项目数量和结构产生直接影响。支付方式决定着整个医疗费用的支出水平、医疗机构的收入与效益以及医疗服务的质量，并影响着患者的健康结果。为此，要全面推进医保总额预算管理，对医疗服务机构年度费用形成刚性约束。创新医保支付机制改革实践，综合使用按人头、按病种、按服务项目支付的多种支付模式，有效激励医生理性诊疗行为，促使他们理性选择服务项目和开具药品、检查处方，最终实现对医疗费用的最优控制，并推动提高医疗服务质量。

3. 加强国际合作和部门联动机制建设

医疗卫生体制改革是各国政府所共同面对的课题，发达国家和一些发展中国家在解决医疗负担过重、医疗可及性不足等方面积累了较为丰富的经验和案例，积极开展国际交流合作，借鉴他国先进做法，总结他国失败教训，能够为我国医改政策制定和实施提供有力的智力支持和决策参照。要以双边合作机制为基础，创新合作模式，加强人文交流，积极参与全球卫生治理，在相关国际标准、规范、指南等的研究、谈判与制定中发挥影响，提升中国医改模式的国际影响力和制度性话语权。

要进一步完善部门间联动合作机制，充分尊重制度发展现状和改革路径，审慎出台涉及多部门的重大政策改革方案，明确责任分工，消除政策制定中的模糊空间。把提高人民群众健康水平作为医改政策制定的唯一前提,避免以部门利益代替改革方向。强化激励和问责,确保医改政策落实效果。

二、建立更加合理可持续的卫生总费用筹资机制

1. 确立合理的卫生总费用筹资结构

经济社会的发展和人民健康保障需求的提高对卫生总费用筹资水平也提出了新的要求。为此,建立合理的卫生总费用筹资结构,落实政府刚性支付责任,扩大社会投入占比,缩小个人卫生支出,使政府、社会和个人卫生支出占比保持适宜比例。通过合理分担医疗卫生投入责任,有序提高卫生总费用占国民生产总值的比重,为深化医疗卫生体系改革和保障全民健康提供可靠的物质基础。

一是落实政府卫生投入责任。根据卫生总费用自然增长以及推进公立医院改革等医改重大政策的需要,综合考虑新常态下财政增速下行和前期"补欠账"投入大幅增加的现实情况,合理增加政府卫生投入,确保到2020年政府卫生投入占卫生总费用投入的比例稳定在30%左右的水平。

二是扩大社会卫生投入比例。进一步完善基本医疗保险制度,提高城乡居民基本医疗保险制度的筹资水平,积极发展补充保险,推动税优健康险全面落地、广泛覆盖。鼓励社会力量参与公立医疗机构改革,加大社会资本进入健康服务业的政策支持力度。通过大幅提高社会卫生投入,有效减轻个人卫生负担和财政卫生投入压力。

三是缩小个人卫生支出。落实《"健康中国2030"规划纲要》所提出的降低个人卫生费用的要求,通过社会救助托底、社会保险分担、医保和公立医院改革控费等多种方式,减轻城乡居民在接受医疗卫生服务时直接现金支付的压力,到2020年个人卫生支出占卫生总费用的比例要下降到28%左右,到2030年进一步下降到25%。

2. 区分政府间卫生投入财权和事权责任

明确不同医疗卫生服务的基本性质、事权范畴和财政支出责任。对于重大公共卫生项目和国家基本公共卫生服务项目,具有明显公共物品外溢效应和跨地区辐射

效应的公共物品，应由中央政府确定基本服务供给框架，并承担中西部地区、东北老工业基地等地区所需经费转移责任。基本医疗卫生服务受益范围以属地为主，应明确地方政府为推进公立医院改革、完善药品流通体制改革等医改重点任务的事权责任方。立足现有财税体制，综合考虑各级政府的事权及可支配财力，合理确定央地财政责任分担结构，进一步明晰和量化各级政府投入责任，适当上调中央财政负担比例。

完善财政转移支付机制，平衡地区间财政保障能力。以医改重点项目和专项转移支付为抓手，进一步完善医改转移支付机制，加强对财政组织征收能力不足地区的支出保障力度，为基本医疗卫生服务均衡供给提供财力支持基础。根据医改重点任务和总体部署，科学匡算所需财政补助资金规模，保障各级政府履行医改职责需要，实现改革有序推进。

3. 建立政府卫生投入绩效考核和问责机制

改变长期以来"重投入、轻考核"的政府卫生投入管理方式，加强对政府卫生项目资金投入的流程监管和绩效评价，建立公开透明的资金管理机制，切实提高政府卫生投入资金的使用效率。要建立更加科学的医改项目绩效评价机制，把项目执行情况、实际运行绩效与后续资金分配相挂钩，提高项目资金使用效益。要建立财政资金的追溯性监督考核机制，对医改项目资金实行动态监测，进行常态化追踪问责。同时，按照《"健康中国2030"规划纲要》总体思路和医改整体政策框架，加强医改项目的整合，克服资金"撒胡椒面"、项目建设标准低、绩效差的问题，使政府卫生投入形成合力，取得乘数倍增的效果。

三、全面推进公立医院改革

1. 重塑公立医院费用补偿机制

一是全面推进药品"零差率"改革，做好收入"缺口"补偿。按照医改总体部署的要求，在城市公立医院全面推进药品"零差率"销售，从机构层面消除公立医院不合理用药的经济动机。推进医事服务费改革，把医事服务适用范围扩大至各项医疗技术服务，在科学核算检查成本基础上，适时启动检查收入"零加成"

政策，使公立医疗机构收入与技术服务能力挂钩，切断医院收入与药品、检查费用间的联系。进一步细化补偿政策，明确各公立医院由其财政支持来源承担补助责任，厂矿、学校等单位医院所需补助资金由属地负责。

二是明确政府补偿标准，建立医保购买服务机制。优化补偿资金适用结构，由补偿基建、设施等硬件投入，转为更多向支持基本医疗卫生服务提供。综合考虑公立医疗机构地域经济条件、技术水平、医院规模、生产经营情况等因素，以公立医院提供的医疗卫生服务数量和服务质量为基础，确定公立医院年度补偿水平，并形成动态调整机制。严控公立医院规模，补助资金更多向基层医疗机构倾斜，对于高等级公立医疗机构超规划设置的服务能力不再予以补助。探索建立医保资金购买服务机制，以第三方购买服务方式对医保参保人员目录内医疗服务进行偿付，提高医保资金利用精准度和合规性，改善公立医院服务供给质量。

三是支持公立医疗机构拓宽服务范围，增加"以技养医"收入来源。在各公立医疗机构完成基本医疗卫生服务的前提下，鼓励根据自身优势适当提供特需服务，利用富余服务力量满足部分患者高层次的医疗服务需求，进一步发挥现有医疗卫生技术服务资源的健康促进作用，同时增加公立医疗机构技术服务收入，补偿公益性支出。鼓励特需服务以公建民营、公办民营、社会资本委托管理等方式，与社会力量合作开展，构建明晰的公立医院公益性"防火墙"。

四是完善慈善捐赠政策，鼓励社会资本参与公立医院改革。鼓励企业、个人向公立医疗机构进行慈善性捐赠，支持慈善机构与公立医疗机构进行购买服务合作。加大社会力量参与公立医院改革的政策支持力度，充分发挥社会资本及其经营红利对公立医院业务活动的正当补偿作用。

2. 建立有竞争性的医疗服务人员薪酬制度

一是大力实施公立医疗机构年薪制改革，推进医疗收入反腐。支持各地积极借鉴"三明模式"经验，启动公立医疗机构年薪制改革，在充分尊重医务人员培育积累、劳动付出和行业特点的前提下，参考本地区技术密集型行业高技术人员薪资结构，核定有竞争力的年薪资水平。其中，公立医院管理者薪酬由本级财政统筹负责，公立医院医务人员薪酬由公立医院收入供给，不足部分财政兜底。同时，全面开展医疗收入反腐，明确收入来源高压线，严格禁止医务人员在正常薪酬和其他合法所得之外收取药品回扣、器械回扣，彻底消除医疗领域"不义之羹"。

二是优化公立医院医务人员薪酬结构，引导医务人员合理配置。坚持按劳分配的基本原则，优化医务人员薪酬构成结构，合理确定公立医院薪资中绩效工资的占比。综合考虑医务人员职责履行、工作量、服务质量、医保控费等因素，确定绩效工资标准和挂钩方式。发挥好薪酬对医疗卫生服务人力资源配置的杠杆作用，在薪酬标准上向关键和紧缺岗位、高风险和高强度岗位、儿科等紧缺且需求量大的专业进行倾斜，兼顾不同领域、科室和工作职责平衡。

3. 继续完善公立医院治理结构

一是建立现代医院制度，落实公立医院独立法人地位。鼓励各地继续按照多种方式建立公立医院现代医院制度，建立相应的专门监管机构，履行政府出资人职责。坚持管办分离原则，政府公立医院管理机构作为出资人代表机构，承担对公立医院服务内容和绩效的考核监管职责，督促公立医院提高服务效率，改善健康促进能力。合理确定政府公立医院管理机构、公立医院内部理事会、医院管理人员在公立医院业务管理、人事管理、财务管理方面的职责权限，保障医院管理在自主性和经营灵活性的前提下，形成多方制衡机制。

二是积极引入社会力量，探索推进公立医院产权制度改革。允许条件成熟的医院实施产权制度改革，落实政府对公立医院所有者地位，推动实现所有权与经营权分离，借用社会力量资金，借鉴管理运营技术，提高既定政府投入下公立医院的服务效率和质量。细分产权改革后公立医院的职能性质，保留基本医疗卫生服务的公益属性。

4. 积极做好公立医院债务管理和化解

一是分类施策化解存量债务，实现公立医院深化改革"轻装上阵"。对公立医院债务进行分类核算，确定总体债务规模。对于因承担政府规划内基础设施建设、设备购置以及开展公益性服务项目形成的债务，由同级政府财政承担全额偿债责任。对于公立医院擅自扩大规模，超标准建设形成的债务，由公立医院生产经营收入偿还。根据公立医院负担能力妥善安排清偿期限，按照年收入一定比例提取偿债基金。

二是控制总体负债比例和新举债规模，夯实公立医院稳健健康、可持续发展的基础。根据公立医院服务内容和科室设置特点，采取差异化融资发展策略。对于医疗技术服务缺少特色、营收能力不强的县级公立医院，坚持低负债率乃至零负债率发展。对于城市高水平公立医院，可根据医疗卫生事业总体发展要求，考虑业务收入及其增长和自身资金等情况，按照稳健原则适度借贷发展。建立公立医院债务风险预警机制，跟踪债务规模及发展情况。

5. 构建和谐的公立医院医患关系

完善公立医疗机构纠纷处理机制。运用好院内调解、人民调解、司法调解等多种调解手段，并引入保险等医疗风险分担机制，形成路径畅通、及时响应、公正合理的医疗纠纷处理解决长效机制。努力提高医患满意度，降低医疗纠纷迁延恶化的可能。维护医疗秩序，对医疗暴力零容忍，打击涉医违法犯罪。同时，加强公立医院医务人员职业道德建设，使医务人员能够正确认识职业风险和医患矛盾形成原因，推动医疗服务人性化，营造互相尊重、互相包容、和谐互信的医患关系新局面。

四、继续加大"强基层"建设力度

1. 加快实施分级转诊改革

明确不同医疗机构的职能定位，改变医疗机构间无序竞争的局面，建立并完善分级诊疗制度，形成规范合理的就医秩序，推动医疗资源合理配置并纵向流动。更加突出各类基层医疗卫生机构的健康管理职能，为诊断明确、病情稳定的慢性病患者、康复期患者、老年病患者、晚期肿瘤患者等提供治疗、康复、护理服务。鼓励并逐步规范常见病、多发病患者首先到基层医疗卫生机构就诊，对于超出基层医疗卫生机构功能定位和服务能力的疾病，由基层医疗卫生机构为患者提供转诊服务。完善双向转诊程序，建立健全转诊指导目录，重点畅通慢性期、恢复期患者向下转诊渠道，逐步实现不同级别、不同类别医疗机构之间的有序转诊。到2020年，基层首诊、双向转诊、急慢分治、上下联动的分级诊疗模式逐步形成，基本建立符合国情的分级诊疗制度。

2. 以医疗联合体为动力做强基层机构服务能力

大力发展区域医疗联合体。由三级公立医院或业务能力较强的医院、县级医院牵头，组建包括乡镇卫生院、城市基层医疗卫生服务机构、村卫生室、诊所等医疗机构在内的医疗联合体，各级别机构有序分工协作，各类专科之间优势互补。以医疗联合体为载体推进实施分级诊疗制度，促进合理利用资源，方便群众就医。

推动区域医疗联合体优质医疗资源纵向流动。促进医疗联合体牵头医院的优质医疗资源共享和下沉基层，通过派遣专家、专科共建、业务指导等提升基层医疗水平。在医疗联合体内实现健康档案、病历等互联互通，实行检查结果互认、处方流动、药品共享。建立医学影像、检查检验等中心，在医疗联合体内提供一体化服务。合理确定基层医疗卫生机构配备使用的药品品种和数量，加强二级以上医院与基层医疗卫生机构的用药衔接，满足患者需求，强化乡镇卫生院基本医疗服务功能。

3. 加强基层全科医生队伍建设

扩大全科医生培养渠道和培养规模。通过基层在岗医师转岗培训、全科医生定向培养、提升基层在岗医师学历层次等方式，多渠道培养全科医生，逐步向全科医生规范化培养过渡，实现城乡每万名居民有 2 至 3 名合格的全科医生。加强全科医生规范化培养基地建设和管理，规范培养内容和方法，提高全科医生的基本医疗和公共卫生服务能力，发挥全科医生的居民健康"守门人"作用。

建立全科医生激励机制。结合医保门诊统筹和支付方式改革，实施全科医生为签约居民提供约定的基本医疗卫生服务按年收取服务费。允许全科医生可根据签约居民申请提供非约定的医疗卫生服务，向非签约居民提供门诊服务，并按规定收取费用。在绩效工资分配、岗位设置、教育培训等方面向全科医生倾斜。

4. 发挥"互联网+"医疗的服务基层作用

支持各级医疗机构和企业利用云计算、物联网、移动互联网、大数据等信息化技术开展健康教育、医疗信息查询、电子健康档案、疾病风险评估、在线疾病咨询、电子处方、远程会诊及远程治疗和康复等多种形式的健康医疗服务，促进居民健康需求与服务供给之间精准对接。积极利用"互联网+"开展疾病咨询、慢病康复等业务，对基层机构健康管理和疾病分诊提供有益的服务补充。

五、推进药品流通和保障体系改革

1. 调整和完善基本药物制度

调整基本药物功能目标。把基本药物制度经济功能由价格控制转向价格和负担费用控制，进一步发挥基本药物制度在保障药品供给和推动医疗卫生服务公平可及方面的作用。逐步扩大公共卫生免费用药所覆盖的药品品种和人群范围。结合医保支付标准改革，探索基本药物直接供应、基本药物零起付等差异化医保报销政策，最大限度实现基本药物公平可及。加强基本药物目录遴选、生产供应、集中采购、配备适用、质量监管等方面的管理，提高基本药物制度和各项政策的运行规范程度。

2. 加快构建适应新常态的药品价格形成机制

推动药价稳定调整。坚持市场机制在药品供需和资源配置中的基础性作用，逐步建立起市场价格机制为主导的药品价格形成机制，除麻醉药品、第一类精神药品外的其他各类药品价格由药品经营者根据药品成本费用、综合市场供求状况、同类品种市场价格等因素自主制定。要求药品生产企业建立规范的定价和调价管理制度，药品价格要真实反映生产成本、经营成本、中间费用及合理利润率。赋权价格主管部门可以对价格上涨较快或者有可能显著上涨、出现社会集中反映价格问题的药品实行价格备案管理，引导药品经营者合理定价。

加快医保支付标准制定步伐。利用药品集中招标采购数据，以省级范围内集中招标最低价为基础，确定医保药品支付标准和支付水平，并根据市场价格变化动态调整，使支付标准接近产品真实价格。全面实施药品一致性评价，利用医保支付杠杆支持同一药品通用名下质量优、疗效好的药品，充分发挥医保支付标准的"发现价格"和"引导价格"功能。

改革药品市场价格监管手段。完善药品价格监测预警机制，健全药品价格监测体系，适时发布信息，促进药品市场价格信息透明，引导市场价格合理形成。对于药品生产和流通企业捏造、散布涨价信息，哄抬价格，操纵市场价格，滥用市场支配地位等扰乱药品市场秩序行为，根据《中华人民共和国价格法》《中华人民共和国反垄断法》等法律法规予以干预和处罚。

3. 完善药品集中招标采购制度

细化完善药品集中招标采购制度。充分吸收国家基本药物遴选中规范剂型、规格等有效方法，提高药品采购和使用集中度。完善"双信封"招标制度，兼顾药品经济学和药物技术一致性评价。结合公立医院用药特点和质量要求，根据仿制药质量一致性评价技术要求，科学设定竞价分组，每组中标企业数量不超过2家。要通过剂型、规格标准化，将适应证和功能疗效类似药品优化组合和归并，减少议价品规数量，促进公平竞争。

全面实施药品采购"两票制"。要求公立医院药品采购全面实施"两票制"管理，允许生产企业到流通企业开一次发票，流通企业到医疗机构开一次发票，压缩中间环节，挤掉药品价格中的虚高水分。鼓励公立医疗机构与药品生产企业直接结算药品货款、药品生产企业与流通企业结算配送费用。为特别偏远、交通不便的乡（镇）、村医疗卫生机构配送药品，允许药品流通企业在"两票制"基础上再开一次药品购销发票，以保障基层药品的有效供应。

第三章
劳动就业体制改革

内容摘要：改革开放以来，我国逐步从计划经济向市场经济转轨，劳动力资源作为重要的生产要素，从政府配置转为市场配置，劳动就业体制发生了根本性转变。通过采取有针对性的就业政策措施和不断加大体制改革力度，在劳动力总量不断增大情况下，我国实现了就业形势基本稳定，就业结构不断优化，统一的人力资源市场逐步形成，并保持了劳动关系的总体和谐稳定，为实现国民经济持续、快速、健康增长提供了充足动力。但是，与社会主义市场经济体制相适应的劳动就业体制改革并未完全到位，统一的人力资源市场建设仍然面临诸多体制机制障碍，现代劳动关系调整制度仍不健全，劳动关系矛盾和就业总量压力仍然存在，就业结构性问题比较突出。为此，我国应当根据改革开放取得的经验，根据中央决策有关部署，继续全面深化劳动就业体制改革，实施就业优先战略和更加积极的就业政策，为实现充分就业和更高质量就业而奋斗。

第一节
我国劳动就业体制改革历程

我国劳动就业体制改革是伴随着经济体制改革起步的，农村由家庭联产承包责任制而打开局面，城镇则是在面临巨大就业高峰情况下进行了体制突破。随着认识深化和实践发展，劳动就业体制改革不断深入，从改革初期的国企改革配套到后来主动实施积极的就业政策,从改革初期主要强调效率到后来强调公平与和谐,逐步形成了与现代国家治理相适应的理念和政策措施。我国劳动就业体制改革历程大致可以分为四个阶段,分别是:市场改革起步阶段(1978—1992年)、市场导向改革阶段(1992—2003年)、市场改革深化阶段(2003—2012年)和全面深化改革新阶段(2012年至今)。

一、市场改革起步阶段(1978—1992年)

改革开放初期,我国经济建设面临严重困难,民生领域积累了大量问题,特别是就业问题十分突出。由于"文化大革命"的破坏,大量企业停产、半停产,勉强开工的,生产效率也十分低下,人员处于相对过剩状态。从1966年到1976年,国内生产总值共有3年出现负增长,第三产业产值比重从24.4%下降到21.7%,第三产业就业比重从1965年的10.2%下降到1975年的9.6%,城镇就业渠道十分狭窄,但却面临知青返城的就业压力和中华人民共和国成立后生育高峰带来的就业高峰。与此同时,在人民公社体制和"以粮为纲"指导思想束缚下,农村劳动力基本固定在土地上从事单一的种植业生产,林、牧、副、渔业受到限制,自谋生路被排斥。因此,改革开放后,城乡就业问题成为摆在党和政府面前的一个重大问题。

1. 农村率先改革开辟农民就业新天地

1978年,安徽凤阳小岗村开始实行土地家庭联产承包责任制,拉开了我国改革的序幕。1980年,中共中央召开省(自治区、直辖市)党委第一书记座谈会,会后印发了《关于进一步加强和完善农业生产责任制的几个问题》的通知,充分肯定了农民自己创造的"包产到户"农业生产责任制形式。家庭联产承包刺激了农民生产积极性,有力促进了农业生产效率提高,大批农村劳动力得以释放,这为农村劳动力开展多种经营和参加非农就业提供了条件。1982年开始,中共中央连续五年的"一号文件"均为三农问题,提出改革农产品统购统销制度,疏通农产品流通渠道,并鼓励发展林、牧、副、渔等产业。

劳动力城乡流动是逐步放开的，具体可以细分为①：1979—1983年是控制流动阶段，采取的措施主要包括加强户籍和粮食管理、严格控制从农村招工、对农村剩余劳动力就地安置等。1984—1988年是允许流动阶段，1984年中央"一号文件"明确提出，允许务工、经商、办服务业的农民自理口粮到集镇落户，主要措施包括允许农民进城兴办服务业和提供各种劳务、允许企业招用国家允许从农村招用的人员、将劳务输出作为贫困地区劳动力资源开发的重点、允许民间劳务组织和能人进入贫困地区劳务市场。1989—1991年是控制盲目流动阶段。由于农民大规模流动带来交通运输、社会治安等方面的负面效应，以及整顿经济秩序造成了城市和乡镇企业新增就业机会减少，使得政府对农村劳动力流动政策进行了局部调整，主要措施包括严格控制"农转非"过快增长、建立临时务工许可证和就业登记制度、重点清退来自农村的计划外用工等。

在这一时期，农村劳动力非农就业的两个主要途径是乡镇企业和进城务工经商。其中，乡镇企业成为农村劳动力转移就业的主阵地。乡镇企业由社队企业发展而来——为了转移更多农村富余劳动力实现多渠道就业，国家从鼓励农村兴办副业开始，对社队企业给予了充分肯定和政策扶持，使社队企业不断发展壮大，从1984年开始改称乡镇企业。乡镇企业就业人数呈现逐年增加的势头，从1978年的2826万人增加到1992年的10624万人，增长了275.9%。

表3-1 1978—1992年全国乡镇企业就业人数 （单位：万人）

年份	1978	1979	1980	1981	1982	1983	1984	1985
就业人数	2826	2909	2999	2969	3112	3234	5208	6979
年份	1986	1987	1988	1989	1990	1991	1992	
就业人数	7937	8805	9545	9366	9264	9609	10624	

2. "三结合"广开城镇就业新门路

城镇劳动就业体制改革，首先是要应对"文化大革命"结束后大批知青返城和

---

① 白南生等：《回乡还是进城——中国农村外出劳动力回流研究》，中国财政经济出版社，2002年版。

生育高峰带来大量新生劳动力所引发的空前就业压力。我国在"文化大革命"期间，在劳动力安排上采取的是城乡大对流政策，在大批城镇知识青年下乡的同时，又在同一时期从农村招收了大约1300万人安排在城镇各行业①。"文化大革命"后大批知青返城，真正留在农村的是少数，同时，当时新生劳动力大量增加。我国第一次生育高峰（1949—1957年）出生的劳动力在20世纪60年代末就逐步进入劳动年龄，但由于"文化大革命"的影响，其工作没有得到妥善解决。第二次生育高峰（1962—1970年）出生的劳动力在改革开放初期也逐步进入劳动年龄。同时解决两个年龄段人口的就业问题任务繁重。

大量知识青年集中回城要求就业，原有的统包统配制度难以解决，当时采取的措施主要有：一是升学，恢复高考制度。二是号召职工提前退休，允许子女顶替。三是国营企业利用自身条件，以"全民办集体"的形式解决职工子女就业问题。

但这些措施很快达到极限，且带来了新的问题。1980年8月初，中央在北京召开全国劳动就业会议，8月中旬，中共中央转发会议文件《进一步做好城镇劳动就业工作》。全国劳动就业会议从经济、社会发展的全局出发，全面分析了我国就业矛盾尖锐突出的原因，在总结历史经验基础上，根据党中央搞活经济的方针，结合所有制结构的调整，明确提出：在国家统筹规划和指导下，实行劳动部门介绍就业、自愿组织起来就业和自谋职业相结合的方针，即"三结合"就业方针。会议指出，要从根本上扭转就业工作的被动状况，必须对我国经济体制包括劳动体制进行全面改革。1981年10月，中共中央、国务院发布《关于广开门路，搞活经济，解决城镇就业问题的若干决定》，提出十条政策，重申了"三结合"就业方针，明确提出大力提倡和指导待业青年组织起来在集体经济单位就业，发展城镇劳动者个体经济，增加自谋职业的渠道。

主要做法是由过去主要依靠国有（全民所有制）单位安排就业转变为国有、集体、个体共同发展，并通过私营经济和外商投资经济扩大就业；由过去主要依靠发展工业特别是重工业吸收劳动力，转变为通过发展劳动密集型的第三产业和消费品

---

① 刘庆唐：《劳动经济论文集》，中国劳动社会保障出版社，2003年版。

工业扩大就业;由过去消极等待国家招工安置转变为鼓励劳动者积极创业,其中一个创举是依靠社会多方面力量和待业人员的积极性,兴办劳动就业服务企业;由过去单纯依靠行政调配手段组织管理就业转变为运用行政、经济和社会服务相结合的手段促进就业。

在"三结合"就业方针推动下,"文化大革命"期间积累下来的青年就业问题基本得到解决。同时,"三结合"就业方针是对当时计划经济体制下就业形式的突破——尽管是不得已的突破。它打开了国营、集体、个体经济三条就业渠道,也使政府统包统配的责任发生了一定变化,鼓励劳动者积极创业,也激发了劳动者作为就业主体的就业积极性。但是,"三结合"就业方针主要针对青年就业,属于就业人群的增量部分,而且青年就业的最终途径实际上仍以国营企业为主。对原有的职工和劳动就业体制并没有触动,"铁饭碗"和"大锅饭"并没有打破,企业的用人自主权也没有得到落实。

表3-2 1978—1992年全国城镇不同所有制就业人数 (单位:万人)

年份	总人数	国营单位	集体单位	联营单位	私营企业	港澳台商投资单位	外商投资单位	个体	其他经济单位
1978	9514	7451	2048	—	—	—	—	15	—
1979	9999	7693	2274	—	—	—	—	32	—
1980	10525	8019	2425	—	—	—	—	81	—
1981	11053	8372	2568	—	—	—	—	113	—
1982	11428	8630	2651	—	—	—	—	147	—
1983	11746	8771	2744	—	—	—	—	231	—
1984	12229	8637	3216	37	—	—	—	339	—
1985	12808	8990	3324	38	—	—	6	450	—
1986	13293	9333	3421	43	—	1	12	483	—
1987	13783	9654	3488	50	—	1	20	569	1
1988	14267	9984	3527	63	—	2	29	659	3

(续表)

年份	总人数	国营单位	集体单位	联营单位	私营企业	港澳台商投资单位	外商投资单位	个体	其他经济单位
1989	14390	10108	3502	82	—	4	43	648	3
1990	14730	10346	3549	96	57	4	62	614	2
1991	15268	10664	3628	49	68	69	96	692	2
1992	15630	10889	3621	56	98	83	138	740	5

资料来源：《中国统计年鉴1994》。

3. 四项改革探索新型就业制度

改革开放后，我国对高度集中的计划经济体制进行改革，必然也要求对与这种体制相适应的固定工制度进行改革。1981年中共中央42号文件明确指出，要实行合同工、临时工、固定工等多种形式的用工制度，逐步做到人员能进能出。在经过一系列改革试点之后，1986年7月，《国务院关于发布改革劳动制度四个规定的通知》下发，正式启动中华人民共和国成立以来劳动用工制度的一次重大改革。该通知的主要内容包括：按照《国营企业实行劳动合同制暂行规定》，在新招工人中普遍推行劳动合同制；按照《国营企业招用工人暂行规定》，实行面向社会择优录用的招工制度，废除"子女顶替"和"内招"职工子女的办法；按照《国营企业辞退违纪职工暂行规定》，赋予企业辞退违纪职工的权力；按照《国营企业职工待业保险暂行规定》，建立失业保险制度（当时称待业保险）。

在劳动用工制度的改革探索中，最重要的是实行劳动合同制。劳动合同制是一种新型的用工制度，用工期限可长可短，工人能进能出，既有相对的稳定性，又有必要的灵活性，它吸取了固定工制度的长处，又剔除了它的弊病。为了探索经济体制改革的道路，中央决定在广东、福建建立4个经济特区，并率先全面实行劳动合同制度。随后，这一新的用工制度又在中央确定的14个对外开放的沿海城市推广。到1983年，劳动合同制的试行范围扩大到9个省份的部分市县。1983年，在总结各地经验的基础上，《劳动人事部关于积极试行劳动合同制的通知》下发，正式开始在国营企业进行劳动合同制度的改革和试点工作，试行对象为新招用的工人。劳动合同制的试点一开始就伴随着激烈的争论，有关劳动合同制与发展劳动力市场、劳动力是否是商品等争论一起成为改革初期劳动保障领域的热点问题。劳动人事部多次召开全国性的用工制度改革理论研讨会，组织各方专家进行研究，逐步形成了统一的思想认识。1986年，国务院发布《国营企业实行劳动合同制暂行规定》，决定对新招职工全面实行劳动合同制。1992年7月，国务院发布《全民所有制工业企业转换经营机制条例》，规定"企业可以实行合同化管理或者全员劳动合同制"，劳动合同实行范围由新招职工扩大到包括原有职工在内的所有就业人员。

表3-3 1983—1992年合同制职工人数

年份	年末人数（万人）				比重（全部职工＝100）			
	合计	国营经济单位	城镇集体经济单位	其他经济单位	合计	国营经济单位	城镇集体经济单位	其他经济单位
1983	65	57	8	—	0.6	0.6	0.3	—
1984	209	174	32	3	1.8	2.0	1.0	8.1
1985	409	332	72	5	3.3	3.7	2.2	11.1
1986	624	524	92	8	4.9	5.6	2.7	14.5
1987	873	735	125	13	6.6	7.6	3.6	18.1
1988	1234	1008	206	20	9.1	10.1	5.8	20.7
1989	1468	1190	245	33	10.7	11.8	7.0	25.1
1990	1702	1372	287	43	12.1	13.3	8.1	26.3
1991	1972	1589	323	60	13.6	14.9	8.9	28.0
1992	2541	2058	399	84	17.2	18.9	11.0	29.8

资料来源：《中国统计年鉴1994》。

这一阶段，在经济体制改革的推动下，我国城乡劳动就业体制都出现了松动。家庭承包责任制的推行和农村劳动力流动管理政策的放松，释放了大量剩余劳动力，为他们寻找新的就业出口、增加收入创造了条件。据统计，1981—1990年的

10年中,从事非农产业的农村劳动力增加了7800多万人,城镇新安置就业总数达6500多万人①。受历史条件所限,尽管城乡二元结构有所松动,农村劳动力自由流动得以实现,但二元结构的体制障碍短期内难以根本消除,思想认识上甚至在短期还出现倒退,实现城乡统筹就业还需要付出长期的努力。

城镇劳动就业体制则是在国企改革和面临巨大就业压力情况下启动的,"三结合"就业方针一定程度上说是不得已出台的就业措施,不涉及原有职工的劳动就业制度,但基本解决了长期积累的就业矛盾,同时无形中是对新型就业方式的探索,也是对原有的劳动就业制度的一种突破,大大拓宽了就业渠道,为将来的改革和就业措施出台开拓了思路。劳动合同制更是继改革统包统配就业制度、实行"三结合"就业方针后对计划经济体制下固定工制度的一项历史性改革,初步确立了双向选择的新型劳动制度雏形,为以后培育发展人力资源市场,走市场化就业的道路奠定了基础。但是,这一时期的劳动合同存在形式化问题,同时只能采取新人新办法、老人老办法过渡,劳动合同制度的覆盖面仍然有限,全国近8000万职工仍然实行以"铁饭碗"为主要特征的固定工制度,造成企业冗员严重、纪律松弛、效率低下。随着国企改革的深入,需要相应的综合配套改革,特别是对劳动用工制度深化改革,因此彻底改革固定工制度,建立市场导向的就业机制,成为经济体制改革和劳动就业体制改革的必然选择和重要任务。

二、市场导向改革阶段(1992—2003年)

1992年邓小平同志的南方谈话从根本上解除了对市场经济在思想认识上的束缚。1993年召开的十四届三中全会设计了一幅继续深化改革、建立社会主义市场经济体制的总体蓝图,标志着我国进入全面推进市场经济的新阶段。《中共中央关于建立社会主义市场经济体制若干问题的决定》正式使用了"劳动力市场"概念,并提出要改革劳动制度,广开就业门路,更多地吸纳城镇劳动力就业,鼓励和引导农村剩余劳动力逐步向非农产业转移和地区间有序流动。市场改革方向和目标的明

---

① 人力资源社会保障部课题组:《经济发展与就业增长的关系研究》。

确树立，推动了劳动就业体制改革进一步深入。

1. 劳动保障法律法规体系初步建立

1994年《中华人民共和国劳动法》颁布，并从1995年1月1日开始正式实施，这是我国劳动法制建设的重要里程碑。《中华人民共和国劳动法》是中华人民共和国成立以来第一部全面调整劳动关系、确定劳动标准的基本法，结束了中华人民共和国成立45年来没有劳动法的历史，填补了法制建设的一个空白。《中华人民共和国劳动法》肯定了改革开放以来劳动就业体制改革的成果，以法律形式首次对改革开放后的新型劳动关系进行了确认，赋予了劳动者择业自主权和用人单位用人自主权，对进一步深化劳动就业体制改革，完善劳动力市场，建立现代企业制度起到强有力的推动作用和保障作用。

在这期间，国务院及劳动部又先后颁布了一系列劳动法规和规章，包括《劳动监察规定》(1993年)、《关于实施最低工资保障制度的通知》(1994年)、《职业指导办法》(1994年)、《集体合同规定》(1994年)、《企业经济性裁减人员规定》(1994年)、《工资支付暂行规定》(1994年)、《未成年工特殊保护规定》(1995年)、《国务院关于修改〈国务院关于职工工作时间的规定〉的决定》(1995年)、《国务院关于深化企业职工养老保险制度的改革的通知》(1995年)、《劳动部关于进一步完善劳动争议处理工作的通知》(1995年)、《违反〈劳动法〉有关劳动合同规定的赔偿办法》(1995年)等，初步建立了适应市场经济发展需要的劳动法律法规体系。

2. 再就业工程发挥重要作用

随着国有企业转换经营机制、建立现代企业制度，为落实企业用工自主权，这一时期开始配套进行劳动制度改革，触及原先未进行实质改革的固定工制度，也就是要推进劳动力存量的市场化改革。把国有企业富余人员分流出去，为企业卸下人浮于事的包袱，是搞活固定工制度的一个重要环节。但是如何妥善安置企业富余人员成为改革成败的关键。1993年，劳动部正式提出了再就业工程计划，并于次年初开始在上海、沈阳、青岛、成都、杭州等30个城市搞试点。1995年，国务院批准并转发了劳动部《关于实施再就业工程的报告》，再就业工程开始在全国范围内实施。再就业工程的重点对象是失业6个月以上有求职要求的失业职工和6个月以上无基本生活收入的企业富余职工。

建立再就业服务中心是在上海市实施再就业工程的经验中总结出来，并受到国家肯定和推广的。1997年8月，劳动部等部门联合下发《关于在企业"优化资本结构"试点城市建立再就业服务中心的通知》。1998年8月，中共中央、国务院发布《关于切实做好国有企业下岗职工基本生活保障和再就业工作的通知》，要求各地凡是有下岗职工的国有企业，都要建立再就业服务中心或类似托管机构。再就业服务中心作为特殊时期的过渡性市场就业服务机构，有效缓解了大批职工下岗可能引发的社会震荡。进入再就业服务中心的对象，主要是实行劳动合同制度以前参加工作的国有企业正式职工，以及实行劳动合同制度以后参加工作，合同期未满的合同制职工中，因企业生产经营等原因而下岗，但尚未与企业解除劳动关系，没有在社会上找到其他工作的人员。在建立再就业服务中心的同时，构筑了"三条保障线"，即国有企业下岗职工基本生活保障、失业保险和城市居民最低生活保障，为不同的低收入群体提供基本的生活保障。

截至1998年底，所有有下岗职工的国有企业均建立了再就业服务中心，全国国有企业下岗职工610万人，其中进中心604万人，90%以上领到了基本生活费。1998年到2001年，全国国有企业下岗职工累计2550万人，绝大多数先后进入再就业服务中心，按时领到基本生活费。先后有1800多万人通过多种渠道和方式实现了再就业。按照"三三制"原则，全国共筹集专项资金847亿元，其中中央财政补助434亿元。在社保体系不完善的情况下，国有企业下岗职工基本生活保障制度为保障下岗职工基本生活、促进国企改革、维护社会稳定发挥了重要作用。

3. 人力资源服务业大发展和公共就业服务体系初步建立

在国家政策的支持和引导下，1993年以后，职业介绍所获得快速发展，民营和外资机构纷纷以市场行为加入职业介绍行业，定位服务不同层次的人群。人力资源服务业呈现出快速发展的局面。1995年以后，劳动部先后颁布《职业介绍规定》《职业介绍服务流程（试行）》，进一步规范和丰富了就业服务的内容。

为适应转变企业经营机制和深化劳动制度配套改革的需要，提高劳动者素质，促进待业职工再就业，1992年《劳动部关于加强待业职工转业训练工作的通知》下发，提出职业介绍、生产自救、待业保险与转业训练工作紧密结合。1998年劳动部推出《"三年千万"再就业培训计划》，即在1998—2000年3年内，组织1000万名下岗职工参加职业指导和转业培训。同时，为缓解就业压力，调节劳动力供给，提高青年劳动者的素质和就业能力，1997年劳动部开始在全国范围内有计划、有步骤地实施劳动预备制度试点。

随着下岗职工在再就业服务中心3年协议期满，大部分再就业条件较好的下岗职工都能实现再就业，但部分年龄偏大、技能单一的人员仍然面临就业困难。2001年5月，劳动和社会保障部下发《关于开展再就业援助行动的通知》，帮助下岗职工解决出中心后遇到的再就业和社会保障等方面的难题。

为贯彻中共中央、国务院《关于切实做好国有企业下岗职工基本生活保障和再就业工作的通知》关于"按照科学化、规范化、现代化的要求，大力加强劳动力市场建设"的指示，劳动和社会保障部组织开展了劳动力市场"三化"建设试点工作，确定100个再就业任务较重且就业工作具有一定基础的城市进行试点，加快市场建设和建立市场机制的步伐，在全国范围起示范作用。试点提出三大工作目标：一是初步建成城市劳动力市场信息网络，在再就业工作中充分发挥作用。二是初步建立起统一的劳动力市场管理、服务制度和业务规范，形成较好的劳动力市场秩序。三是健全职业介绍、职业指导、失业保险、职业培训有机结合的工作机制和服务网络，服务的效率和质量明显提高。经过近3年的努力，试点城市基本完成了预定任务。

4. 农村劳动力转移就业新突破

自1992年以来，农村劳动力流动的政策逐渐发生了变化，从控制盲目流动转向了鼓励、引导和实行宏观调控下的有序流动，并实施了以就业证卡管理为中心的农村劳动力跨地区流动的就业制度，对小城镇户籍管理制度进行改革。1994年8月，劳动部发布《促进劳动力市场发展，完善就业服务体系建设的实施计划》，其中加强农村劳动力流动服务体系建设是一个重点。同年劳动部颁布《农村劳动力跨省流动就业管理暂行规定》，对用人单位用人、农村劳动力就业和在各类服务组织中从事有关服务活动的行为提出了具体要求。1995年中共中央办公厅、国务院办公厅发布了《中央社会治安综合治理委员会关于加强流动人口管理工作的意见》，对实行统一的流动人口就业证和暂住证制度做出了安排。1997年11月，国务院办公厅转发了劳动部等部门《关于进一步做好组织民工有序流动工作的意见》，进一步提出了要加快劳动力市场建设，建立健全劳动力市场规则，建立完善的劳动力市场信息服务系统，加强对劳动力市场的监管，维护劳动力市场的正常秩序。1998年10月，《中共中央关于农业和农村工作若干重大问题的决定》发布，提出为了适应城镇和发达地区发展的需要，需要进一步引导农村劳动力合理有序流动。2000年1月，劳动和社会保障部办公厅出台了《关于做好农村富余劳动力流动就业工作的意见》，提出要建立就业信息预测预报制度，促进劳务输出产业化，发展和促进跨地区劳务合作，开展流动就业专项监察，保障流动就业者的合法权益。2001年，"十五"规划纲要提出要打破城乡分割体制，逐步建立市场经济体制下的新型城乡关系。随着城乡就业壁垒的逐步打破，农村劳动力转移绝对规模和相对规模都逐步扩大。根据有关数据，1998—2001年，我国农村转移劳动力数量分别为13806万人、13985万人、15164万人和15773万人，占农村劳动力的比重分别为28.16%、28.55%、30.99%和32.13%。

这一阶段，我国市场化改革导向进一步明确，劳动就业体制改革全面展开，固定工制度被完全打破，劳动合同法全面实施，新型的市场就业制度初步建立起来。国企改革导致的"下岗潮"，是经济体制改革和国企改革的必然结果，而实施再就业工程和下岗职工基本生活保障制度，保证了社会和谐稳定，也为就业政策制定和社会保障制度建设积累了经验。虽然"下岗潮"给社会和就业工作带来了巨大压力，但这是改革的阵痛和必要成本，也直接促进了劳动就业体制的变革，促进了现代市场经济条件下公共就业服务制度和社会保障制度的建立，为走向更为成熟的劳动就业体制奠定了基础。高校毕业生的就业政策也发生了根本转变，改变了学生上学由国家包下来、毕业时国家包安排职业的做法，引导学生毕业后参与劳动力市场的竞争，以奖学金制度和社会就业需求信息引导毕业生自主择业。各个人群的市场化就业制度逐步建立起来，政府的公共服务职能和市场中介机构逐步建立和完善，统一的人力资源市场的各个行为主体逐步到位。在改革城镇劳动就业制度的同时，随着农村改革的推进，城乡就业壁垒被逐步打破，束缚农村劳动力流动的障碍逐步清除，但在认识和做法上也曾出现过倒退。20世纪90年代末，国有企业下岗职工问题突出，许多城市在允许农村劳动力进城务工的同时也采取了一些限制措施如限制职业和工种、收取管理服务费用等，形成了不平等的就业环境，城乡统筹就业的任务依然任重道远。

三、市场改革深化阶段（2003—2012年）

2003年以后，以全面建设小康社会为目标，推进充分就业被列上日程。党和政府首次提出就业是民生之本、安国之策的施政理念，继而强调就业是经济社会发展的优先目标和保障改善民生的头等大事，制定实施积极的就业政策，基本解决了体制转轨遗留的下岗失业人员再就业问题，成功应对国际金融危机和自然灾害对就业的冲击。由人事部、劳动和社会保障部组建成人力资源和社会保障部，逐步理顺了劳动就业管理体制，统一开放的人力资源市场逐步形成。

1. 实施积极的就业政策

2002年9月，中共中央、国务院召开全国再就业工作会议，会后下发了《中共中央 国务院关于进一步做好下岗失业人员再就业工作的通知》。在全面总结我国就业再就业工作经验的基础上，针对当时和今后一个时期就业再就业的新形势和新特点，围绕解决下岗失业人员的再就业问题，提出了积极的就业政策。根据通知精神，劳动保障部、国家计委、国家经贸委等部门和单位，制定出台了8个配套文件，细化了资金管理、税费减免、小额担保贷款等扶持政策的操作。这些文件使《关于进一步做好下岗失业人员再就业工作的通知》的规定具体化，并相互配套，共同构筑了积极就业政策体系的基本框架。

2005年11月4日，国务院下发《关于进一步加强就业再就业工作的通知》，对原有政策进行了延续、扩展、调整和充实，增强了政策的针对性和有效性，确立了新一轮积极就业的政策体系。文件下发后，根据新形势和新任务，国务院再就业工作部际联席会议制度调整为国务院就业工作部际联席会议制度，充实了成员单位，完善了议事规则。中央明确，此后3年重点解决好体制转轨遗留的下岗失业人员再就业问题，同时努力做好城镇新增劳动力就业和农村富余劳动力转移就业工作，有步骤地提高城乡统筹就业和劳动者素质，探索建立市场经济条件下促进就业的长效机制。随后，国务院就业工作部际联席会议成员单位又制定了配套文件，使《关于进一步加强就业再就业工作的通知》更加具体、更具有可操作性。

2007年，全国人大审议通过《中华人民共和国就业促进法》，并由国家主席胡锦涛签署第70号主席令予以公布，自2008年1月1日起施行。《中华人民共和国就业促进法》明确规定，国家要把扩大就业放在经济社会发展的突出位置，实施积极的就业政策，坚持劳动者自主择业、市场调节就业、政府促进就业的方针，多渠道扩大就业；县级以上人民政府把扩大就业作为经济社会发展的重要目标，纳入国民经济和社会发展规划；各级人民政府和有关部门建立促进就业的目标责任制度，进行考核和监督，还对建立促进就业工作的协调机制提出了明确要求。《中华人民共和国就业促进法》将经过实践检验行之有效的积极的就业政策上升为法律规范，将促进就业的工作机制和工作体系法制化，使促进就业的各项措施办法和资金投入制度化，有利于建立促进就业的长效机制，保障我国积极的就业政策长期实施和有效运行。2008年初，《国务院关于做好促进就业工作的通知》下发，明确了积极的就业政策与法律衔接的有关规定，并对进一步做好就业再就业工作提出了明确要求。

2008年以来，我国先后发生四川汶川特大地震、青海玉树地震、甘肃舟曲泥石流等重特大自然灾害，与此同时，国际金融危机蔓延，世界经济大幅衰退，我国经济也受到严重冲击，就业工作面临严峻挑战。党中央、国务院果断决策，采取灵活审慎的宏观经济政策，实行积极的财政政策和适度宽松的货币政策，扩大内需，拉动消费，提高城乡居民特别是低收入群体的收入水平，促进经济平稳较快增长，以更多地拉动就业，在保持经济增长的同时，实施更加积极的就业政策。从2008年9月底到2009年2月初，国务院为做好就业工作先后出台了4个文件，包括1个综合性文件和3个专门文件，涉及促进创业带动就业、高校毕业生就业、农民工就业的相关政策；国务院就业工作部际联席会议有关部门联合制定了3个文件，涉及减轻企业负担稳定就业、实施特别职业培训计划、开展就业服务系列活动等相关工作。这些政策措施形成了为应对危机稳定和扩大就业的新政策体系框架。在更加积极的就业政策支持下,在各部门、各地区努力工作下,我国就业形势保持了基本平稳。

2. 不断推进城乡统筹就业

2003年,国务院办公厅发布《国务院关于做好农民进城务工就业管理和服务工作的通知》,要求取消对农民进城务工就业的不合理限制,对农民工和城镇居民应一视同仁,并切实解决拖欠和克扣农民工工资问题,改善农民工的生产生活条件,做好农民工培训工作,多渠道安排农民工子女就学,加强对农民工的管理服务工作。2004年,《国务院办公厅关于进一步做好改善农民进城就业环境工作的通知》下发,要求清理和取消针对农民进城就业等方面的歧视性规定及不合理限制,开展有组织的劳务输出,完善对农民进城就业的职业介绍服务,做好对农民工的咨询服务工作,加强对农民进城就业的培训工作,切实维护农民进城就业的合法权益,并探索建立城乡一体化的劳动力市场。

2004年,中央"一号文件"《中共中央国务院关于促进农民增加收入若干政策的意见》明确提出,进城就业的农民工已经成为产业工人的重要组成部分,这一判断意义重大,使得农民工的政治地位正式得到承认。

2006年,《国务院关于解决农民工问题的若干意见》印发,标志着我国农村富余劳动力转移工作进入了一个新阶段,将农民工工作提上了重要工作日程。意见提出,农民工问题事关我国经济和社会发展全局,维护农民工权益是需要解决的突出问题,解决农民工问题是建设中国特色社会主义的战略任务。意见涉及农民工工资、就业、技能培训、劳动保护、社会保障、公共管理和服务、户籍管理制度改革、土地承包权益等各个方面的政策措施。2006年3月,为加强对农民工工作的组织领导,国务院农民工工作联席会议制度正式建立。

2006年,劳动和社会保障部、国家发改委、财政部和农业部联合下发《关于印发统筹城乡就业试点工作指导意见的通知》,明确了统筹城乡就业试点工作的目标、主要任务,在成都、嘉兴等27个地区启动试点,在开发就业岗位、提高素质能力、实现公平就业和促进稳定就业方面加大了工作力度。

2008年金融危机发生后,我国出现农民工"返乡潮",为稳定农民工就业,国家出台了一系列有针对性的政策措施。2008年10月12日,党的十七届三中全会审议通过了《中共中央关于推进农村改革发展若干重大问题的决定》,提出要统筹城乡劳动就业,加快建立城乡统一的人力资源市场,引导农民有序外出就业,鼓励农民就近转移就业,扶持农民工返乡创业;加强农民工权益保护,逐步实现农民工劳动报酬、子女上学、公共卫生、住房租购等与城镇居民享有同等待遇,改善农民工劳动条件,保障生产安全,扩大农民工工伤、医疗、养老保险覆盖面,尽快制定和实施农民工养老保险关系转移接续办法;统筹城乡社会管理,推进户籍制度改革,放宽中小城市落户条件,使在城镇稳定就业和居住的农民有序转变为城镇居民;推动流动人口服务和管理体制创新。

2008年12月20日,《国务院办公厅关于切实做好当前农民工工作的通知》下发,要求采取多种措施促进农民工就业,加强农民工技能培训和职业教育,大力支持农民工返乡创业和投身新农村建设,确保农民工工资按时足额发放,做好农民工社会保障和公共服务,切实保障返乡农民工土地承包权益。

3. 整合人力资源市场,就业服务体系不断健全

有关管理规定逐步建立,为人力资源市场发展和就业服务体系完善提供了保障。原人事部、劳动和社会保障部先后颁布了《人才市场管理规定》(2001年施行,2005年修正)、《就业服务与就业管理规定》(2008年)、《中外合资人才中介机构管理暂行规定》(2003年)以及《关于〈中外合资人才中介机构管理暂行规定〉的补充规定》(2008年)、《中外合资中外合作职业介绍机构设立管理暂行规定》(2001年)、《流动人员人事档案管理暂行规定》(1996年)、《境外就业中介管理规定》(2002年)等。

《人才市场管理规定》和《就业服务与就业管理规定》对人力资源服务机构的审批设立、从事业务范围、监管等做出了详细规定。从业态类型来看,两部规章分别对人才中介服务机构和职业中介机构可以从事的业务范围做出了规定,意味着上述业务范围纳入了管理制度中。从公共和私营人力资源服务机构管理角度来看,

《人才市场管理规定》未对公共和私营机构做出明确区分，原则上采取一视同仁的管理政策。《就业服务与就业管理规定》对劳动保障行政部门举办的公共就业服务机构和经劳动保障行政部门审批的职业中介机构分别做出管理规定，其中对公共就业服务机构的业务范围、资金来源等做出了规定，并规定政府部门不得举办或者与他人联合举办经营性的职业中介机构；另外，对经营性职业中介机构的设立条件、审批过程、业务范围、禁止从事业务、罚则等做出了专门规定。

人事部和劳动保障部两部合并以后，为稳步推进人才市场、劳动力市场的逐步整合和统一规范人力资源市场的建设，加强人力资源市场管理，2010年人社部下发《关于进一步加强人力资源市场监管有关工作的通知》，对明确监管职责、统一换发许可证、做好新设立服务机构的审批工作、加强人力资源市场监督检查、指导和鼓励经营性人力资源服务机构积极参与社会公益服务、推动经营性人力资源服务机构诚信服务、做好调查摸底工作、做好人力资源市场信息发布工作等方面做出具体部署。为继续深入贯彻落实《关于进一步加强人力资源市场监管有关工作的通知》文件精神，进一步做好人力资源市场统一管理工作，依法查处和打击非法中介行为，切实维护劳动者和用人单位合法权益，确保市场良好秩序，2011年进一步下发《关于加强统一管理切实维护人力资源市场良好秩序的通知》。上述部门规章和部门文件对服务机构设立以及行为准则、劳动力市场和人才市场监管、两部合并后的整合问题做出了比较详细的规定，对维护市场秩序、促进机构和行业发展发挥了重要作用。人才市场和劳动力市场开始整合，覆盖城乡的公共就业人才服务制度和体系基本形成，公共就业人才服务体系发挥重要作用。

4. 健全劳动就业法律法规体系

2004年，国务院发布了《劳动保障监察条例》，总结了10多年来劳动保障监察工作的经验，规范了劳动保障监察程序，明确了劳动保障行政部门、用人单位和劳动者在劳动保障监察工作中的权利与义务，强化了劳动保障监察执法手段。《劳动保障监察条例》的贯彻实施，对于进一步加大劳动保障监察执法力度，规范劳动保障监察执法行为，维护劳动者的合法权益，完善劳动和社会保障法律体系，促进劳动关系的和谐与经济社会的发展，具有重要意义。

2007年2月，国务院颁布《残疾人就业条例》，贯彻了《中华人民共和国残疾人保障法》的精神，并对如何保障残疾人就业权益、改善残疾人就业状况做了进一步规定。《残疾人就业条例》指明了残疾人就业的基本方针，界定了残疾人就业的责任主体，提出了促进残疾人就业的一系列要求，明确了残疾人就业的主要方式，建立了促进残疾人就业的激励机制。《残疾人就业条例》既是对《中华人民共和国残疾人保障法》的细化，又客观上宣传了《中华人民共和国残疾人保障法》和国家的残疾人就业政策，同时对各级政府提出了更高的要求，更具可操作性。

2007年6月，全国人大常委会审议通过《中华人民共和国劳动合同法》。这是自《中华人民共和国劳动法》颁布实施以来，我国劳动和社会保障法制建设中的又一个里程碑。《中华人民共和国劳动合同法》的颁布实施，对于更好地保护劳动者合法权益，构建和发展和谐稳定的劳动关系，促进社会主义和谐社会建设，具有十分重要的意义。《中华人民共和国劳动合同法》坚持了《中华人民共和国劳动法》确立的劳动合同制度的基本框架，包括双向选择的用人机制，劳动关系双方有权依法约定各自的权利和义务，依法规范劳动合同的订立、履行、变更、解除和终止等。同时，又对《中华人民共和国劳动法》确立的劳动合同制度做出了较大修改，使之进一步完善，包括加重了用人单位不订立劳动合同的法律责任、对劳务派遣进行了规范、加大对试用期劳动者的保护力度、在用人单位与劳动者订立无固定期限劳动合同方面提出更高要求、根据实际需要增加维护用人单位合法权益的内容。

2007年8月，全国人大常委会审议通过《中华人民共和国就业促进法》，是继刚刚颁布的《中华人民共和国劳动合同法》之后，我国劳动保障法制建设取得的又一重大成果。《中华人民共和国就业促进法》将促进就业的各项政策措施法制化和制度化，对于扩大就业、减少失业，提高就业质量和水平具有重要作用。特别是从法律角度明确了"劳动者自主择业、市场调节就业、政府促进就业"方针政策，建立了市场就业、平等就业和统筹就业的基本制度，提出了规范人力资源市场和就业服务及就业援助的措施，为我国就业促进工作提供了坚实的法律保障。

2007年12月，全国人大常委会审议通过《中华人民共和国劳动争议调解仲裁法》。该法确定了劳动争议调解和仲裁的范围、程序、机构、人员和处理机制等内容,为协调劳动关系、处理劳动争议、维护当事人的合法权益提供了程序上的法律保障。

这一时期,我国劳动就业体制改革进入了一个新的阶段,充分体现出以人为本和科学发展的原则。把就业摆在了经济社会发展更加重要的地位,强调就业是经济社会发展的优先目标和保障改善民生的头等大事,并在就业理念上改变了被动应付就业压力的局面,主动实施了三轮积极就业政策,解决了体制转轨遗留的就业问题,从容应对经济形势变化带来的就业压力。劳动就业法律法规体系不断健全,现代化的惠及城乡劳动者的公共就业服务体系逐步建立起来,特别是人力资源和社会保障部组建后,理顺了劳动就业管理体制,为统一的人力资源市场形成奠定了重要基础。城乡统筹就业真正开始实施,农民工权益得到前所未有的重视,各项体制障碍逐步破解。

2012年2月20日,中共中央政治局就实施更加积极的就业政策进行第三十二次集体学习,明确提出要把促进就业放在经济社会发展的优先位置,实施更加积极的就业政策,努力实现社会就业更加充分。同时强调要切实落实就业优先战略,切实支持劳动者多渠道就业,切实做好重点人群就业工作,切实加强就业服务和管理。

四、全面深化改革新阶段(2012年至今)

党的十八大以来,以习近平同志为核心的党中央着眼于实现中华民族伟大复兴的中国梦,协调推进"四个全面"战略布局,把人民过上美好幸福生活作为治国理政的核心理念,高度重视民生建设,做出一系列重大决策部署,采取一系列政策措施,推动我国劳动就业体制改革工作取得重大进展。

1. 实施就业优先战略

党的十八大对就业工作确定了新目标、提出了新要求、制定了新方针,为做好新时期的就业工作指明了方向。总目标是"就业更加充分";总要求是"推动实现更高质量的就业";总方针是劳动者自主就业、市场调节就业、政府促进就业和鼓励创业；总基调是实施就业优先战略和更加积极的就业政策。工作重点是促进以高校毕业生为重点的青年人和农村转移劳动力、城镇困难人员、退役军人四大群体就业。十八大报告第一次将促进就业上升到新的战略高度，明确提出实施就业优先战略和更加积极的就业政策。

在我国发展进入新常态的关键时期，为进一步推动以创业创新带动就业，2015年4月，《国务院关于进一步做好新形势下就业创业工作的意见》发布，围绕深入实施就业优先战略、积极推进创业带动就业、统筹推进高校毕业生等重点群体就业、加强就业创业服务和职业培训提出了具体政策措施，成为指导新形势下就业创业工作的纲领性文件。新一轮就业创业政策文件是对中国积极就业政策的完善，也是对创业扶持政策的创新。

2. 鼓励创业纳入就业方针

党的十八大报告明确提出，要推动实现更高质量的就业，并将就业更加充分作为全面建成小康社会的重要目标。党的十八大报告提出，要贯彻劳动者自主就业、市场调节就业、政府促进就业和鼓励创业的方针，第一次将鼓励创业纳入就业方针。新的就业方针进一步明确了劳动者、市场、政府在促进就业中应发挥的作用。

2013年10月25日，国务院常务会议部署改革注册资本登记制度，以进一步简政放权，构建公平竞争的市场环境，调动社会资本力量，促进小微企业特别是创新型企业成长，带动就业。

2014年5月，人力资源和社会保障部等10部门发布《关于实施大学生创业引领计划的通知》，为引导和支持更多的大学生创业，决定在2014—2017年实施新一轮"大学生创业引领计划"，并提出普及创业教育、加强创业培训、提供工商登记和银行开户便利、提供多渠道资金支持、提供创业经营场所支持、加强创业公共服务等一系列政策措施。

2014年11月，《国务院关于扶持小型微型企业健康发展的意见》发布，从资金支持、财税优惠、创业基地建设、促进企业信息互联互通等10个方面提出一系列政策措施，扶持小微企业（含个体工商户）健康发展。

2015年6月，《国务院关于大力推进大众创业万众创新若干政策措施的意见》

发布，从 9 大领域 30 个方面进一步明确了 96 条政策措施。随后，各部门、各省级政府围绕贯彻落实文件精神，创造性地开展工作，制定具体方案和配套政策。

2015 年 6 月，国务院召开常务会议，确定实施"三证合一"登记制度改革，方便创业创新。同年 5 月、10 月，《国务院关于大力发展电子商务加快培育经济新动力的意见》和《国务院关于促进快递业发展的若干意见》相继发布，充分肯定发展电子商务、快递业等新兴服务业对于激励创业扩大就业、改善民生的重要作用，并就放宽电子商务市场主体登记条件、将网络从业人员纳入保险、引导创投基金支持等作了相应规定，同时针对快递业专业人才队伍建设、落实就业创业和人才引进政策、快递从业人员参加相关职业培训和职业技能鉴定、按规定给予补贴等提出具体要求。

2015 年 7 月，《国务院关于积极推进"互联网＋"行动的指导意见》发布，提出"互联网＋"创业创新、"互联网＋"协同制造等 11 个具体行动。同年 8 月，《国务院关于印发促进大数据发展行动纲要的通知》下发，明确要加快大数据部署，深化大数据应用，使开放的大数据成为促进创业创新的新动能。同年 9 月，印发《关于加快构建大众创业万众创新支撑平台的指导意见》，从创新发展理念，着力打造创业创新新格局；全面推进"众创"，释放创业创新能量；积极推广"众包"，激发创业创新活力；立体实施"众扶"，集聚创业创新合力；稳健发展"众筹"，拓展创业创新融资等方面对优化政策扶持，构建持续发展环境提出要求，以加快构建支撑平台、推进"四众"健康发展。

3. 健全人力资源市场和就业服务体系

公共就业服务体系建设和人力资源市场建设得到进一步推进，公共就业人才服务网络信息化建设全面铺开。根据"十二五"时期公共就业服务工作的总体要求，为实现供给有效扩大、发展较为均衡、服务方便快捷、群众比较满意的目标，2012 年 4 月，人力资源和社会保障部发出通知，要求加快推进全国招聘信息公共服务网建设，建立健全招聘信息全国联网工作机制。同年 8 月，下发《关于加强人力资源服务机构诚信体系建设的通知》，在人力资源服务机构开展诚信体系建设活动。

2012 年 12 月，《人力资源和社会保障部 财政部关于进一步完善公共就业服务体系有关问题的通知》下发，明确了公共就业服务的基本原则、公共就业服务范围及主要内容，并提出要加强公共就业服务体系建设，省、市、县三级设立公共就业服务机构，县以下街道（乡镇）和社区（行政村）设立基层公共就业服务平台；提出要不断提升公共就业服务水平，建立全国统一的公共就业服务信息系统，健全全国统一的公共就业服务信息指标体系，以部省两级为核心建立就业信息数据库，形成覆盖城乡的公共就业服务信息网络和就业信息监测体系。

2013年3月6日，《人力资源和社会保障部关于加快推进人力资源市场整合的意见》下发，要求进一步促进人才市场和劳动力市场资源的有效整合，建立健全功能完善、机制健全、运行有序、服务规范的人力资源市场体系，更好地服务就业优先战略和人才强国战略的实施。

2014年，人力资源和社会保障部会同国家发改委、财政部联合印发《关于加快发展人力资源服务业的意见》，提出按照党中央、国务院关于实施人才强国战略、就业优先战略和大力发展服务业的决策部署，紧紧围绕转变经济发展方式、实现产业结构优化升级对人力资源开发配置的需要，以产业引导、政策扶持和环境营造为重点，不断完善人力资源服务体系，提升人力资源开发配置水平，更好发挥市场在促进就业中的作用，为经济社会可持续发展提供强有力的人力资源支撑保障。《关于加快发展人力资源服务业的意见》明确了促进人力资源服务业加快发展的8项重点任务、6条政策措施。

2014年11月，《人力资源和社会保障部关于加快就业信息全国联网推进公共就业信息服务平台建设工作的通知》下发，提出建立公共就业信息服务的国家级平台，负责与各级公共就业和人才服务机构联网，汇总共享各类就业信息并统一对外发布。

4. 关注重点群体就业

2013年5月16日，《国务院办公厅关于做好2013年全国普通高等学校毕业生就业工作的通知》下发，要求深入落实高校毕业生就业政策，拓宽高校毕业生就业渠道，鼓励高校毕业生自主创业，加强高校毕业生就业服务，开展就业帮扶和就业援助，大力促进就业公平。2014年5月，《国务院办公厅关于做好2014年全国普通高等学校毕业生就业创业工作的通知》下发，提出要充分认识做好高校毕业生就业创业工作的重要性和紧迫性，聚焦重点难点，继续把高校毕业生就业创业摆在就业工作的首要位置和整个经济社会发展的重要位置。

从2012年开始，人力资源和社会保障部每年年初下发一个做好当年高校毕业生就业创业工作的通知。人力资源和社会保障部和相关部门先后制定下发了关于做好高校毕业生就业创业金融服务、就业实名统计、离校未就业高校毕业生就业促进计划、技能就业专项活动、就业见习计划、求职补贴发放等相关政策文件，为提高高校毕业生的技能水平和就业创业能力提供政策保障，促进其尽快实现就业和稳定就业。

2013年6月，为进一步加强对农民工工作的组织领导，国务院决定成立国务院农民工工作领导小组，作为国务院议事协调机构，国务院农民工工作联席会议同时撤销。国务院农民工工作领导小组办公室设在人力资源和社会保障部，承担领导小组日常工作。专门为某个人群成立国务院工作领导小组是少见的，足以说明党中央和国务院对农民工工作的重视程度。

2014年9月，《国务院关于进一步做好为农民工服务工作的意见》发布，这是继《国务院关于解决农民工问题的若干意见》印发实施以来，国务院印发的第二个全面系统地指导做好农民工工作的综合性文件。《国务院关于进一步做好为农民工服务工作的意见》认为当前农民工就业稳定性不强，劳动保障权益受侵害的现象还时有发生，享受基本公共服务的范围仍然较小，大量长期在城镇就业的农民工还未落户。《国务院关于进一步做好为农民工服务工作的意见》的印发实施，对于维护农民工权益、有序推进农民工市民化、促进从根本上解决农民工问题具有十分重要的意义。

2016年4月，针对近年钢铁、煤炭行业化解产能过剩，需要大批安置职工的现实要求，人力资源和社会保障部、国家发改委等7部门发布《关于在化解钢铁煤炭行业过剩产能实现脱困发展过程中做好职工安置工作的意见》，提出支持企业内部分流、促进转岗就业创业、符合条件人员可实行内部退养、运用公益性岗位托底帮扶等方式多渠道分流安置职工，并妥善处理劳动关系，加强社会保障衔接。

2012年以来，是我国劳动就业体制全面深化改革的新时期，特别是十八届三中全会对改革进行了全面部署，为未来事业发展指明了方向。全会明确提出了市场在资源配置中起决定性作用，意味着人力资源配置中的市场机制作用将进一步增强，影响市场机制发挥作用的体制机制障碍将是未来改革重点。

第二节
劳动就业体制改革的主要成就

改革开放近40年来，为适应经济体制改革转轨，我国初步完成劳动就业体制的改革转轨。在改革各个阶段，实施了有针对性的政策措施，充分调动了用人单位和劳动者的工作积极性，解决了大量新生劳动力、农村富余劳动力和国企下岗职工就业问题，保持了就业局势的总体稳定，为改革开放以来30多年快速经济增长提供了充足人力和动力。在改革过程中，采取了渐进稳妥的改革策略，逐步建立健全市场化的劳动关系调整制度与机制，保持了劳动关系总体和谐，为改革开放以来40年快速经济增长提供了稳定的发展环境。在改革过程中，逐步建立起与市场经济体制相适应的积极就业政策体系和公共就业服务体系，逐步形成了统一的人力资源市场，逐步建立健全了劳动就业法律法规体系，为未来劳动就业工作奠定了坚实基础。

一、就业规模持续扩大，就业形势基本稳定

1. 就业总量稳步增加

我国是全世界人口数量最多、劳动力资源最丰富的国家。1978年，我国总人口为96259万人，经济活动人口为40682万人。到2015年，我国总人口增加到137462万人，是1978年的1.43倍；经济活动人口增加到80091万人，是1978年的1.97倍。

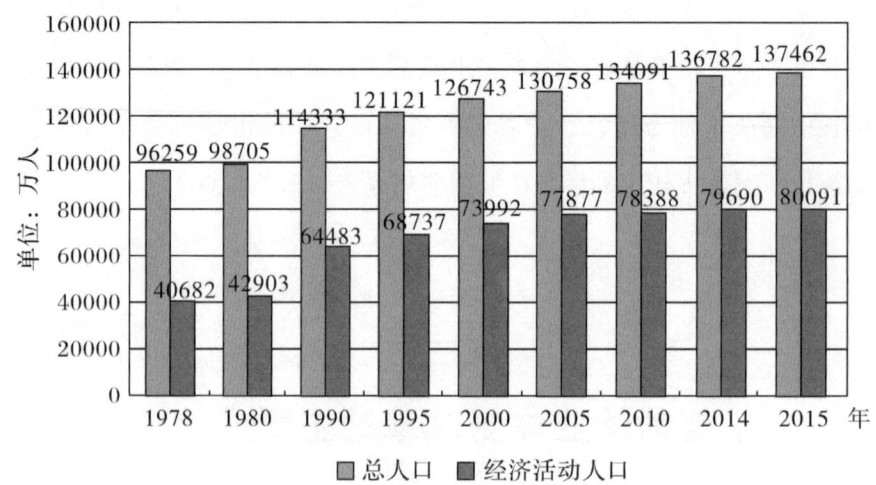

图 3-1 我国主要年份总人口和经济活动人口数

资料来源：《中国统计年鉴 2016》。

在改革开放不同时期，在努力发展经济的同时，我国采取各种措施，千方百计扩大就业，为亿万劳动者提供了工作岗位，成功化解了几次就业高峰。20 世纪 80 年代初，通过实施"三结合"就业方针，解决了大量返城知青的就业问题。20 世纪 90 年代末和 21 世纪初，通过实施再就业工程，大量解决了国企下岗职工的就业问题和基本生活保障问题。2003 年以后，为应对青年就业、农村富余劳动力转移就业和下岗失业人员再就业"三碰头"局面，同时，为了应对国际金融危机对我国经济和就业的冲击，我国实施了三轮积极就业政策。近年来，在我国经济进入新常态时期，为了稳定就业，推动大众创业、万众创新，又出台了新时期积极就业政策体系。

在快速经济增长带动下，在积极有为的就业政策措施推动下，我国在劳动力资源丰富同时就业总量压力大的情况下，实现了城乡就业人数稳步增加。1978 年，我国城乡就业总人数为 40152 万人，2015 年增加到 77451 万人，增加了 37299 万人。其中，城镇就业人数从 1978 年的 9514 万人增加到 2015 年的 40410 万人，增加了 30896 万人；乡村就业人数从 1978 年的 30638 万人增加到 2015 年的 37041 万人，增加了 6403 万人。乡村就业人数绝对值在 1997 年达到峰值后就开始出现逐年下降。我国"十一五"期间城镇新增就业 5771 万人，"十二五"期间连续 5 年城镇新增就业人数在1200万人以上,累计新增就业超过6400万人。

表3-4 我国城乡就业人数 (单位:万人)

年份	合计	城镇	乡村
1978	40152	9514	30638
1980	42361	10525	31836
1985	49873	12808	37065
1990	64749	17041	47708
1995	68065	19040	49025
2000	72085	23151	48934
2005	74647	28389	46258
2010	76105	34687	41418
2011	76420	35914	40506
2012	76704	37102	39602
2013	76977	38240	38737
2014	77253	39310	37943
2015	77451	40410	37041

资料来源:《中国统计年鉴2016》。

2. 失业率得到有效控制

在就业总量不断扩大的同时,失业人数和失业率也得到了有效控制。1978—1985年,我国出现城镇登记失业人数和登记失业率同步下降趋势,城镇登记失业人数由530万人下降到238.5万人,登记失业率由5.3%下降到1.8%,顺利跨过了改革开放以来第一次就业高峰。此后,由于国企改革,农村富余劳动力大量向城镇转移,城镇登记失业人数和登记失业率又出现双双上升趋势,但登记失业率始终保持在4.5%以下。近年来,登记失业人数总体出现缓慢上升势头,2015年城镇登记失业人数为966万人,但登记失业率保持平稳,甚至略有下降,2015年为4.05%。同时,我国人力资源市场上就业岗位充足,中国人力资源市场信息监测中心对 97 个城市的公共就业服务机构市场供求信息进行的统计分析表明,近年来,人力资源市场供求相对平衡,需求均略大于供给。

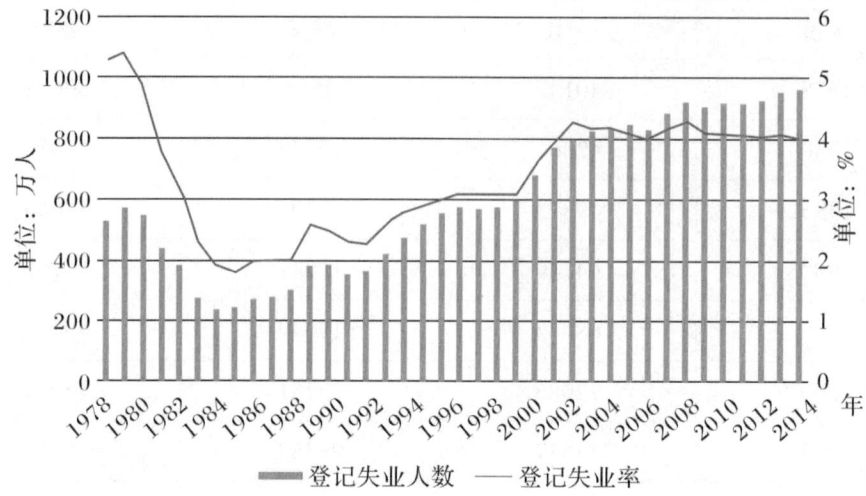

图 3-2　1978—2014 年我国城镇登记失业人数及登记失业率

资料来源:《中国统计年鉴 2016》。

二、就业结构优化,就业形式多样化

改革开放以前,由于我国实行优先发展重工业战略,实行全民所有制形式,同时实行严格限制劳动力城乡之间流动,因此在就业结构上,劳动力大量集中在第一产业和第二产业,大量集中在农村,第三产业就业人数较少,城镇就业主要集中在全民所有制单位。改革开放后,搞活城镇经济,实行国企改革,多种所有制形式得以全面发展,就业渠道大为扩展,家庭联产承包责任制释放农村活力,富余劳动力向城镇大量转移,就业结构大为优化。

1. 就业的城乡结构持续优化,城镇就业比重最终超过乡村就业比重

改革开放以来,我国农村实行家庭联产承包责任制,极大提高了劳动生产力,释放出大量农村富余劳动力,同时我国发展具有比较优势和市场潜力的劳动密集型企业,城乡分离的就业格局随之打破,开启了大量农村劳动力向城镇转移的进程。从 1978 年到 2015 年,我国城镇就业人员总量从 9514 万人增加到 40410 万人,增长了 3.25 倍。从城乡就业结构来看,呈现出乡村就业人员比重逐年下降、城镇就

业人员比重逐年上升的特点,并最终在2014年城镇就业人员比重首次超过乡村就业人员比重,城镇就业人员比重达到50.88%。

表3-5 我国城乡就业结构变动情况 (%)

年份	合计	城镇就业人员比重	乡村就业人员比重
1978	100	23.69	76.31
1980	100	24.85	75.15
1985	100	25.68	74.32
1990	100	26.32	73.68
1995	100	27.97	72.03
2000	100	32.12	67.88
2005	100	38.03	61.97
2010	100	45.58	54.42
2011	100	47.00	53.00
2012	100	48.37	51.63
2013	100	49.68	50.32
2014	100	50.88	49.12
2015	100	52.17	47.83

资料来源:《中国统计年鉴2016》。

2. 就业的产业结构显著改善,第三产业就业比重逐步占多数

改革开放以来,我国三次产业在调整中均得到长足发展,农业基础地位不断强化,工业实现持续快速发展,服务业迅速发展壮大。与之相对应,三次产业就业人员数量均呈现增长态势,但第一产业就业比重逐年下降,第二和第三产业就业比重逐年上升,尤其是近年来第三产业就业比重增长迅速,第二产业就业比重增长势头有所放缓。1978年,三大产业的就业比重分别为70.5%、17.3%和12.2%,第一产业就业人数占据绝大多数,农村富余劳动力过剩,严重限制了农业生产效率提高。到2015年,三大产业的就业比重分别为28.3%、29.3%和42.4%,第一产业就业比重下降42.2个百分点,第二产业和第三产业就业比重均上升,尤其第三产

业就业比重从12.2%增加到42.4%,增长30.2个百分点。特别是,2011年,第三产业就业比重为35.7%,第一产业就业比重为34.8%,第三产业就业比重首次超过第一产业就业比重,成为三大产业中最主要的就业部门。近年来,在我国经济进入新常态阶段、经济增速有所放缓情况下,新增就业人数仍保持增加,就业总体形势保持稳定,与第三产业就业弹性较大、吸纳就业能力较强有较大关系。

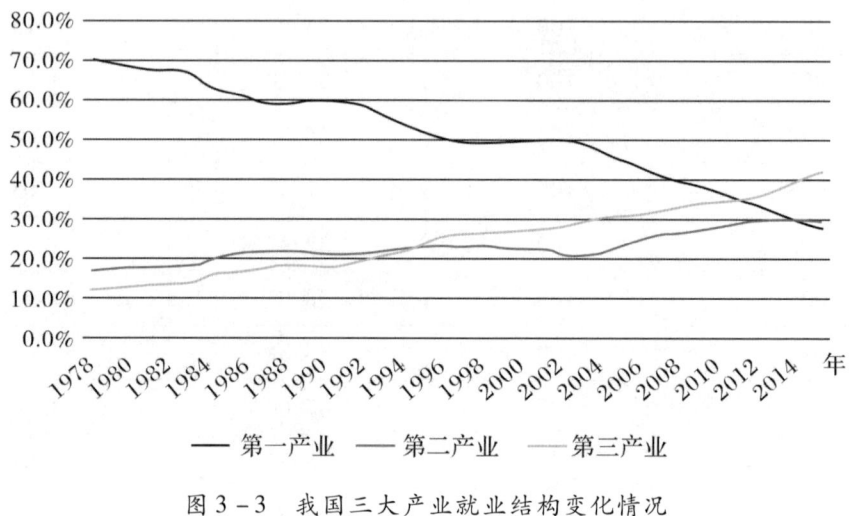

图3-3 我国三大产业就业结构变化情况

资料来源:《中国统计年鉴2016》。

3. 多种经济成分共同发展,非公有制经济就业人数逐步占主体

十八届三中全会指出,公有制为主体、多种所有制经济共同发展的基本经济制度是中国特色社会主义制度的重要支柱,也是社会主义市场经济体制的根基。公有制经济和非公有制经济都是社会主义市场经济的重要组成部分,都是我国经济社会发展的重要基础。改革开放以来,党中央正确认识到我国将长期处于社会主义初级阶段,鼓励多种经济成分共同发展,既是推进经济体制改革和发展市场经济的需要,也是适应社会主义初级阶段生产力发展的需要。近40年来,我国所有制结构逐步调整,公有制经济和非公有制经济在发展经济、促进就业等方面的比重不断变化。1978年,我国城镇就业人数9514万人,其中国有单位和集体单位就业人数就有9499万人,比重为99.8%,其他所有制经济就业人数几乎可以忽略不计。到2015年,我国城镇就业人数40410万人,但国有单位和集体单位总就业人数只有

6689万人,比重只有16.6%,无论是绝对数还是相对数都出现大幅度减少。相反,其他所有制经济就业人数和比重大幅增加,尤其是私营企业和个体就业人数最为显著,2015年私营企业和个体就业人数达到18980万人,占城镇总就业人数的47.0%。

表3-6 1978—2015年我国不同所有制就业人数变化情况 (单位:万人)

年份	城镇就业人数	国有单位	集体单位	私营企业	个体
1978	9514	7451	2048	—	15
1980	10525	8019	2425	—	81
1985	12808	8990	3324	—	450
1990	17041	10346	3549	57	614
1995	19040	11261	3147	485	1560
2000	23151	8102	1499	1268	2136
2005	28389	6488	810	3458	2778
2010	34687	6516	597	6071	4467
2011	35914	6704	603	6912	5227
2012	37102	6839	589	7557	5643
2013	38240	6365	566	8242	6142
2014	39310	6312	537	9857	7009
2015	40410	6208	481	11180	7800

资料来源:《中国统计年鉴2016》。

4. 多样化就业形式迅速发展

随着劳动就业体制的改革,劳动者就业渠道和就业形式日益多样化,传统的固定就业形式不再成为唯一选择,灵活就业人员数量越来越多,临时就业、季节性就业、兼职就业、钟点工等各种就业形式迅速兴起。随着"互联网+"时代来临,自由职业者成为年轻人推崇的就业方向,网络创业以及随之带来的就业成为新的就业方式。用人单位的用人方式也日益灵活,劳务派遣、劳务外包等各种用工方式迅速增加。根据全国总工会研究室2011年企业职工劳动经济权益实现状况及思想动态调查测算，目前，全国企业劳务派遣工占企业职工总数的13.1%，约有3700万人。

三、统一人力资源市场逐步形成并不断发展

在计划经济时代，我国实行"统包统配"的就业制度，"统包"是目标，"统配"是手段，人力资源的配置完全是由政府计划指令进行控制。改革开放以来，人力资源配置机制方式发生了根本性变化，市场机制发挥主导作用，人力资源市场各个主体和要素逐步建立和完善。

1. 市场成为人力资源配置的主要力量

随着国企改革深化和劳动就业体制的全面改革，用人单位已经成为人力资源市场的自主需求主体，劳动者成为人力资源市场上的自主供给主体，人力资源的配置主要通过市场这只"无形的手"来实现，国家通过法律法规建设来规范人力资源市场上供求双方的行为，明确各自的权利和义务。企业可以根据自身生产需要自行决定人员的招聘、解雇，可以在国家法律法规规定下自行制定职工福利待遇，可以采取劳务派遣等多种方式使用劳动力；各类求职人群包括农民工、大学毕业生等主要通过人力资源市场来寻找工作，与用人单位建立劳动合同关系。除了对弱势群体的就业援助，政府不再直接干预人力资源配置，只是作为立法者、监管者和公共就业服务提供者。市场成为人力资源配置的主要力量的一个表现是，非公有制经济成为吸纳劳动者就业的主要渠道，尤其是私营经济和个体经济的就业人数最多，而这些所有制经济成分的就业完全是市场机制的结果。

2. 政府的职责更加明晰

在市场经济条件下，政府不再直接参与人力资源的配置，由供求双方根据市场机制进行双向选择。政府的职责一方面是建立人力资源市场，为供求双方提供信息服务和中介服务等，润滑供求双方的市场交易链条，同时对社会上的弱势群体提供职业培训、就业援助等公共服务；另一方面是对人力资源市场的监管，保证供求双方以平等地位在人力资源市场上进行活动。尤其是2008年国务院机构改革后，组建了人力资源和社会保障部，不再保留人事部、劳动和社会保障部，推进人才市场和劳动力市场整合改革，同时坚持管办分离、政企分开、事企分开原则，推进分离

改革，公共服务整体能力显著提高，市场公平经营秩序明显加强。"两部融合"解决了过去人事和劳动部门在管理人力资源业务时存在的管理交叉重叠、政策执行标准不统一等问题。从某种程度上说，从人力资源的角度实现了人人平等，是全国统一人力资源市场形成的基础条件。

3. 全国统一的人力资源市场逐步形成

市场成为人力资源配置的主要力量，意味着劳动者可以在全国统一的人力资源市场内寻找合适的工作岗位，意味着用人单位可以在全国范围寻找最合适的人力资源，因此人力资源的区域和城乡流动日益频繁，自由流动成为全国统一人力资源市场形成的一个重要标志。由于经济发达，长三角地区、珠三角地区和京津冀地区成为吸纳全国人力资源的主要区域，劳动者跨地区流动频繁。2014年，全国共有181.6万人次办理城镇职工养老保险跨省转移接续手续（其中农民工46.9万人次），2010年至2015年累计共有560万人次办理跨省转续养老保险手续，这也从一个侧面说明人力资源的区域流动规模庞大。人力资源的城乡流动则规模更为庞大，国家统计局从2008年开始开展的农民工统计监测显示，农民工总量逐年增长，2015年达到2.7747亿人。

表3-7 2008—2015年我国农民工总量（单位：万人）

年份	农民工总量	外出农民工	本地农民工
2008	22542	14041	8501
2009	22978	14533	8445
2010	24223	15335	8888
2011	25278	15863	9415
2012	26261	16336	9925
2013	26894	16610	10284
2014	27395	16821	10574
2015	27747	16884	10863

资料来源：国家统计局历年农民工监测报告。

四、积极就业政策体系不断完善

1. 明确就业优先战略地位

就业是民生之本,促进就业是保障和改善民生的头等大事,党和政府始终高度关注就业工作。党的十六大第一次正式提出了中国特色的充分就业目标,将实现社会就业比较充分作为到2020年全面建设小康社会的重要目标之一。十六届六中全会将实现社会就业比较充分作为构建和谐社会的九大目标和任务之一。党的十七大对实现全面建成小康社会奋斗目标提出了新的更高的要求,提出了实施扩大就业的发展战略,促进以创业带动就业,实现社会就业更加充分的目标。党的十八大提出要根据我国经济社会发展实际,要在十六大、十七大确立的全面建设小康社会目标的基础上努力实现新的要求,实现就业更加充分,推动实现更高质量的就业。

在党的十八大报告中,第一次将促进就业上升到新的战略高度,明确提出实施就业优先战略和更加积极的就业政策。实施就业优先战略,就是要把促进就业作为经济社会发展的优先目标,放在经济社会发展的优先位置,更加注重选择有利于扩大就业的经济社会发展战略,强化政府促进就业的责任。落实更加积极的就业政策,就是要根据就业形势和就业工作重点的变化,及时充实和完善各项就业政策,加强就业政策与产业、贸易、财政、税收、金融等政策措施的协调,加大公共财政对促进就业的资金投入,完善财税金融扶持政策,着力扶持发展吸纳就业能力强的现代服务业、战略性新兴产业、劳动密集型企业和小型微型企业。

2. 实施多轮积极就业政策

2002年,《中共中央 国务院关于进一步做好下岗失业人员再就业工作的通知》下发,第一轮积极的就业政策自此付诸实施。内容包括:通过促进经济发展,调整产业结构,创造更多就业岗位;通过税费减免、小额担保贷款、社会保险补贴、岗位补贴等政策,鼓励自主创业、鼓励企业吸纳就业、开发公益性岗位安置就业;通过职业介绍补贴、职业培训补贴政策,强化就业服务和职业培训。当时规定,政策执行期限为3年。

2005年11月,《国务院关于进一步加强就业再就业工作的通知》下发,将有关扶持政策延续3年，同时根据就业形势的发展变化，对政策进行进一步调整、扩展和充实：将自主创业的扶持政策扩展到城镇登记失业人员和城镇复员转业军人；将企业吸纳就业和公益性岗位安置就业的扶持政策扩展到厂办大集体下岗失业人员及享受城镇低保的长期失业人员；将免费公共就业服务和职业培训补贴政策扩展到农村进城务工劳动者。由此，政策着力点开始从重点解决国有企业下岗失业人员再就业问题，向统筹城乡各类群体就业扩展。积极的就业政策内容进一步丰富。

2008年以来，为应对汶川地震等重大自然灾害和国际金融危机带来的挑战，中央出台了一揽子计划，在保增长、保民生、保稳定的战略部署中，把就业摆在更加突出的位置。2009年2月，《国务院关于做好当前经济形势下就业工作的通知》下发，打出了发展经济拉动就业、帮扶企业稳定就业、政策扶持鼓励创业、重点人群统筹就业、特别培训提高技能、加强服务促进就业的"组合拳"，其中4万亿元投资保增长拉动就业、"五缓四减三补贴"稳定就业、促进以创业带动就业等举措更是对稳定就业局势起到了关键作用。

随着我国经济发展进入新常态，就业总量压力依然存在，结构性矛盾更加凸显。2015年4月27日，《国务院关于进一步做好新形势下就业创业工作的意见》发布，对做好新时期就业创业工作作出了全面部署，尤其是提出把创业和就业结合起来，以创业创新带动就业，以就业创业带动经济发展，明确了一系列促进就业创业的政策措施，是对积极就业政策体系的完善和发展，也是对加快培育大众创业、万众创新新引擎，催生经济发展新动力的重大政策创新。

经过多轮积极就业政策实施，我国就业政策思路不断扩宽，就业政策工具不断增加，就业政策实践不断深化，积累起促进就业、扩大就业的大量长效机制。尤其是2007年通过的《中华人民共和国就业促进法》将许多有效做法以法律形式固定下来，为我国积极就业政策体系实施提供了强大的保障。

五、就业服务体系初步建立

1. 公共就业和人才服务体系建设不断加强

我国公共就业服务起源于20世纪80年代初的劳动服务公司，到20世纪90年代初，逐渐发展为以职业介绍、就业训练、失业保险和劳动就业服务企业等为主要内容的就业服务体系。随着劳动就业体制改革的逐步深入，20世纪90年代末，公共就业服务网络逐步形成，省、市、县三级公共就业服务机构逐步到位。随着2002年开始为解决失业人员再就业问题以及更好提供服务，又开始了基层劳动保障的建设，街道（乡镇）和社区（行政村）基层公共就业服务平台建设也逐步开展起来。

目前我国公共就业服务机构主要包括三类：一是公共就业服务管理机构，承担本地区公共就业服务规划、公共就业服务机构管理和人力资源市场管理工作；二是公共就业服务工作机构，以职业介绍服务为主，设立直接面向求职者和用人单位的服务场所和窗口，承担政策咨询、信息发布、职业介绍等多项就业服务功能；三是以街道（乡镇）社区劳动保障工作平台为主的基层公共就业服务机构，承担面向基层群众提供公共就业服务、对就业困难群体提供就业援助等基础性工作。同时，通过信息化建设，将各级公共就业服务机构实现联网。

截至2015年底，全国公共就业和人才服务机构整合基本到位，省、市两级因地制宜，设立了综合性服务机构或专门性服务机构，区县一级85.4%的机构已经整合或计划年内整合设立综合性服务机构，全国各类人力资源服务机构达2.71万家。

2. 人力资源服务业成为现代服务业重要组成部分

人力资源服务行业是为劳动者就业和职业发展、为用人单位管理和开发人力资源提供相关服务的专门行业。作为生产性服务业的重要门类，人力资源服务业的主要功能是促进人力资源有效开发与优化配置，从而提升劳动生产率。2007年《国务院关于加快服务业的若干意见》发布，人力资源服务业首次被写入国务院文件。《中华人民共和国劳动合同法》《国家中长期人才发展规划纲要（2010—2020）》《关于加快发展人力资源服务业的意见》《劳务派遣暂行规定》等一系列促进人力资源服务业发展的法律和政策规范相继出台，以推动并保障人力资源服务业的良性、快速发展。

人力资源服务机构的服务内容也从最初的职业介绍、职业培训、人事档案管理逐渐形成较为完善的服务产业链，包含中高端人才访寻、灵活用工、人力资源外包、在线招聘、人力资源综合咨询、人力资源软件系统、转职服务等，并因各细分行业的产品以及服务方式不同，产生了不同的业务形态和模式。

德科、任仕达、万宝盛华等全球排名前10的人力资源服务机构已全部在中国进行业务运作。伴随外资企业在我国全国的布局，我国本地的人力资源服务机构也在各地发展，逐渐扩大服务覆盖区域，并涌现一大批规模化发展的国有和民营人力资源服务机构，如中智、上海外服、北京外企、前程无忧、科锐国际、汇思等。

为支持人力资源服务业发展，人力资源和社会保障部相继批准建立上海、重庆、河南、苏州等国家级人力资源服务产业园，为行业发展提供优惠政策和宽松环境。

六、劳动关系总体和谐稳定

改革开放以来，为适应市场经济体制改革需要，我国对构建中国特色的和谐劳动关系进行了长期艰苦卓绝的探索，取得了明显成效。在经济体制深刻变革、社会结构深刻变动、利益格局深刻调整、思想观念深刻变化的过程中，劳动关系总体保持和谐稳定，有力促进了社会稳定，为改革发展提供了有利的环境。

1. 劳动关系运行市场化

在计划经济体制下，用人单位无权自主招用劳动力，必须由国家下达招工指标，在指标内招工，劳动者也没有择业自主权，严格限制流动，必须由国家统一分配安置就业。一旦劳动关系确立，没有政府行政命令，终身保持不变，直至劳动者退休。劳动者的工资分配、保险福利，由国家统一制定政策、统一调整，实行平均主义。在这种体制下，职工、企业和国家的主体利益是一致的，企业是国家的企业，职工是国家的职工，全体劳动者都是国家的主人，所有生产资料都属于全民所有。改革开放后，这种计划经济时代的劳动关系逐步瓦解，与市场经济体制相适应的新型劳动关系逐步建立起来。企业获得了用人自主权，可以根据自身生产需要，建立或解除与劳动者的劳动关系，劳动者可以自由流动，自主选择用人单位，用人单位与劳动者以劳动合同签订作为建立和处理劳动关系的主要依据。政府不再对劳动力进行行政配置，不再对劳动关系进行直接管理，主要通过立法形式对劳动关系进行规范，作为三方机制的一方参与劳动关系协调，作为公共服务提供者对劳动关系冲突进行调处并进行劳动保障监察。在劳动关系双方自主协调、市场调节成为劳动关系运行基础的情况下，劳动关系主体和利益格局也出现明显变化，非公有制经济组织的职工人数逐步占多数，劳动关系协调的重点从国有企业转向非公有制经济组织，劳动关系双方成为相对独立又有明确自身追求的两个利益主体，劳动条件、劳动报酬和职工福利等成为双方关注的焦点。

2. *劳动关系调整制度和机制逐步建立*

建立健全与社会主义市场经济体制相适应的劳动关系调整制度和机制，是维护劳动关系长期和谐稳定的根本保证。经过多年发展，我国已经逐步建立起劳动关系调整制度与机制，主要包括劳动合同制度、集体合同制度、劳动规章制度、职工民主管理制度、劳动人事争议处理制度、协调劳动关系三方机制、劳动监察制度等。

劳动合同制度全面实施。从20世纪80年代初开始，我国就进行了劳动合同制度的试点工作，此后一步步推开。先从经济特区开始，再逐步推广到其他地区；先从国企新招职工开始，再逐步推广到国企原有职工；工作重点从国企转向所有非公有制经济组织，覆盖人群从国企职工转向所有所有制性质企业职工，尤其是涵盖农民工。与此同时，通过实践和研究，劳动合同制度不断完善并最终形成法律。1994年颁布的《中华人民共和国劳动法》为劳动合同制度提供了最基本的法律规范，明确了建立劳动关系应当订立劳动合同。2007年通过的《中华人民共和国劳动合同法》以及2008年发布的《中华人民共和国劳动合同法实施条例》进一步完善了劳动合同制度，明确了劳动者和用人单位的权利和义务，保护了劳动者的合法权益，对构建和发展和谐稳定劳动关系发挥积极作用。实践过程中，相关部门积极推动劳动合同制度实施，开展农民工劳动合同签订"春暖行动"和小企业劳动合同制度实施专项行动，企业依法用工和劳动者依法维权意识不断增强，劳动合同签订率和履行质量不断提高。2015年末，全国企业劳动合同签订率达到90%。

集体合同覆盖面不断扩大。集体合同制度是调整集体劳动关系的基本制度，是市场经济条件下保障职工依法参与企业民主管理，协调劳动关系双方利益的一项重要制度。1994年颁布的《中华人民共和国劳动法》正式确立了集体合同制度。同年，劳动部颁布了《集体合同规定》。2003年，劳动保障部对《集体合同规定》进行了修订，并以部令颁布。为进一步从法律上对集体合同制度进行明确，2007年颁布的《中华人民共和国劳动合同法》专门用一节对集体协商和集体合同制度的有关内容进行了特别规定。有关部门实施集体合同制度"彩虹计划"和"攻坚计划"，集体协商覆盖范围不断扩大，实效性逐步增强。截至2015年底，经人力资源社会保障部门审查的当期有效集体合同176万份，覆盖企业356万户、职工1.7亿人。

建立协调劳动关系三方机制。三方机制是重要的社会利益协调机制，是妥善处理社会利益关系、预防和化解劳动关系双方矛盾和冲突的重要手段，是国际劳工组织着重推行的协调劳动关系的基本原则。2001年，由劳动保障部、全国总工会、中国企业联合会三方共同建立了国家协调劳动关系三方会议制度。我国《中华人民共和国工会法》《中华人民共和国劳动合同法》《中华人民共和国劳动争议调解仲裁法》先后都对县级以上人民政府劳动行政部门会同工会和企业方面代表建立协调劳动关系三方机制作出明确规定。截至"十二五"末，县级以上普遍建立三方机制，国家和地方都将工商联等单位纳入三方机制。

建立健全劳动人事争议处理制度。我国自1987年恢复劳动争议处理制度以来，先后颁布了《中华人民共和国企业劳动争议处理条例》和《中华人民共和国劳动争议调解仲裁法》，明确了以协商、调解、仲裁、诉讼为主要环节的劳动争议处理制度，实行"一调、一裁、两审"的劳动争议处理体制。在我国实践过程中，按人群和不同管理部门形成了劳动争议处理和人事争议处理两种制度，目前这两种制度已经得到整合，处理程序相同，处理机构相同。2015年，各地劳动人事争议调解组织和仲裁机构共处理争议172.1万件，同比上升10.4%；办结案件161.0万件，仲裁结案率为95.2%；仲裁机构期末未结案件数达到4.1万件，同比上升14.1%。

七、劳动就业法律法规不断健全

改革开放以来，与我国社会主义市场经济相适应的劳动就业法律法规体系逐步建立，并不断完善。目前，我国已经形成以《中华人民共和国宪法》为根本大法，以《中华人民共和国劳动法》为基础，以《中华人民共和国劳动合同法》《中华人民共和国工会法》《中华人民共和国职业病防治法》《中华人民共和国就业促进法》《中华人民共和国劳动争议调解仲裁法》和《中华人民共和国社会保险法》等为主干，以相关法律法规为配套，以相关部门规章为补充的劳动就业法律法规体系，以立法形式总结和巩固了劳动就业体制改革经验，为未来劳动就业体制改革和实际工作奠定了坚实基础。

1. 有关劳动关系的法律法规

规范劳动标准的法律法规体系逐步建立。为了保护劳动者的合法权益，我国已经初步建立了以《中华人民共和国劳动法》为核心，内容涉及工作时间、休息休假、工资支付、禁止使用童工、女职工和未成年工特殊劳动保护、职业安全卫生等方面的劳动标准法规体系，并根据经济社会发展不断调整各项劳动标准。具体来说，《中华人民共和国劳动法》对工作时间和休息休假、工资、劳动安全卫生、女职工和未成年工特殊保护、社会保险和福利等做了规定，《中华人民共和国安全生产法》和《中华人民共和国职业病防治法》对职业病和生产过程中的安全问题做了专门规定，《中华人民共和国社会保险法》对包括劳动者在内的社会保险问题做了专门规定。配套的行政法规主要有《国务院关于职工工作时间的规定》《职工带薪年休假条例》《禁止使用童工规定》《女职工劳动保护特别规定》等。部门规章主要有《企业职工带薪年休假实施办法》《工资支付暂行规定》《未成年工特殊保护规定》《关于企业实行不定时工作制和综合计算工时工作制的审批办法》《最低工资规定》等。

调整劳动关系的法律法规体系逐步完善。《中华人民共和国劳动法》对劳动合同和集体合同、劳动争议做了初步规定。《中华人民共和国劳动合同法》和《中华人民共和国劳动争议调解仲裁法》则分别对劳动合同和集体合同、劳动争议做出了更为详细的规定，进一步完善了劳动关系调整的法律。《中华人民共和国劳动合同法实施条例》等行政法规则对劳动关系调整的具体实施进行了更为明确的规定。部门规章主要有《劳动人事争议仲裁办案规则》《劳动人事争议仲裁组织规则》《企业劳动争议协商调解规定》《劳务派遣暂行规定》《工资集体协商试行办法》《集体合同规定》等。调整劳动关系法律法规的逐步完善，对于保护劳动关系双方当事人合法权益、妥善解决劳动争议、维护劳资关系和谐稳定发挥了重要作用。

劳动监察的法律法规不断发展。《中华人民共和国劳动法》对县级以上各级人民政府劳动行政部门的监督检查责任进行了初步明确，对劳动关系双方和有关部门工作人员违反相关法律法规的法律责任进行了初步规定。《中华人民共和国劳动合同法》强化了劳动监察职责，进一步确立了劳动监察的法律地位。主要的行政法规有2004年颁布的《劳动保障监察条例》，它明确了监察的职责和内容，强化了监察的执法手段，在劳动保障监察法制化进程中具有里程碑意义。配套的部门规章主要有《劳动监察员管理办法》《国有企业工资内外收入监督检查实施办法》《劳动行政处罚听证程序规定》《社会保险基金监督举报工作管理办法》《关于实施〈劳动保障监察条例〉若干规定》等。2008年机构改革中新组建的人力资源和社会保障部专门设立了劳动监察局，加强了政府依法监管人力资源市场、调整劳动关系、发展社会保险的职责。

2. 有关促进就业的法律法规

党和政府一直以来高度关注就业工作，在不同历史时期，通过采取各种措施千方百计促进就业。就业立法是立法工作的一项重要内容。《中华人民共和国劳动法》专门在第二章对促进就业进行了规定，这在国外劳动立法中是少见的，说明了我国对促进就业工作的高度重视。2007年通过的《中华人民共和国就业促进法》则对促进就业工作作出了更加详细的法律规定，进一步确立了促进就业的法律地位。《中华人民共和国残疾人保障法》对残疾人的劳动就业进行了保障，明确规定"机关、团体、企业事业组织、城乡集体经济组织，应当按一定比例安排残疾人就业，并为其选择适当的工种和岗位"。促进就业方面的行政法规主要有《军队转业干部安置暂行办法》《残疾人就业条例》等。配套的部门规章主要有《人力资源社会保障部关于修改〈就业服务与就业管理规定〉的决定》《人才市场管理规定》《中外合资人才中介机构管理暂行规定》《外国人在中国就业管理规定》《中外合资中外合作职业介绍机构设立管理暂行规定》《就业服务与就业管理规定》等。促进就业法律法规的出台和不断完善,对于实施积极就业政策,实施扩大就业战略和就业优先战略,促进经济发展与扩大就业相协调,促进社会和谐稳定发挥了重要作用。

第三节
劳动就业体制改革面临的困难和挑战

虽然我国劳动就业体制改革取得令人瞩目的成就,但与社会主义市场经济体制相适应的劳动就业体制改革并未完全到位,就业任务仍然繁重,就业压力仍然较大,需要继续发挥改革创新精神,攻坚克难,为取得新的伟大胜利而努力奋斗。

一、就业形势依然严峻

1. 劳动力总量仍在高位运行

我国是世界上第一人口大国,人口总量庞大,需要解决就业的人数众多。近年来,随着我国计划生育国策执行效果显现、人口老龄化加速等因素,我国劳动力结构出现一些变化。我国劳动年龄人口比重下降,劳动年龄人口进入负增长的历史拐点,同时劳动参与率也出现逐年下降的趋势。以2012年为节点,我国劳动年龄人口开始出现减少,当年减少345万人,2013年减少244万人,2014年减少371万人,2015年减少487万人。2015年末,我国16周岁以上至60周岁以下(不含60周岁)的劳动年龄人口91096万人,占总人口的比重为66.3%,较上一年占比又下降了0.7个百分点。

但是,必须看到,这种劳动年龄人口的减少是供给高位上的放缓,劳动力规模依然庞大。"十三五"期间,我国劳动力供给仍处于高位,劳动年龄人口平均在9亿人以上,每年需要在城镇就业的新成长劳动力约1500万人。每年城镇新增就业人数达到1000万人,再加上自然减员产生的岗位,方能实现比较充分的就业,保持就业稳定。

就业总量压力长期存在，促进就业仍是经济增长的底线。在经济新常态下，GDP增速放缓，同时，公共就业和人才服务体制不健全，技能人才培养培训机制不完善，人力资源自由流动的障碍仍然存在，诸多因素将对未来就业增长带来挑战。要保持就业形势稳定，就必须继续加强劳动就业体制改革，同时让经济发展和就业增长良性互动，实现有就业增长的经济增长。

2. 结构性矛盾仍然突出

总体来看，我国的人力资源结构还难以适应经济发展所需要的知识技能水平。一方面，劳动者素质不能适应经济发展的要求，从而导致了新兴产业、高技术行业和技能性职业所需人员供不应求，现代制造业、服务业所需的专业技术和各类技能人才严重短缺。另一方面，大量劳动者职业技能水平偏低，导致其本身实现就业困难。长期以来，人力资源市场企业对技术工人的需求旺盛，劳动力需求大于供给。我国部分地区企业出现的招工难现象，在很高程度上是因为缺乏相应的技术工人造成的。这样的人力资源技能结构不仅难以适应经济大规模升级转型，而且还对经济增长与品质提升形成重大制约。

同时，我国国民经济三大产业的产值结构与就业结构不匹配，第三产业就业比重仍有待进一步提高。2015年，我国三大产业产值比重分别为9.0%、40.5%、50.5%，第三产业比重首次突破50%。全国就业人员中，第一产业就业人员占28.3%，第二产业就业人员占29.3%，第三产业就业人员占42.4%。尤其是第一产业的产值比重和就业比重严重不匹配，农业生产效率提高仍有很大空间，农村富余劳动力转移仍有较大任务。反观主要发达国家，其第一产业就业比重为日本3.7%、韩国6.6%、加拿大2.4%、美国1.6%、法国2.9%、德国1.6%、意大利3.8%、英国1.2%、澳大利亚3.3%，而发达国家第三产业就业比重一般都达到70%~80%，我国第三产业就业比重仍有很大上升空间。

另外，我国正处于经济结构加速调整时期，由于经济基础不同、产业结构不同、劳动力素质不同，不同地区就业压力存在差别。比如，同样是化解过剩产能，经济发达地区因为其他行业就业机会充足，就业压力相对较小，而经济落后地区，就业岗位本身较少,安置职工的压力就相对较大。以登记失业率来比较,2015年,失业率最高的是黑龙江,达到4.5%,最低的是北京,仅有1.4%,相差较大,反映出不同地区的就业压力差别。

表3-8 2015年全国不同地区登记失业率

地区	登记失业率(%)	地区	登记失业率(%)
黑龙江	4.5	江西	3.4
四川	4.1	贵州	3.3
湖南	4.1	安徽	3.1
上海	4.0	新疆	2.9
宁夏	4.0	广西	2.9
云南	4.0	青海	3.2
河北	3.6	湖北	2.6
内蒙古	3.7	江苏	3.0
天津	3.5	河南	3.0
福建	3.7	浙江	2.9
重庆	3.6	西藏	2.5
山西	3.5	广东	2.5
吉林	3.5	海南	2.3
辽宁	3.4	甘肃	2.1
陕西	3.4	北京	1.4
山东	3.4		

资料来源:《中国统计年鉴2016》。

二、劳动关系矛盾仍然存在

我国正处于经济社会转型阶段,劳动关系的主体及其利益诉求越来越多元化,劳动关系矛盾已进入凸显期和多发期。劳动争议案件居高不下,有的地方拖欠农民工工资等损害职工利益的现象仍较突出,集体停工和群体性事件间有发生,同时,随着"互联网+"时代到来,用工方式更加灵活,构建和谐劳动关系的任务更为艰巨繁重。

1. 劳动关系调整制度和机制不健全

我国劳动力资源总量庞大，劳动力供求关系不平衡，供给长期大于需求，劳动者在劳动关系中处于相对不利地位。尤其是农村存在大量的富余劳动力需要转移，由于户籍制度和土地制度影响，农民工的就业失业概念界定不清，农村成为城镇劳动力供求平衡调节的蓄水池，农民工在劳资关系上天然处于不利地位。

劳动基准法律制度不完善，而且执行力度也不够。我国劳动基准法律规范分散，法律位阶不同，导致法律之间的冲突较大，而且有些基准已经过时，有些基准规定得比较模糊，难以统一，有些基准制度缺失，存在立法上的空白之处。还有一个比较突出的问题是，基准的缺失导致有些基准难以实施，比如工资、工时基准是有法律规定，但却没有定员定额基准，导致了企业可以规避定员定额基准，劳动者加班超时的现象比较普遍。地方政府重视不够，劳动监察力量薄弱，劳动基准执行力度远远跟不上实际需要。

集体劳动关系协调机制不完善。我国的集体谈判磋商机制，没有覆盖到全行业、全区域，层次性比较低，对劳动者集体合同的建立没有起到实质性作用。当前企业中的工会尤其是公有制企业中的工会独立性不强，代表性不够，参与谈判的主体不够成熟，谈判的内容不够全面。同时，集体谈判程序不规范，集体合同的内容空洞。

2. 新形势下劳动关系更加复杂

由于利益主体和利益格局多元化，劳动关系更为复杂，劳资冲突数量呈现增长趋势，尤其是在经济下行压力下，群体性冲突更为明显。2008年全国各级劳动人事争议仲裁机构共处理劳动人事争议案件超过97万件。其中，各级劳动争议仲裁机构共处理案件96.4万件，是上年的1.8倍。各级人事争议仲裁机构共处理人事争议案件近1万件。立案受理的劳动争议案件69.3万件，是上年的1.98倍，涉及劳动者121.4万人，是上年的1.9倍，超过之前两年立案涉及劳动者人数之和。拖欠农民工工资、劳动时间过长、劳动环境恶劣、安全生产条件不达标等侵害劳动者权益的事件时有报道。同时，随着"互联网+"时代到来，用工方式更加灵活，传统劳动关系受到冲击，劳资纠纷增加，新的用工方式又带来新的劳动关系课题，新形势下劳动关系变得更加复杂。

三、统一的人力资源市场建设仍面临体制障碍

1. 城乡就业政策及管理分割

改革开放以来，我国对农村富余劳动力的政策逐步放开，从管制过渡到自由流动，并从保障公平正义角度对进城务工人员进行保护，统筹城乡就业政策及管理取得巨大成就。但不可否认，由于户籍限制，城乡就业政策和管理制度仍然存在巨大差别。虽然农民工成为产业工人的重要组成部分，农民工成为积极就业政策的重点人群，理论上农民工纳入城镇职工各项社会保障制度，但是主要由于户籍和土地制度影响，农民工失业问题如何界定仍然是重要的理论难题，统一农民工与城镇职工的就业失业登记仍面临政策障碍，农民工社会保障实际覆盖面窄，甚至存在专门的社保制度安排以有所区别。比如，对于农民工参加失业保险制度，与城镇户籍职工制度中单位和职工都需要缴费的规定不同，农民工不需缴费，只需单位缴费；同时，对于农民工享受失业保险的，规定也存在不同，不是按月领取失业保险金，而是一次性发放生活补助，因此农民工并没有真正意义上纳入失业保险制度。

2. 人力资源市场行政性分割

虽然人事部和劳动和社会保障部已经合并为人力资源社会保障部，劳动力和人才分属不同部门管理的机制已经不存在了，很多地区也已对劳动力市场和人才市场整合为人力资源市场，但是区别对待的观念仍然根深蒂固，部分地区在内部机构设置上也存在分别管理的情形，在实际制度执行过程中，劳动力和人才的这种人为的身份划分仍然在一定程度上存在。另外，不同省市按照不同标准，各自对人力资源服务机构的设立进行行政审批，增加了人力资源服务机构的运行成本，部分地方还存在保护本地人力资源服务机构的倾向。

3. 社会保障政策区域不统一

由于采取"摸着石头过河"的改革策略，我国社会保障制度从较低统筹层次开始起步，一般是从县市级开始。而且在理念上是作为国企改革配套实施的，因此具

有较为鲜明的人群特点,先从国企职工开始逐步向其他所有制职工覆盖,进而努力向所有群体覆盖。这种稳妥的改革策略使我国社会保障体系逐步建立健全,保障项目逐步完备,覆盖人群逐步扩大,但由不同地区各自负责本地区内的社会保障政策建设,也形成了"条条块块"的分割格局。不同地区社会保障制度的转轨成本、老龄化程度、财政能力不一样,使各自在制定社会保障政策尤其是确定费率时产生重要差别,历史负担重的、老龄化程度高的、财政能力弱的,只能通过较高的费率来维持社会保障制度运行。对于企业来说,社会保障缴费是劳动力成本的重要部分,企业在不同地区经营会面临不同的费率因而产生不同的成本,如果不考虑别的因素,理性的企业肯定会选择费率低的地区。费率高的地区,在吸引企业投资和劳动者就业方面存在严重的劣势和不公平。比如,城镇企业职工养老保险制度的费率,全国绝大多数城市的统筹账户费率为20%,但有些地区历史负担轻、老龄化程度低,费率可以确定得更低,如深圳、珠海和厦门等城市只有13%。这种费率的高低不一形成了恶性循环——发达地区可以利用人口净流入的优势,制定更低的费率,落后地区面临人口净流出,只能制定更高的费率。因此,由地方政府主导的社会保障政策尤其是费率不统一的制度安排,对全国统一的人力资源市场形成是一种阻碍。

第四节
劳动就业体制改革未来展望

十八大报告提出,要贯彻劳动者自主就业、市场调节就业、政府促进就业和鼓励创业的方针,实施就业优先战略和更加积极的就业政策。要健全人力资源市场,完善就业服务体系。要健全劳动标准体系和劳动关系协调机制,加强劳动保障监察和争议调解仲裁,构建和谐劳动关系。十八届三中全会提出,要建立经济发展和扩大就业的联动机制,健全政府促进就业责任制度。规范招人用人制度,消除城乡、行业、身份、性别等一切影响平等就业的制度障碍和就业歧视。完善城乡均等的公共就业创业服务体系。创新劳动关系协调机制，畅通职工表达合理诉求渠道。十八届四中全会对相关法治问题进行了部署。十八届五中全会研究了"十三五"规划建议。未来我国劳动就业体制应当根据中央确定的改革精神，加大改革创新力度。

一、实施就业优先战略和更加积极的就业政策

1. 实施扩大就业的战略和就业政策

深刻把握经济持续健康发展与促进就业的关系，增强经济发展对就业的拉动作用。我国经济已进入个位数增长的新常态阶段，发展需要保持一定的增长速度，否则就没有扩大就业、改善民生的物质基础。在制定经济发展规划、调整产业结构和产业布局时，要优先考虑扩大就业规模、改善就业结构、提高就业质量。在扩大内需、培育新的消费增长点中，要培育新的就业增长点。在化解产能过剩矛盾中，要有针对性地做好失业人员再就业工作。探索建立政府投资和重大项目带动就业的考核机制，使转方式、调结构与促就业良性互动，实现在经济持续健康发展中拉动就业。

我国已经实施多轮积极就业政策，形成了大量机制和经验，促进就业的工具箱不断扩大，并且通过《中华人民共和国就业促进法》形成了积极就业政策实施的保障机制。要加强工作部署、督促、检查和评估，着力推进重点地区、重点行业、重点群体的政策落实，充分释放积极就业政策的潜能和效力，并且通过总结分析评估，不断完善积极就业政策体系。

2. 统筹做好各个重点群体的就业工作

继续把高校毕业生就业放在就业工作的首位，积极拓展高校毕业生就业领域，鼓励中小企业吸纳高校毕业生就业。鼓励引导高校毕业生面向城乡基层、中西部地区以及民族地区、贫困地区和艰苦边远地区就业，落实各项扶持政策。鼓励高校毕业生自主创业。支持高校毕业生参加就业见习和职业培训，鼓励科研项目单位吸纳高校毕业生就业。继续做好免费师范生的就业工作。积极做好征集高校毕业生入伍服义务兵役工作。大力加强就业指导、就业服务。

继续做好农村转移富余劳动力就业工作。适应新型城镇化加速发展趋势，加快建设小城镇，发展县域经济，为农村富余劳动力开辟更多的生产和就业门路，实现就地就近就业。消除流动就业的制度壁垒，创造有利的政策环境。完善并落实创业政策措施，积极支持农民工返乡创业。进一步加强农民工职业技能培训，为农民工融入城市生活、稳定就业提供一技之长。

加强对就业困难人员的就业援助。建立健全就业援助制度，完善就业援助政策，形成长效工作机制。全面推进充分就业社区建设，为实现充分就业提供基础。完善残疾人就业促进和保护政策，落实相关单位按比例安排残疾人就业的政策规定。

3. 大力加强职业培训

在产业结构转型升级、劳动年龄人口绝对数量减少的背景下，加强职业培训是满足高技能人才需求，减轻结构性就业矛盾，获取人口质量红利的重要手段，为此要构建起劳动者终身职业培训体系。

进一步加大职业培训的经费投入，逐步形成一个由政府、行业、企业、社会培训机构、个人及其他社会力量共同负担的投入机制。政府要进一步加大力度，将职业培训的资金支持纳入财政预算范围，建立职业培训经费的稳定长效来源。行业和企业要以长期投资的思维持续稳定地为职业培训投入资金，应进一步落实企业职工教育经费政策，按规定足额提取并合理使用企业职工教育经费。充分发挥慈善机构、志愿者协会等社会力量的作用，使它们也成为终身职业培训投入机制中重要的补充力量。

完善国家职业资格证书制度，建立科学合理的人才评价使用体系。引入市场机制，紧紧围绕职业工种开发需求，调动先进企业、行业组织和一线技术骨干等各方积极性，参与职业标准开发、鉴定试题库建设和后续更新维护等工作。依托龙头企业和行业协会，以职业能力为核心制订职业资格标准。依据生产技术、产业结构的变化特点，及时更新职业工作目录和职业资格认证标准。改革现行的职业资格认证方法，对于初级工以技能考核为主，减少理论考试比重。

二、完善人力资源市场建设

1. 统筹人力资源市场建设

加快立法步伐,提高立法层次,尽快出台《人力资源市场条例》,统一人才市场和劳动力市场的管理体制,规范我国人力资源服务业的发展秩序,为相关部门开展人力资源市场监管提供法律依据。积极跟踪研究新兴业态发展,及时出台相关制度规范,将其纳入管理范围,引导新兴业态健康发展。

完善市场准入制度。各地对人力资源服务业的认识存在差异,个别地方为保护本地人力资源服务机构生存和发展,出台了一些地方保护性质的措施。在设置分支机构的审批上,因为目前规定由县级以上人社部门审批,企业在多地经营、设立分支机构时,效率不高。各地对审批的条件存在不一致,给企业造成负担。应实施建立全国统一的人力资源从业资格认证制度,企业设立分支机构实行"一地审批、多地备案"制度。

统一非公有制和国外资本平等进入人力资源服务业的门槛,展开平等竞争。鼓励民营资本以独资、合资、收购、参股、联营等多种形式进入人力资源服务领域,积极吸引民间资本参与人力资源市场建设,提高人力资源服务领域的民营资本参与程度。在新形势下,对于外资人力资源公司进入后的人才安全问题要有重新考虑,针对国外资本应该进一步放宽股权限制甚至完全放开。

2. 强化人力资源市场监管

加强人力资源市场监管队伍建设,逐步完善人力资源市场监管体系,有效开展市场监管。管理部门要逐步从办市场向管市场转变,进一步强化监督管理职能,依法、有效地指导、监督、规范人力资源服务机构及其活动。要加强人力资源服务业执法队伍建设,提高执法人员素质和执法水平。

转变政府职能,真正实现从"管控"向"服务"与"监管"相结合转变,注重开展经常性监察。人力资源和社会保障部门要联合有关部门严厉打击和依法取缔无证经营的黑中介、超范围经营和跨行业经营的违规中介,加强对人力资源服务机构的检查。推进人力资源服务业信用体系建设,建立诚信档案,健全完善人力资源服务许可。强化对劳务派遣机构的资质要求,促进劳务派遣机构提高专业化水平和服务能力。

3. 加强和改进公共就业创业服务

结合经济体制改革的进一步深化和户籍制度、劳动人事制度、工资福利制度、社会保险制度的改革,逐步打破人力资源市场中存在的城乡分割、身份分割和地区分割,完善城乡均等的公共就业创业服务体系,构建劳动者终身职业培训体系。尤其是要随着新型城镇化进程,大力促进城乡公共就业创业服务均衡化,进一步完善公共就业创业服务网络布局,建立健全街道(乡镇)和社区(村)公共就业创业服务网络。

加大政府对公共就业创业服务的财政投入,并建立财政对公共就业创业服务投入的长效机制。优化财政对公共就业创业服务投入的结构,增加对积极的公共就业服务内容,如就业培训、创业培训等的投入比例。创新财政对公共就业创业服务投入的实现方式,增加公共服务外包,实行提高劳动者自由选择权的"培训券"制度等。

三、构建和谐劳动关系

1. 完善劳动标准体系

劳动标准体系是构建和谐劳动关系的重要机制,是维护劳动者合法权益的基本保障。企业必须根据劳动标准规定,支付劳动者报酬不得低于最低工资标准,按时支付劳动报酬,严格落实国家规定的工时制度和特殊工时管理规定,依法安排劳动者休息休假和改善劳动生产条件,依法保障劳动者享受社会保险和职业培训的权利。

为构建和谐劳动关系,要建立健全与我国经济社会发展阶段相适应的劳动标准体系。首先,劳动标准高低要适当。劳动标准过低将起不到保护劳动者的作用。劳动标准定得过高,提高了用人单位的人工成本,将影响劳动者的就业率,或者部分企业千方百计违背劳动标准,使劳动者基本权益得不到保障,劳动关系更加紧张,违反劳动标准制定的初衷。其次,劳动标准缺失领域要填补。通过多方参与,制定劳动定员定额基准，使得工资工时制度更具有可行性。明确劳动福利的底线条款和封顶制度，防止部分企业将劳动福利转化为工资，限制部分垄断国企做高劳动福利。加强立法规范，将劳动者心理安全纳入职业卫生安全制度，明确相关标准和企业义务。

劳动标准的执行离不开政府的劳动监察职能。劳动标准的作用是保障劳动者的底线利益，如果不能严格执行，将对劳动者和劳动关系产生重要影响。因此，应当加大监察力度，转变当前被动监察的方式，变被动为主动。全面推进劳动保障监察网格化、网络化管理，实现监察执法向主动预防和统筹城乡转变。改变当前的教育处罚方式，应加大对用人单位的处罚力度，还需要将劳动监察制度与工会监督等多种形式结合起来。加强多部门的联动执法机制，建立违法企业和违法当事人的诚信档案。

2. 创新劳动关系协调机制

重点是在非国有制企业和困难企业中推广平等协商和集体合同制度，坚持在平等协商的基础上签订集体合同，坚持劳动标准与适应企业实际情况统一起来。集体合同的内容要根据企业自身的特点使规定细化、量化，具有可操作性，对最低工资、休息休假、职业安全卫生、劳动保险等项目的规定应当既要依法又要结合企业的实际情况。在新建企业和小企业比较集中的地区、行业，可以推行区域性、行业性平等协商和集体合同制度。有条件的地区，要全面推进企业工资集体协商。

进一步加强协调劳动关系三方机制建设。注意研究借鉴国外三方协调机制方面的经验，在协商议题的确定、协商形式、协商结果的实施等方面探索符合我国国情、切实有效的三方机制运作模式。特别是工会和企业组织要加强地方工会和协会的组织建设。建立对重大不稳定因素及突发事件的信息沟通、隐患排查和处理机制，进一步完善预案和防范措施，增强三方机制在协调劳动关系方面的作用。尤其是近年来我国在淘汰落后产能的过程中，涉及大量职工的劳动关系和社保关系问题，要通过三方机制建设积极稳妥处理当前重点问题及矛盾纠纷。

3. 健全劳动关系矛盾调处机制

坚持预防为主、基层为主、调解为主的工作方针，健全劳动争议调解仲裁机制。加强企业劳动争议调解委员会建设，推动各类企业普遍建立内部劳动争议协商调解机制，使纠纷能够先通过企业的劳动争议调解委员会来调解，努力把矛盾化解在基层，消除在萌芽状态。大力推动乡镇（街道）、村（社区）依法建立劳动争议调解组织，支持工会、商（协）会依法建立行业性、区域性劳动争议调解组织。充分发挥协商、调解在处理劳动争议中的基础性作用。完善劳动人事争议仲裁办案制度，规范办案程序，加大仲裁办案督查力度，进一步提高仲裁效能和办案质量，促进案件仲裁终结。

完善劳动关系群体性事件预防和应急处置机制。加强对劳动关系形势的分析研判，综合运用大数据分析、舆情监测等信息化手段，创新和加强劳动关系动态监测预警，及时发现和积极解决劳动关系领域的苗头性、倾向性问题，有效防范群体性事件。完善应急预案，及时妥善处置群体性事件。

第四章
收入分配体制改革

内容摘要：收入分配问题既是关系转变发展方式、培育增长动力的经济问题，也是关系广大人民群众切身利益的社会问题。如何处理好公平与效率的关系、增长与分配的关系至关重要。改革开放近40年来，收入分配体制改革从农村到城市，由微观到宏观，从初次分配到再分配，已经发展成为涉及面广泛的综合性改革。深化收入分配体制改革，要在坚持市场配置资源的决定性地位和更好发挥政府作用的基础上，在初次分配领域坚持市场化改革方向，将价值创造与价值分配等同起来，增强再分配的调节力度，进一步健全和完善政府对收入分配的宏观调控。

第一节
我国收入分配体制改革历程

我国收入分配体制改革经历了以下几个阶段：1978—1984年为恢复社会主义按劳分配原则阶段；1984—1992年为收入分配体制改革探索阶段；1992—2003年为市场导向改革阶段；2003年至今为改革深化阶段（2013年起进入全面深化阶段）。

一、恢复社会主义按劳分配原则阶段（1978—1984年）

从1978年到1984年，是我国收入分配体制改革的第一阶段，这一阶段主要是恢复按劳分配原则，打破平均主义，在收入分配方面引入和体现利益机制。

1. 建立农村家庭联产承包责任制

1978年12月,党的十一届三中全会提出:"按劳分配、多劳多得是社会主义的分配原则,决不允许把它当作资本主义原则来反对。"这在理论上纠正了对社会主义按劳分配原则的极左认识,推动了对收入分配体制改革的探索。十一届三中全会揭开了农村改革的序幕,以家庭联产承包为主的农业生产责任制迅速在全国推广普及,确立了农户家庭在农村经济活动中的主体地位。农村家庭联产承包责任制使农村分配制度发生了重大变化。"交够国家的,留足集体的,剩下全是自己的",从分配方面来说,明确划分了国家、集体、个人的权利、责任和利益关系,有效地将农民的收入同他们的劳动成果挂起钩来,激发农民摆脱贫困的积极性和创造性,农民收入迅速增加。1980年农村居民人均纯收入中来自家庭联产经营部分的占比从1978年的26.8%提高到32.7%,这一比率在1981年提高到37.8%,1982年达到69.4%,1984年更是达到80.3%的高水平。我国人均粮食消费量由1978年的195公斤增加到1984年的243公斤,居民食物的营养水平也明显提高。农村家庭联产承包经营基本确定了新时期农村居民收入分配制度的框架。特别是自20世纪90年代中期明确农村土地承包关系延长30年以后,稳定了农民的预期,进一步强化了以家庭联产承包经营收入为主的农村收入分配制度。

2. 恢复计件工资和奖金制度

计划经济体制下,我国传统的、由事先按潜在的劳动能力规定的工资级别和工资标准,在实践中逐渐演化为按身份、按级别、按地位分配,实际上形成了平均主义、"大锅饭"。这种情况导致工资管理高度统一集中,企业没有分配自主权,职工工资长期没有调整,严重挫伤了广大劳动者的积极性,工资分配失去了激励作用。为了贯彻按劳分配原则,调动职工的劳动积极性,1978年,《国务院关于实行奖励和计件工资制度的通知》下发,计件工资和奖金制度开始恢复和试行。截至1978年年底,全国约有9000多个企业进行试点。1979年,全面推行计件工资和奖金制度。1979年7月,国务院制定并发布了《关于扩大国营工业企业经营管理自主权的若干规定》,就企业可拥有部分计划、销售、资金运用、职工福利基金和奖励基金使用等权利做了说明,放权让利使企业获得了一定的经营自主权和部分的分配决策权。1980年4月,国家计委、国家经委和国家劳动总局联合发布了《国营企业计件工资暂行办法(草案)》,对计件工资试点工作进行指导。1980年开始,我国全民所有制企业推行了经济责任制,实行责、权、利相统一,相应企业职工的工资也开始浮动。1983年,随着国营企业实行利改税,一些试行利改税的企业,奖励基金改由税后留利中提取,企业奖金开始同经济效益联系起来。

这一阶段的收入分配体制改革可以概括为:坚持"一个目标",即打破平均主义;明确"一项政策",即允许和鼓励一部分人先富起来;围绕"一个中心环节",即增强企业的活力。这一阶段中政府主导的、单一的、平均主义的分配模式被打破,政府不断扩大企业经营和分配自主权,企业和劳动者都获得了部分参与分配的权利。然而,这一阶段主要是对按劳分配原则的初步恢复和调整,还没有真正开始对计划经济时期的收入分配体制进行改革。

二、收入分配体制改革探索阶段(1984—1992年)

从1984年到1992年,我国收入分配体制改革进入探索阶段。这一阶段收入分配体制改革的重点是进一步贯彻按劳分配原则,增强企业活力,提出"以按劳分配为主,其他分配方式为补充"的收入分配原则和"在促进效率提高的前提下体现社会公平"的分配政策。

1. 调整国家与企业的分配关系

从1984年开始,我国经济体制改革的重点转向城镇。1984年10月,党的十二届三中全会通过了《中共中央关于经济体制改革的决定》,提出了有计划商品经济概念,提出了建立多种形式的经济责任制,认真贯彻按劳分配原则,主张拉开收入差距,目的是实现共同富裕,明确指出:"增强企业活力是以城市为重点的整个经济体制改革的中心环节。"国有企业改革初期的重点就是调整并规范国家与企业、企业与职工两方面的分配关系。按照发展社会主义有计划商品经济的要求,国家实行以"减税让利"为核心内容的国有企业分配关系调整的一系列改革措施和政策,主要包括实行企业利润留成办法、两步利改税、承包制、税利分流试点等,国家与国有企业的收入分配关系得到初步规范。同时，国家制定和出台了一系列鼓励非国有经济发展的优惠政策，主要是"两免三减"的税收优惠政策，非国有企业迅速成长。

2. 改革国有企业工资制度，引入多种分配方式

1985年初，《国务院关于国营企业工资改革问题的通知》下发，提出在国营大中型企业中实行职工工资总额同企业经济效益按比例浮动，即工效挂钩模式。其基本内容是：由政府核定企业基期工资总额基数、经济效益指标基数，并确定工资总额随同经济效益浮动的比例，企业工资总额随经济效益指标的增减情况按比例挂钩浮动。从实施的情况来看，企业最主要的挂钩形式是工资总额同上缴利税挂钩。工资挂钩模式是我国企业工资改革经历的重要阶段，实现了国有企业职工工资制度同行政机关和事业单位的脱钩。

1987年，党的十三大报告明确指出："社会主义初级阶段的分配方式不可能是单一的。我们必须坚持的原则是，以按劳分配为主体，其他分配方式为补充。除了按劳分配这种主要方式和个体劳动所得以外，企业发行债券筹集资金，就会出现凭债权取得利息；随着股份经济的产生，就会出现股份分红；企业经营者的收入中，包含部分风险补偿；私营企业雇用一定数量劳动力，会给企业主带来部分非劳动收入。以上这些收入，只要是合法的，就应当允许。"十三大报告在强调以按劳分配为主体的同时，肯定了以其他分配方式获取收入的合法性，这为日后按生产要素分配理论的提出打下了基础。在这一阶段，结合国有企业改制，特别是股份制试点，企业内部职工持股这种生产要素参与分配的形式得以广泛发展。

3. 调整机关、事业单位工资制度

在传统工资制度下，国家机关、事业单位职工的工资同样存在着工资决定上的高度集中、工资水平上的平均主义等特点。1985年，《中共中央 国务院关于国家机关和事业单位工作人员工资制度改革问题的通知》下发，指出机关、事业单位工资制度改革的目的，是为了逐步消除原有工资制度中的平均主义和其他不合理因素，初步建立起能够较好地体现按劳分配原则，便于管理和调节的工资制度。通过这次改革，国家机关和事业单位建立起了以职务工资为主的结构工资制，基本上建

立起了正常的晋级增资制度，初步体现了按劳分配原则，在一定程度上克服了由于极"左"路线干扰造成的平均主义问题，初步体现了脑力劳动和体力劳动、简单劳动和复杂劳动之间的劳动差别。当然，20世纪80年代中期的机关、事业单位的工资制度改革，只是在一定程度上体现了按劳分配原则，分配中的平均主义倾向并没有彻底改变。

4. 改革国有单位福利制度

国有单位福利制度改革是收入分配体制改革的重要内容，在改革开放之初就已被纳入视野。计划经济时期，我国实行低工资、高福利的政策，福利制度实质上是对低工资的补偿，各项福利主要由企业来承办，企业办社会的现象非常普遍。随着国有企业改革不断深入，生产经营和生产服务职能开始分离，职工收入结构得到调整，福利性补贴逐步纳入职工工资。1991年4月，全国七届人大四次会议通过的《中华人民共和国国民经济和社会发展十年规划和第八个五年计划》指出，要结合价格、住房和医疗制度的改革，把一部分福利补贴纳入工资，并同工资调整和工资制度改革结合起来，改变补贴中的平均主义现象，实现收入货币化，增加收入的透明度。

这一阶段的收入分配体制改革主要是围绕国有企业改革逐步展开的，初步引入了市场机制，明确了按劳分配以外的其他分配方式的合法性。由于我国实行经济体制渐进式的改革方式，不同领域的改革进度不同，在有些领域引入市场机制的同时，有些领域仍然保持原有的传统计划体制。在收入分配方面表现为：计划体制内的平均主义和不同体制下的居民收入差距扩大现象并存，甚至出现了"脑体倒挂"现象，即脑力劳动者的报酬低于体力劳动者在相同条件下取得的报酬数量。从总体上看，这一阶段处于有计划商品经济的体制框架内，如何充分发挥市场的作用还涉及较少。无论是企业工资制度改革还是机关、事业单位工资制度改革都是初步的，还受到计划经济的局限。例如：工效挂钩制度中，国家作为按劳分配的主体和企业作为商品生产的主体就存在矛盾。随着社会主义商品经济的发展，收入分配体制的市场化改革提上日程。

三、市场导向改革阶段（1992—2003年）

从1992年到2003年，我国收入分配体制进入市场导向改革阶段，主要是逐步建立同社会主义市场经济体制相适应的分配制度，确立劳动、资本、技术和管理等生产要素按贡献参与分配的原则，明确提出"初次分配注重效率，再分配注重公平"的分配政策。

1. 建立现代企业制度，进一步理顺国家与国有企业的分配关系

1992年，党的十四大确定了国有企业改革的目标是建立现代企业制度，成为自主经营、自负盈亏、自我发展、自我约束的商品生产和经营单位。按照建立现代企业制度的要求，国有企业税利分流改革全面推行。1993—1994年启动实施的财税改革，决定将国有企业所得应该上缴国家的部分采取税的形式处理，并取消国有企业与非国有企业（不包含外资企业）在所得税方面的差别，按照统一税率征收，剩余的部分全部归企业支配使用。国家与国有企业的利润分配关系进一步理顺。根据党的十六大提出的要求，2002年开始建立新型的国有资产管理体制，在坚持国家所有的前提下，建立中央政府和地方政府分别代表国家履行出资人职责，享有所有者权益，权利、义务和责任相统一，管资产和管人、管事相结合的国有资产管理体制，并在中央政府和省、市（地）两级地方政府设立国有资产管理机构。国有资产管理体制的改革进一步明确了国家与国有企业和国有资产的关系。

2. 改革企业工资制度，实行企业经营者年薪制

根据党的十四大提出的"要加快工资制度改革，逐步建立起符合企业、事业单位和机关各自特点的工资制度与正常的工资增长机制"的要求，工资制度改革全面展开。在企业工资制度改革方面，确立"市场机制决定、企业自主分配、政府监督调控"的企业工资制度改革目标模式。国有企业作为依法自主经营、自负盈亏、自我发展、自我约束的商品生产和经营单位，可以采取适合自身特点的工资制度和具体分配形式，取得了内部分配的自主权。为搞好企业内部分配，调整企业职工收入结构以及改进企业经营者收入分配办法，企业开始实行以岗位技能工资为主要形式的内部分配制度。1992年1月，劳动部发布了《岗位技能工资制试行方案》，要求

以按劳分配为原则，以加强工资宏观调控为前提，以劳动技能、劳动责任、劳动强度、劳动条件为基本劳动要素评价为基础，依据不同工作岗位对劳动者的具体要求，制定相应的岗位工资。岗位技能工资的实施在一定程度上改变了以前工资分配中补贴过多、工资所占比重过低的现象。岗位工资制与我国的住房制度、医疗保险制度等改革同时进行，一部分福利性补贴逐步纳入到工资中，使职工的基本工资总额的比重逐步达到70%以上。在企业建立岗位工资制度的过程中，在进行科学的职位分析、岗位劳动评价基础上，提高关键性管理、技术岗位和高素质短缺人才岗位的工资水平。鼓励资本、管理、技术等生产要素参与分配，试行职工持股分配、技术要素分配等方法。

与此同时，改进企业经营者的收入分配办法，把企业经营者收入与企业普通职工区分开来，明确企业经营者与本企业职工的收入倍数。1992年劳动部、国家经济贸易办公室发布《关于改进完善全民所有制企业经营者收入分配办法的意见》，明确规定：企业连续三年全面完成任务，并实现企业财产增值的，要对厂长或者厂级领导给予奖励，从而把企业经营者收入与其工作业绩进一步联系在一起。这标志着我国开始建立与一般职工不同的企业经营者薪酬制度。为了突出经营者的重要作用，形成利益制衡机制，1995年，劳动部和国家经贸委联合下发《现代企业制度试点企业劳动工资社会保险制度改革办法》，明确规定企业经营者试行年薪制、股权激励在内的多种分配方式，经营者的收入与企业生产经营成果、责任、风险和资产保值增值相联系。

1997年，党的十五大报告明确提出允许和鼓励资本、技术等生产要素参与收益分配，提出要把按劳分配和按生产要素分配结合起来。随后，1997年，劳动部在《关于"九五"时期企业工资工作的主要目标和政策措施》中指出，要在具备条件的国有企业中积极稳妥地推行企业经营者年薪制办法，使经营者工资收入与一般职工工资收入相分离，与企业经营难度、经营风险和经营业绩相联系。1999年9月召开的党的十五届四中全会通过《中共中央关于国有企业改革和发展若干重大问题的决定》，在国有企业的分配问题上有了新的突破，第一次提出了"建立与现代企业制度相适应的收入分配制度，在国家政策指导下，实行董事会、经理层等成员按照各自的职责和贡献取得报酬的办法",突破了长期以来国有企业经营管理者和普通工人一样只获得工资,收入与贡献不挂钩的问题。2002年,党的十六大提出:"确立劳动、资本、技术和管理等生产要素按贡献参与分配的原则"。按生产要素贡献参与分配方式的确立使企业在工资收入分配中,开始重视企业经营者的管理要素。把经营者与职工的收入分配区分开来,是国有企业分配制度改革取得的重要进展。

3. 改革机关、事业单位工资制度

1993年以前,机关、事业单位实行统一的工资制度。1993年3月召开的全国八届人大一次会议上,国务院明确提出:政府机关实行公务员工资制度,执行国家统一工资标准;事业单位实行符合行业特点的工资制度,有条件实行自收自支、企业化管理的单位,可参照企业工资制度办理。自此,国家机关和事业单位工作人员的工资制度开始分离,公务员制度开始建立。1993年12月,《国务院关于机关和事业单位工作人员工资制度改革问题的通知》《机关工作人员工资制度改革实施办法》以及《事业单位工作人员工资制度改革实施办法》发布,指出要克服平均主义,建立起符合机关和事业单位各自特点的工资制度与正常的工资增长机制,行政机关实行职级工资制,即公务员工资制度,事业单位则实行体现其特点的工资制度,即根据事业单位所处行业,分别实行专业技术职务等级工资制、职务岗位工资制、结构工资制、体育津贴和奖金制、行员等级工资制。

4. 建立工资分配国家宏观调控体系

1991年4月,《中华人民共和国国民经济和社会发展十年规划和第八个五年计划纲要》提出:"改变奖金、津贴和工资外收入的混乱状况,加强工资管理,逐步实行国家宏观调控、分级分类管理、企业自主分配的体制。"1993年,劳动部对各地不再下达指令性职工人数、工资总额等计划指标,普遍实行动态调控的弹性工资计划。随后,国家宏观调控手段不断增加,建立健全弹性工资计划、工资控制线、工资指导线、最低工资保障以及工资内外收入监督检查制度,提出了国有企业自定工资的"两低于"原则,即"工资总额增长幅度低于企业经济效益增长幅度,职工实际平均工资增长幅度低于企业劳动生产率增长幅度"的原则。对机关事业单位的工资管理体制也进行了调整，改变了原有的高度集中统一的管理方式，确立了在国家宏观调控下区别对待、分类管理的新体制，主要表现为事业单位工资制度与机关脱钩，并根据事业单位特点和经费来源不同，对全额拨款、差额拨款、自收自支三种类型的事业单位实行不同的管理办法。在工资总额的管理上，对自收自支事业单位试行了工资总额包干的办法，初步形成了"分类管理、分类指导"的管理模式。

5. 加快国有企业福利制度改革步伐

1992年1月，劳动部、国务院生产办、国家体改委、人事部、全国总工会在《关于深化企业劳动人事、工资分配、社会保险制度改革的意见》中，要求结合价格、住房和医疗制度改革，把福利补贴逐步纳入工资。随后，企业职工的收入结构不断得到调整，工资分配的激励作用得到提高。1995年3月，在全国八届人大三次会议上，国务院提出：要逐步减轻企业办社会的负担，一般可以先把企业的辅助性机构和服务单位分离出去，实行独立核算，减少补贴，逐步走向社会，实现自负盈亏。同年5月，国家经贸委、国家教委、劳动部、财政部和卫生部联合发布了《关于若干城市分离企业办社会职能分流富余人员的意见》，确定在全国"优化资本结构"试点城市和国务院确定的百户现代企业制度试点企业进行分离企业办社会职能的改革试点。同年9月，党的十四届五中全会通过的《中共中央关于制定国民经济和社会发展"九五"计划和2010年远景目标的建议》指出：企业非生产性的服务单位和所承担的社会服务职能，要创造条件逐步分离出去，形成社会化服务体系。

6. 完善收入再分配制度

在财税制度方面，1980年起开征个人所得税，当时纳税的主要对象是来华工作的外籍人员。1993年10月，《中华人民共和国个人所得税法》出台，规定从1994年起实施统一的个人所得税法，提高了扣除额的标准，降低了最低税率，纳税人不仅包括在华工作的外国人，而且包括本国公民。1999年恢复征收利息税，明确把储蓄存款利息作为个人所得税的应税项目，用于低收入群体包括下岗职工的生活补助、城镇居民最低生活保障和补发所欠的离退休人员养老金及农村扶贫等。个人所得税的作用空间越来越大。社会保障制度作为收入再分配体制的重要组成部分，开始从国有企业的配套措施中独立出来，制度建设全面展开，社会化程度不断提高。

这一阶段的收入分配体制改革步伐加快，明确将中国特色社会主义分配制度表述为"以按劳分配为主体、多种分配方式并存的分配制度"，收入分配体制框架初步建立。生产要素按贡献参与分配的原则以及"效率优先，兼顾公平"的分配政策极大地推动了我国经济发展。同时，这一时期由于城乡差距、地区差距、行业差距迅速扩大，导致全社会居民收入分配差距迅速扩大。尽管平均主义问题在某些部门和企业内还存在，但从全社会来看，收入差距过大已经成为主要倾向。

四、改革深化阶段（2003年至今）

从2003年至今，收入分配体制进入了以科学发展观为指导，以构建和谐社会为目标的深化改革和创新阶段，呈现了一些新特征。例如：对收入分配差距、社会公平的关注；对贫困群体、低收入群体的关注；统筹城乡发展、协调区域发展；加大对"三农"的支持力度等。

1. 深化国有企业分配制度改革

在中央企业收入分配制度改革中，重点是改革企业负责人薪酬制度。2004年以来，在全面实施年度经营业绩考核的基础上，对中央企业负责人实施年度薪金制度，进一步完善企业负责人薪酬制度，一些企业负责人薪酬过快增长的势头得到遏制，改变了部分关系国家安全和国民经济命脉的企业负责人薪酬偏低的状况，改变了薪酬与绩效脱节、能升不能降的状况，部分企业工资外收入得到清理。同时，针对少数企业执行国家政策不严格、人工成本增长过快、收入差距过大等问题，为加强中央企业人工成本管理，规范收入分配行为，2004年10月，国务院国资委发布了《关于加强人工成本控制规范收入分配有关问题的通知》，建立了中央企业收入分配重大事项审核报告制度，要求企业按国家有关政策规定建立的职工住房补贴制度、住房公积金制度、企业年金制度以及实施股权激励等收入分配重大事项，均应按照《中华人民共和国公司法》的有关规定，向出资人或股东报告（或经批准）。

为了进一步规范国家与企业的分配关系，2007年9月，《国务院关于试行国有资本经营预算的意见》发布，决定试行国有资本经营预算。国有资本经营预算是国家以所有者身份依法取得国有资本收益，并对所得收益进行分配而发生的各项收支预算。财政部门是国有资本经营预算的主管部门，国有资本收益主要用于弥补国有企业改革成本。国有资本经营预算制度的建立进一步规范了国家和企业的分配关系，促进国有企业完善收入分配制度，增强国有企业对国家的责任意识。同时，在部分行业建立了特别收益金制度，统一内外资企业所得税税率，启动和扩大增值税转型改革试点。

2. 规范公务员收入分配秩序，完善事业单位收入分配制度

2005年，为理顺公务员工资分配关系，国家启动了新一轮的公务员工资制度改革，按照《中华人民共和国公务员法》的规定，建立国家统一的职务与级别相结合的、科学完善的公务员工资制度，初步规范了津贴补贴制度。改革的内容主要包括：一是通过简化工资结构、增设级别、增强级别功能、完善工资调整办法等措施，进一步加强工资的激励作用，促进公务员队伍建设。二是适当向基层倾斜。我国公务员队伍60%在县以下基层单位，92%是科级以下人员。为了鼓励广大基层公务员安心本职工作，工资改革中采取了相应的倾斜措施。

事业单位工作人员收入分配体制改革的总体目标是：建立符合事业单位特点、体现岗位绩效和分级分类管理的收入分配制度，完善工资正常调整机制，健全宏观调控机制。改革的主要内容包括以下五个方面。一是建立岗位绩效工资制度，使工作人员的收入与其岗位职责、工作表现和工作业绩相联系。岗位绩效工资包括岗位工资、薪级工资、绩效工资和津贴补贴四部分，其中岗位工资、薪级工资为基本工资，实行"一岗一薪、岗变薪变""一级一薪、定期升级"的原则。二是实行新的工资分类管理办法。适应事业单位分类改革的要求，对从事公益服务的事业单位，根据单位类型不同实行工资分类管理。三是建立符合事业单位自身特点的工资正常调整机制，在运行机制上与机关不同。四是完善高层次人才收入分配激励机制，建立事业单位主要领导收入分配激励约束机制。在充分调动高层次人才和事业单位主要领导积极性的同时，加强引导和调控事业单位的收入分配。五是健全收入分配调控机制。实行分类管理、分级调控，完善收入分配调控政策，加强工资收入支付管

理，建立统分结合、权责清晰、运转协调、监督有力的宏观调控机制。

3. 扩大中等收入者比重

2005年10月，中共中央在《中共中央关于制定国民经济和社会发展第十一个五年规划的建议》中提出："着力提高低收入者收入水平，逐步扩大中等收入者比重，有效调节过高收入，规范个人收入分配秩序，努力缓解地区之间和部分社会成员收入分配差距扩大的趋势。注重社会公平，特别要关注就业机会和分配过程的公平，加大调节收入分配的力度，强化对分配结果的监管。"2006年5月，中央政治局会议要求扩大中等收入者比重。2007年，党的十七大在认识深化的基础上，进一步强调到2020年实现中等收入者占多数的目标。扩大中等收入者比重是从我国当前实际出发，缓解城乡、地区和部分社会成员之间收入差距持续扩大、缩小贫富差距的需要，也是在经济发展基础上全面建设小康社会和实现共同富裕的必然要求。

4. 增强政府对收入分配的宏观调控能力

这一阶段对收入分配的宏观调控，主要是通过不断完善工资调控制度和加强工资管理、监督来调节收入分配差距，整顿收入分配秩序，逐步建立社会工资形成与调控机制。随着非国有经济的逐步发展，规范社会工资收入形成机制，加强宏观调控成为收入分配体制改革的重点之一。国家有关部门陆续出台了一系列政策措施：一是完善最低工资制度，并按时调整标准和进行执法检查，保障劳动者能够获得最基本的工资报酬。全国31个省（自治区、直辖市）全部颁布了适用于非全日制就业劳动者的小时最低工资标准。二是推动落实了工资指导线制度和劳动力市场工资指导价位制度，对企业工资增长进行指导，对不同岗位的社会平均工资定期进行调查、发布。全国28个省（自治区、直辖市）发布了年度工资指导线，增长基准一般在11%~17%。三是建立了人工成本预测预警制度。四是建立健全企业工资集体协商制度，积极探索集体协商的工资决定办法，并指导各地在非公有制中小企业集中的地区开展区域性、行业性工资集体协商，使职工民主参与工资分配决策的权利有了制度保障。我国已经初步建立了以工资指导线制度、劳动力市场工资指导价位制度和人工成本预测预警制度为核心的工资管理与调控体系。

在健全并不断完善工资管理与调控体系的同时,加强了对垄断行业的工资管理。对在岗职工工资水平高于当地城镇在岗职工平均工资2倍以上的企业,从严审核其挂钩效益基数和工资总额基数,并将其浮动比例调至0.6以下,严格执行新增效益工资分档计提办法。以金融、电力、电信、烟草等行业为重点对象,开展企业工资内外收入的监督检查工作。

5. 统筹城乡发展,增加农民收入

2004—2008年,中共中央、国务院连续发出五个指导农业农村发展的"一号文件",出台了一系列强农惠农政策,农业、农村发展呈现难得的良好局面。五个"一号文件"明确了统筹城乡经济社会发展的基本方略,初步形成了发展农业生产、促进农民增收的农业农村政策体系,初步构建起新阶段农业农村和城乡统筹发展的基本政策框架。2004年初,《中共中央 国务院关于促进农民增加收入若干政策的意见》发布,强调了粮食主产区农民增收和贫困地区农民增收这两个重点和难点,提出促进农民扩大就业和增加收入的有关政策。此后,中共中央、国务院先后以提高农业综合生产能力、推进新农村建设、发展现代农业为主题,提出逐步完善国家对农业投入稳步增加的机制,加快农村教育、卫生等社会事业的发展。城乡统筹发展以及多予、少取、放活的方针都开始显现并得到了加强,强农惠农的政策体系和以工促农、以城带乡的制度框架开始构建。强农惠农的政策措施主要包括以下几个方面。一是农村税费改革。取消面向"三农"的各种收费,全面取消了农业税,同时,对农机、化肥、农药实行免税政策,制定实施与农产品有关的进口税收优惠政策,并较大幅度提高农民从事个体经营活动时按期(次)缴纳增值税、营业税的起征点。二是增加对农补贴。2007年中央"一号文件"明确提出,各地用于种粮农民直接补贴的资金要达到粮食风险基金的50%以上。除粮食直补以外,2007年,中央进一步加大了良种农机具配置补贴和测土配方施肥补贴等政策的扶持力度,并扩大了补贴范围,共安排专项资金88.7亿元,比2006年增加29亿元。三是推进农村综合改革。大力推进乡镇机构、农村义务教育和县乡财政管理体制改革,从制度上促进农民减负增收。四是着力解决农民工工资拖欠问题。2006年,国务院明确要求建立农民工工资支付保障制度,开展解决企业拖欠农民工工资专项检查活动，中国人民银行制定了农民工工资支付专用存款账户，有 20 多个省市不同程度上建立了工资保障金制度。

6. 加大收入再分配力度

2005 年 10 月，中共中央在"十一五"规划建议中提出加大调节收入分配的力度，强化对分配结果的监管。2007 年，党的十七大报告提出，"深化收入分配制度改革""初次分配和再分配都要处理好效率和公平的关系，再分配更加注重公平"，收入再分配制度建设步伐加快。财税体制改革进一步深化，财政转移支付制度和公共财政制度逐步完善，力求基本公共服务均等化。进行农村税费制度改革，提高农业收入。支持教育、卫生、社会保障等社会领域改革，从 2005 年起对部分义务教育阶段家庭贫困学生实行"两免一补"（免教科书费、免杂费，补助寄宿生生活费），2008 年全部实现城乡免费义务教育。2003—2007 年，中央财政对地方的转移支付累计达 4.25 万亿元，87% 用于支持中西部地区。在税收方面，2006 年修改了《中华人民共和国个人所得税法》，提高了个人所得税工薪所得费用扣除标准，由 800 元提高到了 1600 元，减轻了中低收入者的税收负担，照顾了一部分低收入人员。调整了消费税、住房营业税的相关政策，强化对高收入人群的税收监管。积极促进社保体系的构建，社会保障体系框架逐步完善，社会保障和福利救助政策更着重于构筑覆盖城乡所有人群的全方位保障网。

这一阶段收入分配体制改革不断深化，改革的内容由点及面逐步从微观向宏观，从初次分配到再分配拓展。收入分配体制改革经历了从单一到全面的过程，系统性要求不断提高。这一阶段对公平与效率的认识有了深化。改革开放初期，收入分配体制改革最初的考虑是打破平均主义和"大锅饭"。1987 年党的十三大报告提出要在促进效率的前提下体现社会公平，到 1993 年则进一步确立了"效率优先，兼顾公平"的分配原则。2002 年，党的十六大提出"初次分配注重效率，发挥市场的作用""再分配注重公平，加强政府对收入分配的调节职能"，对效率与公平的关系给出了清晰的回答。正是在这一分配原则思想的指导下，传统体制下的不合理的平均主义分配方式经过市场化改革基本得到改善，资本、管理等要素在市场经济条件下能获得更为充分的回报，一部分人和一部分地区先富了起来。但是，由于体制转轨中的复杂性,"效率优先,兼顾公平"的分配原则面临着一些新的问题,最明显的就是收入分配差距的持续扩大。收入分配领域存在的许多分配不公和秩序混乱的问题,大量产生于初次分配阶段,如垄断行业收入过高、农民工工资过低和被拖欠等,这些问题通过收入再分配很难调节,因此,我国政府审时度势,用改革发展的眼光对公平与效率的关系及时进行调整,深化收入分配体制改革。2003年,十六届三中全会《中共中央关于进一步完善社会主义市场经济体制若干问题的决定》提出了"科学发展观"。继此之后,又提出"和谐社会"的概念,对社会公平的关注度不断提高。2007年,党的十七大报告强调:"初次分配和再分配都要处理好效率和公平的关系,应更加重视与初次分配相关的机会公平、规则公平和过程公平问题。"对公平与效率认识的深化,进一步推动了收入分配体制改革,既有利于增加社会财富,提高经济效益,又有利于促进社会公平正义,维护各方合法权益。

五、收入分配制度改革全面深化阶段

2013年底,党的十八届三中全会明确了收入分配体制改革深化的方向,明确要"形成合理有序的收入分配格局"。党的十八届五中全会再次强调,到2020年人均收入要实现翻番,提出了共享发展的理念,明确"十三五"时期要做到收入差距缩小,中等收入人口比重上升。收入分配体制改革由此进入全面深化阶段。

1. 深化收入分配体制改革的政策体系不断完善

2013年以来,收入分配制度改革加快推进。为增加城乡居民收入,优化收入分配结构,国家发改委会同有关部门,加快推进收入分配制度改革。2013年2月,国务院批转国家发改委、财政部、人力资源和社会保障部《关于深化收入分配制度改革的若干意见的通知》,全面阐述了深化收入分配制度改革的总体要求和方向,从初次分配、再分配、农民增收和分配秩序等4个方面提出了30条政策措施,积极回应了社会关注的热点难点问题,收入分配制度改革取得阶段性进展。同年,《国务院办公厅关于深化收入分配制度改革重点工作分工的通知》下发,明确要抓紧研究制定各项配套措施和实施细则。2014年4月,深化收入分配制度改革部际联席会议制度正式建立,深化收入分配制度改革的工作机制更加完善。

2. 采取得力措施提高居民收入

一是建立健全种粮农民补贴制度和主产区利益补偿机制，补贴标准逐年提高，覆盖范围不断扩大，不断增加农民收入。二是建立健全最低工资标准调整机制，适时调高最低工资标准，促进提高低收入群体工资。"十二五"期间（截至2015年9月28日），最低工资标准调整频次达5次的省市有7个，4次的有12个，3次的有8个，2次的有3个，1次的有1个；年均调增幅度最高的达20.74%，最低的为4.26%，年均调增幅度超过15%的省市有3个，介于10%至15%的有13个，介于7%至10%的有13个，介于4%至6%的有2个。三是建立健全基本养老金调整机制，连续11年提高企业退休人员基本养老金，企业退休人员基本养老金从2004年人均每月700元提高到2015年的2082元。四是建立健全社会救助和保障标准调整机制，进一步提高城乡低保补助水平以及部分优抚对象抚恤和生活补助标准，对全国城乡低保对象、农村五保供养对象等8600多万名困难群众发放一次性生活补贴。五是提高扶贫标准。中央于2011年决定将农民人均纯收入2300元（2010年不变价）作为新的国家扶贫标准，比2009年提高92%，把更多农村低收入人口纳入扶贫范围。

3. 全面推进重点领域改革

针对企业特别是国有企业所有者缺位、企业经营者自定薪酬、企业内部薪酬差距拉大等问题，2014年出台了《中央管理企业主要负责人薪酬制度改革方案》，全面确定中央管理企业负责人薪酬构成及根据经营管理绩效、风险和责任确定薪酬的制度。针对事业单位分配机制僵化、分配与工作效率脱节等问题，对事业单位按义务教育学校、公共卫生与基层医疗卫生事业单位以及其他事业单位分类分步推广实施绩效工资。针对基层公务员直接面对矛盾和问题、工作任务繁重而晋升通道狭窄，严重影响其积极性、稳定性等问题，2015年出台了《关于县以下机关建立公务员职务与职级并行制度的意见》，提出在职务之外开辟职级晋升通道，充分调动广大基层公务员的积极性。

第二节
收入分配体制改革的主要成就

我国收入分配体制改革在促进经济社会体制改革、促进经济社会发展上起到非常重要的作用,取得的成就有:收入分配体制发生了根本变革,社会主义初级阶段的收入分配制度得以确立,收入分配关系得到规范;居民收入水平有了大幅度提高,收入来源渠道日趋拓展;贫困人口大幅度减少;收入再分配体系框架基本建立并不断完善。

一、社会主义初级阶段的收入分配制度得以确立

1. 按劳分配为主体、多种分配方式并存的制度基本确立

改革开放后,收入分配体制改革在初次分配中大力贯彻按劳分配原则,改变过去企业吃国家"大锅饭"、职工吃企业"大锅饭"的局面,实现了由计划经济体制向社会主义市场经济体制的转型。在这一过程中,我国公有制经济进一步壮大,个体、私营等非公有制经济较快发展,已成为社会主义市场经济的重要组成部分,生产资料所有制结构已由单一公有制转变为以公有制为主体、多种所有制并存。与此相适应,我国的分配方式也由过去单一的按劳分配、实际上的平均主义分配体制转变为按劳分配为主、多种分配方式并存,劳动、资本、技术和管理等生产要素按贡献参与分配的新体制,初步形成了与社会主义市场经济相适应的收入分配制度。

2. 国家和企业的分配关系理顺

我国收入分配体制改革最初的目的是要打破平均主义,而最大的平均主义就体现在企业与国家的关系上。改革开放以前,国家与企业之间的关系简单而统一,国有企业的所有利润上缴财政,企业维持生产及扩大规模所需要的资金都由国家财政拨付。这种分配制度使国有企业丧失了主动性和积极性。随着经济体制改革的展开

和深入，政企分开和政资分离的改革取向使政府与国有企业之间的利润分配关系发生了变化，曾先后经历了统收统支、企业基金、利润留成、利改税、利润承包、税利分流以及国有资本经营预算等多种分配形式。在国有企业建立现代企业制度的过程中，国家与企业的分配关系从制度上逐步得以规范。一方面，国家作为社会管理者从企业征税，对所有企业一视同仁；另一方面，国家还是国有资本的所有者，国家可以按其股份大小及企业可分配利润多少从企业分得利润。

3. 国有企业、行政机关和事业单位的工资制度已脱钩

改革开放以前，由于所有制结构单一，国家不仅为行政机关和事业单位设定工资制度，而且对国有企业的工资分配管得很严，造成国有单位的工资制度趋同、工资调整同步进行的格局。经过 1985 年和 1993 年两次大规模的工资制度改革，国有企业、行政机关和事业单位三者的工资制度已脱钩。国有企业工资制度改革取得突破性进展，以市场为导向的企业工资决定机制初步确立。工资由市场机制决定，企业自主分配，按照建立现代企业制度的要求并根据人力资源管理特点，建立以岗位工资为主的基本工资制度。政府对收入分配实行监督和宏观调控。行政机关执行公务员工资制度，按照《中华人民共和国公务员法》的规定，建立国家统一的职务与级别相结合的、科学完善的公务员工资制度。事业单位则实行体现其特点的工资制度，建立岗位绩效和分级分类管理的收入分配制度。

4. 初次分配与再分配职能分工

在计划经济时期，国有企业职工的劳动报酬分为货币工资和劳保福利两部分，企业既要为职工支付货币工资，也要筹措资金在企业范围内进行保险福利的再分配。在此情况下，初次分配和再分配的边界很不清晰，本来属于初次分配范畴的内容，常常借助再分配的方式进行，企业不仅是初次分配的单位，也是再分配单位，企业办社会现象十分严重。改革开放后，政府从初次分配领域中退出，并加大了对再分配的调节力度。随着福利制度改革的不断深入，社会福利社会化、住房改革市场化、社会保障制度逐步建立，企业所承担的保险福利等再分配职能，或通过理入工资并入初次分配（如住房），或由政府承接并纳入本来意义上的再分配（如医疗、养老保险），初次分配与再分配的职能分工变得明确。

初次分配的市场机制基本形成。农村实行家庭联产承包责任制后，农民的农业收入和非农业收入直接受市场机制调节。城镇企业劳动就业制度的改革，使劳动合同制得到全面推行，劳动力资源配置逐步市场化，市场导向的工资形成机制基本确立，工资水平大体反映劳动力市场供求关系。个体、私营等非公有制经济的经营者和从业人员，其经营收入和工资收入直接由市场机制决定；国有企业和集体单位职工的工资水平与企业经济效益挂钩，在很高程度上受市场机制调节；由于就业流动性的增强，国家机关事业单位的职工收入也受到市场机制作用的影响。

二、城乡居民收入不断增加

改革开放以来的近40年是居民收入增长最快、人民群众普遍得到实惠最多的时期，生产力的发展使人民群众的物质文化生活水平显著提高。

1. 城乡居民收入水平不断提高

从城乡居民家庭人均可支配收入来看，城镇居民家庭人均可支配收入1978年为343.4元，2005年突破万元大关，2016年上升到23821元。按全国居民五等份收入分组，低收入组人均可支配收入5529元，中等偏下收入组人均可支配收入12899元，中等收入组人均可支配收入20924元，中等偏上收入组人均可支配收入31990元，高收入组人均可支配收入59259元。

2. 人民生活普遍得到改善

城乡居民消费水平不断提高。2016年全国居民人均消费支出17111元，农村居民为10130元，城镇居民为23079元，这三个数据分别是2006年同类数据的2.8倍、3.6倍、2.2倍。2006年我国全体居民平均消费水平为6111元，农村居民为2848元，城镇居民为10359元，这三个数据分别是1978年同类数据的33倍、21倍、26倍。

表 4-1 全国居民人均消费性支出构成变动情况

支出项目	1990 年	1995 年	2000 年	2006 年	2016 年
食　品	54.25%	50.09%	39.44%	35.78%	30.1%
衣　着	13.36%	13.55%	10.01%	10.37%	7%
家庭设备用品及服务	10.14%	7.44%	7.49%	5.73%	6.1%
医疗保健	2.01%	3.11%	6.36%	7.14%	7.6%
交通通信	1.2%	5.18%	8.54%	13.19%	13.7%
教育文化娱乐服务	11.12%	9.36%	13.4%	13.83%	11.2%
居住	6.98%	8.02%	11.31%	10.4%	21.9%
杂项商品与服务	0.94%	3.25%	3.44%	3.56%	2.4%

城乡居民收入的增加使得消费水平提高的同时消费结构也发生了变动。从 1990—2016 年的消费结构变动情况来看，食品支出始终是居民消费支出中最主要部分，但其支出比重不断下降；衣着和家庭设备用品及服务两项所占比重也呈下降

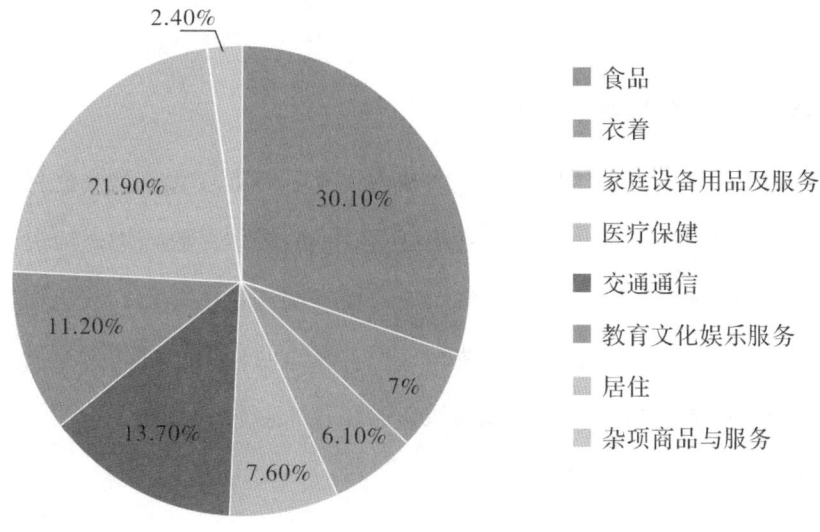

图 4-1 2016 年全国居民人均消费性支出构成

趋势；居住支出在总的消费支出中所占比重上升幅度最大，其次交通通信和医疗保健。

城乡居民家庭恩格尔系数不断降低。居民消费水平提高带动了消费结构升级，使城乡居民家庭恩格尔系数变小。城乡居民家庭恩格尔系数由1978年的57.5%和67.7%分别下降为2012年的36.2%和39.3%。城乡居民消费结构的变动表明消费结构升级，反映出人民生活水平的提高。

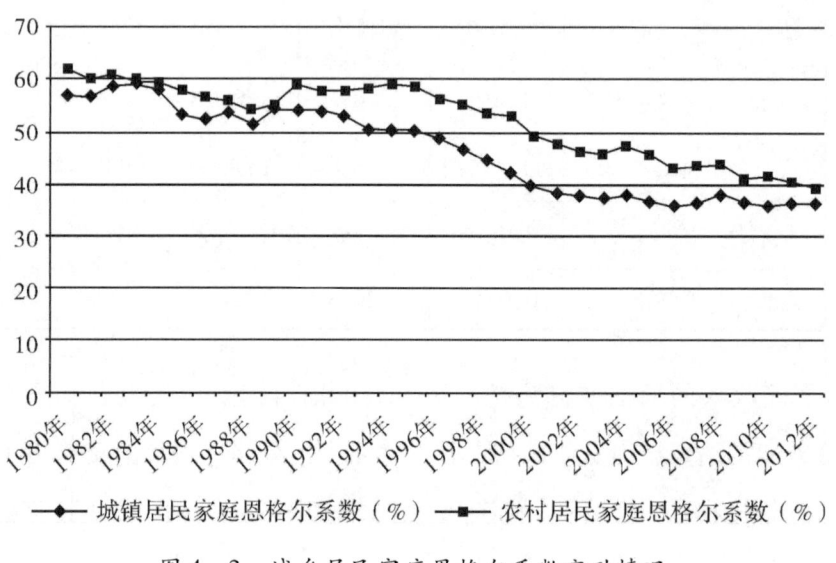

图4-2 城乡居民家庭恩格尔系数变动情况

三、收入结构发生巨大变化

城乡居民收入不断增加的同时，收入结构发生了巨大变化。城乡居民收入在以劳动收入为主的基础上，收入来源日益多元化；低收入居民收入增速加快。

城镇居民收入来源日益多元化。城镇住户抽样调查数据显示，我国城镇居民人均总收入中，工薪收入仍为总收入的主体，但其在总收入中所占比例有所下降，转移性收入、经营收入、财产性收入成为城镇居民收入增长的亮点，占居民家庭收入的比重不断提高。

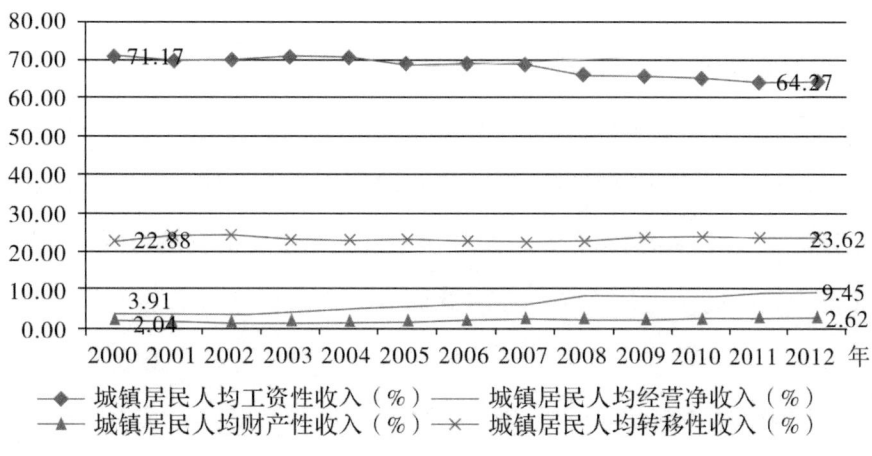

图 4-3 我国城镇居民各类收入占总收入的比重变动情况

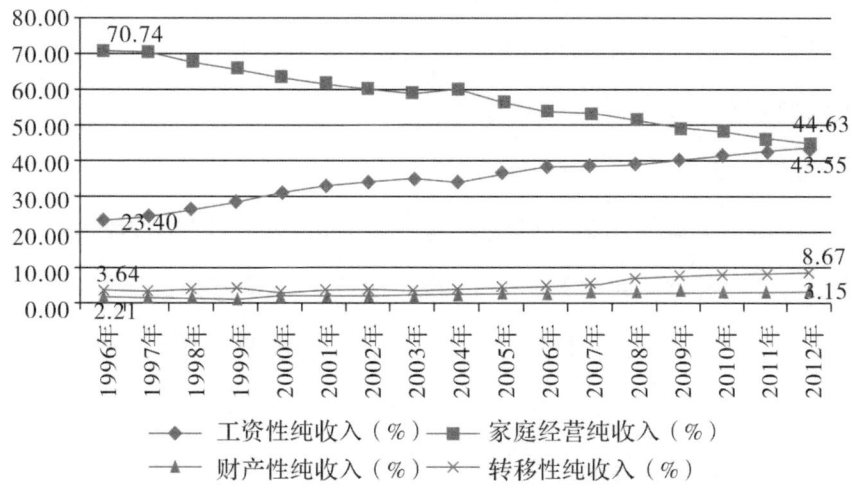

图 4-4 我国农村居民各类收入占总收入的比重变动情况

农村居民人均可支配收入不断增加,其中家庭经营纯收入占主体地位。农村居民家庭人均总收入中,工资性收入快速增加,由 1996 年的 23.40% 增加到 2012 年的 43.55%,家庭经营纯收入大幅度下降,由 1996 年的 70.74% 减少到 2012 年的 44.63%。

四、贫困人口大幅度减少

改革开放以来,我国在致力于经济和社会全面发展的进程中,在全国范围内实施了以解决贫困人口温饱问题为主要目标的有计划、有组织的大规模扶贫开发,极大地缓解了贫困现象。我国扶贫工作大致经历了体制改革推动扶贫、开发性扶贫、反贫困攻坚、全面扶贫、精准扶贫五个阶段。

1. 体制改革推动扶贫

1979—1985年，是我国扶贫工作的第一阶段，主要以体制改革推动经济增长来消除贫困。通过实行家庭联产承包责任制，极大地激发了农民的劳动热情，解放了农村生产力，提高了土地产出率；与此同时，在农村进行的农产品价格逐步放开、大力发展乡镇企业等多项改革，使农民收入普遍增加，多数贫困农民脱贫致富，农村贫困现象大幅度减少。据统计，从1978年到1985年，农村人均粮食产量增长14%，棉花增长73.9%，油料增长176.4%，肉类增长87.8%；农民人均纯收入增长了2.6倍；没有解决温饱的贫困人口从2.5亿人减少到1.25亿人，贫困人口占农村总人口的比例由1978年的30.7%下降到1985年的14.8%；贫困人口平均每年减少1786万人。

2. 开发性扶贫

1986—1993年，在总结第一阶段扶贫经验的基础上，国家成立专门的扶贫工作机构，安排专项资金，针对资源条件较差的地区，制定专门的优惠政策，确定了开发式扶贫方针。主要措施包括实施区域开发、流域治理；为贫困地区提供各种优惠贷款，进行信贷扶贫；通过财政渠道无偿援助扶贫物资，以公共投资方式改善贫困地区的基础设施；通过提高农民素质，依靠科学技术扶贫；组织劳务输出等。从1986年到1993年，农村贫困人口由1.25亿人减少到8000万人，平均每年减少640万人，年均递减6.2%；贫困人口占农村总人口的比例从14.8%下降到8.7%。

3. 反贫困攻坚

1994—2000年，是我国扶贫工作的第三阶段。以1994年《国家八七扶贫攻坚计划》的公布实施为标志，扶贫开发上升为国家战略，并进入反贫困攻坚阶段。《国家八七扶贫攻坚计划》明确提出，集中人力、物力、财力，动员社会各界力量，力争用7年左右的时间，到2000年底基本解决农村贫困人口的温饱问题。在这一阶段，国家大幅度增加反贫困的投入，使农村贫困人口由1994年的7000万人下降到2000年的3209万人，贫困人口占农村总人口的比例从7.7%下降到3.4%。

4. 全面扶贫

进入 21 世纪以后，我国进入了全面建设小康社会、加快推进社会主义现代化建设的新时期。以 2001 年制定《中国农村扶贫开发纲要（2001—2010）》为起点，我国扶贫事业发展也进入了一个新阶段。国家采取了建设社会主义新农村，促进城乡、地区、不同社会群体协调发展的一系列政策，为扶贫开发工作提供了良好的政策保障和机遇。新时期的扶贫不但要解决贫困人口温饱问题，而且要围绕全面建设小康社会，使贫困人口和地区实现全面发展。

5. 精准扶贫

经过多年扶贫攻坚，我国贫困人口数量大幅减少，但从绝对存量看贫困人口仍然较多。经过多轮扶贫攻坚，目前的贫困人口大多分布在"角落里"——深山区、石山区、高寒山区、偏远山区，无论采取何种扶贫方式，难度都比以往增加，不少地方面临"保护生态"与"加快发展"的矛盾。贫困群众的诉求也日益呈现多样化。为此，习近平总书记提出"精准扶贫"的思想。2014 年，《中共中央办公厅 国务院办公厅印发〈关于创新机制扎实推进农村扶贫开发工作的意见〉的通知》下发，国务院及多部门联合出台《关于印发〈建立精准扶贫工作机制实施方案〉的通知》《关于印发〈扶贫开发建档立卡工作方案〉的通知》，对精准扶贫工作模式的顶层设计、总体布局和工作机制等方面都做了详尽规制，注重抓"六个精准"，即扶持对象精准、项目安排精准、资金使用精准、措施到户精准、因村派人精准、脱贫成效精准，确保各项政策好处落到扶贫对象身上；启动实施"十项工程"，即干部驻村帮扶、职业教育培训、扶贫小额信贷、易地扶贫搬迁、电商扶贫、旅游扶贫、光伏扶贫、植树扶贫、致富带头人创业培训、龙头企业带动。2016 年，全国居民人均可支配收入实际增长 6.3%，农村贫困人口减少 1240 万。

五、收入再分配体系框架基本建立

收入再分配是对国民收入初次分配的调整。收入再分配遵循公平原则，通过政府调控，采用综合的社会政策和手段，建立有效的分配和保障机制。收入再分配是收入分配体制的重要内容。收入再分配体系主要包括财税制度和社会保障制度。

1. 财税制度不断健全

随着国民经济的发展和居民收入水平的提高,我国的财税制度不断健全。我国1980年起开征个人所得税,1994年实施统一的个人所得税制,1999年恢复征收利息税,2006年修改《中华人民共和国个人所得税法》,提高了个人所得税工薪所得费用扣除标准。个人所得税收入保持了持续快速增长,调节收入分配的力度越来越大。

我国的财政政策正朝着以人为本、关注基本公共服务的方向发展,不断强调经济社会协调发展,无论从政策导向还是从财政投入上看,都是把义务教育、基础医疗和公共卫生、基本社会保障、公共就业服务等摆到更为突出的位置,着力改变社会发展滞后于经济发展的局面。基本公共服务的政策和投入向农村、欠发达地区、困难群体倾斜,国家财政的收入再分配能力提高。从1978年到2016年,国家财政用于收入再分配的资金总额不断增加。

2. 社会保障制度体系框架初步形成

经过多年的改革,我国社会保障制度逐步由国家统管向国家、单位、个人三方负担转变,由企业自保向社会互济转变,由国家全部包揽向基本保障转变,由现收现付向部分积累转变,由政策调整向法律规范转变,社会保障制度体系初步形成,覆盖范围逐步扩大,收入再分配调节功能不断提高。

第三节
收入分配体制改革面临的挑战

我国的收入分配体制改革取得了很大进展,但改革的任务还远远没有完成。特别是在我国经济发展进入新常态的大背景下,面对经济下行压力加大、风险隐患增多的新形势,要实现到2020年城乡居民收入翻番,实现共同富裕和共享发展,收入分配体制改革仍面临严峻挑战。突出表现在:收入分配差距仍较大,经济下行对居民收入的影响开始显现,收入再分配调节功能不足等。

一、合理的收入分配格局仍未形成

收入分配格局是指国民收入在不同群体之间的分布情况。改革开放近40年来，我国居民收入水平有了极大的提高，但合理有序的收入分配格局仍未形成，主要问题是居民收入在国民收入中的比重偏低，劳动报酬偏低。国民收入是由居民收入、企业收入、政府收入三部分构成的，合理调整这三者在国民收入中的分配关系，是社会主义市场经济条件下宏观经济管理的一项重要任务。改革开放以来，特别是实行社会主义市场经济体制以来，随着经济快速发展和经济体制改革不断深化，居民收入、企业收入和政府收入在国民收入中的比重发生了较大变化，有力地促进了经济发展和人民生活水平的提高。但近几年，也出现了一些值得重视的问题，其中一个突出的问题是居民收入的增长慢于国民收入和政府财政收入的增长。

2000年以来，我国国民收入格局中，居民部门的收入占比在57.5%~66.1%，2014年为61.1%。在发达国家中，英国、法国、德国等欧洲国家这一比例一般在64%左右，美国更高，在75%上下，日本和加拿大与我国相近（62%），但多数年份里都略高于我国。在发展中国家中，我国居民部门的收入占比与南非和俄罗斯相近，但墨西哥多数年份在75%上下，巴西为68%左右，都高于我国。印度的居民部门收入占比高于多数发达国家，达80%以上，2001年一度超过91%。政府部门收入占国民收入比重在各个国家之间差别很大，无论是发达国家之间还是发展中国家之间都是这样。这与一国政府职能及如何取得收入、如何支出有关，与一个国家的收入分配差距水平关系不大。

经济增长是城乡居民增收的基础和前提。2008年以来，居民部门收入比重处于缓慢上升过程中，但2014年后，我国经济进入新常态，经济增速由高速转向中高速以后，居民收入增速下滑。2014年至2015年上半年，全国居民人均可支配收入增速基本呈逐季下滑趋势，分别为8.6%、8.3%、8.2%、8.0%、8.1%、7.6%，超过半数省份居民收入增长慢于经济增长。在降成本等改革措施影响下，有些地区在实践执行中将降成本的重点放在降低人工成本上，将降低劳动者收入作为降成本的重要手段，这进一步减少了居民收入比重。

二、收入差距仍较大

经过近 40 年的改革开放,我国收入分配格局从改革初期的打破平均主义,拉开收入差距,普遍提高生活水平,逐步演变为收入差距不断扩大。现在居民间收入差距过大成为经济社会面临的突出问题,引起了人们的高度关注。

据国家统计局的资料,反映全国居民收入差距的基尼系数 1978 年为 0.341,1998 年上升至 0.456,2004 年上升至 0.465,2008 年上升至 0.491,此后开始逐年回落,2015 年降低至 0.462,2016 年又略升至 0.465。2016 年我国居民基尼系数略微升高的主要原因,一是城市一部分低收入者养老金的收入增速略有放缓,二是农村一部分只靠粮食生产收入为主的居民,由于粮价下跌,收入略有减少。然而,从绝对值来看,基尼系数仍超过了国际公认的 0.4 的警戒线。与此同时,家庭财产收入差距正在扩大。

1978 年全国城镇在岗职工平均工资为 615 元,收入最高的行业是电力、煤气及水的生产和供应业,平均工资为 850 元,是收入最低的社会服务业的 2.17 倍。1990 年全国城镇在岗职工平均工资为 2140 元,收入最高的行业仍然是电力、煤气及水的生产和供应业,平均工资为 2656 元,是收入最低的农、林、牧、渔业的 1.727 倍,行业间收入差距有所缩小。2000 年全国城镇在岗职工平均工资为 9371 元,收入最高的行业是科学研究和综合技术服务业,平均工资为 13620 元,是收入最低的农、林、牧、渔业的 2.63 倍,收入差距开始扩大。2006 年全国城镇在岗职工平均工资为 21001 元,19 个行业门类中,收入最高的行业平均工资是收入最低行业平均工资的 4.75 倍。2015 年,行业平均工资最高的是金融业,为人均 114777 元,是收入最低的行业的 3.6 倍,行业间工资收入差距有所减小。

三、再分配制度对收入差距的调节功能有待提高

在社会主义市场经济条件下,个人能力的差异、就业市场风险的不确定性、产业和技术结构调整造成的职业变动等因素,可能使一部分人在分配过程中处于不利地位。在这种情况下,需要国家对收入分配采取一定的调节手段,主要是财税制度

和社会保障制度。我国在进行市场经济体制改革的同时,积极探索建立完善的收入再分配制度,收入再分配的制度框架已经建立,国家在再分配方面的政策框架逐步明晰,但是,由于现实收入分配在具体调控管理中的漏洞较多,维护社会公平的调控措施未能得到有效落实,收入再分配调节力度不足,甚至还出现了逆向调节的现象。

1. 财税制度调节不充分

我国财政制度正在向公共财政制度发展,把更多资金投向基本公共服务领域。然而,现阶段,财政在调节收入分配方面仍有许多不足,使得财政调节收入分配的力度不够,例如,"上学难、负担重"的问题之所以比较突出,一个重要原因是义务教育政府"负全责"的保障机制没有建立起来。各级政府的财政支出责任、中央和省级政府的财政转移支付制度、省级以下财政管理体制等公共财政体系建设的重要内容仍有待进一步规范。

税收政策在调节收入分配差距方面的功能还未得到更好发挥。首先,我国个人所得税占税收总收入比重过低,调节能力有限。据世界银行的统计,工业化国家个人所得税税额占税收总额的28%,发展中国家这一占比是11%,而我国2007年个人所得税税额占税收总额的比重为6.44%。个人所得税由于分类课征的模式对同类相同应税所得不区分纳税主体的纳税能力,造成税负不公。分类采用不同的税率模式,使得收入来源不同而收入相同的人可能负担不同的税收。此外,我国处于经济转型时期,收入分配渠道透明度低,隐性、灰色收入大量存在,非公职人员家庭收入、财产申报登记制度还没有起步,家庭信用体系尚未建立,经济生活中现金交易比重大,税务部门对居民收入、财产情况掌握的信息有限,个人所得税偷逃现象时有发生。其次,财产税方面还存在较大的制度缺陷。在房产保有期间的税种只有房地产税和土地使用税,税负低,且免税范围大,私人拥有住房一般无须缴税,减小了财产税调节收入分配的范围。再次,以间接税为主体税种的税制结构使低收入者承担了更多的税负。低收入者以商品消费为主,承担的增值税税负较多;高收入者的劳务消费比重较大,承担的营业税税负较多。但由于增值税在税收收入中所占比重大,且低收入者的边际消费倾向高,间接税有可能扩大贫富差距。最后,与调节收入分配有关的物业税、遗产税和赠与税迟迟未能出台,使得合理调节财产存量和实现起点公平缺乏基本的税收政策手段,税收制度对高收入的调节作用有限。

2. 社会保障制度调节功能不足

我国社会保障制度框架已基本建立,国家加大了对社会保障的支持和投入,正在形成覆盖广泛的社会保障制度,但是由于我国社会保障制度在发展初期是以户籍制度为依托、以正规就业的单位职工为主要覆盖对象起步的,社会保障制度是由国有企业改革的配套措施逐步发展为一项独立的社会制度的,这些特点造成社会保障制度对城镇和已有保障者倾斜,没有保障的人群,特别是广大农民在这一过程中则受益较少。我国社会保障制度由于上述缺陷使其收入再分配功能未能充分发挥,在缩小收入差距的作用方面尚较弱。

四、收入分配政策对不同群体的激励作用尚未充分发挥

1. 收入分配制度改革进展缓慢

虽然2013年我国出台了进一步深化收入分配体制改革的意见,并推进了相关领域的改革,但由于收入分配制度是经济社会综合体制的最终反映,单纯从调节收入分配的角度入手,难以找到有效的路径和手段,若改革举措不当,还会有损效率,打消人的积极性。一是原定改革措施没有实施或实施不到位。例如,"逐步解决一些行业企业职工工资过低的问题"还没有可操作性措施;还没有"建立符合事业单位特点、体现岗位绩效和分级分类管理的事业单位收入分配制度";在社会保障等再分配收入领域,还没有"全面落实城镇职工基本养老保险省级统筹,实现基础养老金全国统筹"等;在财税领域,还没有"建立国有土地、海域、森林、矿产等公共资源出让收益全民共享机制,出让收益主要用于公共服务支出""改革和完善税收制度""加大对高收入者的税收调节力度"等均有不到位之处。二是收入分配基础性调节制度仍未建立起来。居民和劳动者财产水平底数不清,各部门之间信息不衔接、不联通导致工作进展缓慢。

2. 改革实践存在部分扭曲

党的十八届三中全会已确定收入分配相关改革的大方向并得到广泛认同,但在

具体落实的"次决策"①上，却较难形成具体改革措施的共识，甚至出现与大方向相左的决策。例如，一些企业反映，《职务发明条例草案（送审稿）》第二十条规定："单位未与发明人约定也未在其依法制定的规章制度中规定对职务发明人的奖励的，对获得发明专利权或者植物新品种权的职务发明，给予全体发明人的奖金总额最低不少于该单位在岗职工月平均工资的两倍；对获得其他知识产权的职务发明，给予全体发明人的奖金总额最低不少于该单位在岗职工的月平均工资。"在企业看来，由于不同产业、不同企业、不同职务发明类型不同，不宜实行单一比例，这样的规定会干预企业内部管理。在深化简政放权改革的同时，这一草案的提出使一些部门有收权的嫌疑。又如，在国有企业改革上，中央和国务院已经形成改革总体方案和若干配套方案，但一些部门在依据总体方案进行落实时，存在很大认识差距。央企薪酬制度改革的目的是健全央企负责人薪酬分配的激励约束机制，强化央企负责人责任，增强企业发展活力。但在实践操作中，央企薪酬制度改革却出现了层层降薪、层层加码的问题，反而打击了央企积极性，使企业缺少了活力和动力。比如，为激发科技创新活力，中央已亮出多项"松绑＋激励"举措改革中央财政科研项目资金管理，但却没有落实，科研人员 30%～40% 的精力仍用于应对无尽的检查，问题在于科研经费管理改革不配套，还未建立起科学的管理和评价机制。

第四节
收入分配体制改革未来展望

我国收入分配体制改革已经经历了从单一到全面的过程，改革面对的问题越来越多。现阶段，我国正处于社会转型时期和矛盾凸显期，也是进行深层次改革的最好时期。

---

① "次决策"又称"二次决策"，是在第一次决策基础上开展的再次决策，是对第一次决策目标的优化，对支撑目标的关键举措的确认、检验，对关键举措可执行性的细化，是对第一次决策产生后果的系统思考。二次决策是一个系统闭环，大多数情况下并不只是二次决策，往往是三次决策、四次决策、多次决策。

一、收入分配体制改革的总体思路

1. 收入分配体制改革的基础是实现增长与分配的良性互动

收入分配体制改革的关键是要处理好政府与市场、公平与效率两方面关系,在坚持市场对资源配置起决定性作用基础上,更好发挥政府作用。政府作用发挥要充分体现社会主义本质要求,将收入分配差距保持在一定范围内,同时,不干预市场决定性作用的发挥,将"蛋糕"做大,体现生产力发展的要求。以公平的市场竞争来保证效率的提高,以有为的政府来合理调节收入差距,实现增长与分配的良性互动。

2. 收入分配体制改革要引导全社会树立正确的社会财富观

共同富裕并非人人平等,更不是平均主义,有落差才会有势能,有势能才会有动能,有动能才有效率。收入分配体制改革要建立在崇尚劳动光荣、弘扬勤劳致富精神的基础上,虽然现在劳动内涵已大大扩展了,但劳动仍是社会财富的源泉,基于知识基础上的创新性劳动能够创造更大的价值。因此,应坚持将按劳分配与按生产要素分配相结合,使劳动和技术、管理、资本等生产要素都能够按市场规律发现价值并享有价值。

3. 收入分配体制改革的目标是不断扩大中等收入群体比重

党的十六大提出全面建设小康社会目标时,首次明确了"扩大中等收入者比重"的任务。党的十七大提出"中等收入者占多数",党的十八大和十八届三中、五中全会再次强调了这一任务。扩大中等收入群体比重,是全面建成小康社会的重要内容,也是收入分配体制改革的目标。中等收入群体是社会财富创造的主力军,扩大这一群体的比重是保持合理收入分配格局的关键,是树立正确社会财富观的基础,也是畅通社会纵向流动机制,保持经济社会活力,避免陷入"中等收入陷阱"的基础。

4. 收入分配体制改革必须统筹协调,有所突破

单纯改革初次分配制度或再分配制度都不能有效缓解贫困、收入差距扩大等问题,单纯改革收入分配本身也不可能真正理顺收入分配格局。必须坚持初次分配和再分配领域的调节同时进行的原则,加大综合改革力度,建立起一个将收入分配政

策、公共服务政策与经济增长和其他社会发展政策融为一体的政策体系，在发展中更好地解决收入分配问题。

二、深化促进机会均等的市场化改革

坚持市场对资源配置的决定性作用，发挥市场机制的基础性激励作用，维护公平竞争、开放有序的市场体系，为劳动和生产要素按照市场规律发挥作用奠定基础。

1. 完善基本经济制度

坚持深入推进垄断行业改革，特别是对国有资本继续控股经营的自然垄断行业，根据不同行业特点实行网运分开，放开竞争性业务。坚持权利平等、机会平等、规则平等，废除对非公有制经济各种形式的不合理规定，消除各种隐性壁垒，推进非公有制企业进入特许经营领域。加快建立鼓励创新、创富的分配激励机制，鼓励各类企业通过股权、期权、分红等激励方式，调动科研人员创新积极性，激发企业家的作用，保护企业家的财产权和创新收益。探索资本所有者和劳动者形成利益共同体的实现途径，在一些适宜的国有企业尽快推动混合所有制企业员工持股。以混合所有制改革为突破口，深化国有企业改革，硬化国有企业的预算约束，合理确定并严格规范国有企业管理人员薪酬水平、职务待遇、职务消费、业务消费。

2. 健全现代市场体系

建立统一开放、竞争有序的现代市场体系。实行统一的市场准入制度，打破资本流动的制度性障碍，让资本能够自由流动，实现有效配置。扩大金融业对内、对外开放，在加强监管前提下，允许具备条件的民间资本依法发起设立中小型银行等金融机构。

3. 加快城市化步伐

通过深化农村土地"三项制度"改革，在符合规划和用途管制前提下，允许农村集体经营性建设用地出让、租赁、入股，实行与国有土地同等入市、同权同价。积极推进户籍制度改革，全面放开三、四线城市户籍。完善与新型城镇化战略协同的农村居民增收机制，鼓励农村发展合作经济，扶持发展规模化、专业化、现代化经营，保障农民集体经济组织成员权利，稳步推进农村土地制度改革，增加农民土地增值收益。

三、进一步健全和完善政府对收入分配的宏观调控

积极推进集体谈判制度,建立企业职工工资正常增长和支付保障机制。实施更加灵活的最低工资标准调整机制。建立公务员和企业相当人员工资水平调查比较制度,逐步形成公务员工资水平正常调整机制。优化海外资产配置,缓解国内经济增长放缓对就业和居民增收的压力。

强化收入分配改革统筹协调能力、收入监测技术保障能力、收入分配秩序监管能力三大能力建设。加强收入分配领域法制化进程,提高部分收入分配调节政策的法律效力,提高收入分配公开透明度。加快建立个人收入和财产信息系统。健全收入分配调查统计系统。完善城乡一体的住户收支调查制度,促进政府公益性收入分配调查统计信息的开放共享。鼓励商业化收入分配数据的公益性开发与应用。提高收入分配领域大数据对决策、监管的服务支撑能力。建立收入分配政策定期评估和动态调整机制。

四、增强收入再分配调节力度

收入再分配制度必须以社会公平为目标,完善收入再分配体系框架,尽快扭转收入再分配逆向调节作用,增强收入再分配调节收入差距的力度。着力提高低收入者收入,逐步提高扶贫标准和最低工资标准,保障城乡居民的基本生活水平,保护合法收入,调节过高收入。

完善有利于缩小收入差距的税收、社会保障、转移支付三项调节政策。建立社会保障水平正常调整机制。加快发展多层次养老保障体系,实施城镇职工基础养老金全国统筹,适时、适度降低单位缴费率。建立动态精准扶贫机制,加强对特定人群特殊困难的帮扶。制定综合与分类相结合的个人所得税改革方案。加快房地产税立法并适时推进改革。建立再分配调节与人力资源流动匹配机制,推进城镇社保体系常住人口全覆盖。健全部分重点群体收入分配风险防控机制,畅通劳动者利益诉求渠道,健全政府、用人单位和劳动者三方协商机制。支持慈善事业发展,完善鼓励回馈社会、扶贫济困的税收政策。

第五章
社会保障制度改革

内容摘要：改革开放近40年来，伴随着经济体制改革，我国社会保障制度改革同步推进。从最初的国企改革配套，到逐步转变为社会主义市场经济独立子体系，从最初的关注城镇，到逐步注重城乡统筹发展，我国最终实现了社会保障制度的根本转型，建立起与社会主义市场经济基本适应的社会保障制度体系框架，基本实现了城乡各种人群的全覆盖，建立起全世界最大的养老保障网和医疗保障网，并且保障水平逐步提高，管理经办服务水平不断提升，为改革开放事业提供了总体和谐稳定的发展环境。但是，由于我国实行稳妥渐进的改革策略，加之理论准备尚有欠缺，在社会保障制度顶层设计上不免存在缺陷，导致社会保险制度责任过重、补充保险发展不够，不同人群、不同地区和城乡之间的社保待遇不公平问题普遍存在，制度分割管理、分散经办久拖不决，社会保障制度的可持续压力大。因此，未来我国应当根据中央有关精神，全面深化社会保障制度改革，为全面建成小康社会提供重要基石。

第一节
社会保障制度改革历程

党的十一届三中全会的召开标志着我国进入改革开放新阶段，经济体制改革逐步铺开，相配套的社会保障制度首先受到冲击，随后全新的社会保障制度又逐步重新建立起来。总体来说，我国社会保障制度改革历程可以分为四个阶段：初步探索阶段（1978—1992年）、制度框架构建阶段（1992—2003年）、全面建设新阶段（2003—2012年）、全面深化改革阶段（2012年至今）。

一、初步探索阶段（1978—1992年）

1. 养老保险制度改革的初步探索

改革开放前，我国实行单位退休制度，退休人员的退休金由企业负担，这在计划经济条件下行得通，但在改革开放、搞活国有企业大背景下，就会造成不同企业负担畸轻畸重，不利于公平竞争环境的建立，不利于国有企业发展。1982年以后，中共中央、国务院的领导同志多次指出，为适应经济体制改革的需要，要改革退休制度，实行社会保险。1984年5月，劳动部会同国家经委、财政部、工商银行、全国总工会等部门向国务院提交了《关于统筹全民所有制单位退休基金的报告》。与此同时，结合劳动制度改革，以地、市、县为统筹单位，首先在广东省江门市、东莞市，四川省自贡市，江苏省泰州市，辽宁省黑山县开始进行退休费用社会统筹试点，随后在全国逐步推开。1988年底，全国实行企业退休费用统筹的市县达到2200个，占全国2367个市县总数的93%，参加统筹的职工5000万人，离退休人员900多万人。

1991年6月，国务院在总结前一段时间各地养老保险改革经验的基础上，下发了《国务院关于企业职工养老保险制度改革的决定》。这是改革开放以来国家就养老保险问题第一次作出重大决策，成为中国养老保险制度改革的重要指导性文件。该文件提出，要逐步建立起基本养老保险与企业补充养老保险和职工个人储蓄性养老保险相结合的制度；基本养老保险费用实行国家、企业、个人三方共同负担，职工个人也要缴纳一定的费用；基本养老保险费用要实行社会统筹；基本养老保险基金按照以支定收、略有结余、留有部分积累的原则统一筹集。在该文件的推动下，我国养老保险事业取得了巨大进步。一是退休费用社会统筹得到迅速发展，极大发挥了养老保险制度的互济作用和保障功能，均衡了企业的费用负担。二是选择了部分积累的养老保险基金筹集模式。三是普遍实行了城镇企业职工个人缴费制度，提高了职工的自我保障意识,城镇企业职工养老保险实现了从"企业保险"向社会保险的过渡,完成了保险费用由一方负担向多方负担的转变。四是多层次养老保险体系得到发展。

2. 医疗保险制度改革的初步探索

自 20 世纪 80 年代初开始,一些企业和地方就已经开始了自发地对传统职工医疗保障制度的改革探索,如医疗费用定额包干或仅对超支部分按一定比例报销,以及实行医疗费用支付与个人利益挂钩的办法等,这些改革实践的持续发展也为职工个人负担医疗费用奠定了一定的心理基础,呈现出一种由公费医疗制度向适度自费制度的过渡。

为了进一步解决医疗保障领域日益突出的问题,1984 年 4 月 28 日,卫生部和财政部联合发出《关于进一步加强公费医疗管理的通知》,提出要积极慎重地改革公费医疗制度,开启了政府对传统公费医疗制度改革探索的新阶段。

首先介入医疗制度改革实践的是地方政府,主要做法是通过社会统筹这种方式对费用进行控制。例如,河北石家庄地区自 1985 年 11 月起,先后在 6 个县、市开展离退休人员医疗费用社会统筹试点;1987 年 5 月北京市东城区蔬菜公司首创"大病医疗统筹",对解决巨额医疗费用的棘手问题提供了一种比较容易操作的思路。

1988 年 3 月 25 日,经国务院批准,成立了由卫生部牵头,国家体改委、劳动部、卫生部、财政部、国家医药管理总局等八个部门参与的医疗制度改革方案研究小组并对医疗改革试点进行指导。同年 7 月,该小组推出《职工医疗保险制度设想(草案)》。1989 年,《卫生部 财政部关于印发〈关于公费医疗管理办法〉的通知》下发,在公费医疗开支范围内对具体的 13 种自费项目进行了说明。同年 3 月,国务院批转了《国家体改委 1989 年经济体制改革要点》,提出在丹东、四平、黄石、株洲进行医疗保险制度改革试点,同时在深圳、海南进行社会保障制度综合改革试点。

在相关政策的指引下,吉林省四平市率先进行了医疗保险试点,重庆市璧山县也参照试点方案进行了改革的一些尝试。1990 年 4 月,四平市公费医疗改革方案出台；1991年11月，海南省颁布了《海南省职工医疗保险暂行规定》，并自1992年起施行；1991年9月，深圳市成立医疗保险局，并于1992年5月颁布了《深圳市职工医疗保险暂行规定》及《职工医疗保险实施细则》。

3. 探索建立失业保险制度

改革开放以前，我国实行高度集中的计划经济体制，与之相适应，实行"统包统配"的劳动就业体制。在这种体制下，劳动力资源的调配使用完全由国家控制，企业没有用人自主权，理论上也保证了没有失业的存在。但改革开放以后，随着经济体制改革尤其是国企改革的推进，劳动用工制度发生了根本性变化，承认社会主义初级阶段仍然存在失业成为必然。

20世纪80年代中期，国有企业改革不断冲破计划经济体制的束缚，在劳动管理方面，迫切要求改变制约企业发展的固定工制度和推行其他改革政策。为此，国务院决定对国营企业新招工人实行劳动合同制度，并允许企业辞退违纪职工。同时，一些企业因经营不善、缺乏竞争活力，不可避免地走向破产或濒临破产。为适应国有企业经营机制的转换和劳动制度的重大改革，保障职工失业后的基本生活，1986年7月国务院颁布了《国营企业职工待业保险暂行规定》（因为对于社会主义社会是否存在失业有争论，我国1994年前一直使用"待业保险"一词，但与失业保险无本质区别）。规定主要覆盖四类人：宣告破产的企业的职工；濒临破产的企业法定整顿期间被精简的职工；企业终止、解除劳动合同的职工；企业辞退的职工。以此为标志，我国的失业保险制度正式建立。

此后，国家有关部门相继发布了近10个失业保险相关规定，对失业保险制度建设进行了有益探索。1989年劳动部发布了《国营企业职工待业保险基金管理办法》，对失业保险基金筹集、管理等进行了细化规定。1990年劳动部发布《关于使用职工待业保险基金解决部分关停企业职工生活问题的通知》，对治理整顿期间关停企业的职工生活进行了妥善安排。1991年《劳动部 国务院生产办公室关于对关停企业被精简职工实行待业保险的通知》下发，要求对经省、自治区、直辖市人民政府或其授权的市（设区的市或相当于设区的市一级）人民政府，或国务院有关产业主管部门批准关停的，已缴纳待业保险基金的企业中被精简的职工，比照

1986年国务院《国营企业职工待业保险暂行规定》有关对濒临破产企业法定整顿期间被精简职工的规定，实行失业保险。

回顾这一阶段，改革初期，主要是恢复了"文化大革命"时期遭到破坏的劳动保险制度，此后则是国有企业改革迫切要求劳动就业体制以及劳动保险制度进行配套改革，相关改革探索都是围绕着国企改革展开的。总体来说，城镇大部分社会保障制度仍然沿用了计划经济时代的做法，只是进行了一些修补，增量改革的成分更多一些。企业退休费用社会统筹为社会养老保险制度改革做了实践探索，医疗费用包干和大病统筹则增强了个人的成本意识和社会共济作用，失业保险制度也以增量改革的形式进行了有益探索。与此同时，20世纪80年代初期，农村开展经济体制改革，开始实行家庭联产承包责任制，家庭重新成为农业生产的基本经营单位，集体经济逐渐解体，以集体经济为依托的合作医疗失去了主要的资金来源。此外，在"文化大革命"中推进与普及合作医疗时也存在着形式主义、"一刀切"等问题，使得一些人把合作医疗当成"左"的东西而全盘否定。再加上合作医疗在运行过程中也存在着管理不善、监督不力等问题，导致合作医疗大面积解体，濒临崩溃，农村新的保障制度亟待建立起来。

二、制度框架构建阶段（1992—2003年）

1. 建立统账结合的养老保险制度

1995年3月，《国务院关于深化企业职工养老保险制度改革的通知》下发，借鉴和吸收当时国际上养老保险三种主要模式的优点，对企业职工养老金待遇发放办法进行了全面改革，创造性地提出了"社会统筹+个人账户"相结合的模式，并拟定了两个具体实施办法，供各地选择实施。在贯彻实施过程中，暴露出一些问题，主要是各地在设计社会统筹和个人账户比例时，由于对公平和效率的强调不一样，出现社会统筹和个人账户比例相差较大的情况，这对劳动力自由流动非常不利。

1997年，《国务院关于建立统一的企业职工基本养老保险制度的决定》颁布，其核心内容主要有以下几个方面：统一规范了企业和职工个人缴纳基本养老保险费的比例;统一了企业职工的个人账户规模;统一了基本养老金的计发办法;提出了"老人老办法、新人新办法、中间人逐渐过渡"的过渡方案。至此,统一的、统账结合的城镇企业职工养老保险制度正式确立。

针对个人账户与统筹基金混账管理、统筹基金透支个人账户基金来发放当期养老金、个人账户出现严重空账问题,为防止统账结合制度模式退变回现收现付模式,2000年《国务院关于印发完善城镇社会保障体系试点方案的通知》决定,首先在辽宁省试点,将个人账户从11%调整为8%,全部由职工缴费。由于历史等原因所产生的个人账户基金缺口,由中央财政和地方财政按75∶25的比例给以补助。

2. 建立统账结合的医疗保险制度

1994年,国家体改委、财政部、劳动部、卫生部共同制定了《关于职工医疗制度改革的试点意见》,经国务院批准,在江苏省镇江市、江西省九江市进行了试点,即著名的"两江试点"。在"两江试点"的基础上,1996年4月,国务院办公厅转发了国家体改委、财政部、劳动部、卫生部四部委《关于职工医疗保障制度改革扩大试点的意见》,将试点范围扩大到40多个城市,进一步探索统账结合(社会统筹与个人账户相结合)的具体方式和运行机制。根据统一部署,1997年医疗保障试点工作在全国范围内选择了58个城市。

"两江试点"初步建立了医疗保险"统账结合"的城镇职工医疗保险模式。这一模式经过扩大试点,社会反应良好。与此同时,全国不少城市按照"统账结合"的原则,对支付机制进行了一些改革探索。除了"两江试点"的"三通道式"的统账结合模式外,统账结合的具体模式主要有:深圳混合型模式,即对不同类型的人群分别实行不同层次的保险模式,主要包括综合医疗保险、住院医疗保险、特殊医疗保险三个层次;海南"双轨并行"模式,即采取个人账户和社会统筹基金分开管理的办法,后者用于支付住院费用,并且不能向前者透支,由社会保障局管理和运作;青岛"三金"型模式,其基本做法是在建立个人账户金与统筹医疗金之间,增设单位调剂金,由企业和职工个人共同缴纳,单位调剂金和个人账户金由企业管理。

1998年12月,国务院召开全国医疗保险制度改革工作会议,发布了《国务院关于建立城镇职工基本医疗保险制度的决定》，明确了医疗保险制度改革的目标任务、基本原则和政策框架，要求1999年在全国范围内建立覆盖全体城镇职工的基本医疗保险制度。截至1998年底，全国参加医疗保险社会统筹与个人账户相结合改革的职工达401.7万人，离退休人员107.6万人，该年的医疗保险基金收入达19.5亿元。

医疗保险支出很高程度上受制于医疗服务机构和医生的行为。为此，2000年国务院转发了国务院体改办等8个部门《关于城镇医药卫生体制改革的指导意见》，决定同步推进医疗保险与医疗卫生体制和药品流通体制改革。

3. 建立工伤和生育保险制度

改革开放后，我国仍然沿用《中华人民共和国劳动保险条例》中规定的企业职工工伤补贴制度，但随着经济体制改革和劳动用工制度改革，原有工伤保障制度明显无法适应新形势需要，主要表现在：一是覆盖范围过窄，只限于国有企业和城镇集体企业，无法适应多种经济成分共同发展的局面。二是缺乏抗风险能力，主要还是企业保险，没有实现社会共济。三是工伤待遇项目不完整，标准低。四是政策和管理不规范，缺乏科学的评残等级标准和健全的劳动能力鉴定制度。五是工伤预防机制未建立，只局限于事故后的赔偿。

20世纪80年代末，我国政府开始进行工伤保险制度改革。1993年党的十四届三中全会通过的《中共中央关于建立社会主义市场经济体制若干问题的决定》提出了社会保障制度改革的总体思路和框架，其中包括"普遍建立企业工伤保险制度"的目标。1996年8月，在总结各地试点经验的基础上，劳动部发布了《企业职工工伤保险试行办法》，对改革后的工伤保险制度做了统一规定，对沿用至20世纪90年代初的企业自我保险的工伤制度进行了根本性改革。《企业职工工伤保险试行办法》首次把工伤预防、工伤康复和工伤补偿三项工伤保险的任务结合起来，变"企业保险"为社会保险，扩大覆盖范围，规范待遇项目和标准，并实行行业差别费率和企业浮动费率。同年3月，国家技术监督局颁布了《职工工伤与职业病致残程度鉴定标准》（GB/T 16180-1996），明确规定了适用范围、分级原则和伤残等级。

生育保障也是《中华人民共和国劳动保险条例》中规定的内容，改革开放后同样面临企业自我保险的诸多弊端。20世纪80年代末90年代初，各地就进行了试点探索，其中以江苏省南通市的"生育保险基金社会统筹"模式和辽宁省鞍山市的"夫妇双方所在企业平均分担生育保险费用"模式为主要代表。在试点基础上，1994年12月劳动部发布《企业职工生育保险试行办法》，使生育保险制度改革在内容、标准、形式等方面有了初步规范，成为我国推进生育保险制度改革的主要政策依据。它的颁布是城镇职工生育保险制度全面推行的标志，是生育保障发展史上具有里程碑意义的重要事件，它对生育保险的基本原则、实施范围、待遇标准、基金管理、监督机制等都做出了明确规定。这一办法一直沿用至今。

4. 建立城市最低生活保障制度

1993年6月上海市民政局提出了建立城镇最低生活保障线的方案，下发了《关于本市城镇居民最低生活保障线的通知》，这是中国最早的城市居民最低生活保障制度。1994年召开的第十次全国民政工作会议提出，要对城市社会救济对象逐步实行按当地最低生活保障线标准进行救济。随后，部分沿海城市，如青岛、厦门、大连、广州、无锡、海口等开始试点。到1996年底，全国有101个城市建立了这项制度。

1997年9月国务院下发《关于在全国建立城市居民最低生活保障制度的通知》，要求1997年底以前，已建立这项制度的城市要逐步完善，尚未建立这项制度的要抓紧做好准备工作；1998年底以前，地级以上城市要建立起这项制度；1999年底以前，县级市和县政府所在地的镇要建立起这项制度。1999年9月，国务院颁布《城市居民最低生活保障条例》，标志着城市低保走向规范化、法制化。

尽管各地如期建立了城市低保制度，但由于地方财政投入不足，没有做到应保尽保。针对这种情况，2001年国务院办公厅下发《关于进一步加强城市居民最低生活保障工作的通知》，要求增加投入，将符合条件的对象全部纳入保障范围。全国城市低保对象从2000年的403万人，迅速增长到2002年的2065万人，增长412%。

5. 完善失业保险制度

20世纪90年代以后，由于经济改革的力度加大，国有企业富余人员问题浮出水面。为了进一步发挥失业保险在建立社会主义市场经济体制改革中的作用，1993年国务院又颁布了《国有企业职工待业保险规定》以代替1986年的《国营企业职工待业保险暂行规定》。该规定覆盖范围增加了按照国家有关规定被撤销、解散的企业的职工及按照国家有关规定停产整顿企业被精简的职工两类，其他方面并没有大的突破和超越。

20世纪90年代中后期，国企改革进入了攻坚阶段，而深化劳动用工制度改革正是关键，迫切要求失业保险能担当起保障国有企业富余职工进入市场以后的基本生活的重任。但是，由于《国有企业职工待业保险规定》是从失业救济的角度来设计失业保险制度的，不要求个人缴费，不要求失业者履行相应的义务，而作为失业保险金主要来源，企业缴纳的失业保险费总额最多也不得超过职工工资总额的1%，因此，导致失业保险的保障功能十分脆弱。所以，再就业工程便成为我国经济转轨时期一项过渡性的社会保障制度。国家通过建立下岗职工基本生活保障制度、失业保险制度、城镇居民最低生活保障制度，即"三条保障线"来保障下岗、失业职工的生活。

为了克服失业保险制度建设的不足，1999年1月22日，国务院发布了《失业保险条例》，该条例在完善失业保险制度、强化失业保险的保障功能、强调失业保险权利与义务的对应、体现失业保险的性质、保障职工合法权益方面有很大的进步，是真正现代意义上的失业保险制度。主要表现在：增加了促进再就业的功能，而不单是生活保障；范围扩大到城镇各类企事业单位及其职工；建立了国家、单位、职工三方筹资机制，用人单位缴费比例提高到了工资总额的2%，职工个人按本人工资的1%缴纳；重新调整了支出项目和支付标准。

这一阶段社会保障制度改革全面铺开，企业保险开始真正转向社会保险，社会保障制度根本转型正式开启，它为企业轻装上阵参与市场竞争准备了条件，也为面临风险的职工提供了社会化保障。养老保险和医疗保险均构建了社会统筹和个人账户相结合的中国特色的制度模式，工伤保险和生育保险制度开始建立起来，失业保险制度在国企"下岗潮"的严峻局面下,开始逐步完善壮大,托底的社会救助制度受到重视并逐步建立起来。但是,这一阶段的社会保障制度改革也存在一些问题。一是社会保障制度改革仍然是作为国企改革的配套。党的十四届三中全会明确了社会保障制度是社会主义市场经济的一个独立子体系,但在实践中,仍然延续了围绕国有企业改革为中心的做法。虽然在国企转型脱困和国企"下岗潮"的严重压力下,这种相对稳妥渐进的改革策略也是可以理解的,但确实也造成了对其他社会成员的社会保障关注不够的问题,由此也造成制度设计的公平性和合理性方面存在缺陷。二是农村社会保障制度建设受到忽视。虽然20世纪90年代初有关部门就开始探索在农村建立养老保险制度,但由于资金来源只有个人缴费和集体补助,政府只有政策支持,发展空间十分有限。农村合作医疗在20世纪80年代严重衰退后,在这一时期有一定恢复和发展,但规模和保障能力非常小。据第二次国家卫生服务调查统计,到1997年底,全国农村居民中得到某种程度医疗保障的人口只有12.56%,全国行政村合作医疗的覆盖率仅有17%。

三、全面建设新阶段(2003—2012年)

党的十六届三中全会后,中央明确提出了以人为本,全面、协调、可持续的科学发展观。随着国企改革阶段性任务的完成,以国企改革为中心环节的提法逐步淡出,政府职能转变日渐成为改革主线,社会保障制度改革也进入基本公共服务均等化为重点的新阶段。

1. 建立覆盖城乡的养老保险制度

在建立统一制度基础上,城镇企业职工养老保险制度继续完善。为了解决覆盖范围不够广泛、个人账户没有做实、基本养老金计发办法有欠缺、养老金调整机制不健全、统筹层次低、企业年金发展滞后等问题,2005年12月,国务院下发《国务院关于完善企业职工基本养老保险制度的决定》,统一城镇个体工商户和灵活就业人员参保缴费政策,以非公有制企业、城镇个体工商户和灵活就业人员参保为重点,扩大基本养老保险覆盖率;逐步做实个人账户,完善社会统筹与个人账户相结合的基本养老保险制度,实现由现收现付制向部分积累制的转变,将个人账户比例统一由 11% 调整为 8%；改革基本养老保险金计发办法，将缴费时间长短和数额多少与待遇水平相挂钩，建立参保缴费的激励约束机制。

同时，养老保险制度开始向城乡居民提供。从 2003 年开始，各地在总结老农保（与"新农保"相对应）经验的基础上开始进行建立新型农村养老保险制度的探索。2006 年中央"一号文件"指出，按照城乡统筹发展的要求，逐步加大公共财政对农村社会保障制度建设的投入。探索建立与农村经济发展水平相适应、与其他保障措施相配套的农村社会养老保险制度。2007 年 10 月，党的十七大报告更是明确将"覆盖城乡居民的社会保障体系基本建立、人人享有基本生活保障"作为"到 2020 年实现全面建成小康社会的奋斗目标"之一。

到 2007 年底，全国已有 31 个省（自治区、直辖市）的近 2000 个县（市、区、旗）不同程度地开展了新型农村养老保险试点工作，有 5000 多万农民参保，积累保险基金 300 多亿元，有 300 多万参保农民领取了养老金。2009 年 9 月 1 日，国务院出台《关于开展新型农村社会养老保险试点的指导意见》，决定从 2009 年开始在 10% 的县（市、区、旗）实行新型农村社会养老保险的试点。新农保与老农保的最大区别是，政府在一定程度上开始承担起对广大农民的养老责任，由此推动了新农保制度的持续快速发展。新农保 2009 年覆盖全国 10% 的县（市、区、旗），2010 年覆盖率为 23%，2011 年覆盖率为 60%。截至 2012 年 12 月底，新农保参保人数达到 4.6 亿人。

城镇居民养老保险制度也随后开展试点。2011 年 6 月 7 日，国务院下发《关于开展城镇居民社会养老保险试点的指导意见》，决定在全国层面试点推行城镇居民养老保险。这是继 2009 年新型农村社会养老保险试点后党中央、国务院为加快建设覆盖城乡居民的社会保障体系做出的又一重大战略部署，意味着理论上我国人人都"老有所养"的千年夙愿得以实现。

2. 建立覆盖城乡的医疗保障制度

城镇职工医疗保险制度的扩面工作成为重要内容。劳动和社会保障部于 2003 年 5 月出台了《关于城镇职工灵活就业人员参加基本医疗保险的指导意见》，并于次年 5 月又出台《关于推进混合所有制企业和非公有制经济组织从业人员参加医疗保险的意见》，将灵活就业人员、混合所有制企业和非公有制经济组织从业人员以及农村进城务工人员纳入医疗保险范围。从2006年开始，医疗保险制度将农民工列为覆盖人群。2006年5月，劳动和社会保障部发布了《关于开展农民工参加医疗保险专项扩面行动的通知》，提出"以省会城市和大中城市为重点，以农民工比较集中的加工制造业、建筑业、采掘业和服务业等行业为重点，以与城镇用人单位建立劳动关系的农民工为重点，统筹规划，分类指导，分步实施，全面推进农民工参加医疗保险工作"。

同时，新型的医疗保险制度开始向城乡居民提供。2003年1月16日，国务院办公厅转发了卫生部、财政部和农业部的《关于建立新型农村合作医疗制度的意见》，要求从2003年起，各省、自治区、直辖市至少要选择2至3个县（市）先行试点，取得经验后逐步推开。到2010年，实现在全国建立基本覆盖农村居民的新型农村合作医疗制度的目标，减轻农民因疾病带来的经济负担，提高农民健康水平。新型农村合作医疗制度一般采取以县（市）为单位进行统筹。新型农村合作医疗制度实行个人缴费、集体扶持和政府资助相结合的筹资机制。2006年1月10日，卫生部等七部门联合下发《关于加快推进新型农村合作医疗试点工作的通知》，提出各省（自治区、直辖市）要在认真总结试点经验的基础上，加大工作力度，完善相关政策，扩大新型农村合作医疗试点，要在2006年使全国试点县（市、区）数量达到全国县（市、区）总数的40%左右，2007年扩大到60%左右，2008年在全国基本推行，2010年实现新型农村合作医疗制度基本覆盖农村居民的目标。

2007年7月，国务院发布《关于开展城镇居民基本医疗保险试点的指导意见》，它的意义在于填补了我国基本医保制度的最后一块空白，实现了制度全覆盖。

在城乡居民医疗保险制度相继建立的同时，作为托底作用的医疗救助制度也逐步建立起来。2003年11月，民政部、卫生部、财政部下发《关于实施农村医疗救助的意见》，要求各省、自治区、直辖市在全面推行农村医疗救助制度的同时，可选择2至3个县（市）作为示范点，通过示范指导推进农村医疗救助工作的开展，力争到2005年，在全国基本建立起规范、完善的农村医疗救助制度。2005年2月，国务院办公厅转发了民政部、卫生部、劳动和社会保障部、财政部发布的《关于建立城市医疗救助制度试点工作的意见》，指出从 2005 年开始，用 2 年时间在各省、自治区、直辖市部分县（市、区）进行试点，之后再用 2 至 3 年时间在全国范围内建立起管理制度化、操作规范化的城市医疗救助制度。

医疗卫生事业改革仅靠医疗保险制度改革单兵突进很难成功，医疗卫生支出很高程度上受制于医疗服务机构和医生的行为。为此，2009 年 3 月 17 日，中共中央、国务院发布《中共中央 国务院关于深化医药卫生体制改革的意见》，开展新一轮的医药卫生体制改革，医疗保险制度改革也成为新医改的重要组成部分继续推进。

3. 建立覆盖城乡的最低生活保障制度

20 世纪 90 年代以来，一些地方在定期定量救助制度的基础上，开始探索建立农村低保制度。上海、广东、浙江、福建等沿海地区较早起步。例如，到 1997 年 9 月，广东省 142 个县（市、区）中已有 127 个建立了农村低保制度。进入 21 世纪以后，农村低保制度逐步向中西部地区延伸。截至 2006 年年底，全国共有 25 个省（自治区、直辖市）的 2133 个县（市、区）实行了农村最低生活保障制度。鉴于农村低保制度已在较大范围内实行，其他没有实行低保制度的地方也有多年的定期定量救助经验，2007 年，国务院颁布《国务院关于在全国建立农村最低生活保障制度的通知》，决定在全国范围内建立农村低保制度。至此，覆盖城乡的最低生活保障制度最终得以建立起来。

4. 进一步完善工伤、失业保险制度

2005 年，国务院下发《国务院关于进一步加强就业再就业工作的通知》，制定了新一轮积极就业政策，并要求进一步发挥失业保险制度促进再就业的功能。东部地区在认真分析失业保险基金收支、结余状况，统筹考虑地方财政就业再就业资金安排的前提下，实行可以结合本地实际进行适当扩大失业保险基金支出范围试点。2006 年 1 月，经国务院同意，劳动保障部和财政部下发了《关于适当扩大失业保险基金支出范围试点有关问题的通知》，决定在北京、上海、江苏、浙江、福建、山东、广东 7 个省市开展适当扩大失业保险基金支出范围试点。试点以 3 年为期限，此后又进行了多期试点。试点进一步发挥了失业保险制度促进再就业的功能，为全面落实积极就业政策提供了资金支持，完善了就业与失业保险联动机制，加强了人力资源市场建设,提高了公共就业服务质量,为改革发展失业保险制度奠定了实践基础。

2003年4月,国务院第5次常务会议讨论通过了《工伤保险条例》,自2004年1月1日起施行。国务院各有关部门还制定发布了《工伤保险条例》的若干配套规章或政策文件,各地方结合当地的实际情况制定了相应的地方性法规。2010年12月12日,国务院颁发586号令,对《工伤保险条例》若干条目进行了修改,并自2011年1月1日起施行。总体而言,《工伤保险条例》提高了工伤保险的立法层次,增强了强制力和约束力;扩大了覆盖范围,将境内各类企业和有雇工的个体工商户纳入其中;把以往一些行之有效的政策措施以法规的形式固定下来;明确了用人单位和职工的责任,科学地规范了相关的标准和工作程序。

这一阶段,随着执政理念转变,政府职能转变成为改革重点,向城乡居民提供均等化的基本公共服务成为重要任务。从城镇内部来看,社会保障制度建设开始真正摆脱国企改革配套措施的地位,作为基本公共服务向广大城镇居民均等化提供,体现在覆盖范围上就是从城镇企业职工尤其是国企职工向其他所有制职工扩展;覆盖人群上从劳动者向所有城镇居民扩展,城镇居民医疗保险和养老保险制度均开始试点建立。从城乡来看,城乡统筹全面发展,农村社会保障制度长期受忽视的局面得以根本扭转,农村新型养老保险制度、新型合作医疗制度、医疗救助制度、最低生活保障制度等相继建立起来。2010年全国人大常委会通过了《中华人民共和国社会保险法》,这部法律作为我国社会保险制度发展进程中的里程碑,将公民的社会保险权利、义务以法律形式固定下来,进一步保障了基本公共服务均等化的实现。这一时期的社会保障制度改革任务着重于制度的建立,为广大城乡居民建立了养老和医疗保险制度,但在制度设计上仍然采用城乡分立的做法,尤其是医疗保险制度采用不同部门管理的方式,这对制度公平和管理效率皆有很大影响,与真正的城乡统筹还有一定的距离。

四、全面深化改革阶段(2012年至今)

党的十八大对全面深化改革进行了战略部署,十八届三中全会对全面深化改革的若干重大问题进行了专门研究,并出台了重要决定,我国进入全面深化改革新阶段。在社会保障水平已经迈上一个大台阶的基础上,中央提出要统筹推进城乡社会保障体系建设,建立更加公平、可持续的社会保障制度。

1. 养老保险制度全面深化融合

（1）统一城乡居民基本养老保险制度。

2009年和2011年,我国先后启动实施新农保和城居保试点,并于2012年在全国所有地区（不含港、澳、台）推行。截至2013年底,全国参加新农保和城居保的总人数达到4.98亿人（其中城镇居民2399万人）,其中按月领取养老待遇的城乡老年居民1.38亿人（其中城镇老年居民近1000万人）。由于两项制度是分别建立运行的,因而也存在着城乡相关政策不尽一致、标准高低错落、管理资源分散等矛盾。为此,2014年2月21日,国务院下发《关于建立统一的城乡居民基本养老保险制度的意见》,将现行新型农村社会养老保险制度与城镇居民社会养老保险制度合并实施,建立全国统一的城乡居民基本养老保险制度。统一主要体现在四个方面:统一制度名称、统一政策标准、统一管理服务、统一信息系统。统一城乡居民基本养老保险制度,对于统筹城乡社会保障制度发展、推进基本公共服务均等化、建立更加公平可持续的社会保障制度,具有十分重要的意义。

（2）统一机关事业单位和企业职工养老保险制度。

随着社会主义市场经济的发展,机关事业单位退休制度与企业职工养老保险制度并行,逐步暴露出一些矛盾。自20世纪90年代以来,一些地区和行业对改革机关事业单位养老保险制度进行了探索,先后有28个省（自治区、直辖市）开展了局部试点,2008年国务院决定在5个省市先行开展事业单位养老保险制度改革试点,与事业单位分类改革配套推进。这些改革取得了一些局部经验,为全面实施改革奠定了实践基础。随着城乡居民养老保险制度的全面铺开,机关事业单位职工和退休人员游离在养老保险制度之外,成为制度全覆盖的"短板"和"空白"。因此,2015年1月14日,国务院发布《关于机关事业单位工作人员养老保险制度改革的决定》,破除养老保障"双轨制"。这是在全面深化改革背景下的一个重大举措,有利于加快推进覆盖城乡居民的社会保障体系建设,有利于促进机关事业单位深化改革，有利于体现制度公平和规则公平。

（3）衔接城乡养老保险关系转移接续。

在制度分立、全国统筹未实现的情况下，为适应参保人员流动性需要，人力资源社会保障部、财政部下发《关于印发〈城乡养老保险制度衔接暂行办法〉的通知》。做好城乡养老保险制度衔接工作，有利于促进劳动力的合理流动，保障广大城乡参保人员的权益，对于健全和完善城乡统筹的社会保障体系具有重要意义。

2. 医疗保障制度全面整合提升

（1）统一城乡居民医疗保险制度。

由于历史原因，城镇居民基本医疗保险和新农合存在制度分设、管理分割、资源分散等问题，为此，十八届三中全会提出要整合城乡居民基本医疗保险制度。2016年1月，国务院下发《关于整合城乡居民基本医疗保险制度的意见》，提出要按照"统一制度、整合政策、均衡水平、完善机制、提升服务"的总体思路，从突出"三个重点"（突出整合制度政策、突出理顺管理体制、突出提高服务效能）、实现"六个统一"（统一覆盖范围、统一筹资政策、统一保障待遇、统一医保目录、统一定点管理、统一基金管理）方面，整合城镇居民医保和新农合，从而建立起城乡统一的居民医保制度。

（2）医疗保险与生育保险合并实施。

2015年12月召开的中央经济工作会议提出，研究精简归并"五险一金"。2016年3月份公布的"十三五"规划纲要明确提出，将生育保险和基本医疗保险合并实施。2016年4月，人社部、财政部下发《关于阶段性降低社会保险费率的通知》，再次明确指出，生育保险和基本医疗保险合并实施工作待国务院制定出台相关规定后统一组织实施。从国外情况看，世界上绝大多数国家并未将生育保险列为独立险种，而是将其与医疗保险合并管理，主要因为生育保险与医疗保险之间有着十分紧密的联系和共性，因此二者合并十分必要。

（3）建立大病保险制度。

2012年8月，国家发改委、卫生部、财政部、人社部、民政部、保监会等六部委发布《关于开展城乡居民大病保险工作的指导意见》，明确针对城镇居民医保、新农合参保（合）人大病负担重的情况，引入市场机制，建立大病保险制度，减轻城乡居民的大病负担，大病医保报销比例不低于50%。截至2013年底，已有23个省份出台大病保险实施方案，确定120个试点城市。2015年7月，国务院办公厅发布《关于全面实施城乡居民大病保险的意见》。

（4）开展长期护理保险制度试点。

2016年6月，人力资源社会保障部办公厅发布《关于开展长期护理保险制度试点的指导意见》，决定在河北省承德市、吉林省长春市等15个城市开展长期护理保险制度试点，并明确试点阶段原则上主要覆盖职工基本医疗保险参保人群，资金筹集可通过优化职工医保统账结构、划转职工医保统筹基金结余、调剂职工医保费率等途径，并逐步探索建立互助共济、责任共担的长期护理保险多渠道筹资机制。

3. 统筹城乡社会救助制度发展

2012年9月，国务院下发《国务院关于进一步加强和改进最低生活保障工作的意见》，适应新形势，对城乡低保的对象认定、标准制定、规范管理、能力建设等提出了明确要求。

2014年2月，国务院颁布《社会救助暂行办法》，自2014年5月1日起施行。《社会救助暂行办法》是我国第一部统筹各类社会救助制度的行政法规，是我国统筹构建社会救助制度体系的标志。

该办法明确将最低生活保障、特困人员供养、受灾人员救助、医疗救助、教育救助、住房救助、就业救助、临时救助8项制度和社会力量参与作为社会救助基本内容，构建了一个分工负责、相互衔接、协调实施、政府救助和社会力量参与相结合的具有中国特色的社会救助制度体系。

该办法明确统筹城乡社会救助发展。在最低生活保障方面，规定相同的制度安排和申请流程，实现了困难群众申请低保的权利公平。在特困人员供养方面，将传统的农村五保供养制度与城市"三无"人员救助制度统一为特困人员供养制度。在医疗救助方面，不再区分城市医疗救助和农村医疗救助，而是作出了相同的制度安排。在临时救助方面，同样规定了城乡统一的资格条件、申请审批流程和救助方法。《社会救助暂行办法》明确全面建立临时救助制度，填补了国家层面救助制度的空白。

为落实《社会救助暂行办法》相关规定，2014年10月3日，国务院印发《关于全面建立临时救助制度的通知》，决定全面建立临时救助制度，发挥救急难功能，使城乡困难群众基本生活都能得到有效保障，兜住底线。

2015年4月，国务院办公厅转发民政部等部门《关于进一步完善医疗救助制度全面开展重特大疾病医疗救助工作意见的通知》，要求在2015年底前，将城市医疗救助制度和农村医疗救助制度整合为城乡医疗救助制度。

2016年2月10日，国务院印发《关于进一步健全特困人员救助供养制度的意见》，为解决城乡发展不平衡、相关政策不衔接、工作机制不健全、资金渠道不通畅、管理服务不规范等问题，切实保障特困人员基本生活提出了总体要求、基本原则、制度内容和保障措施。

4. 发展多层次社会保障体系

《中共中央关于全面深化改革若干重大问题的决定》提出，要制定实施免税、延期征税等优惠政策，加快发展企业年金、职业年金、商业保险，构建多层次社会保障体系。

2013年4月，人力资源和社会保障部等部门相继下发《关于扩大企业年金基金投资范围的通知》和《关于企业年金养老金产品有关问题的通知》，通过放开投资范围和投资比例，刺激了企业年金的发展。2013年12月，财政部、人力资源和社会保障部、国家税务总局联合发布《关于企业年金、职业年金个人所得税有关问题的通知》，使得个税递延形成对企业年金发展的长期利好。2014年发布的《国务院关于加快发展现代保险服务业的若干意见》也为企业年金发展提供了鼓励政策。

2014年10月27日，国务院办公厅下发《关于加快发展商业健康保险的若干意见》，提出要鼓励商业保险机构以出资新建等方式新办医疗机构等健康服务机构，完善健康保险有关税收政策，鼓励社会资本投资设立专业健康保险公司，营造良好社会氛围，为发展商业健康保险提供完善的政策支持。

在前一阶段社会保障制度建设基本完成的情况下，近年来我国开始了全面深化改革。整合、统筹、统一、合并等成为社会保障制度改革的关键词，意味着社会保障制度的结构也在优化升级，公平的基本公共服务和社会保障权利逐步深入人心，并体现在制度设计和实际工作中。城乡社会保障制度在多年分立之后，出现了整合和统一，养老保险、医疗保险、社会救助等都相继出台了制度整合办法，向城乡基本公共服务均等化迈出了一大步。同时，机关事业单位退休金制度和城镇企业职工养老保险制度最终统一，养老保险制度的最后一块空白终于被填补，有利于社会保障制度公平和统一人力资源市场的形成。但是，改革没有完成时，我国社会保障制度还存在诸多问题和挑战，需要持续促进、推动改革全面深入开展。

第二节
社会保障制度改革的主要成就

改革开放以来，伴随着经济体制改革和政府职能的转变，我国实现了社会保障制度理念的更新和制度模式的根本转型，社会保障项目发生翻天覆地的变化，改革规模和力度都是前所未有、中外罕见的，基本建立起与社会主义市场经济相适应的社会保障制度，编织起全世界最大的覆盖全民的养老保障网和医疗保障网，提供了与经济社会发展阶段基本相适应的社会保障条件，并通过法律法规体系建设、经办管理能力建设，不断提高社会保障制度管理服务水平。

一、制度转型基本完成

在制度理念方面，改革开放前，与高度集中的计划经济体制相适应，我国在城镇实行的是国家主导下的单位保障制，全面就业、低工资、高福利是主要特点，制度安排具有典型的国家负责、单位（集体）包办、板块结构、全面保障、封闭运行等特征。在农村，实行政社合一的农村人民公社制度，国家实行指令性的生产计划、农产品统购统销、限制农产品自由贸易、关闭农村要素市场以及隔绝城乡人口流动，农村生产活动由公社进行安排，在社会保障制度上也以公社为单位，相应的保障也由其提供，建立了相应的合作医疗、"五保户"制度等，虽然是低水平的保障，但因为有强大的资源动员能力，农村保障的覆盖面还是十分广泛的。改革开放后，我国以建立社会主义市场经济体制为目标，国有企业改革不断推开，单位保障的缺陷逐步暴露，经济体制和社会保障体制不匹配问题日益突出，迫切要求社会保障制度进行相应改革。在城镇，单位保险向社会保险转变，原来封闭运行的板块结构被打破，更加强调社会共济，社会保障成为一个独立于企事业单位之外的社会系统。在农村，由于人民公社制的废除和家庭联产承包制度的推行，集体经济衰微，原有保障制度的基础崩塌。改革阶段前期，农村社会保障制度建设长期受到忽视，进入21世纪以来，随着财政资源投入增加，农村各项社会保障制度逐步建立起来，实质上实行的是以县域为单位的社会共济，更加强调的是政府补贴责任。

在制度结构方面，改革前实行单一层次、封闭运行的制度安排，改革后则发展了多层次的社会化的制度安排，整个制度体系有了实质性的改变。在养老保障方面，传统的退休养老制度只有国家提供的单一支柱，改革后则向基本养老保险、职业年金、企业年金等多层次发展。在医疗保障方面，传统的公费医疗、劳保医疗、合作医疗都是单一层次的制度安排，改革后则转变成医疗救助、基本医疗保险、商业健康保险等多层次、相互配合的保障体系。在制度结构发生重大变化的同时，各项社会保障制度均走出了自我封闭的状态，并迅速走向社会化。在社会保险中，养老金社会化发放和退休人员社会化管理服务的改革目标逐步实现，具体经办管理上还引入了市场力量。在社会福利和社会救助中，政府和民间力量结合日益增多，民间力量的作用逐步得到发挥。

在制度设计方面，基本养老保险采取了社会统筹与个人账户相结合的、现收现付与积累相结合的财务机制，突破了原有制度安排的现收现付财务模式，这种制度创新是对世界养老保险制度的一大贡献。基本医疗保险也采取了社会统筹和个人账户相结合的财务机制，分别应付住院费用和门诊费用，激励约束机制不断增强。新的制度设计，改变了原有的责任分担状况，尤其是缴费型社会保险制度成为整个社会保障制度的主体，受保障者有缴费义务，加上用人单位或者雇主缴费与政府补贴，共同构成了社会保险的财政基础，全面实现了从国家负责、单位包办向责任分担的转变。在农村的社会保险中，政府责任得到加强，并实质上成为最主要的供款来源，比原有的集体经济更有保障。在社会福利领域，不仅民办福利事业在发展，政府办福利事业也开始走向社会化；原有的社会救济政策被制度化的最低生活保障制度所取代。

与总体改革策略相适应，我国社会保障制度改革也采取了"摸着石头过河"的渐进、稳妥策略。这种务实主义做法，保证了社会保障制度的顺利转轨，减轻了改革带来的冲突，为经济体制改革以及国民经济持续高速增长营造了总体和谐稳定的环境。尽管有人认为这种改革策略也留下了一些遗憾，如制度设计为国企改革配套等，没有在一开始就进行全面的顶层设计，但总的来说，策略是稳妥的，制度建设是适合当时的实际情况的，方法是科学的，符合社会保障制度发展规律，发达国家也都存在覆盖面从无到有、从小到大、从稳定工薪阶层向其他劳动者以及从劳动者向居民扩散的一般过程。

二、体系框架全面建立

经过近40年的改革发展，我国社会保障制度实现了根本转型，全新的体系框架全面建立，形成了以政府主导的社会保险、社会救助、社会福利为基础，以城乡基本养老、基本医疗、最低生活保障制度为重点，以慈善事业、商业保险为补充的多层次社会保障体系，不同层次在整个保障体系框架相互配合、分工明确，发挥不同作用。其中，社会救助体系主要发挥保底层作用，社会保险制度发挥基本层作用，商业保险发挥补充层作用。

在这个多层次社会保障体系中，以城乡居民最低生活保障制度为核心的城乡社会救助体系基本形成，在多层次社会保障体系中是第一支柱，发挥着重要的兜底保障作用。社会救助体系包括了最低生活保障、特困人员供养、受灾人员救助、医疗救助、教育救助、住房救助、就业救助、临时救助八项制度。

各项社会保险制度发挥保基本作用，在多层次社会保障体系框架中属于第二支柱，是主要支柱，覆盖范围最广、受益面最大，很高程度上影响着其他支柱的作用空间。从险种来看，主要包含了养老、医疗、失业、工伤和生育五种，其中医疗保险也延伸出了大病保险和长期护理保险。从覆盖人群来看，主要涵盖劳动者和居民，前者是强制参加，后者是自愿参加，对于被征地农民，则有专门的保障制度作为过渡。社会保险制度的城乡差别正在不断缩小，养老保险和医疗保险在城乡居民人群中分别建立，近年来则逐步被统一为城乡居民养老保险和城乡居民医疗保险。

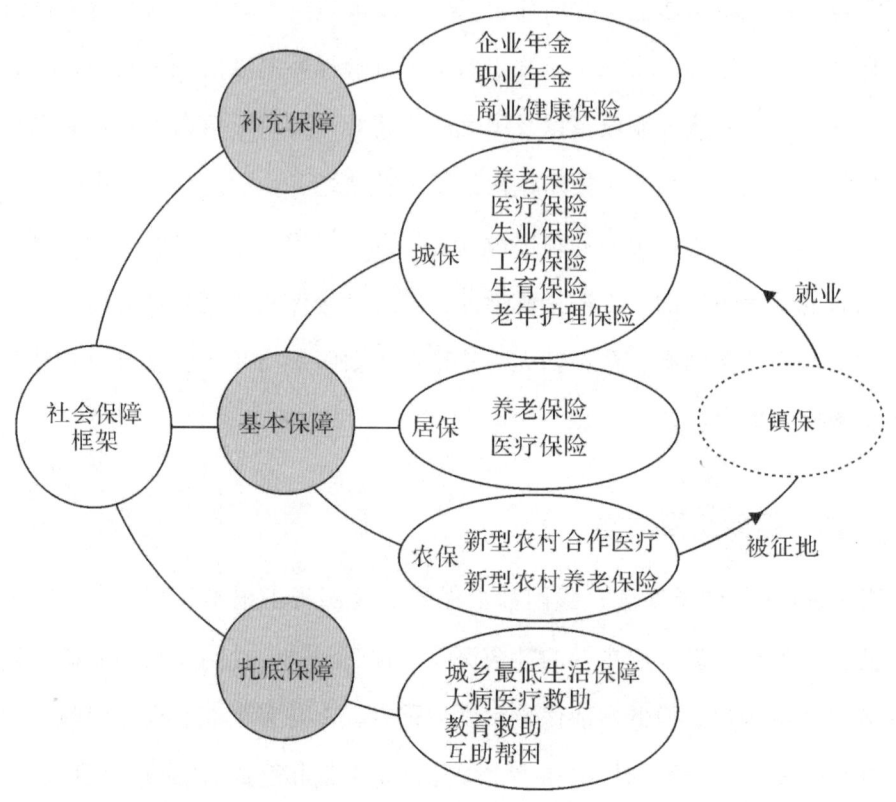

图 5-1 我国社会保障框架体系

商业保险等发挥补充作用，在多层次社会保障体系框架中属于第三层次，满足部分人群更高的保障需求，国家通过各种政策来支持和鼓励其发展，主要包括职业年金、企业年金、商业健康保险等。

在不同的保障项目中，多层次的保障体系也全面建成。以最重要的养老保障和医疗保障为例：在养老保障体系中，最低生活保障、特困人员供养等制度发挥着保底层作用，城镇企业职工基本养老保险制度、机关事业单位养老保险制度、城乡居民养老保险制度发挥着基本保障作用，职业年金、企业年金发挥着补充保障的作用。在医疗保障体系中,包括直接医疗救助和资助参保参合的医疗救助制度发挥保底作用,城镇职工基本医疗保险制度、城镇居民医疗保险制度和新农合发挥基本保障作用;为进一步发挥保障职能,城镇居民医疗保险制度和新农合制度中延伸出大病保险制度,商业健康保险制度等发挥补充保障作用。

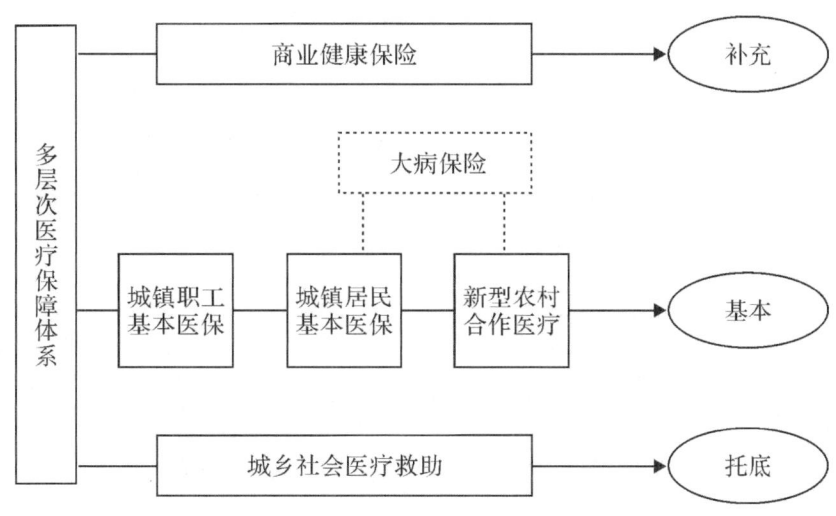

图 5-2 我国多层次医疗保障体系框架

三、覆盖面逐年扩大

1. 在已建立的制度中,不断扩大法定覆盖人群范围

与经济体制改革相适应,每项社保制度的建立,都是先从国企起步,再逐步推开到其他所有制企业劳动者。比如,2010 年国务院修改《工伤保险条例》,新条例从 2011 年开始施行。工伤保险覆盖范围从各类企业、有雇工的个体工商户扩大到企业、事业单位、社会团体、民办非企业单位、基金会、律师事务所、会计师事务所等组织和有雇工的个体工商户。正在修订中的《失业保险条例》也将研究农民工、乡镇企业工人、灵活就业人员、毕业未就业高校毕业生等群体纳入法定参保范围问题。

2. 各项社会保险实际参保人数不断扩大

在实现制度全覆盖后,应保尽保问题成为社会保障工作的重心。截至 2015 年底,城镇职工基本养老保险、城乡居民社会养老保险、城镇职工基本医疗保险、城镇居民医疗保险、失业保险、工伤保险、生育保险和新农合参保人数分别达到 35361 万人、50472 万人、28893 万人、37689 万人、17326 万人、21432 万人、17771 万人和 67000 万人。除了部分省（自治区、直辖市）建立统一城乡居民医疗保险制度，导致新农合参合人数减少外，其他保险制度参保人数均实现了较大幅度增长。而作为社会保障制度重点的基本养老和基本医疗保险制度覆盖人数分别达到 85833 万人和 137273 万人，成就举世瞩目[①]。

表 5-1 2010—2015 年我国社会保险覆盖人数情况（单位：万人）

年份		2010	2011	2012	2013	2014	2015
城镇职工基本养老保险		25707	28391	30427	32218	34124	35361
城镇基本医疗保险		43263	47343	53642	57072	59747	66582
其中	职工	23735	25227	26486	27443	28296	28893
	居民	19528	22116	27156	29629	31451	37689
失业保险		13376	14317	15225	16417	17043	17326
工伤保险		16161	17696	19010	19917	20639	21432
生育保险		12336	13892	15429	16392	17039	17771
新农合		83600	83200	80500	80200	73600	67000
城乡居民社会养老保险		10277	33182	48370	49750	50107	50472

数据来源：人社部、民政部和国家卫计委三部门年度统计公报。2012 年 8 月起，新型农村社会养老保险和城镇居民社会养老保险制度合并为城乡居民社会养老保险，2010 年和 2011 年数据为二者加总。近年城镇居民基本医疗保险与新农合也逐步整合，新农合参合人数出现逐年下降。

在社会保险扩面过程中，各类重点群体参保成绩突出。以非公有制单位职工、灵活就业人员和农民工为重点的人群参加城镇各项社会保险制度人数持续增加，其

[①] 基本医保存在重复参保问题，主要由于城镇基本医保与新农合分属不同部门管理，同时医保统筹层次较低，导致出现外出农民工既参加城镇职工医保，又参加新农合的现象。

中农民工群体尤为明显。农村社会保险发展迅速，农村居民参加新农合或城乡居民医疗保险制度的参保率保持稳定，农村居民参加新型社会养老保险人数迅速增长。2011年底新型农村社会养老保险试点地区参保人数32643万人，比上年同期增加22367万人。此后，新型农村养老保险与城镇居民养老保险合并统计。2015年底城乡居民基本养老保险参保人数50472万人，比上年同期增加365万人。虽然没有精确数据，但按照城镇人口结构和就业结构特点可以推断，农村居民占城乡居民养老保险制度参保人数的绝大多数。

表5-2 2010—2015年农民工参加城镇基本社会保险人数情况 （单位：万人）

年份	2010	2011	2012	2013	2014	2015
城镇职工基本养老保险	3284	4140	4543	4895	5472	5585
城镇职工基本医疗保险	4583	4641	4996	5018	5229	5166
失业保险	1990	2391	2702	3740	4071	4219
工伤保险	6300	6828	7179	7263	7362	7489

资料来源：人社部历年统计公报。

3. 实际享受社会保障待遇人数不断增加

尤其是具有较强财政补贴性质的社会保障制度受益面较大，让广大人民群众在眼下就真正得到了实实在在的好处。城市和农村低保人数稳定，基本实现应保尽保，真正发挥了兜底作用。

表5-3 2010—2015年我国社会保障待遇实际享受人数情况 （单位：万人）

年份	2010	2011	2012	2013	2014	2015
城镇职工基本养老保险离退休人数	6305	6826.2	7445.7	8041	8593	9142
城乡居民基本养老保险领取人数	2863	8760	13075	13768	14313	14800
工伤保险待遇领取人数	147	163	191	195	198	202
失业保险金领取人数	209	197	204	197	207	227

(续表)

年份	2010	2011	2012	2013	2014	2015
生育保险待遇享受人数	211	265	353	522	613	642
城市低保对象人数	2311	2277	2144	2064	1877	1701
农村低保对象人数	5214	5306	5345	5388	5207	4904
农村五保对象人数	556.3	551	545.6	537.2	529	517
城乡医疗救助人数	7555.9	8519.1	8051.2	8485.2	9119	9524

资料来源：根据人社部、民政部、国家卫计委历年统计公报整理。城乡医疗救助包括直接医疗救助（住院救助、门诊救助）和资助参保参合。

四、保障水平逐步提高

在覆盖面继续扩大的同时，各项社会保障项目的保障水平逐年稳步提高，有力保障了广大人民群众的基本生活需要。

基本养老金：从2005年到2015年，我国对城镇企业职工养老金水平实现每年连续调整，企业参保退休职工基本养老金稳步增长，2015年底月人均基本养老金达到2251元，比2005年上涨222.5%。

表5-4　2005—2015年我国企业职工月均养老金增长情况

年份	2005	2006	2007	2008	2009	2010	2011	2012	2013	2014	2015
企业职工月均养老金（元）	698	815	925	1100	1225	1326	1511	1721	1856	2061	2251
年增长（%）	—	16.8	13.5	18.9	11.4	8.2	14.0	13.9	7.8	11.0	9.2

数据来源：企业职工月均养老金数据来源于尹蔚民主编的《民生为本，人才优先》（人民出版社，2012年10月第1版），以及人社部历年《全国社会保险情况》。

基本医疗保险：增加财政补助，提高城乡居民基本医疗保险保障水平。2010—2016年，各级财政对城镇居民医保和新农合的人均补助标准每年分别为120元、200元、240元、280元、320元、380元和420元。基本医疗保障制度的保障范围向重特大疾病倾斜,并普遍实行门诊统筹。政策范围内住院费用报销比例逐步提高,2013年城镇居民基本医疗保险享受医疗服务总人次达3.3亿人次,二级及以下医疗机构政策范围内住院医疗费用基金支付比例达到71.3%。

表5-5 2010—2016年城乡居民基本医疗保险筹资水平

年份	各级财政补助（元）	居民人均缴费（元）
2010	120	—
2011	200	50
2012	240	60
2013	280	70
2014	320	90
2015	380	120
2016	420	—

资料来源:根据政府相关文件收集整理,其中2011年和2012年居民人均缴费指农民人均缴费,其他年份均为城乡居民和新农合个人人均缴费。

失业、工伤和生育保险:进一步完善了失业保险金标准与物价上涨挂钩联动机制,失业保险金标准逐步提高。2015年,全国平均每月失业保险金的水平是960元,比上年增长12.7%。全国一次性工亡补助金标准、伤残职工月人均伤残津贴、月人均生活护理费、供养亲属月人均抚恤金等待遇水平连年增加。2015年,全国人均生育待遇支出为16456元,比上年增长13.8%。

城乡低保标准和补助水平也逐年提高,有效保障了城乡困难群体基本生活。

表5-6 2010—2015年我国部分社会保障项目待遇水平

年份	2010	2011	2012	2013	2014	2015
失业保险金月人均水平（元）	495.2	614	707.2	767.3	852	960
伤残职工月人均伤残津贴（元）	—	1805	1864	2019	2134	2293
人均生育待遇（元）	8702	9228	11287	13455	14456	16456

(续表)

年份		2010	2011	2012	2013	2014	2015
城市低保	平均标准（元）	251.2	287.6	330.1	373	411	451.1
	月人均补助水平（元）	179	240.3	239.1	264	286	316.6
农村低保	平均标准（元）	117.0	143.2	172.3	202.8	231.4	264.8
	月人均补助水平（元）	70	106.1	104.0	116	129	147.2

资料来源：根据人社部、民政部相关统计公报整理。

在保障水平逐步提高的背后，是全国财政对主要社会保障项目不断加大投入和支持。加大财政补助是我国短时间内建立和长期运行城乡各项社会保障制度的基础。它体现了我们党和政府坚持以人为本、全面贯彻落实科学发展观和实现"中国梦"的努力。它对于保证社会公平正义，保障广大城乡居民基本生活需要发挥了巨大作用。

我国各级政府把社会保障体系建设作为保障和改善民生的重要举措，放在经济社会发展全局的突出位置，财政部门不断优化支出结构，公共财政支出更多地向社会保障领域倾斜，社会保障支出占公共财政支出的比重稳步提高。粗略计算，2015年社会保障支出占一般公共预算支出比重为20.91%，比2010年的18.15%提高了2.76个百分点[①]。其中，2010—2015年，财政对社会保险基金的补助达到25332.44亿元。

同时，公共财政向农村社会保障倾斜较为明显，补助出现较大幅度增长。2011—2015年，公共财政对新农合的补助达到12030.72亿元，对城乡居民养老保险的补助达到6367.81亿元，对农村最低生活保障的补助达到4452.18亿元。与"十一五"末期相比，2015年公共财政对新农合的补助增长了197.2%，对农村最低生活保障的补助增长了104.1%。

---

① 根据全国公共财政支出决算表，涉及社会保障支出的科目分别有：社会保障和就业、医疗卫生、住房保障支出，将这三个项目加总后即得到粗略的社会保障支出数据。

表5-7 2010—2015年全国财政对主要社会保障项目的补助（单位：亿元）

年份		2010	2011	2012	2013	2014	2015
对社会保险基金的补助		2309.80	3152.19	3828.29	4403.14	5042.83	6596.19
其中：	对基本养老保险基金的补助	1910.35	2191.72	2527.30	2851.41	3294.67	4162.28
	对失业保险基金的补助	4.29	6.63	8.31	8.21	8.14	9.67
	对基本医疗保险基金的补助	56.13	67.01	84.21	107.10	123.08	151.96
	对工伤保险基金的补助	2.47	65.12	16.45	19.59	26.13	22.91
	对生育保险基金的补助	1.68	3.60	3.91	5.78	10.66	12.92
	对新型农村社会养老保险基金的补助	240.09	649.41	932.91	1096.38	1348.94	1853.48
	对城镇居民养老保险基金的补助	—	—	107.82	138.78	—	—
	对其他社会保险基金的补助	94.79	168.71	147.37	175.89	231.23	382.97
补充全国社会保障基金		122.05	150	200	200	200	200
城市居民最低生活保障		539.53	675.06	666.36	763.38	737.47	753.81
农村最低生活保障		446.59	665.48	698.71	861.04	869	911.36
城市医疗救助		53.62	64.81	65.10	72.95	202.61	230.29
农村医疗救助		78.32	103.76	106.16	113.89	—	—
新型农村合作医疗		1041.83	1738.65	2035.10	2428.70	2732.12	3096.15
城镇居民基本医疗保险		193.92	358.49	469.16	578.24	676.39	985.59
社会福利		147.58	233.01	302.07	337.61	415.28	566.72

资料来源：财政部网站，历年全国公共财政支出决算表。从2014年开始，城乡居民养老保险和城乡医疗救助的财政补助开始合并计算。

五、管理经办服务不断完善

1. 社会保障经办服务平台逐步完善

在机构和人才队伍建设方面,截至 2015 年底,全国县级以上社会保险经办机构有 7915 个,全国经办机构实有工作人员 18.4 万人。我国不断加大对基层劳动就业和社会保障服务平台的建设,着力提升基层服务基础设施和服务能力,有效改善了基层劳动就业和社会保障服务条件,提高了基层公共服务能力和办事效率。

2. 社会保障信息化建设大力推进

自 2004 年"金保一期"立项启动后,截至 2011 年底,全国 32 个省级单位人力资源和社会保障部门实现了与人力资源和社会保障部中央数据中心的网络连接,城域网已经连接到 92.5% 的社会保险经办机构和就业服务机构,覆盖全国的人力资源和社会保障信息网络架构初具规模。"金保工程"统一应用软件已在全国绝大部分统筹地区推广应用。2012 年"金保一期"项目顺利通过竣工验收,"金保二期"工程立项工作启动。下一步,国家有关部门将优化信息化发展格局,将信息系统省级"大集中"建设作为工作重点。

社会保障"一卡通"建设排在信息化工作的首位。截至 2015 年年底,全国 30 个省份和新疆生产建设兵团已发行全国统一的社会保障卡,实际发卡地市(含省本级)达到 369 个,持卡人数达到 8.84 亿人,社会保障卡普及率 64.6%。全国 31 个省份和新疆生产建设兵团均已建有城乡居民养老保险信息系统。城镇职工养老保险关系转移系统已有 29 个省份和新疆生产建设兵团的 347 个地市(含省本级)正式接入。全国已有 349 个地市级以上(含省本级)人社部门开通了 12333 电话咨询服务,全年来电总量达 9028.6 万次。

3. 社会保险基金监督管理得到加强

建立健全社会保险基金预算管理制度,规范基金收支,明确政府投入责任。2010 年试行社会保险基金预算管理,2013 年首次正式编制了全国社会保险基金预算,接受全国人大监督。

加强了社会保险基金非现场监督。截至 2013 年,社会保险基金监管软件联网实施工作已经在 28 个省份的省、市两级全部到位。部分地区完成或正在进行业务、财务数据的导入，有的地区实现了五个险种业务数据全面纳入监控系统。2014 年基本实现部、省、市、县四级监管软件联网应用。

开展了社会保险基金社会监督试点。2012 年人力资源和社会保障部印发《关于开展社会保险基金社会监督试点的意见》，选择 6 个省区的 17 个市（州）作为第一批试点地区，同时还有 24 个省份确定了 99 个地区自行开展试点。试点地区普遍加强信息披露，保障公众知情权；搭建监督平台，畅通公众表达渠道；创新决策机制，提高公众参与度；建立社会监督员队伍，健全多元化监督体系；完善监委会制度，形成监督合力。

六、法律法规体系不断健全

改革开放以来，与我国社会主义市场经济相适应的社会保障法律法规体系逐步建立，并不断完善。目前，我国已经形成以《中华人民共和国宪法》为根本大法，以《中华人民共和国劳动法》《中华人民共和国社会保险法》《中华人民共和国慈善法》《中华人民共和国军人保险法》等为主干，以相关法律法规为配套，以相关部门规章为补充的社会保障法律法规体系，以立法形式总结和巩固了社会保障制度改革经验，为未来实际工作奠定了坚实基础。

《中华人民共和国宪法》明确规定国家应建立健全同经济发展水平相适应的社会保障制度，并主要在第四十四条和第四十五条对社会保障制度做出总体规定。国家依照法律规定实行企业事业组织的职工和国家机关工作人员的退休制度。退休人员的生活受到国家和社会的保障。中华人民共和国公民在年老、疾病或者丧失劳动能力的情况下，有从国家和社会获得物质帮助的权利。国家发展为公民享受这些权利所需要的社会保险、社会救济和医疗卫生事业。

《中华人民共和国劳动法》的作用是保护劳动者的合法权益，调整劳动关系，建立和维护适应社会主义市场经济的劳动制度，在社会保障制度方面，主要是对与劳动者有关的社会保险和福利方面进行了法律规定。

《中华人民共和国社会保险法》是中华人民共和国成立以来我国第一部社会保

险制度的综合性法律，是党和政府履行"让人人享有社会保障"承诺的法律保证。它的内容涉及养老、医疗、失业、工伤、生育等多项社会保障制度，其中基本养老保险制度和基本医疗保险制度覆盖了我国城乡全体居民。

在行政法规方面，主要有《全国社会保障基金条例》《社会保险费征缴暂行条例》《失业保险条例》《工伤保险条例》《社会救助暂行办法》《城市居民最低生活保障条例》《农村五保供养工作条例》《自然灾害救助条例》等，这些法规对社会保障制度相关方面做了更加详细的规定。

在部门规章方面，有关部门制定了《社会保险业务档案管理规定（试行）》《工伤认定办法》《非法用工单位伤亡人员一次性赔偿办法》《部分行业企业工伤保险费缴纳办法》《企业年金基金管理办法》《实施〈中华人民共和国社会保险法〉若干规定》《社会保险个人权益记录管理办法》《社会保险基金先行支付暂行办法》《在中国境内就业的外国人参加社会保险暂行办法》《社会保险费申报缴纳管理规定》《工伤职工劳动能力鉴定管理办法》《工伤保险辅助器具配置管理办法》《企业职工生育保险试行办法》《社会保险审计暂行规定》《社会保险登记管理暂行办法》《社会保险费征缴监督检查办法》《失业保险金申领发放办法》《社会保险基金行政监督办法》《社会保险行政争议处理办法》《企业年金试行办法》等一大批规章，进一步明确指导社会保障实际工作的开展。

第三节
社会保障制度改革面临的问题和挑战

一、多层次社会保障体系有待健全

在我国目前的多层次社会保障体系中，基本社会保险发展相对较快，补充社会保险、商业保险发展滞后、结构失衡、缺乏活力，导致社会保险制度以及政府财政责任过大,个人和企业自我保障的积极性不足,相关市场发展不起来,最终影响到我国社会保障制度整体发展的可持续性。

我国从1991年开始建立企业年金制度,2000年国务院决定企业年金实行市场化管理运营。2006年底,有2.4万多家企业建立了企业年金,参加职工人数964万人,基金规模910亿元。2015年底全国有7.55万家企业建立了企业年金,比上年增长3.0%,参加职工人数为2316万人,比上年增长1.0%,年末企业年金基金累计结存9526亿元。2015年,参加企业年金的职工人数仅为企业参加城镇职工基本养老保险人数的6.99%,累计结存基金仅为城镇职工基本养老保险基金积累总额的26.95%。企业年金覆盖面窄的同时,结构也极为不平衡。目前我国建立企业年金的企业,主要集中在经济效益较好的国有或国有控股企业和外资企业,绝大多数中小企业没有建立企业年金。尤其是建立企业年金的中央企业虽然不到设年金企业总数量的8%,但其覆盖的人群占参加企业年金总人数的比重及占企业年金基金结余总额的比重都在50%以上。

我国多层次医疗保障体系同样出现较为严重的结构失衡,基本医疗保险责任过重,医疗救助有待进一步加强,商业健康保险的作用未能完全发挥。我国健康险保费规模仍然较小。与保险业自身比,健康险在总保费中占比仅为8%,占人身险保费收入的12%,而美国健康险保费收入达到8500亿美元,占保险业保费收入的40%。健康险人均保费仍然较低。我国健康险的人均保费为116元,美国和德国2013年的数据分别为16800元和3071元。从支出结构看,2015年,全国基本医保基金支出总量达12305.5亿元(其中,城镇基本医疗保险基金支出9312亿元[①],新农合基金支出2993.5亿元[②]),同年,直接医疗救助资金为236.8亿元[③],健康险全年赔付支出为763亿元[④]。基本医保支出在医疗保障总支出中的比重为92.5%左右,社会救助和商业健康险合计支出占总支出比重仅为7.5%,其中商业健康险

---

① 数据来源于2015年度人力资源和社保事业发展统计公报。
② 数据来源于2015年我国卫生和计划生育事业发展统计公报。
③ 数据来源于2015年社会服务发展统计公报。
④ 数据来源于保监会网站2015年保险业经营情况表。

支出占总支出比重为5.7%。

反观发达国家，它们大多重视多层次社会保障体系的建设，让政府、企业、个人等主体均发挥积极性，避免政府负担过大。比如，许多OECD成员国都建立了多支柱的养老金计划。从替代率角度来考虑，如果只考虑公共养老金，OECD国家养老金替代率的平均水平是41%；如果再加上强制私人养老金，则养老金替代率平均水平是54%；如果再加上自愿的私人养老金，则养老金替代率平均水平达到68%。其中有13个国家只有公共养老金计划，没有强制私人养老金计划和自愿私人养老金计划，这些国家平均收入劳动者的养老金替代率是58%。而对于13个既有公共养老金又有强制私人养老金计划的国家，平均收入劳动者的养老金替代率是59%。三种养老金计划都有的国家，平均收入劳动者的养老金替代率是61%。

二、社会保障制度的公平调节作用有待加强

1. 社会保障待遇在不同人群之间存在明显差距

虽然我国已经基本实现了社会保障制度的全覆盖，但由于制度设计以及政策落实等原因，还有部分灵活就业人员、中小企业职工、进城务工人员、贫困地区农民等弱势人群仍然游离在社会保障制度之外，从而产生了有保障和无保障之间的不公平。

同时，在有保障的人群中，又产生了保障水平高低有别的差异。一方面，我国社会保障制度的改革是从作为国企改革的配套措施起步的，从先天上就是向国企倾斜的，而随着多种经济成分发展，其中的劳动者才被逐步纳入进来。由于所有制成分的不同，同时我国社会保险缴费基数逐年增长并且费率较高，用人单位足额缴纳社会保险费用的积极性存在差异——中小企业从成本角度考虑更倾向于做低缴费基数，而部分国企尤其是经济效益较好的国企倾向于做高缴费基数，或者加大补充保险制度的投入。这些做法势必使不同人群的社会保障待遇产生差别。另一方面，我国城镇企业实行基本养老金制度，机关事业单位采用退休金制度，"双轨制"使二者退休后收入的替代率差别较大。同时，在养老金调整机制上，二者也采用不同的调整方式，进一步拉大的养老金水平的差异成为多年来社会关注的焦点。虽然机关事业单位养老保险制度改革方案已经出台，但养老金水平差距在短期内并不会消除。

2. 社会保障待遇在不同地区之间存在明显差距

由于我国各项社会保障制度的统筹层次较低，社会保障待遇与当地经济发展水平、政府财政能力紧密相关，即使刨掉生活成本等因素，地区之间仍然存在较大差距。总体来看，经济发展得较好的北京、天津、上海、广东、江苏等省市的各项社会保障人均待遇水平远远高于广西、贵州、甘肃、宁夏等经济发展较为落后的省份。

不同地区在社会保障待遇上的差距是不公平的。首先，一个国家内部的社会保障制度原则上应该是统一的，国民在享受政府主导的社会保障待遇上应该是差不多一致的，即使不同，也不能有太大差距。其次，这种差距的形成有很多历史的、政策的因素。东部沿海地区由于政策优惠率先发展起来，并吸引了大批其他地区的劳动力，因此经济发达地区的人口结构较为年轻、历史负担较轻、财政状况较好，故而可以提供更高的保障水平。但这种保障水平是建立在国家政策优惠和历史负担较轻的基础上，对落后地区来说是不公平的。最后，社会保障待遇水平差距以及社会保障缴费负担差异，形成了不同地区吸引力和竞争力的差距，并导致经济发展水平和社会保障水平之间的恶性循环，即经济发达更能吸引人才，缴费水平更低，待遇水平更高，又更能吸引到企业投资和人才；经济落后导致人才流失，缴费水平较高，待遇水平较低，又进一步流失企业投资和人才。

3. 社会保障待遇在城乡之间存在明显差距

目前我国已经实现了农村社会保障制度的全覆盖和实际覆盖范围的逐步扩大，并将城乡社会保障统筹发展作为社会保障制度建设的重点内容，相比之前农村社会保障制度建设长期受到忽视，已经有了巨大进步。但由于历史欠账较多，同时城乡二元结构的体制机制障碍仍然存在，社会保障待遇在城乡之间仍然存在明显的差距。

农村新型养老保险制度的基础养老金水平较低，且没有正常的调整机制。2009年新农保启动之前，国务院确定中央财政对基础养老金补助标准，依据的是上一年度农村低保补差水平——2008年农村低保人均每月补差50.4元，取整并适当提高水平，将基础养老金标准确定为55元。但中央财政对基础养老金补助标准多年不变，地方财政对基础养老金补贴苦乐不均，全国平均水平较低，远落后于农村低保人均补差水平。直至2015年，人力资源和社会保障部、财政部联合发布《关于提高全国城乡居民基本养老保险基础养老金最低标准的通知》，决定从 2014 年 7 月 1 日起，全国城乡居民基本养老保险基础养老金最低标准提高至每人每月 70 元，即在原每人每月 55 元的基础上增加 15 元。即便如此，农村基础养老金水平仍然处于较低水平。

城乡居民医疗保险制度整合还未到位，不利于农村居民提高保障水平。由于历史原因，我国城乡居民医疗保险制度建设不统一，管理机构分立，同时由于医疗卫生资源分布不均，农村在优质医疗卫生资源可及性方面面临不公平，因此农村居民在整体医疗保障水平上与城镇居民仍有较大差距。

三、社会保障制度的管理服务效率有待提高

1. 社会保障管理体制改革滞后

不同部门的社会保障责权没有理顺。国务院在几次大部制改革探索中，先后将社会保障的行政职能进行了整合，如把民政部门主管的农村养老保险和国家体改委主管的医疗保险改革划归到劳动保障部。当前，我国社会保障管理形成了由人力资源和社会保障部、民政部两家主管，其他部委多家协管的格局。其中，社会保险由人社部管理；社会救助和社会福利特别是最低生活保障由民政部管理。但由于整合不彻底，还有多项应当统一的社会保障事务仍然在不同部门分割管理，或同一事项在不同部门交叉管理。比如，失业保险与低保分别由人社部和民政部管理，由于政策协调不到位，导致低保制度一定程度上挤占了失业保险的发展空间，未能发挥出低保和失业保险制度各自的保障作用。在社会保险基金征缴体制上，一直存在是由社保经办机构还是由税务部门征收的争论。目前我国大约一半地方的社会保险基金由社保经办机构征收，一半地方的社会保险基金由地税系统代征。

中央和地方的社会保障责权没有理顺。只有明确界定各级政府在社会保障服务与事务中应承担的职责和任务，才能决定相应权力和财力的配置。1994 年我国进行了分税制改革，对中央和地方的财权进行了较为明确的划分，但由于当时社会保障制度仍处于改革探索过程中，制度发展面临不确定性，因此未对中央和地方的社会保障支出责任进行明确划分，后来制度逐步成形，相关立法也只是笼统规定国家

要对社会保障给予支持,也没有划分具体责任。因此,在社会保障制度的实际运行中,对于哪些保障项目或保障部分归中央政府主要负责,哪些归地方政府主要负责,哪些应当由中央政府与地方政府共同负责,其分摊比例又如何确定等问题,始终没有明确划分。社会保障制度转轨过程中形成的历史债务问题,中央和地方的承担责任如何划分,也没有明确。

2. 社会保障公共服务体系不健全

一方面,公共服务体制不健全。从我国现状来看,主管社会保险事务的人社部门目前已经实现行政管理和业务管理的纵向分离,即通过下设二级事业单位履行社保经办职能。从机构性质来讲,实施行政管理的是政府机关,而具体经办的是事业单位。相对而言,主管社会救助和社会福利的民政部门则没有很好地实现行政管理和业务经办的管办分离。实现政事分开、管办分开的好处是避免有关部门既当"裁判员",又当"运动员",提高社保管理的效率,保证公平。

另一方面,公共服务能力不足。我国社会保障制度发展迅速,各项制度逐步建立,填补了制度空白,实现了制度上的全覆盖,实际覆盖人群也逐年增加,有力保障了广大人民群众的基本生活需要。与社保全覆盖的形势不完全相适应的是,社保经办机构的服务能力并没有跟上,落后于实际需要。主要包括:经办人员数量不足,工作负荷加重;经费保障不足,制约服务质量提升;基层社保经办力量薄弱;社保经办管理资源分散,严重影响经办质量和水平。

四、社会保障制度的可持续性压力有待应对

1. "统账结合"制度不完善

我国在借鉴国外社会保障制度发展经验的基础上,创造性地在养老保险制度和医疗保险制度上设计出了社会统筹和个人账户相结合的制度模式,兼顾了社会共济和个人激励。但由于实践过程较为复杂,这一理论上设计完美的制度模式遇到了困难和挑战。

由于制度转轨的历史债务没有解决,为了发放当期养老金,不少地方的社会统筹账户和个人账户混账管理,社会统筹挤占个人账户资金,导致本应实账积累的个

人账户出现"空账"。虽然国家明确提出了"逐步做实个人账户"的改革要求,并将试点范围不断扩大,但受财政投入不足等因素影响,目前做实个人账户的改革进展缓慢,职工养老保险个人账户"空账"运行的格局还没有得到根本上的扭转。

即使做实个人账户,基金保值增值能力也还不强。2015年底,全国基本养老保险基金累计结存39937亿元。目前,我国社保基金投资策略保守、投资渠道狭窄、市场化投资占比偏低。除少数省份的个人账户资金外,绝大部分基本社会保险基金以银行存款为主要投资渠道,收益率稳定在3%左右的低水平,在部分年份甚至低于通货膨胀率,保值增值能力差,无法为社会保障制度提供稳定、可靠的长效物质保障。

2. 社会保障刚性支出不断增加

由于我国人口基数大,再加上多年来的改革开放,医疗卫生条件明显改善,人口预期寿命日益延长,老年人口逐年增加,目前我国已成为全世界老年人口最多的国家。与其他已经成为老年型国家的人口老化历程相比,我国具有未富先老、老年人口规模大、老龄化速度快、高峰期持续时间长的特点。而且,我国是在经济尚不发达情况下进入老龄社会的,这使建立伊始的社会保障体系难堪重负。人口老龄化已成为困扰中国经济社会发展的一个重大问题,它不仅带来了社会的养老保障的压力,也带来了卫生医疗保障的压力。而且,人口老龄化还会引起社会人口结构、投资结构、产业结构的变化,从而对日益增多的老年人口的社会抚养、社会服务提出了严峻的挑战。

3. 社会保障筹资能力受到制约

主要受社保制度模式、转轨成本和人口结构等因素影响,我国社会保险费率已经处于较高水平,尤其是28%左右的养老保险费率偏高,其他四项社会保险费率之和在12%左右,也处于全球中等偏上水平。因此,社会保险费率提高空间非常有限,社会保障制度本身的筹资能力已经受到影响。实际上,国务院已经作出阶段性降低社保费率的决定:从2016年5月1日起两年内,一是对企业职工基本养老保险单位缴费比例超过20%的省份,将缴费比例降至20%;单位缴费比例为20%且2015年底基金累计结余可支付月数超过9个月的省份,可以阶段性降低至19%;二是将失业保险总费率由现行的2%阶段性降至1%~1.5%,其中个人费率不超过0.5%。

同时,近年我国经济增速和财政收入增速下滑也将影响到我国社会保障筹资能力。我国当前正处于经济增速换挡期,2012年以来经济增速明显放缓,2012年至2015年各年增速分别为7.7%、7.7%、7.3%和6.9%,尤其是2015年经济增速25年来首度低于7%。财政收入增速面临同样趋势。2015年全国一般公共预算收入152217亿元,增幅进一步放缓至8.4%,同口径增长仅5.8%,比上年回落2.8个百分点,并低于年初预算目标。5.8%的财政收入增速是自1988年以来我国财政收入最低增速,也低于年初预算安排。

第四节
社会保障制度改革未来展望

党的十八大报告明确提出,要坚持全覆盖、保基本、多层次、可持续的方针,以增强公平性、适应流动性、保证可持续性为重点,全面建成覆盖城乡居民的社会保障体系。十八届三中全会提出,要通过深化改革建立更加公平、可持续的社会保障制度。十八届四中全会要求切实加强社会保障法治建设。十八届五中全会提出要按照人人参与、人人尽力、人人享有的要求,坚守底线、突出重点、完善制度、引导预期,注重机会公平,保障基本民生,实现全体人民共同迈入全面小康社会。未来我国社会保障制度应当根据中央确定的改革精神,针对制度的薄弱环节,加大改革和建设力度。

一、完善多层次社会保障体系

1. 完善社会保险制度建设

继续夯实社会保险制度"保基本"的功能定位和基础。不断完善社会保险制度模式,扩大保险覆盖范围,适当提高统筹层次,加大社会保险管理经办能力。在全力提高社会保险自身保障效率的同时，适时适当降低社会保险费率，为其他层次保障体系的发展留出空间。

完善职工养老保险个人账户制度，健全多缴多得激励机制。实现职工基础养老金全国统筹，建立健全合理兼顾各类人员的基本养老金确定和合理调整机制。拓宽社会保险基金投资渠道，加强风险管理，提高投资回报率。逐步提高国有资本收益上缴公共财政比例，划转部分国有资本充实社保基金。出台渐进式延迟退休年龄政策。稳步推进机关事业单位养老保险制度改革。

健全医疗保险稳定可持续筹资和报销比例调整机制。全面实施城乡居民大病保险制度。支持"三医"联动，发挥医保对医改的引领作用，改革医保支付方式，发挥医保控费作用。改进个人账户，开展门诊费用统筹。实现跨省异地安置退休人员住院医疗费用直接结算。整合城乡居民医保政策和经办管理。鼓励商业保险机构参与医保经办。将生育保险和基本医疗保险合并实施。

2. 鼓励补充保障制度发展

按照十八届三中全会要求，针对补充社会保险和商业保险，制定实施全国统一的、完整的免税、延期征税等优惠政策体系。在现有税收优惠政策的基础上，减少企业基本养老保险和基本医疗保险缴费负担，鼓励企业为补充社会保险缴费，鼓励商业保险公司供给更多、更丰富的保险产品，鼓励个人参与补充社会保险和商业保险。顺应对年金的单位缴费、个人缴费和年金基金的投资收益均给予税收优惠的趋势，提高现有税收优惠的比例，并由现行的缴费环节扩展到投资环节和待遇领取环节。

完善补充保障市场的运行和监督机制。优化补充社会保障资金筹集和运行的市场环境，培育安全高效的投资、管理和监督机构。制定鼓励保险产品创新的政策，营造鼓励创新的环境。鼓励商业保险公司与社会保障相关部门开展合作。

3. 健全社会救助体系

"十三五"规划提出，要统筹救助体系，强化政策衔接，推进制度整合，确保困难群众基本生活。在社会救助体系内部，要实现低保制度与其他专项救助项目之间的衔接与整合。增强专项救助的针对性，消除捆绑在低保制度之上的附加性福利制度。尤其是要完善医疗救助、教育救助和临时性救助的审核审批条件，加强对相关专项性救助准入的独立性审查，切实杜绝凭低保审批相关专项救助和其他临时性救助的做法。要加强城乡救助制度的整合，避免形成新的不公平。

加强与社会保险制度之间的衔接，例如，加强医疗救助与医疗保险的衔接，在基本医疗保障的框架内，将包括在医疗保险基金中的医疗救助资金纳入医疗保险报销制度。加强低保与失业保险、就业援助的联动机制。从加强低保对象分类管理入手，按照年龄、身体状况和失业时间等因素，建立低保对象分类管理制度，对于有劳动能力或短期失业者采取相对较高频率的经济状况核查，或对有劳动能力的低保对象采取有明确时限的低保待遇，从制度上促进有劳动能力者主动就业。

二、统筹城乡社会保障体系建设

1. 实现基础养老金全国统筹

为了更好体现我国养老保险社会统筹和部分积累相结合的制度要求，在确保当期养老金发放的前提下，探索做实个人账户的方法，完善做实的办法。实现基础养老金全国统筹，要厘清中央与地方政府的责任，进一步统一规范养老保险制度，实现养老保险关系在全国城乡范围内顺畅转移接续，更好地发挥社会统筹的调节作用，更好地保障退休人员和老年居民的基本生活。

2. 统筹推进企业和机关事业单位社会保险制度改革

在进一步完善企业社会保险制度的同时，积极稳妥地推进机关事业单位社会保险制度改革，实行单位与个人缴费、统账结合的基本制度，建立基本养老金待遇与缴费长短和多少更紧密联系的激励机制，实行适合机关事业单位特点的补允养老保险办法，实现企业与机关事业单位各项社会保险制度的有效衔接，实现新旧制度的平稳过渡。

3. 进一步整合完善城乡居民基本养老保险和基本医疗保险制度

把新农保和城镇居民养老保险整合为城乡居民基本养老保险制度，把新农合和城镇居民基本医疗保险整合为城乡居民基本医疗保险制度，实现城乡居民在这两项基本制度上的平等和管理资源上的共享，力争实现城乡居民养老保险和医疗保险制度在政策和管理上的统一。

4. 建立兼顾各类人员的社会保障待遇确定机制和正常调整机制

合理确定社会保障待遇水平，建立社会保障待遇水平的正常调整机制，使保障水平持续、有序、合理增长。坚持和健全"多缴多得、长缴多得"的机制，根据经济发展水平和制度运行状况，继续提高企业退休人员基本养老金。在全面实施城乡居民社会养老保险制度的基础上，稳步提高基础养老金待遇水平，并向高龄老人适当倾斜。逐步提高基本医疗保险最高支付限额，推进城乡居民医疗保险门诊医疗费用统筹，逐步将门诊常见病、多发病纳入保障范围。在提高整体水平的同时，要统筹确定好各类群体的待遇差距，发挥社会保障调节社会分配的功能，逐步形成各类人员社会保险待遇的合理关系。

三、加快健全社会保障管理经办体系

1. 合理确定社会保障项目统筹层次

十八届三中全会提出，建立事权和支出责任相适应的制度，适度加强中央事权和支出责任，部分社会保障作为中央和地方共同事权，应逐步理顺事权关系，中央和地方按照事权划分相应承担和分担支出责任。因此，要合理界定各级财政在社会保障方面的事权和财权，明确各级政府的社会保障责任。

养老保险主要由中央负责和管理，包括城乡居民养老保险、城镇企业职工养老保险和机关事业单位养老保险。养老保险只涉及缴费收取和待遇发放，操作相对简单，经办机构可以实行全国垂直管理。统一市场、公平公正都要求由中央政府来负责管理养老保险，而且从国外情况来看，尽管体制或模式不一，但养老保险基本都是由中央政府或联邦政府来管理的。

考虑到险种自身的特殊性，医疗保险、失业保险、工伤保险和生育保险由中央和地方共同负责，以地方为主。医疗问题的信息复杂程度高，除养老保险所需的个人一般信息外，还涉及医院、药品、不同的疾病等问题，信息管理适用就近原则，因此应以地方为主。但中央要制定医疗保障的最低标准，保障基本公平，同时要帮助地方解决流动人员跨区域就医等问题。工伤保险和生育保险也是同样的道理。失业保险不同于其他险种，它横跨就业与社保两大领域，既有重要的社保功能，又承

担着重要的就业促进和失业预防功能。在我国，就业促进和失业预防是县市级这一最基本、最核心行政单元的重要职责，因此失业保险与就业密不可分。从历史来看，我国各地失业保险机构多数是从就业机构中衍生出来的，相当数量的失业保险机构依托就业管理机构设立，也有部分是依托社保机构建立，还有少数地区选择成立相对独立的失业保险机构。因此，失业保险统筹层次不宜过高，应由了解当地情况并负有促进就业职责的地方政府负责。

社会救助和社会福利由中央和地方共担且以中央为主，县市级政府具体管理。在社会救助和社会福利的财权分配上，我国已形成中央筹资为主，中央和地方政府共同承担的体制；在事权分配上，已形成中央负责社会救助宏观管理、监督责任，地方具体负责社会救助管理的事权的体制。但需要进一步明确中央在社会救助支出中承担主要责任，在稳定中央转移支付总额的同时，规范中央的社会救助专项转移支付，使之公式化、科学化，并以法律法规的形式将其制度化。

2. 协调不同社会保障项目管理

一方面，在同一项目内，要最高程度发挥社会保障制度的功能，对"碎片化"管理体制进行改革。整合城乡居民基本医疗保险制度，统一到一个部门进行管理，减少不必要的资源浪费，按照中央有关决定精神，发挥医疗保险对保障居民健康和控制医疗费用过快上涨的作用。医疗保险和医疗救助之间要加强衔接，探索由一个部门进行统一经办但又能发挥各自针对不同人群的保障功能的机制。另一方面，在不同项目之间，要全面调整低保、医疗、教育、住房、养老等各种社会保障之间的关系，明确各种社会保障之间互联互动的多种形式，创新性地建立起各种社会保障项目间互联互动制度。部门间要建立起畅通的沟通渠道、互联互通的信息平台和交流平台。可选择一些地区进行社会保障联动机制试点，进而逐步推开，最终推动全国性社会保障联动机制的建立和完善。比如，要进一步健全和完善个人公积金账户资金用于大病医疗费用支出的机制和流程，提高办事效率。同时，对企业职工养老保险个人账户积累资金用于灾难性大病支出进行研究。

3. 加强经办机构建设

实现社会保障制度全覆盖以后，具体经办管理效率将影响到制度的长远运行。

首先，要明确经办机构的性质定位，理顺政府与经办机构的关系，实行政事分开和管办分开，经办机构尽快变为真正独立的法人实体。在此基础上，建立健全经办机构法人治理结构。建立政府、企业、职工、专家等组成的理事会，负责对社会保障基金的各种计划进行审核和监督。出台科学的绩效考核和审计制度，建立经办机构年度绩效披露制度，向社会公布绩效报告和财务报告。

其次，要加大经办机构能力建设。为保证经办机构服务质量的提升，社会保险经办人员编制应实行动态配比机制，工作人员数量与参保人次挂钩、与经办服务机构的负荷正相关，按照实际需要安排工作人员数量，确保社会保险服务质量能够让群众满意。同时，经办机构经费在社保基金中列支。

最后，要适当放开经办市场，扩大政府购买服务。根据不同社会保障项目，对经办业务进行分类梳理，划分出哪些业务可以委托市场力量经办，哪些业务必须经办机构自身完成。考虑到我国的现实条件，可将当前社保经办机构承担的部分服务类型业务（如参保咨询、简单业务办理等前台业务）和部分事务性监管审查业务委托给市场机构承担，从而将社保经办机构逐步从繁杂的事务性工作中解放出来，集中资源到核心业务上来，实现业务核心化、专业化，实现机构简化和效率提高。对于经办能力薄弱的广大农村地区，更要广泛利用市场机构、公益组织、村委会等力量，为制度扩面和农村居民服务提供支撑。

四、完善社会保障筹资和投资制度

1. 完善社会保险筹资机制

建立健全多缴多得、长缴多得的社会保险激励机制，引导和鼓励参保人员通过增加缴费年限和提高缴费基数获得较高的基本养老金。统筹账户养老金现行"每增加1年缴费，增加养老待遇1%"的激励不足，可适当增加缴费年限与养老待遇的关联度。完善缴费基数计算公式，避免缴费基数过快增长给用人单位和个人增加过重负担，导致参保者个人逃避缴费或缴满最低年限后中断缴费。适时延长15年的最低缴费年限要求。研究制定渐进式延迟退休年龄政策，改善职工基本养老保险抚养比。通过增加政府补贴等措施，引导城乡居民早参保、多缴费和长缴费。

2. 调整财政支出结构，加大社保投入力度

发达国家社会保障支出占财政支出的比重平均值为33.4%，发展中国家为27.7%。按照同口径比较，即加上医疗保障支出及社会保险基金等渠道的支出，我国社会保障支出占财政支出的比重为22.9%，仍然低于发展中国家平均水平。社会保障投入与社会保障事业发展的客观需求之间，仍有较大差距。因此，需要通过健全财政支持机制，明确划分政府间的社会保障事权和支出责任，进一步完善转移支付制度，为社会保障事业发展提供更好的资金保障。财政投入的重点方向是解决城镇职工养老金制度转轨的隐性债务，提高对城乡居民基础养老金的补贴水平，提高对城乡居民医疗保险的补贴水平，提高城乡居民最低生活保障标准。

划拨部分国有资本充实社会保障基金，为缓解基本养老保险基金收支压力、实现制度的可持续发展提供有力支撑。加大国有资本经营预算与一般公共预算的统筹力度，完善国有资本经营预算制度，提高国有资本收益上缴公共财政的比例（2020年提高到30%），用于保障和改善民生。

3. 改进社会保险基金投资管理

未来应当改变我国社保基金投资渠道狭窄、投资品种单一、过于强调资金安全性而忽视收益性的现状，真正实现"统账结合"制度设计的初衷。社保基金的投资管理必须同时兼顾资产的安全性、收益性和流动性，在适度放宽社保基金投资的法律限制后，应按照规范、稳健、专业化和市场化的原则进行社保基金运作，以实现保值增值，增强基金支付能力。

拓宽社保基金投资领域，通过证券投资、债券投资、境外投资、实体投资等多种渠道，以多元化投资来分散风险。结合不同类型社保基金的特点制定详细的定量投资规定，以保障社保基金投资的安全性。不同社保项目制度模式有所差别导致投资策略有所差异，要在确保结余足够支付一定期限的支付需要后，合理分配不同投资渠道的投资比例上限。巨额的社保基金除了由社保基金管理部门直接投资外，还应委托一些合格的社保基金运营机构来进行投资管理。要制定严格的社保基金管理人资格筛选标准，建立健全社保基金运营机构的监督机制。条件成熟后，要赋予个人对个人账户养老基金的投资管理权。

第六章
养老服务体系改革

内容摘要： 伴随着我国现代化进程的加快，人口老龄化日益成为深刻影响我国经济社会发展的最基本国情。深化养老服务体系改革，提高养老服务的供给水平和供给质量，是科学应对人口老龄化、全面满足老年人群体多元化养老服务需求的必由之路。经过近40年的改革和发展，我国以居家为基础、社区为依托、机构为支撑的养老服务体系初步建立，老年消费市场初步形成，老龄事业发展取得显著成就。但总体上看，养老服务和产品供给不足、市场发育不健全、城乡区域发展不平衡等问题还十分突出。在下一阶段改革中，要贯彻落实十八届五中全会所提出的积极开展应对老龄化行动的改革任务，深化养老服务综合改革，完善城乡养老服务体系建设，加强配套政策、人才支撑，加快发展长期护理保障制度。

第一节
养老服务体系改革发展历程

一、养老服务探索发展时期（1978—2000年）

1. 重大事件回顾

中华人民共和国成立初期，我国政府通过设置救济机构和创建新的救济性福利事业单位，解决了当时社会上很大一批流离失所、饥寒交迫的老年人的收容问题，并对他们进行了一定的救助，并对其中一部分人进行了教育或劳动改造，当时这类机构被统称为生产教养院。此后,其中专门针对无劳动能力老年人、残疾人的机构被分离出来,称为老残福利院,成为独立的社会福利系统。1959年,老残福利院正式更名为养老院或社会福利院,成为计划经济时期我国为老年人提供养老服务的主要供给形式。

"文化大革命"时期,相关福利工作陷于停顿,城镇和农村养老服务事业发展都受到了一定阻碍。改革开放后,养老服务工作重新回到正常的发展轨道上来。特别是随着人口老龄化问题的日趋临近,国家开始正视老龄事业的重要性,并探索建立更加制度化的养老服务体系。

这一时期的标志性政策是1996年颁布施行的《中华人民共和国老年人权益保障法》。该法以法律形式体现了党和国家对于养老服务事业的空前重视,明确了国家和社会应当采取措施健全对老年人的社会保障制度,逐步改善保障老年人生活、健康以及参与社会发展的条件,实现老有所养、老有所医、老有所为、老有所学、老有所乐的要求。该法成为我国发展养老服务业的基本指导依据之一。

2. 主要改革内容

这一时期改革的内容主要体现在扩大养老服务供给主体、覆盖范围和规范发展机构养老服务等方面。

一是扩大养老服务供给主体。1984年11月,民政部主持召开了全国城市社会福利事业单位整顿经验交流会,会议提出要坚持社会福利社会办的方向,面向社会多渠道、多层次、多形式地举办各种社会福利事业,由国家包办向国家、集体、个人举办转变。1988年3月,为推进社会福利社会化进程,在总结以往实践经验的基础上,民政部选定了13个城市作为试点。此后,各地关于社会福利社会化的探索步伐不断加快,各种形式的集体办、民办养老机构开始不断涌现。同时,民政部积极鼓励个人参与农村敬老院建设,并多次通过发文表彰的方式对资助农村敬老院事业的个人予以支持。据统计,仅1994年一年,社会各界筹资就达到4.8亿元,新建和改扩建敬老院3900所。

二是养老服务对象更加多元。计划经济时代,我国养老服务是面向鳏寡孤独老人的社会福利事业,收住老人大多以城镇"三无老人"和农村"五保"对象为主,并不向其他社会成员开放。改革开放后,在社会福利社会办思想的指引下,原有的收养界限被逐步打破,部分地方福利机构逐步允许孤老职工自费养老,放开对收容老人的限制。20世纪80年代中后期开始,各类集体办、民办养老机构面向有需求和有经济负担能力的社会老人开放。随后,公办养老机构也开始放宽入院限制,在有富余服务能力的情况下,社会老人在缴纳一定费用后也可以进入福利院、敬老院和其他机构养老,使养老机构入住率大大提升,床位使用效率得到明显改善。以农村敬老院为例,1989年全国有1675个农村敬老院试水收住自费社会老人,当年收住自费社会老人超过9000人。

三是养老机构建设更加规范。在养老服务的社会化探索和实践过程中,为了规范养老服务机构的管理和运行,促进行业健康良性发展,民政部门相继出台了《社会福利机构管理暂行办法》《老年人社会福利机构基本规范》《老年人建筑设计规范》等一系列政策文件,从服务水平、硬件标准等方面规范了养老机构的管理,并允许养老机构服务项目不再局限于单一生活保障,逐步加入养老、医疗、康复护理、精神慰藉等服务内容,大大提高了我国养老服务业的规范化水平。

3. 主要成效

从成效来看,这一时期的养老服务供给水平得到了较大提升,社会办养老机构数量快速增长。同时,养老服务供给模式发生了较大变革,现代养老服务理念开始形成。

一是养老服务供给能力有所提升,社会办养老机构占比提高。城乡养老机构由1986年的3.5万家增加到1999年的4.0万家,增幅14.3%;养老床位数由1986年的58.7万张增加到1999年的108.8万张,增幅85.3%。其中集体办和民办养老机构的服务能力持续维持在80%以上,养老社会办格局已经初步形成。截至1999年底,国有社会福利单位拥有床位21.2万张,占总床位数的19.5%;集体所有制福利单位拥有床位85.9万张,占总床位数的78.9%;民办福利单位拥有床位1.7万张,占1.6%。从收入结构看,各类养老社会福利单位实现收入40.9亿元,其中财政补助收入20亿元,占比不足50%,意味着收住自费社会老人已经成为养老机构的重要筹资来源。

二是养老服务开始逐渐脱离救助,成为独立的社会事业内容。各类养老机构由单纯的对农村"五保"、城镇"三老"提供社会救助,发展为面向全体有需求老年人的社会事业,实现了养老机构由救济型向福利型的转变,服务内容也由单纯的生活照料发展为以养为主、供养与康养并重,医养结合问题开始被重视,实现了养老模式由供养型向供养康复结合型的转变。

4. 存在问题

从存在问题来看,主要有养老机构服务能力不能适应人口老龄化的严峻形势,同时,城乡养老服务二元化问题突出,农村"五保"养老发展陷于停滞,甚至出现阶段性萎缩。

一是养老服务供给能力不能适应不断增长的老年人服务需求。1999年10月,我国60岁以上老年人数量达到1.26亿人,占人口总数的10%,我国正式进入老龄化社会。而同期我国养老床位供给总数仅为108.8万张,这意味着每千名老人仅有养老床位8.6张,其中还包括相当比例的农村敬老院、五保大院等低水平供给床位,远不能满足进入老龄化门槛后的城乡居民的养老需要。从床位投资建设情况来看,财政对民政基础设施建设的支持力度偏低,山西、江西、海南、西藏、甘肃、青海等省区民政系统的基本建设投资长期为零,无法扩大养老床位数有效供给,养老服务能力增长速度慢于人口老龄化速度的问题非常突出。

二是城乡二元制度结构更加突出,农村养老事业出现阶段性萎缩。长期以来,我国通过建立乡敬老院、实施五保供养等方式解决农村鳏寡孤独困难老人的供养问题,供养资金普遍以集体经济自筹为主,没有上升为完全政府事权。20世纪80年代以来,人民公社制度全面瓦解,再加上乡镇自有财力有限,五保制度面临严峻的筹资难问题。1994年的《农村五保供养工作条例》仍只重申了"农村集体经济组织负责提供五保供养所需的经费和实物",农村养老事业筹资来源不稳定问题并没有得到解决。部分地方乡镇敬老院不得不通过组织老人发展农副业的方式来解决必需的生活资料和运营经费,组织五保大院,由老年人互助自养的情况比比皆是,农村养老服务最基本的"供养"要求已经"名不副实"。

二、养老服务体系化建设时期（2000—2010年）

1. 重大事件回顾

2000年第五次人口普查数据显示，我国60岁以上老年人数量达到将近1.3亿人，占人口总数的10.46%，完全迈入了"60岁以上老年人超过总人口10%"的老龄化国家门槛。与1990年第四次人口普查相比，老年人数量增加了34.1%，而总人口仅增加了12.8%。同期，我国人均国内生产总值仅为865美元，仍然处于低收入国家行列，和发达国家之前进入老龄化的时间点相比，经济发展阶段远远落后。较低的经济社会发展水平和快速的老龄化发展，使我国面临着"未富先老"的严峻形势，老龄化成为中国经济社会发展所必须面对的中长期挑战，养老服务体系建设工作开始得到了前所未有的重视。

2000年2月13日，民政部联合11部委发布《关于加快实现社会福利社会化的意见》，针对我国已经进入老龄社会，老年人口基数大、增长快，特别是随着家庭规模小型化的发展，社会化养老的需求迅速增长的情况，要求在我国基本建成以国家兴办的社会福利机构为示范、其他多种所有制形式的社会福利机构为骨干、社区福利服务为依托、居家供养为基础的社会福利服务网络，让老年人社会福利服务机构的数量实现较大增长；城市中各种所有制形式的养老服务机构床位数达到每千名老人10张左右，普遍建立起社区福利服务设施并开展家庭护理等系列服务项目；农村90%以上的乡镇建立起以"五保"老人为主要对象，同时面向所有老年人、残疾人和孤儿的社会福利机构。以此为标志，我国养老服务体系改革进入了体系化建设时期。

2. 主要改革内容

这一时期，关于养老服务发展政策的创制力度明显增强，社会力量参与养老服务的规模和水平不断扩大，养老服务的内涵更加丰富，形式更加多元，居家养老政策取得突破。

一是养老服务体系制度更加完善。在《关于加快实现社会福利社会化的意见》之后，养老服务体系主管部门对发展养老服务业的重视力度不断增强，先后出台了一批相关政策，对养老服务体系的确立提供了明确、具体的指导，使养老服务体系发展环境日渐优化，主要政策包括《关于支持社会力量兴办社会福利机构的意见》《国务院关于加快发展养老服务业的若干意见》《关于全面推进居家养老服务工作的意见》《关于对老年服务机构有关税收政策问题的通知》等。

二是社会资本投入加大。这一时期的多项政策均提出要鼓励和引导民间资本进入养老服务领域，通过实现投资主体多元化，带动社会力量参与，并扩大养老服务业的产业规模，平衡养老服务供需矛盾，更好地满足人口老龄化形势下的老年人多方面、多种形式的养老服务需求。为了鼓励支持社会力量参与养老服务体系建设，《关于加快实现社会福利社会化的意见》等政策规定，保证社会办福利机构在规划、建设、税费减免、用地、用水、用电等方面享受与政府办福利机构同样待遇，并提出可以按照床位数、实际供养人数给予一定的运营补贴。财政部、国家税务总局发布的《关于对老年服务机构有关税收政策问题的通知》规定对非营利性养老机构免征自用房产税、土地房产税和城镇土地使用税，对养老院提供的育养服务均免征营业税。在相关政策支持下，各类社会资本进入养老服务业的步伐大大加快，逐步成为养老服务体系建设的重要力量。

三是养老服务的内涵和形式更加丰富。《国务院关于加快发展养老服务业的若干意见》明确提出了"养老服务业"这一政策概念，一方面把养老与一般社会福利事业相分离，使养老服务体系的基本内涵更加明晰，另一方面拓展了养老服务体系的政策外延，把养老服务由机构养老向居家养老、老年护理、临终关怀服务、老年用品等养老产业延伸。以此为指导，各地除积极发展各类养老机构、集中提供养老服务外，还快速推进老年维权组织、老年学校、老年活动室、老年法律援助中心等多种养老服务建设，并有序发展养老软件及信息系统、医护服务、文化生活、家政服务、老年金融等养老产品。

四是居家养老服务取得局部突破。2010年，我国家庭户均人口数已经由第五次人口普查时期的3.46人降至3.09人，上海、杭州、天津等大城市户均人口数降至2.80人以下，与日本、韩国等周边发达国家情况持平。家庭规模小型化意味着居家老人难以从其他家庭成员身上获得足够的服务支持，为居家老人建立社会化服务保障体系迫在眉睫。2008年1月，全国老龄办等部委联合发布了《关于全面推进居家养老服务工作的意见》，明确居家养老服务是指政府和社会力量依托社区，为居家的老年人提供生活照料、家政服务、康复护理和精神慰藉等方面服务的一种服务形式。它是对传统家庭养老模式的补充与更新，是我国发展社区服务、建立养老服务体系的一项重要内容；要求在"十一五"末期，全国城市社区基本建立起多种形式、广泛覆盖的居家养老服务网络，农村社区借助乡镇敬老院、村级组织活动场所等现有设施资源，力争让80%左右的乡镇拥有一处集院舍住养和社区照料、居家养老等多种服务功能于一体的综合性老年福利服务中心，1/3左右的村委会和自然村拥有一所老年人文化活动和服务的站点。在此背景下，部分地区开展了居家养老服务试点，比较有典型性的为北京市"九养"政策，上海市"家庭为基础、社区为依托、服务机构为载体"的政府购买服务模式，南京鼓楼区"政府主导、民间机构运营"模式等，取得了较多有益经验。

专　栏　一

北京市"九养"政策主要内容

为完善北京市"9064"（90%的老年人居家养老、6%的老年人在社区养老、4%的老年人集中养老）养老服务模式，构建城乡一体的养老服务体系，2009年，北京市民政局、市残联制定了《北京市市民居家养老（助残）服务（"九养"）办法》，对居家老年人提供包括经济补助、服务支持等在内的多重社会化保障，主要内容包括：

一是建立居家养老（助残）券服务制度和百岁老人补助医疗制度。向符合条件的老年人发放养老券，以政府购买服务的方式，为老年人提供多种方式的养老服务，以满足老年人在生活照料、家政服务、康复护理等方面的基本生活服务需求。对100周岁及以上老年人，在本市定点医疗机构门诊及住院发生的且符合本市有关医疗报销规定的医疗费用中的个人按比例负担部分给以补助。

二是建立城乡社区（村）养老（助残）餐桌。利用城乡社区公益性用房、

> 单位内部设施、居民空闲房屋等社会资源建立养老（助残）餐桌。采取政府适度补助租金、项目补贴等方式引导社会力量参与，并为行动不便的老年人提供送餐服务。
>
> 三是建立城乡社区（村）托老（残）所。充分利用现有的社区服务中心、社区"星光老年之家"、社区"残疾人温馨家园"、职业康复中心等服务场所为老年人（残疾人）建立社区托老（残）所。
>
> 四是实施家庭无障碍设施改造。按照自愿的原则为有需求的老年残疾人家庭实施无障碍设施改造，给居家生活的老年残疾人提供洗澡、如厕、做饭、户内活动等方面的便利。

五是农村五保供养制度得到根本性重塑。2006年3月1日，国务院正式颁行了新修订的《农村五保供养工作条例》，1994年1月23日颁行的旧制度则同日废止。和原有制度框架相比，新的《农村五保供养工作条例》规范下的五保供养制度结构发生了根本性的重构，从农民集体内部的小型共济制度转变为由财政支持的现代社会救助制度：政府财政成为五保供养资金的筹资主体，实现了资金的制度化保障；"五保"资格仅与个人经济状况和家庭无可依靠对象挂钩，各类不合理附加条件被取缔；规范了五保供养的待遇确定标准，使五保对象可以获得较为稳定的和公平的待遇水平；明确了政府的管理责任，使五保供养制度具有更强的养老服务保障属性。

表6-1 我国新旧五保供养制度对比

制度要素	旧制度框架	新制度框架
制度性质	计划经济下的农村集体福利事业	现代意义上的社会救助保障制度
待遇标准	不低于本地村民平均生活水平	不低于本地村民平均生活水平；随着经济社会发展进行弹性调整

(续表)

制度要素		旧制度框架	新制度框架
资金与实物筹集机制	主要筹集机制	村提留、乡统筹；农业税附加	地方政府财政预算
	辅助支持机制	集体经营收入、利润；五保供养户财产；村民义务劳动等	集体经营收入；中央财政专项补助等
供养服务供给形式	集中供养	乡镇办敬老院和县办福利院	以各类公办福利院、敬老院为主
	分散供养	由集体或者受委托的抚养人负责照顾	村委会和农村社区养老服务机构负责提供各类养老服务
五保对象财产处置	生前	收回已承包土地；保有个人财产使用权	五保户完全保有个人财产；可将承包土地转让出租
	去世后	收回个人财产及住房	如与集体签署有抚养协议的，集体才享有受遗赠权利
管理机制	待遇确定主体	乡镇政府	县、市级政府，并需报省（自治区、直辖市）政府备案
	管理监督主体	乡镇级政府	各级政府，并明确法律责任
	五保工作实施主体	农村集体经济组织	村民集体组织和各级人民政府

3. 主要成效

从成效来看，这一时期养老服务供给能力快速增长，多元化养老服务供给格局基本形成，农村五保供给水平获得显著改善。

一是养老服务供给能力快速提升。截至 2010 年年底，全国共有各类老年福利机构 39904 个，比 2001 年增加约 900 个，增幅约 2.3%；养老床位 314.9 万张，比 2001 年增加 180.3 万张，增长了 133.95%；每千名老人拥有养老床位 17.73 张，比2001年增加了77.26%；共收养老年人242.6万人，床位利用率约为77.04%，基本保持稳定。其中城市养老服务机构5413个，床位56.7万张，年末收养老年人36.3万人；农村养老服务机构31472个，床位224.9万张，年末收养老年人182.5万人；社会福利院1572个，床位24.5万张，年末收养老年人17.9万人；光荣院1371个，床位7.3万张，年末收养老年人5.0万人；荣誉军人康复医院40个，床位0.9万张，年末收养老年人0.52万人；复员军人疗养院36个，床位0.6万张，年末收养老年人0.4万人。

二是养老服务供给日益多元化。养老服务供给形式更加丰富。截至2010年底，全国共有老年法律援助中心18295个，老年维权协调组织8.3万个，各类老年人活动室36.8万个，老年学校49289个，在校学习人员586.9万人。老年金融快速发展。2010年全国寿险业务保费收入达到9679.52亿元，较2000年的851.17亿元增加了8828.35亿元，年均增幅103.72%；2010年全国健康险保费收入达到677.47亿元，较2000年的65.48亿元增加了611.99亿元，年均增幅93.46%。机构服务类型也更加多样，由单一的生活照料型机构发展为包括康复护理型、临终关怀型、异地养老型、综合服务型等的多类型服务机构。接受养老服务对象更加多元。以2010年机构养老老人为例，其中优抚对象12.0万人，城镇"三无"对象187.2万人，自费人员43.4万人，自费人员已占18%，表明养老服务社会化取得了较大进展。

三是农村五保供养更加规范。在新《农村五保供养工作条例》指导下，五保供养保障水平进一步提升，保障能力显著增强。截至2010年底，全国农村得到五保供养的人数为556.3万人，比2004年增加了327.6万人，增加了143.24%。财政投入力度持续加大，财政补助责任得到了落实，2010年全年共安排财政五保供养资金98.1亿元，财政供养资金增速连年保持在10%以上。五保对象中，集中供养177.4万人，供养标准1951.5元/人年，分散供养378.9万人，平均标准2102.1元/人年，待遇持续保持较快增幅。

4. 存在问题

尽管本阶段养老服务保持了较快发展势头，但由于相关政策规定过于原则，财政投入相对不足，支持优惠政策缺少落实细节，使社会资本参与养老服务的动力不足，居家养老服务发展缓慢。

一是社会资本参与养老服务体系面临"口惠实不至"的困境。为了鼓励社会资本，相关政策都对税收、土地、融资等方面作出规定。但从政策实践情况看，因为优惠政策发布位阶不够高，部门间政策缺少配套衔接，导致政策规定易、实施落地难，有意愿投资养老服务业的经营者难以享有政策规定的优惠和支持。例如，土地是社会资本进入养老服务业所面临的首要困难，相关政策提出，社会资本办养老机构按照法律、法规规定应当采用划拨方式供地的，要划拨供地；采用有偿方式供地的，在地价上要适当给予优惠；属出让土地的，土地出让金收取标准应适当降低。由此可见，政策内划拨土地优惠范围极其有限，大部分养老机构仍然需要按照有偿方式取得土地。由于我国实施了严格的土地管理制度，每年各地城镇建设用地指标、开发地块位置和地块用途均有严格限制，在经济快速发展而土地供给短缺的背景下，土地租金快速攀升，养老机构拿地成本普遍超过了机构自身中长期营利回报水平，使有意愿投资者望而却步。

二是社区居家养老服务发展滞后。到2010年底，全国共建成街道社区服务中心3515个，社区服务站44237个，社区服务设施综合覆盖率为50.81%，其中已建成含日间照料功能的综合性社区服务中心1万个，留宿照料床位1.5万张，日间照料床位3万张。养老服务设施社区覆盖水平整体偏低，为老年人提供日托、老年餐桌、健康照护等服务能力还很有限。同时，全国大部分省市尚未出台养老服务业体系综合改革政策，居家养老服务普遍处于空白状态。

三是失能、半失能老人保障缺位。截至2009年底，我国城乡老年人失能、半失能率达到19.6%，其中城市老人失能、半失能率为14.6%，农村老人失能、半失能已超过20%。随着人口老龄化的加剧，失能、半失能老年人的数量还将持续增长，照料和护理问题日益突出。在家庭规模日趋小型化，"4-2-1"家庭结构日益普遍，空巢家庭不断增多的背景下，家庭成员间的失能扶助照护功能日渐弱化，对于专业化养老机构和社区服务的需求与日俱增。但在本阶段政策措施中，没有针对失能、半失能老人的专门政策安排。

三、养老服务体系全面成熟定型和发展时期（2011年至今）

1. 重大事件回顾

2010年的第六次人口普查数据显示，我国人口老龄化程度快速加深，60岁及以上人口为177648705人，占总人口的13.26%，其中65岁及以上人口为118831709人，占总人口的8.87%，老龄化程度分别比2000年提高了2.93和1.91个百分点。预计到2020年，我国60岁以上老年人口将达到2.6亿人，约占总人口的20%，人数之多，所占比例之大，举世少有。家庭规模进一步缩小，平均每个家庭户的人口为3.10人，比2000年第五次全国人口普查的3.44人减少0.34人。积极应对人口结构性深刻变化，加快养老服务体系综合改革，构建多层次养老服务网络，创新养老服务生产方式和提供模式，不断满足老年人的保障服务要求，已经刻不容缓。

在此背景下，2011年12月，国务院办公厅印发《社会养老服务体系建设规划（2011—2015年）》，标志着我国养老服务体系进入成熟定型和全面发展时期。该规划明确了社会养老服务体系建设是应对人口老龄化的一项长期战略任务，我国的社会养老服务体系主要由居家养老、社区养老和机构养老等三个有机部分组成，着眼于老年人的实际需求，优先保障孤老优抚对象及低收入的高龄、独居、失能等困难老年人的服务需求，兼顾全体老年人改善和提高养老服务条件的要求。此后，民政部先后发布了《关于鼓励和引导民间资本进入养老服务领域的实施意见》等政策。2012年修订的《中华人民共和国老年人权益保障法》，以较大篇幅阐述了老年人所应享有的养老社会服务权益，以及政府支持发展养老服务所需提供的政策便利和优惠措施。

2013年9月，《国务院关于加快发展养老服务业若干意见》正式发布，这是我国养老服务体系改革历程中里程碑式的文件。该文明确提出了养老服务业发展目标：到2020年，全面建成以居家为基础、社区为依托、机构为支撑的，功能完善、规模适度、覆盖城乡的养老服务体系。为落实该文精神，国家发改委、民政部等有关部委先后制定发布了《养老机构管理办法》《关于开展公办养老机构改革试点工作的通知》《关于开展养老服务业综合改革试点工作的通知》等配套政策。

2016年2月23日,新华社发布消息,习近平总书记对科学应对人口老龄化批示指出:有效应对我国人口老龄化,事关国家发展全局,事关亿万百姓福祉;要立足当前、着眼长远,加强顶层设计,完善生育、就业、养老等重大政策和制度,做到及时应对、科学应对、综合应对;此事要提上重要议事日程,"十三五"期间要抓好部署、落实。习近平总书记的批示为新时期我国深化养老服务体系改革进一步指明了方向。2016年3月发布的《中华人民共和国国民经济和社会发展第十三个五年规划纲要》专章提出开展应对人口老龄化行动,把养老服务体系改革发展摆在了更加重要的位置。2016年12月,国务院办公厅发布《关于全面放开养老服务市场提升养老服务质量的若干意见》,明确提出:到2020年,养老服务市场全面放开,养老服务和产品有效供给能力大幅提升,供给结构更加合理,养老服务政策法规体系、行业质量标准体系进一步完善,信用体系基本建立,市场监管机制有效运行,服务质量明显改善,群众满意度显著提高,养老服务业成为促进经济社会发展的新动能。

2. 主要改革

2011年以来,我国养老服务体系政策密集出台,以居家为基础、社区为依托、机构为补充的养老服务体系框架基本形成,同时养老服务配套政策更加完善,构成了包括体系构建、税收优惠、服务能力培育、市场准入放开在内的多支点政策体系。

一是进一步夯实以居家为基础、社区为依托、机构为补充的多层次养老服务体系。支持建立以企业和机构为主体、社区为纽带、满足老年人各种服务需求的居家养老服务网络。支持社区建立健全居家养老服务网点,引入社会组织和家政、物业等企业,兴办或运营老年供餐、社区日间照料、老年活动中心等形式多样的养老服务项目。同时,支持社会力量举办养老服务机构,加快推进公办养老机构改革,发挥好公办机构的托底养老作用。

二是形成全方位的养老服务优惠政策。完善投融资政策,支持各类金融机构加大对养老服务业的有效信贷投入,创新养老服务机构融资方式。改革土地供应制度,合理安排养老服务用地需求,明确民间资本举办的非营利性养老机构与政府举办的养老机构享有相同的土地使用政策,可以依法使用国有划拨土地或者农民集体所有的土地。加大税费优惠政策的落实力度，完善养老服务补贴支持政策等。

三是积极培育全产业链养老服务供给能力，形成"养老服务+"的产业发展格局。拓展养老服务内容，发展适合老年人特点的文化娱乐、体育健身、休闲旅游、健康服务、精神慰藉、法律服务等服务，加强残障老年人专业化服务。围绕老年人衣、食、住、行、医、文化娱乐等需要发展老年用品，建设老年住宅、老年公寓等生活设施，引导金融机构开发老年信贷、保险等金融产品。

四是全面放开养老服务市场准入。降低养老服务业准入门槛，放宽外资准入限制，鼓励境外投资者设立非营利养老服务机构，并享有平等优惠待遇。同时，完善养老服务价格形成机制，以市场价格为养老服务价格管理主要方式，对于各类民办养老机构，服务收费项目和标准由经营者自主确定或者按照非营利要求合理确定。

第二节
我国养老服务体系建设取得的成就

一、机构养老服务能力大幅提升

1. 养老服务设施和床位数大幅增长

2015年，全国共有各类养老服务机构和设施11.6万个，其中注册登记的养老服务机构2.8万个，社区养老服务机构和设施2.6万个，互助型养老设施6.2万个；养老服务机构和设施总数比"十一五"末期增加了7.61万个，增幅达到190.73%。"十二五"时期，养老服务机构数量年均增幅达到了38.1%。

养老床位数快速增长。2015年我国有各类养老床位672.7万张，比"十一五"末期增加了113.62%，每千名老人拥有养老床位30.3张，比"十一五"末期增加了70.90%，完成了《社会养老服务体系建设规划（2011—2015年）》所提出的每千名老人拥有养老床位30张的目标,"9073"养老格局（90%的老年人居家养老，7%的老年人社区养老，3%的老年人机构养老）的基础设施条件基本具备。

2. 医养结合情况有所改善

2015年12月，国家卫生计生委等部门发布《关于推进医疗卫生与养老服务相结合的指导意见》，要求通过医养有机融合，确保老年人享有基本健康养老服务。在相关政策支持下，各地普遍建立医疗机构与养老服务机构的合作机制，在医疗巡诊、健康管理、保健咨询、预约就诊等方面予以便利。同时，支持养老机构开展医疗服务，开办老年病院、康复医院、护理院、中医医院、临终关怀机构等。到2017年，全国有80%以上的医疗机构建立了老年人绿色通道，50%以上的养老机构可以提供医疗卫生服务。

专 栏 二

"医养结合"主要实践模式

1. 社区辐射模式

由社区卫生服务中心或社会医疗机构为居家老人提供基本医疗服务。通过家庭签约医生方式，为辖区居家老人提供免费体检、建立老年人健康档案服务等多项基本公共卫生服务。同时，支持社区卫生服务中心或距离较近等级医院派驻医疗服务力量进驻成熟社区日间照料中心。

2. 机构联合模式

养老机构与医疗机构合作，医疗机构到养老机构开展驻点服务，养老机构内设设施可以使用医疗机构资质，医疗机构及时把符合临床指征患者转诊，在方便老人就医的同时，实现互利共赢。

3. 嵌入式服务模式

在单体机构下，同时提供医疗卫生和养老服务。一是养老机构内建立符合医疗卫生管理规范的医疗机构，直接面向老年人提供医疗卫生服务。二是在有条件的医院内增设养老病房，或者开办"院中院"，为老年患者提供医疗、养老、护理综合服务。

在积极借鉴地方经验的基础上，2016年7月人社部办公厅发布了《关于开展长期护理保险制度试点的指导意见》，将上海、广州、青岛、南通等15市纳入试点，并出台了适合本地区的护理保险实施办法。以长期护理保险制度为依托，以护理保险资金购买服务为杠杆，引导医疗机构参与养老服务，为老年人提供护理床位，使医疗机构和养老机构服务能够有机融合。

二、社区居家养老服务框架基本形成

1. 社区居家养老地位得到明确

在人口老龄化加速发展的背景下，依靠养老机构有限的床位供给已经难以充分解决城乡老年人社会化养老服务问题，这就要求在养老服务体系建设中更加重视发挥社区养老依托和居家养老供养作用。

在2000年中共中央、国务院颁发的《关于加强老龄工作的决定》中，首次提出了"以家庭养老为基础、社区养老服务为依托、社会养老服务为补充"的养老服务体系，此后在《社会养老服务体系建设规划（2011—2015）》《关于加快发展养老服务业的若干意见》等纲领性文件中被调整为"以居家为基础、社区为依托、机构为支撑"，进一步明确了社区居家养老在养老服务供给体系中的基础性地位，推动养老服务供给格局发生深刻变化。机构养老"独木支撑"的状态被打破，包括社区日间照料和居家养老支持在内的服务网络开始形成，社区居家养老成为95％以上的老年人获得养老服务的主渠道，在社会养老服务中发挥着"主力军"作用。

2. 服务供给和支持政策更加完善

"十二五"以来，国家在土地利用、筹资、标准建设等方面制定并实施了大量优惠政策，有力地推动了社区居家养老服务向更高质量发展。一是利用财政资金和税收杠杆撬动社区居家养老服务改革，积极建立社区居家养老服务购买机制，普遍推广高龄津贴和养老服务券制度，按照市场机制优胜劣汰原则，促进居家社区机构改善服务内容和质量。二是着力解决养老服务机构用地难问题，规定了人均养老服务用地0.1平方米的刚性标准，明确了新建小区应配建养老服务设施。

3. 服务平台建设力度空前加大

在相关政策的保障和支持下,近年来社区居家养老服务设施建设取得了明显进步,社区养老服务设施建设综合覆盖率达到52.9%。截至2016年底,我国共建有社区养老服务设施31265个,其中农村养老机构和服务设施20018个;社区互助型养老服务设施67428个,其中农村社区互助型养老设施61152个;社区日间照料床位1348492张,较"十二五"初期增长了170.01%,每千名老人拥有社区日间照料床位5.84张,另外建有社区留宿照料床位1817602张,两者相加占养老床位总供给量的1/3以上。

4. 服务供给方式有所创新

从服务供给模式来看,部分地方探索社会力量以公办民营、民办公助、股权合作等方式参与社区综合服务设施建设、管理和提供养老服务,发展"幸福院"农村互助养老等适合中国国情的社区居家养老模式。从供给主体来看,由社区志愿服务向社会组织、专门企业等专业化机构转变。从服务供给内容来看,由单纯的社区服务帮扶延伸到家政、助餐、助浴、助洁、助急、助医等服务范围。

三、农村互助养老事业快速发展

1. 五保供养应保尽保

2015年,全国救助供养农村特困人员516.7万人,比上年下降2.3%;全年各级财政共支出农村特困人员救助供养资金210.0亿元,比上年增长10.6%。其中集中供养162.3万人,年平均供养标准为6025.7元/人,比上年增长12.2%;分散供养354.4万人,年平均供养标准为4490.1元/人,比上年增长12.1%。

2. 创新农村互助养老新模式

2011年起,河北省肥乡县通过大胆实践探索,创造性地建立了"集体建院、集中居住、自我保障、互助服务、优先优惠"的"幸福院"养老新模式。此后,该模式在全国部分县市试点推广,均取得了较好效果。

"幸福院"在运行上,是由集体出资将村里废弃场所改造成养老院,提供免费住宿,并配备有电扇、暖气、厨房等设施,老人签协议入住,吃饭、穿衣、医疗等由子女出资，不设专门服务员，老人之间自我管理、互助服务。"幸福院"模式建设费用低，除村集体一次性投资建设外，每年水、电等费用仅几千元，老人每月只需花费几十元，而且老人与子女间的家庭联系并没有隔断。

这种养老办法解决了老人生活照料、精神慰藉、文化活动等问题，符合农村老人居家养老的习惯。此外，这种养老办法既给老人提供了集中居住、互相照顾、快乐生活的自由空间，也为子女赡养老人提供了平台；既解除了老人孤独寂寞的烦恼，也解除了子女外出务工的后顾之忧。

四、养老服务政策体系不断完善

1. 养老服务业整体责任框架基本明确

一方面，养老服务多方主体责任框架基本明确。经过多年改革探索，养老服务体系的基本边界，政府、社会、市场和家庭的责任基本明确——养老服务并不是完全"一刀切"的政府责任，而是在政府制度供给基础上，多方共同搭建服务体系。政府是养老服务体系基础制度的建设者，是养老服务业发展的支持者，并直接承担"三无""五保"等困难老年人基本养老服务托底。专业化市场机构和社会组织是养老服务的主要供给力量，负责开办、运营养老服务机构，生产服务产品，上门提供居家养老支持及其他服务支持。家庭是养老服务的主要购买方，也是在政府政策支持下家庭养老服务的基本提供者。

表6-2 养老服务责任框架

责任主体	基本责任	着力点
政府	制度供给；基本公共服务	搭建养老服务政策框架；开展必要的监管规制；保障困难老年人基本养老服务
市场	供给养老服务和老年用品	生产老年用品；开办、运营养老服务机构
社会	提供专业化服务力量	专业化养老服务供给；为老志愿服务供给
家庭	服务购买；居家支持	自付购买各类养老服务；居家养老服务的基本提供者

2. 养老服务业支持政策陆续出台

根据《国务院关于加快发展养老服务业若干意见》等纲领性文件,国家先后出台了一批促进养老服务业发展专项实施政策,长期制约养老服务体系建设的税费、土地、融资、人才、医养结合等难题得到了有效缓解。

表6-3 促进养老服务业发展专项支持政策

支持方向	专项政策依据	主要内容
税收减免	《财政部、国家税务总局关于支持文化服务出口等营业税政策的通知》	为老年人提供集中居住和照料服务的各类养老机构免于征收营业税
行政收费减免	《财政部、国家发改委关于减免养老和医疗机构行政事业性收费有关问题的通知》	对非营利性养老和医疗机构建设全额免征行政事业性收费,对营利性养老和医疗机构建设减半收取行政事业性收费
养老服务设施供地保障	国土部《养老服务设施用地指导意见》	细化养老用地政策,经养老主管部门认定的非营利性养老服务机构,其养老服务设施用地可采取划拨方式供地;营利性养老服务设施用地应当以租赁、出让等有偿方式供应,原则上以租赁方式为主;鼓励通过租赁获得养老用地
金融支持	人民银行等五部门《关于金融支持养老服务业加快发展的指导意见》	积极创新专业金融组织形式,创新适合养老服务业特点的贷款方式,探索拓宽养老服务业贷款抵押担保范围,加大对养老领域的信贷支持力度;推动符合条件的养老服务企业上市融资,支持不同类型和发展阶段的养老服务企业、项目通过债券市场融资,为养老服务企业及项目提供中长期、低成本资金支持

(续表)

支持方向	专项政策依据	主要内容
人才支持	教育部、民政部等九部门《关于加快推进养老服务业人才培养的意见》	增设养老服务相关专业点，逐年扩大招生规模；创新养老服务相关专业人才培养模式，提高人才培育质量；实施养老服务相关专业"双证书"制度，提升从业人员素质

第三节
养老服务体系改革发展存在的问题

一、养老服务资源配置结构不均衡

1. 城乡间服务能力不均衡

农村社区居家养老服务设施建设滞后。中西部地区农村服务设施总量明显偏少、覆盖率偏低的现象依然存在。例如，吉林省农村社区服务设施覆盖率为40%，和本省城市社区服务设施覆盖率相差2至3倍；甘肃省农村社区服务设施覆盖率仅为32%。从全国总体情况来看，城市社区养老设施覆盖率达到72.5%，而农村仅为30%。同时，在农村服务设施中，有相当比例为五保大院等传统服务平台，基础设施简单、落后，服务水平依然停留在自助、互助服务基础阶段，服务内容仅包括吃、住等基本项目，对康复护理、精神慰藉等高层次服务内容普遍没有涉及，服务质量低下。新规划建设的农村专门社区养老服务设施普遍以行政村为中心设置，甚至"多村一社区"布点，服务半径过大，辖区内社会化服务力量缺位，社区组织发展滞后，也尚未形成成熟的社区居家养老服务供给机制，更无法对农村居家老人建立有效的服务递送机制，社区依托作用无从谈起。

2. 地区间服务能力不平衡

根据民政部的统计,从地区结构来看,养老服务机构分布并不平衡。2013年我国养老服务机构平均规模为102张床位,其中养老服务机构平均规模最大的为北京市,机构平均床位数为284张,拥有养老服务机构数量最多的是四川省,但机构平均床位数仅有110张。中东部地区养老服务机构数量较多,截至2013年第三季度,四川省养老机构数量达到3165个,湖南省为2808个,河南省为2763个,而西部地区的青海省和宁夏回族自治区,仅分别有152个和71个养老机构。同时,民办养老机构也呈现出东部多于西部、经济发达地区多于经济欠发达地区的特征。

3. 城市社区间供给水平差异悬殊

新建小区都能够按规定移交社区公共服务场地,配建的养老服务设施相对全面、系统,居住老人有条件在社区养老服务设施中集中开展活动,一些运营良好的平台也能够为居家老人提供一定质量的助餐、助洁、助医服务支持。而城市老旧小区、棚户小区普遍存在服务场地狭小、服务设施单一问题,甚至部分小区服务面积尚未达标。且老旧小区内部无障碍设施建设不完善,给老年人集中活动和开展服务带来不便。这些因素造成老旧小区与新建小区服务质量差距拉大,老旧小区居民难以获得较高质量的社区居家养老服务供给。

二、社会力量参与养老服务仍存在障碍

1. 土地资源供给不足,养老机构拿地困难

《国务院关于加快发展养老服务业的若干意见》明确提出要制定支持养老服务业发展的土地政策,并对公办、民办非营利和营利性养老机构的土地保障做出了专门规定。但从政策实践来看,各地养老服务业发展的土地瓶颈问题并未得到切实缓解。老年人行动不便、体质较差,对于医疗、文体等公共服务设施依赖度高,且对居住环境比较敏感,这就要求养老机构必须布局在交通便利、社区发展相对成熟且周边环境宜居的地块。由于非营利社会福利设施用地规划不足,各地主要城市建成区土地供给趋于饱和,使得养老机构拿地普遍面临困难。各地在土地划拨方面优先照顾公办养老机构,使得民办和非营利养老机构往往选择招拍挂或者土地租赁方

式,这样的高成本使一般经营者难以承受,无形中提高了养老服务业的准入门槛。且土地租赁存在周期限制,制约了养老机构经营者扩大经营规模、改善经营环境的投资意愿。

2. 养老服务业仍处于市场培育期,融资渠道不畅

从产业发展周期来看,我国养老服务业尽管蕴含着巨大的市场潜力,但整体还处于市场培育环节,老年人普遍接受机构养老、异地养老、老年养生养老等养老服务消费理念还需要一定过程,再加上长期护理保险等保障政策的缺失,制约了老年群体的养老消费能力。受此影响,养老服务业投资周期长、投资回报见效慢。据调研,养老机构项目从投资到回收成本的周期需要13年,即年化回报不足8%,低于大多数实体投资项目。由于养老服务项目盈利能力不强,且划拨、租赁方式获得的土地不允许进行抵押质押,因此商业银行机构普遍不愿意向养老服务机构提供贷款,部分养老机构经营者不得不通过小额贷款、P2P(peer-to-peer)等方式进行筹资,年化融资成本普遍在15%以上,这加大了养老机构的运行经营压力。同时,养老服务业中的创新发展项目尚未形成可持续的盈利模式,很难通过市场机制获得投融资,发展举步维艰。

3. 补助资金"撒胡椒面"

近年来,我国为支持养老机构发展制定了多种补助政策,一定程度上缓解了养老服务机构的运营成本。但是在实际实施中,部分补助资金存在明显的目标不明确的问题,虽然总体资金投入不少,但落实到单一机构的资金规模偏少。并且在资金分配上,以建设和运营床位数为主要依据,养老机构规模体量越大,自建设施设备占比越高,获得的资金规模也就越大,使得实力雄厚的公办养老机构获得较多补助,而规模偏小的民办养老机构反而获得补助资金规模较小,进一步加剧了不同养老机构的苦乐不均,也使社会力量进入养老服务业处于更加不公平的"起跑线"上。

三、社区居家服务供给短板突出

1. 服务供给"梗阻"

城乡社区居家养老服务能力供给赶不上平台建设速度,使得大量场所闲置浪

费。社区内服务力量缺少整合，一方面服务需求旺盛，另一方面资源闲置或者重复配置。突出表现在医疗和养老服务结合度不够，社区卫生服务中心与社区养老服务机构"各自为政"，在社区卫生服务机构业务量明显不饱和的同时，社区养老服务平台不能得到社区医疗的专业支持，重复内设医疗病床现象普遍存在。

2. 服务力量"缺项"

当前，我国高龄老年人口已经达到2500万人，失能老年人口总数已经突破4000万人，对高龄、失能老人开展生活照护和医疗护理的需求日渐迫切，也是养老服务体系安排中不可或缺的服务内容。然而，受服务市场发展不健全制约，再加上医疗卫生机构缺少与养老服务结合意愿，造成社区居家服务依然以餐饮、娱乐、简单基础护理为主，尚不能满足失能、高龄老人所需要的生活陪护、慢病管理等服务需求。

3. 服务递送"缺环"

按照养老服务体系制度设计，社区养老服务应该成为为居家供养服务的支持中心，把专业化服务项目和指导向有需要的家庭延伸。但在实际实施中，居家服务与社区服务之间存在结构性碎片化现象，相互之间缺少衔接通道，对于社区服务向家庭递送也缺乏制度化引导和相应的资金、项目保障支持，使居家服务整体仍处于自发、无序的低水平，多层次养老服务体系功能未能得到充分发挥。

4. 服务"造血"不足

社区自有财力匮乏，无余力拓展提供高质量社区居家养老服务。社区经费来源渠道单一，且自筹资金能力普遍不强，特别是在没有物业费收入的老旧小区，社区对财政资金形成了完全依赖。在日常办公经费、社区活动经费外，可用于支持养老服务的资金少之又少。同时，社区承接的服务管理事项"有增无减"，基层负担过重，大量工作时间和人员被下派任务挤占，也影响了既有项目、资金利用管理的绩效。

四、医疗卫生与养老服务结合不足

1. 养老机构内设医疗设施存在多种障碍

虽然现有政策鼓励支持养老机构内设卫生室、医务室等医疗机构，并提供与老年人慢病管理等密切相关的服务，但从政策实施路径和落地情况来看，养老机构在开办医疗设施、有效提供基本医疗卫生和健康管理服务上还存着诸多困难。

一是医疗服务资质管理严格。卫生部门在办理医疗机构设立时，严格按照《医疗机构管理条例》和《医疗机构管理实施细则》办理，养老院内开设医务室需以养老机构为主体进行报批，对养老机构的硬件设施和人员配置有着严格要求，大部分规模偏小的民办养老机构难以达到相应的场地、床位和无害化处理指标，并由于医务人员工资待遇低、职称评聘受限较多等原因，无法常备一定数量医护人员，使养老机构内设医疗机构落地较难。

二是定点医保机构资质认定严格。为保证医保基金支付安全，医保管理部门对医保资质认定非常谨慎，需要经过申报、公示、审核、认定等繁复程序，周期流程长，导致大量养老机构内设医疗设施无法纳入医保定点报销，老年人就医拿药完全按照自费管理，自付成本较高，即使小病也倾向于去有医保资质的医疗机构就诊，导致"养老地方不能看病"的问题没有得到切实解决。

2. 医疗卫生机构延伸服务动力不足

由于"医""养"分属不同专业领域，相应的公共资源也由卫生、民政等不同部门分配，而且"医""养"又受到社保、财政等因素制约，相关政策的认识、调整和落实难以做到协调一致和横向整合，医疗机构对于延伸服务的动力也明显不足。

一是医保政策杠杆激励不够。对于老年人所迫切需要的慢病管理、医疗护理、术后康复等服务项目，有的没有纳入医保目录范围，有的医保支付标准过低，不足以偿付服务成本。因为个人自付比例高，导致相关服务需要未必能够充分转化为老年人就医、治疗行为的有效需求，医疗机构开展相关业务的收入不稳定。

二是基层医疗机构参与积极性不足。基层医疗机构是推进医养结合的基本载体，是解决居家社区老人医疗需求的主要技术力量。但我国乡镇卫生院、社区卫生服务中心等基层医疗机构完全按照公益一类事业单位管理，医疗机构服务人员工资保障水平较高，绩效工资部分与开展养老服务内容并不关联，再加上基层全面实施"收支两条线"管理，医疗服务"增量"不会带来待遇水平的提高，使基层医务人员没有积极性去拓展医养结合业务。

五、人才队伍建设薄弱

1. 护理人员数量和专业性不足

人才不足是我国养老服务业发展的重要制约条件。由于工作负担沉重,工作内容烦琐,超时工作普遍,一线护理员短缺现象非常突出。大多数民办养老机构护理员数量配比仅能满足1∶10的最低要求,在护理全自理老人方面尚可以应对,但若增加护理床位比例,则现有护理员服务供给就很难满足照护需要。同时,护理人员专业性不足,缺少对养老护理员的专门职业教育。从远期来看,随着健康养老的融合发展和养老服务业的转型升级,医养结合型人才、高端颐养服务人才和高层次管理人才也将面临较大缺口。

2. 社区居家支持人才缺口突出

虽然各地对社区服务人才队伍建设进行了有益的实践,但人才供给与社区发展需求之间的缺口并没有完全消除,突出表现在社区工作者的专业化水平不足,具有高学历的人员和取得全国社会工作者职业水平证书的人员明显偏少。截至2015年,全国社工累计持证人数为20.6万人,以社区服务机构和服务设施为基数匡算,专业人才覆盖率仅有55.1%。

由于待遇偏低、缺少明确职业发展路径等原因,大量持证社工人才离岗离职,或者没有在基层社区就职,进一步拉大了人才的供需缺口。四川全省具有全国社会工作者职业水平证书的社区工作者仅有649名,平均每13个社区才能配1人;安徽只有不足10%的社区工作者具有全国社会工作者职业水平证书,仅能保证每万名居民配1人。

第四节
养老服务体系改革未来展望

一、深化养老服务综合改革

1. 加快公办养老机构改革

一是充分发挥公办养老机构的托底作用,建立健全养老服务分级分类评估制度,根据评估的轻重缓急安排公办机构服务适度普惠的对象范围,重点为城乡特困老人、五保老人、低保家庭老人、低保边缘家庭老人和经济困难的失能、半失能老人提供无偿或低收费的供养、护理服务。

二是创新公办养老机构运营模式。全面推进公办养老机构实施公办民营、公建民营、政府购买服务等养老服务改革,支持民间资本通过委托管理等方式运营公有产权的养老服务设施。积极稳妥地推进以经营性服务为主的公办养老机构转企改制,完善公办养老机构法人治理结构。

2. 全面开放养老服务市场

一是全面放开养老服务市场准入限制。按照《关于全面放开养老服务市场提升养老服务质量的若干意见》等政策要求,进一步降低准入门槛,营造公平竞争环境,积极引导社会资本进入养老服务业。放宽医养结合养老机构举办限制,按照逐步开放、风险可控的原则,在符合区域医疗机构设置规划和进行外资投资风险评估的基础上,逐步放宽外资进入医养结合服务领域准入限制,允许境外资本独资举办康复护理、老年护理、家庭护理等服务机构。

二是优化养老服务市场营商环境。对企业投资建设养老服务业项目,按照国家产业政策和行业准入条件进行审批、核准和备案,属鼓励类的,国土、规划、环保、工商、质监、消防等部门依法优先为其办理相关手续。

三是为养老机构连锁经营提供便利。探索放开养老服务民办非企业单位设立分支机构限制,分支机构可在所属民办非企业单位章程规定范围内授权开展养老服务类活动。由分支机构所在地登记管理机关对分支机构的活动进行依法监管,并报原登记管理机关备案。

3. 推进养老服务创新

一是利用政府购买服务杠杆促进提升供给质量。加快制定政府购买养老服务的指导性目录,建立健全由购买主体、养老服务对象以及第三方组成的综合评审机制,加强购买养老服务项目绩效评价。将政府购买服务与满足老年人基本养老服务需求相结合,优先保障经济困难的孤寡、失能、高龄等老年人的服务需求,并逐步拓展政府购买养老服务的领域和范围。

二是发展智慧养老服务,提高服务供给效能。支持企业和机构运用移动互联网、云计算、大数据、物联网等技术手段与养老服务深度融合,创新养老服务提供方式。在各地普遍推广居家服务网络平台,提供紧急呼叫、家政预约、健康咨询、物品代购、餐饮递送、服务缴费等适合老年人的服务项目。利用"互联网+"技术实现对机构入住老人服务需求的精确瞄准和服务供给的精准对接,加强养老机构专业力量向居家社区老年人的服务投射。

4. 促进医养融合发展

一是利用社保杠杆引导卫生资源更多地向养老服务倾斜。加快推进长期护理保险制度试点工作,落实医保目录中关于"家庭病床"、康复护理等项目的服务保障,适度提高服务费用标准和报销水平,以经济杠杆为引导,鼓励医疗卫生机构和服务人员更多地参与医养融合服务。

二是落实基层医疗卫生机构的为老服务职能。以分级诊疗改革为契机,积极引导老年人实现社区首诊、分级诊疗和双向转诊一体化,把老年人健康问题更多地留在家门口解决。发挥好全科医生在家居与社区医养结合中的积极作用,鼓励和引导全科医生与居家老年人建立起真正的契约服务关系,实现对老年人的精准健康管理。鼓励符合条件的执业医师到养老机构、社区老年照料机构内设的医疗卫生机构多点执业。

三是促进闲置医疗力量转型医养融合。随着分级诊疗改革的深入推进，等级医院特别是三级医疗机构将有相当比例床位和服务力量分流。积极鼓励相关医疗机构以开办护理院、开设老年病区等方式，把闲置医疗力量转型为医养结合服务，依托等级医院技术优势，提高老年人医疗护理的服务供给水平和服务质量。

二、完善覆盖城乡社区居家服务体系建设

1. 服务能力建设均衡化

一是进一步加强农村社区养老服务建设力度。到2020年，在确保符合标准的日间照料中心、老年人活动中心等服务设施覆盖所有城市社区的基础上，使95%以上的乡镇和75%以上的农村社区建立包括养老服务在内的社区综合服务设施和站点。在有条件的地方，加大农村社区养老服务设施建设密度，缩小服务半径，强化社区设施的辐射效应，使城乡老年人能够获得基本且可及的社区居家养老服务。

二是推动城市社区居家养老服务均等化供给。进一步统筹规划社区服务设施建设，充分利用现有公共设施，提高市社区服务中心、区社区服务中心、街道社区服务中心、社区服务站及其相邻服务设施的养老共享程度。鼓励社区敞开服务项目，引导精品社区和老旧社区结对抱团发展，实现社区间资源共享、相互支持和联动协作。通过新建、改扩建、购置改造等方式完善城市老旧社区养老服务设施，确保各项公共服务覆盖到社区居民。

2. 服务内容标准化

合理确定社区养老服务标准。加快制定出台《社区老年人日间照料中心服务基本要求》《社区老年人日间照料中心服务设施设备配置》等标准，规范社区服务平台设施条件，明确老年人享有的服务的基本内容和服务流程，建立社区和居家养老服务质量管理体系，促进社区居家养老服务管理标准化、发展规范化。

3. 服务对接无缝化

大力发展社区嵌入式养老模式。把小型化养老机构和专业社工团队嵌入社区服务平台，整合自身及社区周边的资源，聚集和培育居家养老服务企业和机构，上门为居家老年人提供助餐、助浴、助洁、助急、助医等定制服务，设置必要的留宿照

料床位,并鼓励开展"一社区一品牌"的特色服务,提高养老服务专业化水平。通过打破"居""养"界限,提高社区服务对居家供养的支持和结合度,改变居家、社区之间衔接失序的情况。

三、加强养老护理人员队伍建设

1. 建立养老服务人力资源保障机制

加强专业人才培养工作。支持高等院校和中等职业学校开设老年学、老年护理、养老服务管理相关学科专业,规范并加快培养养老护理员、社区养老团队管理人员等从业人员。加强护理院校、职业技术学院、医院等机构与各类养老服务机构的合作,提高专业人才对养老服务的适应性。制定社区居家养老服务专业人才培养制度。通过进修、实习、短训、函授、自学考试、现场观摩、经验交流等形式,不断提高养老服务人员的专业理念、理论、知识、方法和技巧。

2. 制定养老服务从业人员优惠政策

一是积极鼓励相关专业学生从事养老服务业。组织相关职业院校、本科院校在校生到养老机构和城乡社区、家庭等进行志愿服务,开展社会实践活动,增强学生的社会责任意识,激发他们从事养老服务事业的热情。运用定点培养、助学贷款、奖学金等政策手段,引导养老服务相关专业的高校和中等职业学校毕业生到养老机构就业。

二是综合运用物质激励和精神激励方式,打造更加清晰的职业发展路径,建立健全有利于养老服务业人才长期、安心扎根基层、服务一线的激励保障政策。积极改善养老服务从业人员工作条件,加强劳动保护和职业保护,逐步提高工资福利待遇,按照国家有关规定办理社会保险事宜。加强宣传引导,开展多种形式的表彰奖励活动,努力营造尊重养老服务工作者的社会氛围。

四、进一步加大养老服务政策优惠力度

1. 强化养老服务业用地保障

一是做好土地规划管理。根据老年人口发展态势和养老服务业供需增长情况,

及时优化养老服务设施、医疗卫生文化及其他相关设施的规模布局，修改调整城市总体规划、土地利用规划和相关控制性详细规划内容，适当压缩工业用地比例，提高公共管理、公共服务用地规模，满足老年人的生活需要。

二是妥善解决社区居家养老服务用地。对于配置场所、设施存在困难的老旧小区，鼓励整合社区民政、卫生、文化、体育等公共服务资源，通过新建、购置、置换、改造等多种形式，充分利用街道、社区所有闲置用房，进一步挖掘现有社区公共服务中心的服务潜能，集中建设涵盖养老服务等功能的社区公共服务综合平台。对于城乡新规划社区，比照非营利性养老机构，优先安排城乡社区居家养老服务中心及服务设施建设用地。

三是创新养老服务供地方式。考虑养老服务本身投资周期长、回报慢，应为从业者混业经营创造条件。可支持采取配建混合模式供地，把养老设施用地、住宅用地和商业用地混合捆绑配建，使企业通过住宅、商业等多元化项目开发消减一部分养老设施建设投资压力。

2. 创新养老服务融资方式

一是进一步加大养老服务信贷投放力度。针对养老服务业的特点，鼓励银行进行信贷产品创新，允许向社会办养老机构发放资产抵押和应收账款质押贷款。鼓励银行在商业可持续的原则下，适当延长贷款时限、降低贷款利率，以适应养老服务业投资周期长、投资回报收益低的产业特点。

二是推动开发性金融与养老服务深入融合。引导开发性金融资金更多地参与养老服务业建设，对社区居家养老服务设施、社区居家养老服务网络和养老服务机构等项目提供重点支持。鼓励地方政府简化开发性金融资金参与的养老服务业建设项目的各项审批手续，并提供土地、税收等多方面政策优惠。

3. 发挥好财政资金引导职能

一是创新财政资金引导方式。设立养老服务业发展政府引导基金，加大企业债券融资方式对养老产业的支持力度，培育壮大产业平台。建立和完善财税激励政策体系，运用贷款贴息、直接融资补贴、融资担保和风险补偿等办法，支持社会资本扩大养老服务业投资规模。

二是大力推广养老服务项目建设政府与社会资本合作（PPP）模式。可以通过社会资本与政府专项投资共同注入方式，也可以通过认购民间养老PPP基金份额的方式，实现政府投资对养老PPP项目的支持。对于社会效益好但项目回报不能覆盖成本和合理市场回报的养老PPP项目，要建立政府财政直补机制，推动政府、企业、社会多方共赢。要有效履行财政管理职能，建立规范的养老PPP项目管理机制，做好项目评估工作，明确采购、融资、项目监管和绩效考评流程，降低项目运行风险。

三是优化财政资金补助结构。合理确定财政资金补助方向，不再以"床头""砖头""人头"等机构规模作为养老补助依据，而是按照有效服务供给能力和实际服务使用水平作为财政补贴的测算基础。同时，补助资金更多地向有失能照料能力的养老床位倾斜，鼓励养老机构发展满足老年人需要的护理服务。加强财政资金对社会办养老机构的支持作用，对社会办中小型非营利性养老机构予以适当的场地补助和财政贴息。

4. 推进养老服务"互联网+"建设

一是加快完善养老服务信息化平台和服务终端。推动养老服务呼叫网络服务中心向乡镇街道延伸，运用手机APP、微信公众号等信息传输手段，提高呼叫服务中心的应答时效性和服务精准性，支持社区智能居家养老服务。加快养老服务信息化平台建设，实现养老服务信息管理系统全区覆盖。

二是把智慧养老作为智慧城市建设关键环节。依托智慧城市网络建设，利用现有医疗保险系统的相关信息数据、网络设施和医疗服务平台，建立和完善老年人终身健康档案管理信息系统，提升对老年病、慢性病的健康管理、健康干预能力。

第七章
基本公共服务体系建设与完善

内容摘要：基本公共服务是由政府主导、保障全体公民生存和发展基本需要、与经济社会发展水平相适应的公共服务。享有基本公共服务是公民的基本权利，保障人人享有基本公共服务是政府的重要职责。我国基本公共服务体系在逐步健全和完善，服务水平显著提升，均等化程度不断提高，同时也面临着基本公共服务理念存在偏差，资源总量不足与闲置低效并存，政府、市场和社会在公共服务供给上没有形成合理分工，政府越位、缺位和错位现象并存，公共服务供给的层级责任不清晰，公办机构"一股独大"和社会力量参与不足并存，公共服务分类标准及其动态调整机制欠缺等问题。着眼于实现基本公共服务均等化，健全基本公共服务体系的总体思路是增加基本公共服务的内容项目，提高保障标准，扩大受众群体。具体政策措施包括：推进基本公共服务法制化建设，促进城乡和区域基本公共服务均等化，加强财力保障，完善宏观调控体系，制定基本公共服务均等化标准体系，优化资源配置，构建提供主体多元化格局，深化社会事业管理体制改革，创新政府购买服务机制，强化政府基本公共服务职能，健全基本公共服务人才支撑，致力于推进基本公共服务均等化和均质化。

基本公共服务均等化是指全体公民都能获得大致均等的基本公共服务，其核心是促进机会均等，重点是保障人民群众得到基本公共服务的机会，而不是简单的平均化。建立健全基本公共服务体系，推进基本公共服务均等化，是全面建成小康社会、促进社会公平正义、增进人民福祉的迫切需要，是全面建设服务型政府、增强全体人民在共建共享发展中获得感的内在要求，对于实现"两个一百年"目标、实现中华民族伟大复兴中国梦都具有十分重要的意义。

第一节
基本公共服务体系的发展历程

一、基本公共服务的基本内涵

1. 概念和范围

公共服务是一个广泛使用但缺乏统一定义的概念。按照最广义的解释，格洛特和斯蒂文斯认为，凡是存在市场失灵、需要政府干预的领域都属于公共服务。从各方对公共服务概念的使用看，可以将公共服务的含义归纳为以下三种：①公共服务就是公共品。按照萨缪尔森的经典分析，公共品是指同时具有非排他性和非竞争性的物品。当然，同时满足非竞争性和非排他性特征的纯公共品是很少的，更多的产品是具备非竞争性或非排他性的准公共产品。②公共服务就是公用事业。这是一种较为狭义的公共服务，主要是指城市供水、供电、燃气等服务，也就是通常所说的公用事业或者市政服务，是指涉及公共利益及有限公共资源配置并具有自然垄断特点的行业。③广义的公共服务。公共服务不仅包括上述两种服务，还包括了那些不具有非竞争性和非排他性，但市场供应不能达到合意水平的产品和服务。由于各国的历史、发展水平、政府管理方式及市场成熟程度不同，公共服务的内容界定和分类都不尽相同，公共服务供给制度安排（公共服务供给主体、投融资方式以及管理体制和运行机制）也有所差异。

基本公共服务是公共服务的组成部分，即公共服务的子集。基本公共服务重点强调两个基本特征：一是基本公共服务的价值基础是对公民基本权利的保障。一般认为，社会领域有六项基本公民权利是国家必须予以保障的，那就是生存权、健康权、居住权、受教育权、工作权和资产形成权。这些社会权利涉及人的生理需求和安全需求的较低层次，关系到人们的最根本利益，决定了公民在社会竞争中的起点、机会和条件的公平性，是政府必须承担的社会责任的底线，也构成了基本公共服务的保障范围。二是保障基本公共服务供给的责任主体是政府。政府只有通过保障充足、优质的基本公共服务，才能证明自己存在的价值与合法性。

基本公共服务范围一般包括保障基本民生需求的教育、就业、社会保障、医疗卫生、计划生育、住房保障、文化体育等领域的公共服务，广义上还包括与人民生活环境紧密关联的交通、通信、公用设施、环境保护等领域的公共服务，以及保障安全需要的公共安全、消费安全和国防安全等领域的公共服务[①]。为突出体现"学有所教、劳有所得、病有所医、老有所养、住有所居"的要求，《国家基本公共服务体系"十二五"规划》将基本公共服务的范围确定为公共教育、劳动就业服务、社会保障、基本社会服务、医疗卫生、人口计生、住房保障、公共文化等领域的基本公共服务。《"十三五"推进基本公共服务均等化规划》在沿袭"十二五"时期概念界定的基础上有所创新，将基本公共服务明确为教育、劳动就业创业、社会保险、医疗卫生、社会服务、住房保障、文化体育等领域。

专栏一

基本公共服务范围界定

基本公共服务范围的界定通常需要考虑四个因素：一是社会共识。基本公共服务的范围不仅是由产品或服务的经济特征决定的，也是由社会的历史、习惯和文化传统决定的。二是经济社会发展阶段与经济发展总体水平。基本公共服务是政府在特定经济社会发展条件下对多重目标权衡和优先排序的结果，其范围界定不能脱离基本国情，需要考虑国家的经济发展水平，尤其是财政能力，以保障基

---

① 对于基本公共服务的具体范围，目前在学术理论界和政策实践界存在着多种不同的观点。根据政府提供服务的性质和类型，基本公共服务包括四大领域的内容：一是底线生存服务，包括就业服务、社会保障、社会福利和社会救助，主要目标是保障公民的生存权；二是公众发展服务，包括义务教育、公共卫生和基本医疗、公共文化体育，主要目标是保障公民的发展权；三是基本环境服务，包括居住服务、公共交通、公共通信、公用设施和环境保护，主要目标是保障公民起码的日常生活和自由；四是基本安全服务，包括公共安全、消费安全和国防安全等领域，主要目标是保障公民的生命财产安全。国际上也有观点把基本公共服务称为核心公共服务（Core Public Service），如教育、保健、社会安全网等。联合国文件中，基本公共服务包括清洁水、卫生设施、教育、医疗卫生和住房。加拿大把教育、医疗卫生和社会服务作为联邦政府财政均等化的主要项目。

本公共服务供给的可持续性。三是满足需要层次和涉及公民权益的基础性程度。基本公共服务基础性越高，越应当被界定为基本公共服务。四是动态变化。基本公共服务的本质是在特定发展阶段公共服务应当覆盖的最小范围和边界，随着经济社会发展水平的提高和财政能力的增强，基本公共服务范围应当逐步扩展。

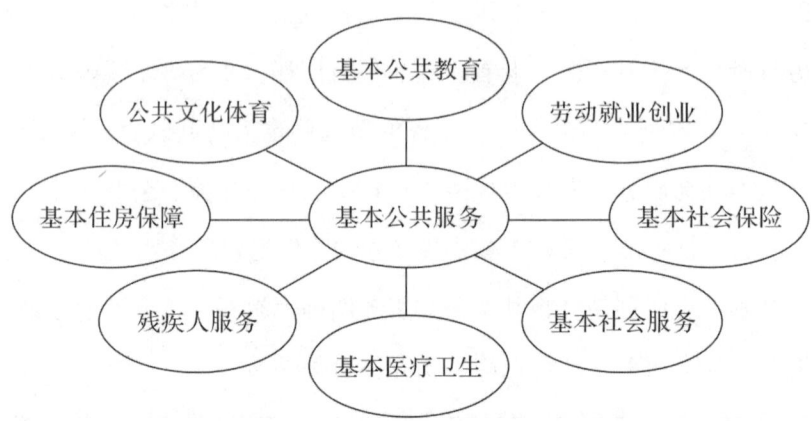

图 7-1 基本公共服务领域

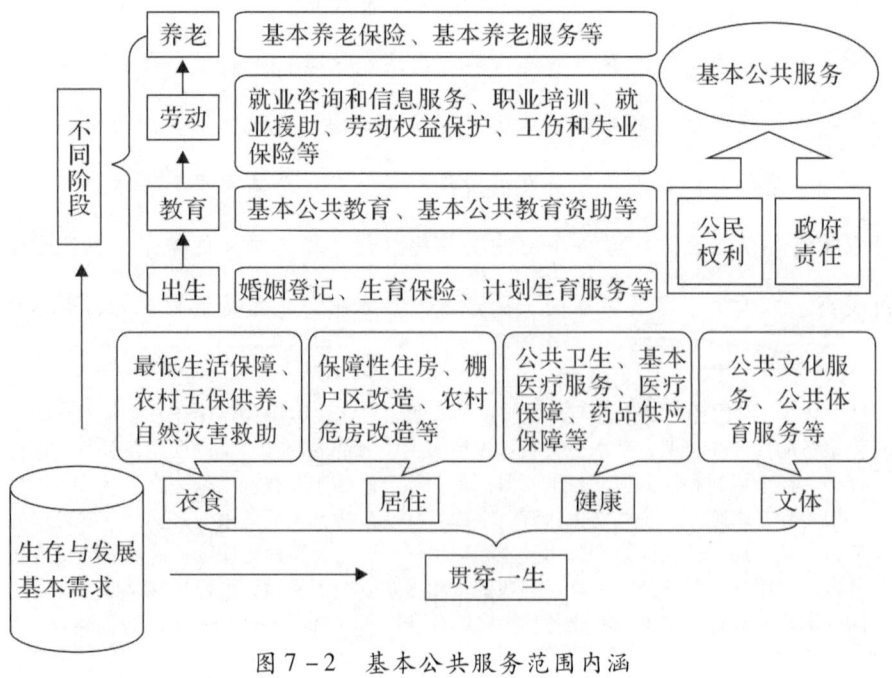

图 7-2 基本公共服务范围内涵

2. 政府职能定位

政府对基本公共服务负有保障责任，具体细分为以下五项职能：一是立法职能。政府通过立法强制性建立基本公共服务制度，以及相关标准及实施政策。二是规划职能。政府通过制定基本公共服务体系规划，阐明发展战略方向和重点，强化规划实施，以切实发挥规划对基本公共服务发展的先导作用。三是提供职能。政府通过直接举办基本公共服务，满足城乡居民最基本的公共服务需求，以较好地实现基本公共服务均等化。四是扶持职能。政府通过资金补贴、税费优惠、贷款贴息等手段，承担公共服务供给的财政兜底责任，同时鼓励和引导社会资本进入，拓宽基本公共服务供给的筹资渠道，推动基本公共服务的健康可持续发展。五是监管职能。政府对基本公共服务实施社会性监管和经济性监管，前者主要包括对行业标准、安全、质量等方面的监管，后者主要包括对准入、服务收费、履行普遍义务行为等方面的监管。

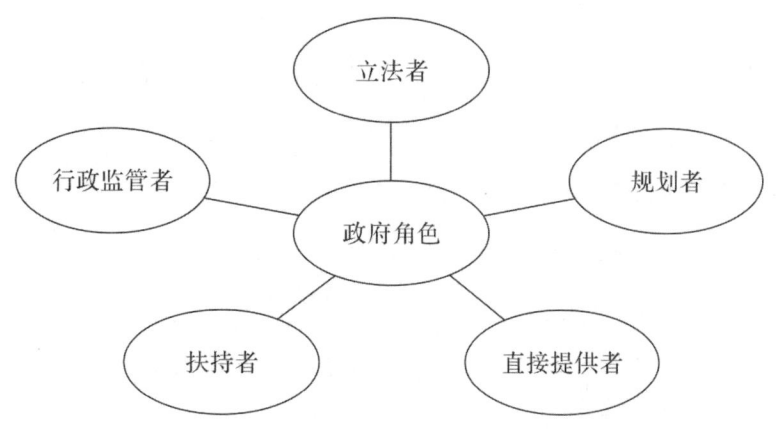

图7-3 政府在基本公共服务供给中的职能定位

3. 供给责任划分

基本公共服务供给制度安排既要解决政府和市场的界限划分，还要解决由哪一层级政府来负责提供的问题。供给责任划分的主要依据有五个方面：一是需求偏好的异质性。不同地区的不同居民对公共服务的需求偏好存在差异，由地方政府负责提供更容易满足不同的需求偏好。奥茨在1972年就提出，在给定的需求信息结构下，每种公共品都应该由其对应的不同层级政府来提供，因为它们在消费者不同偏好的服务选择上具有比较优势。二是信息不对称。地方政府具有信息优势，能够更有效率地提供公共服务。马斯格雷夫、奥茨、施蒂格勒和特里西等的研究都表明，由于信息不完全，中央政府在提供公共物品过程中存在着失误的可能性，容易造成对公共物品的过量提供或提供不足。三是有利于提高居民参与度。居民对中央政府的政策影响力较低，而对当地政府的政策制定和执行具有一定的影响力。因此，基本公共服务由中央政府提供，容易加剧"免费搭车"问题，而在分权体制下，居民有更强的动力参与有关决策和监督，更加清晰地显示有关偏好。四是促进了基本公共服务供给的竞争。基本公共服务的属性特征决定了难以完全依靠"以钱投票"的方式引入高强度的市场竞争。采用分权化的基本公共服务供给机制，可以引入地方政府之间的"标杆竞争"，对公共服务供给效率具有较大影响。

各级政府在基本公共服务供给中的职责划分主要考虑两项基本原则：一是受益和负担相对称。按照经济学理论，政府提供的公共服务应尽量与受益区域内居民的消费偏好相一致。因此，中央政府要承担起全国性公共产品的提供，地方政府主要负责供给地方性公共产品。由于大部分公共服务的受益范围都是地区性的，因此由地方政府来负责具体提供公共服务符合效率原则，能够较好地满足当地居民的公共服务需求偏好。二是事权和财力相匹配。任何层级的政府履行基本公共服务供给职责，都应当具备与之相适应的财力。按照一国的财税体制，地方政府财权可以不完全与事权相对等，但应当通过上级政府转移支付等手段，确保其财力与事权相匹配。因此，尽管义务教育、医疗卫生等基本公共服务的举办和管理仍然坚持了属地化原则，但中央政府却承担了主要的财政支出责任。

二、公共服务的政策演变

长期以来，我国公共服务供给实行高度集中的计划管理体制。公共服务的供给基本上由政府统包统揽，各级政府不仅承担全部公共服务的供给责任，而且由政府设立的公共部门即事业单位担任生产主体，公共服务的供给和生产内化为政府的天然职责。这种管理体制下，公共服务供给的单一责任主体为政府，单一生产主体为事业单位，并且由政府来指导事业单位加以具体实现。因此，公共服务供给的总量、结构、质量和水平完全取决于政府的决策能力与资源配置能力。

20世纪90年代以后,在改革开放思潮的影响下,公共服务的生产领域开始出现一些积极探索。教育、医疗卫生、就业、养老、文化体育等领域尝试对私人部门和社会组织予以小范围开放,使市场和社会力量有机会参与提供公共服务,促成公共服务生产主体的多元化。同时,事业单位改革也在尝试推进,以管理流程优化和效益效率提升为主旨,部分事业单位甚至推行市场化改革,形成完全融入市场的法人主体。2000年以后,这种探索步伐得到加快。

在客观实践的推动下,基于公共服务供给体制变革的发展趋势,政府部门开始对客观实践进行总结,在肯定各地做法的基础上相继出台鼓励性政策文件。2005年印发的《国务院关于鼓励支持和引导个体私营等非公有制经济发展的若干意见》首次提出,允许非公有资本进入社会事业领域,支持、引导和规范非公有资本投资教育、科研、卫生、文化、体育等社会事业的非营利性和营利性领域,支持非公有制经济参与公有制社会事业单位的改组改制。2010年印发的《国务院关于鼓励和引导民间投资健康发展的若干意见》明确提出,支持民间资本兴办各类医院等医疗机构,参与公立医院转制改组,支持民间资本兴办高等学校、中小学校、幼儿园等各类教育和社会培训机构,修改完善《中华人民共和国民办教育促进法实施条例》,落实对民办学校的人才鼓励政策和公共财政资助政策。为贯彻落实《国务院关于鼓励和引导民间投资健康发展的若干意见》文件精神,发改、财政、税务、工商等部门分别从投资、价格、税收、登记注册等方面出台了实施细则,增强了鼓励和引导政策的可操作性。

2012年,国务院印发了《国家基本公共服务体系"十二五"规划》,首次明确提出"把基本公共服务制度作为公共产品向全民提供",规定了9大领域44类80项基本公共服务项目及其标准,并规定了政府作为公共服务供给责任主体的义务。该规划的出台,是我国基本公共服务体系建设的里程碑,具有划时代意义,标志着基本公共服务作为一个整体被正式提出来,并上升为国家责任和公民权利,将成为中国特色社会主义制度的重要组成部分。2017年,国务院印发了《"十三五"推进基本公共服务均等化规划》,规定了8大领域81项基本公共服务,重点提出了基本公共服务清单，同时明确了"十三五"期间的鲜明特征就是推进基本公共服务均等化，这是在"十二五"规划基础上的继承和升华。

从政策文件的逻辑脉络来看，公共服务供给具有以下三个方面的特点：一是公共服务供给的"分类"思想开始显现，政府开始提出基本公共服务和非基本公共服务的概念，并致力于基本公共服务的供给和生产，在承认非基本公共服务具有一定公共产品属性的基础上，为社会和市场充当非基本公共服务的供给主体提供一定程度的政策支持和鼓励。二是公共服务生产开始引入社会力量，非公有资本、民间资本、社会力量是各个阶段采用的不同称呼，但让非政府力量介入公共服务生产的基本思路没有变，扶持和鼓励的政策色彩越来越浓，以激发公共服务领域公共部门的活力，提升整个公共服务领域的资源使用效率。三是公共服务领域开始引入营利性和非营利性的概念区分，这也是一种"分类"的体现，政府鼓励社会和市场参与非营利性公共服务的供给与生产，但不排斥营利性公共服务的供给和生产，使市场配置资源功能得到适当体现，以推动公共服务领域的适度产业化发展，是一种发展观念的革新。

三、各地基本公共服务体系创新

在国家规划界定的基础上，部分省市根据经济社会发展水平和社会对公共服务的需求，纷纷出台了适合本地区实情的基本公共服务体系规划，其中对基本公共服务范围的界定有所调整，部分省市在规划期限、形式和内容上进行了创新。广东省出台了《广东省基本公共服务均等化规划纲要》，规划期限为2009年至2020年，针对每个领域分别提出了建设目标及实施路径。海南省出台了《海南省基本公共服务均等化重点民生项目发展规划》，突出推进基本公共服务均等化的重点民生项目发展。山东省出台了《山东省基本公共服务体系建设行动计划》，将推进基本公共服务均等化具体到行动计划层面。

广东省将基本公共服务范围界定为：公共教育、公共卫生（含人口和计划生育）、公共文化体育、公共交通、公共安全和生活保障（含养老保险、最低生活保障、五保、残疾人保障）、住房保障、就业保障、医疗保障和生态环境保障。北京市的基本公共服务主要包括：公共教育、公共卫生和基本医疗、就业服务、社会保障、社会福利和社会救助、公共文化、公共体育和公共安全。江苏省的基本公共服务主要包括：基本公共教育、基本医疗卫生、就业与社会保险、社会救助与福利、人口与家庭服务、基本住房保障、公共文化体育、基本公共交通服务以及环境保护公共服务。浙江省将基本公共服务区分为基本生活服务、基本发展服务、基本环境服务和基本安全服务四大类，其中基本生活服务包括就业促进、社会保障和住房保障；基本发展服务包括教育、医疗卫生、人口和计划生育、文化体育；基本环境服务包括生活基础设施、公共信息基础设施和环境保护；基本安全服务包括生活生产安全、防灾减灾和应急管理。广西壮族自治区将基本公共服务分为基础服务类和基本保障类，前者包括公共教育、公共卫生、人口和计划生育、食品药品安全、公共文化体育、公共交通等6项，后者包括生活保障（含养老保险、最低生活保障、农村五保供养）、就业保障、医疗保障（含医疗救助）、住房保障等4项。

各地高度重视并着力加强针对基本公共服务的体制机制建设。北京市提出要优化调整社会基本公共服务资源布局，增强便民利民服务能力，推进全社会共建共享，同时要创新服务供给方式，保障群众公平享有，鼓励志愿服务和慈善事业发展。广东省提出要实现基本公共服务均等化财力供求总体平衡和区域间基本公共服务支出水平均衡，同时从调整完善财政体制、实施人口迁移、推进事业单位改革、建立多元化供给机制、建立均等化绩效考评机制等方面健全保障机制。

第二节
基本公共服务体系建设的主要成效

一、现代基本公共服务体系初步建立

基本公共服务体系是指由基本公共服务范围和标准、资源配置、管理运行、供给方式以及绩效评价等所构成的系统性、整体性的制度安排。基本公共服务体系由诸多相互联系的要素构成，具有系统性、统一性和协调性。国家基本公共服务制度紧扣以人为本，围绕从出生到死亡各个阶段和不同领域，以涵盖公共教育、劳动就业创业、社会保险、医疗卫生、社会服务、住房保障、文化体育等领域的基本公共服务清单为核心，以促进城乡、区域、人群基本公共服务均等化为主线，以各领域重点任务、保障措施为依托，以统筹协调、财力保障、人才建设、多元供给、监督评估等五大实施机制为支撑，是政府保障全民基本生存发展需求的制度性安排。

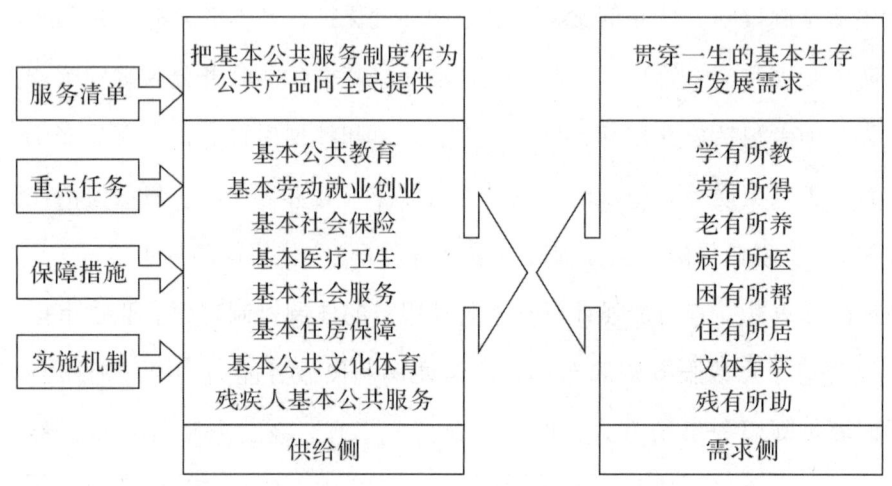

图 7-4 国家基本公共服务制度框架

1. 界定项目内容

《"十三五"推进基本公共服务均等化规划》将"十三五"期间的国家基本公共服务内容区分为 8 大领域 81 项，并对每一类基本公共服务给予具体阐释。在国家基本公共服务内容框架的基础上，各地根据自身财力、社会公众需求和区域特点等因素，对基本公共服务内容进行了扩充，从而增强了公共服务的普惠性，提高了社会公众的受益水平。

基本公共服务内容项目是国家基本公共服务体系的具体任务分解和表述，也是国家对提供基本公共服务的承诺。内容项目的多少，直接决定着国家承担公共服务供给责任的大小，也体现着国家的社会发展水平。从需求角度来看，随着城乡居民收入水平的提高和生活质量的改善，人们的消费结构得到升级，对基本公共服务和非基本公共服务的需求都有所增加,并且希望将部分接近于基本层次的非基本公共服务纳入基本公共服务体系,这为增加基本公共服务的内容项目提供了需求动力。从供给角度来看,近年来各级财力都得到显著提升,财政支出结构中民生支出的比重也在不断扩大,这为增加基本公共服务的内容项目提供了供给源泉。考虑到基本公共服务的层级属性,其内容项目的多少具有较强的刚性特征,即基本公共服务的内容项目在数量规模上只增不减,除非出现项目合并或升级等特殊情况。

表7-1 "十三五"时期国家基本公共服务内容框架

领域	项数	基本公共服务内容
基本公共教育	8	免费义务教育、农村义务教育学生营养改善、寄宿生生活补助、普惠性学前教育资助、中等职业教育国家助学金、中等职业教育免除学杂费、普通高中国家助学金、免除普通高中建档立卡等家庭经济困难学生学杂费
劳动就业创业	10	基本公共就业服务、创业服务、就业援助、就业见习服务、大中城市联合招聘服务、职业技能培训和技能鉴定、"12333"人力资源和社会保障服务热线电话咨询、劳动关系协调、劳动人事争议调解仲裁、劳动保障监察
基本社会保险	7	职工基本养老保险、城乡居民基本养老保险、职工基本医疗保险、生育保险、城乡居民基本医疗保险、失业保险、工伤保险
基本社会服务	13	最低生活保障、特困人员救助供养、医疗救助、临时救助、受灾人员救助、法律援助、老年人福利补贴、困境儿童保障、农村留守儿童关爱保护、基本殡葬服务、优待抚恤、退役军人安置、重点优抚对象集中供养

(续表)

领域	项数	基本公共服务内容
基本医疗卫生	20	居民健康档案、健康教育、预防接种、传染病及突发公共卫生事件报告和处理、儿童健康管理、孕产妇健康管理、老年人健康管理、慢性病患者管理、严重精神障碍患者管理、卫生计生监督协管、结核病患者健康管理、中医药健康管理、艾滋病病毒感染者和病人随访管理、社区艾滋病高危行为人群干预、免费孕前优生健康检查、基本药物制度、计划生育技术指导咨询、农村部分计划生育家庭奖励扶助、计划生育家庭特别扶助、食品药品安全保障
基本住房保障	3	公共租赁住房、城镇棚户区住房改造、农村危房改造
公共文化体育	10	公共文化设施免费开放、送地方戏、收听广播、观看电视、观赏电影、读书看报、少数民族文化服务、参观文化遗产、公共体育场馆开放、全民健身服务
残疾人基本公共服务	10	困难残疾人生活补贴和重度残疾人护理补贴、无业重度残疾人最低生活保障、残疾人基本社会保险个人缴费资助和保险待遇、残疾人基本住房保障、残疾人托养服务、残疾人康复、残疾人教育、残疾人职业培训和就业服务、残疾人文化体育、无障碍环境支持

2. 明确服务对象

针对各领域的发展阶段和不同特征,《"十三五"推进基本公共服务均等化规划》对"十三五"时期基本公共教育、基本劳动就业创业、基本社会保险、基本社会服务、基本医疗卫生、基本住房保障、基本公共文化体育、残疾人基本公共服务等领域的服务对象做了具体规定。

表7-2 "十三五"时期基本公共教育服务的服务对象

服务项目	服务对象
免费义务教育	义务教育学生
农村义务教育学生营养改善	贫困地区农村义务教育学生
寄宿生生活补助	义务教育家庭经济困难寄宿学生
普惠性学前教育资助	普惠性幼儿园在园家庭经济困难儿童、孤儿和残疾儿童
中等职业教育国家助学金	在校涉农专业学生和非涉农专业家庭经济困难学生，特殊困难地区农村学生
中等职业教育免除学杂费	公办学校所有农村学生，城市涉农专业学生和家庭经济困难学生，符合条件的民办职业学校学生
普通高中国家助学金	普通高中在校生中的家庭经济困难学生
免除普通高中建档立卡等家庭经济困难学生学杂费	公办普通高中建档立卡等家庭经济困难在校学生，符合条件的民办普通高中学生

表7-3 "十三五"时期基本劳动就业创业服务的服务对象

服务项目	服务对象
基本公共就业服务	有就业需求的劳动年龄人口
创业服务	有创业需求的劳动者
就业援助	零就业家庭和符合条件的就业困难人员
就业见习服务	离校一年内未就业的高校毕业生
大中城市联合招聘服务	有求职愿望的高校毕业生和青年人才以及有招聘需求的各类用人单位
职业技能培训和技能鉴定	城乡各类有就业创业、提升岗位技能要求和培训愿望的劳动者
"12333"人力资源和社会保障服务热线电话咨询	所有单位和个人

(续表)

服务项目	服务对象
劳动关系协调	用人单位和与之建立劳动关系的劳动者
劳动人事争议调解仲裁	存在劳动人事关系的用人单位和劳动者
劳动保障监察	各类用人单位和劳动者

表7-4 "十三五"时期基本社会保险服务的服务对象

服务项目	服务对象
职工基本养老保险	符合条件的参保退休人员
城乡居民基本养老保险	符合条件的城乡居民
职工基本医疗保险	职工、无雇工的个体工商户、非全日制从业人员及灵活就业人员
生育保险	各类企业、机关、事业单位、社会团体等用人单位
城乡居民基本医疗保险	除职工基本医疗保险应参保人员以外的其他所有城乡居民(包括农村人口和城镇非就业人员)
失业保险	依法参保并足额缴纳失业保险费的用人单位及其职工、失业人员
工伤保险	企业、事业单位、社会团体、民办非企业单位、基金会、律师事务所、会计师事务所等组织的职工和个体工商户的雇工

表7-5 "十三五"时期基本医疗卫生服务的服务对象

服务项目	服务对象
居民健康档案	城乡居民
健康教育	城乡居民
预防接种	0~6岁儿童和其他重点人群

(续表)

服务项目	服务对象
传染病及突发公共卫生事件报告和处理	法定传染病病人、疑似病人、密切接触者和突发公共卫生事件伤病员及相关人群
儿童健康管理	0~6岁儿童
孕产妇健康管理	孕产妇
老年人健康管理	65岁及以上老年人
慢性病患者管理	原发性高血压患者和Ⅱ型糖尿病患者
严重精神障碍患者管理	严重精神障碍患者
卫生计生监督协管	城乡居民
结核病患者健康管理	辖区内确诊的肺结核患者
中医药健康管理	65岁以上老人、0~3岁儿童
艾滋病病毒感染者和病人随访管理	艾滋病病毒感染者和病人
社区艾滋病高危行为人群干预	艾滋病性传播高危行为人群
免费孕前优生健康检查	农村计划怀孕夫妇
基本药物制度	城乡居民
计划生育技术指导咨询	育龄人群
农村部分计划生育家庭奖励扶助	年满60周岁、只生育一个子女或两个女孩的农村计划生育家庭夫妇
计划生育家庭特别扶助	符合条件的独生子女伤残、死亡的父母及节育手术并发症三级以上人员
食品药品安全保障	城乡居民

表 7-6 "十三五" 时期基本社会服务的服务对象

服务项目	服务对象
最低生活保障	家庭成员人均收入低于当地最低生活保障标准，且符合当地最低生活保障家庭财产状况规定的家庭
特困人员救助供养	无劳动能力、无生活来源且无法定赡养、抚养、扶养义务人，或者其法定义务人无赡养、抚养、扶养能力的老年人、残疾人以及未满16周岁的未成年人
医疗救助	重点救助对象，低收入救助对象，重特大疾病医疗救助对象，疾病应急救助对象
临时救助	家庭对象，个人对象
受灾人员救助	基本生活受到自然灾害严重影响的人员
法律援助	经济困难公民和特殊案件当事人
老年人福利补贴	经济困难的高龄、失能老年人
困境儿童保障	各类困境儿童
农村留守儿童关爱保护	父母双方外出务工或一方外出务工另一方无监护能力、未满16周岁的农村户籍未成年人
基本殡葬服务	执行国家殡葬政策的困难群众
优待抚恤	享受国家抚恤补助的优抚人员
退役军人安置	退役军人
重点优抚对象集中供养	重点优抚对象

表 7-7 "十三五" 时期基本住房保障服务的服务对象

服务项目	服务对象
公共租赁住房	符合条件的城镇低收入住房困难家庭、城镇中等偏下收入住房困难家庭、新就业无房职工、城镇稳定就业的外来务工人员

(续表)

服务项目	服务对象
城镇棚户区住房改造	符合条件的城镇居民
农村危房改造	居住在危房中的建档立卡贫困户、分散供养特困人员、低保户、贫困残疾人家庭等贫困农户

表7-8 "十三五"时期基本公共文化体育服务的服务对象

服务项目	服务对象
公共文化设施免费开放	城乡居民
送地方戏	农村居民
收听广播	城乡居民
观看电视	城乡居民
观赏电影	农村居民、中小学生
读书看报	城乡居民
少数民族文化服务	主要少数民族地区居民
参观文化遗产	未成年人、老年人、现役军人、残疾人和低收入人群
公共体育场馆开放	城乡居民
全民健身服务	城乡居民

表7-9 "十三五"时期残疾人基本公共服务的服务对象

服务项目	服务对象
困难残疾人生活补贴和重度残疾人护理补贴	困难残疾人和重度残疾人
无业重度残疾人最低生活保障	生活困难、靠家庭供养且无法单独立户的成年无业重度残疾人

(续表)

服务项目	服务对象
残疾人基本社会保险个人缴费资助和保险待遇	贫困和重度残疾人
残疾人基本住房保障	残疾人
残疾人托养服务	就业年龄段智力、精神及重度肢体残疾人
残疾人康复	有康复需求的持证残疾人、残疾儿童
残疾人教育	残疾儿童、青少年
残疾人职业培训和就业服务	有劳动能力和就业意愿的城乡残疾人
残疾人文化体育	残疾人
无障碍环境支持	残疾人、老年人等

3. 制定基本标准

基本公共服务标准是指在一定时期内为实现既定目标而对基本公共服务活动所制定的技术和管理等规范，也是国家提供基本公共服务的最低要求。基本标准根据国家相关法律法规来制定，旨在保障基本公共服务提供的规模和质量，明确工作任务的事权和支出责任，为基本公共服务供给的绩效评估提供衡量标准和判断依据，促进城乡、区域和群体之间的均衡发展。

作为满足全体公民生存和发展基本需求的保障，基本标准由实现该项基本公共服务供给所需要的人力、财力、物力等因素来综合决定，因此通常具有不可逆性，即基本标准一旦确定，一般情况下就只升不降。同时，基本标准还会随着基本公共服务内容增加、物价变化和城乡居民收入增加来进行调整，总体而言是以提高标准为主基调。

基本标准分为"硬"标准和"软"标准。"硬"标准主要包括设施建设、设备配置、人员配备和服务规范等具体标准，一般由行业主管部门会同有关部门及国家标准化行政管理部门制定实施。"软"标准主要包括内容标准、经费标准和待遇标准等，其中内容标准是指基本公共服务项目应该分解为哪些具体内容，经费标准是指为实现该项目最低安排多少经费支出,待遇标准是指社会公众最低能够得到什么水平的服务待遇。国家基本标准的"软"标准在《"十三五"推进基本公共服务均等化规划》中得到确定,各省(自治区、直辖市)遵循实施国家基本标准,并可结合本地区实际情况适当提高标准。

表7-10 "十三五"时期基本公共教育服务的服务指导标准

服务项目	服务指导标准
免费义务教育	对城乡义务教育学生免除学杂费,免费提供教科书,统一城乡义务教育学校生均公用经费基准定额
农村义务教育学生营养改善	在集中连片特困地区开展国家试点,中央财政为试点地区学生提供每生每年800元的营养膳食补助
寄宿生生活补助	小学生每生每年1000元,初中生每生每年1250元
普惠性学前教育资助	减免保育教育费,补助伙食费
中等职业教育国家助学金	每生每年2000元,中央财政按区域确定家庭经济困难学生比例
中等职业教育免除学杂费	免除学杂费,公办中等职业学校每生每年2000元,符合条件的民办职业学校学生参照执行
普通高中国家助学金	每生每年2000元
免除普通高中建档立卡等家庭经济困难学生学杂费	免除学杂费,符合条件的民办学校学生参照执行

表7-11 "十三五"时期基本劳动就业创业服务的服务指导标准

服务项目	服务指导标准
基本公共就业服务	提供就业政策法规咨询、职业供求信息、市场工资指导价位信息和职业培训信息、职业指导和职业介绍、就业登记和失业登记、流动人员人事档案管理等服务

（续表）

服务项目	服务指导标准
创业服务	提供项目选择、开业指导、融资对接、岗位信息等服务，对符合政策规定的创业者提供创业担保贷款扶持
就业援助	提供政策咨询、职业指导、岗位信息等服务，使城镇有就业能力的零就业家庭至少一人就业
就业见习服务	组织有意愿的离校未就业毕业生参加就业见习，为见习人员办理人身意外保险，为见习人员提供基本生活补助
大中城市联合招聘服务	提供大中城市联动、线上线下融合的招聘服务，提供职业能力测试和评估、简历（岗位）筛查和需求分析等就业服务
职业技能培训和技能鉴定	贫困家庭子女、毕业年度高校毕业生、城乡未继续升学的应届初高中毕业生、农村转移就业劳动者、城镇登记失业人员，以及符合条件的企业在职职工可按规定享受职业培训补贴，符合条件人员享受职业技能鉴定补贴
"12333"人力资源和社会保障服务热线电话咨询	提供就业、社会保障、劳动关系、人事制度、工资收入分配等方面的政策咨询及信息查询服务。人工服务为 5×8 小时，自助语音服务为 7×24 小时，综合接通率达到80%以上
劳动关系协调	提供劳动关系政策咨询、劳动用工指导、获得劳动合同和集体合同示范文本、劳动纠纷调解、集体协商指导等服务，推动企业劳动合同签订率达到90%以上
劳动人事争议调解仲裁	提供劳动人事争议调解和仲裁服务，推动劳动人事争议调解成功率达到60%以上，仲裁案件结案率达到90%以上
劳动保障监察	提供法律咨询和执法维权服务

表7-12 "十三五"时期基本社会保险服务的服务指导标准

服务项目	服务指导标准
职工基本养老保险	发放基本养老金,包括基础养老金和个人账户养老金,对改革前参加工作、改革后退休的参保人员增发过渡性养老金,建立基本养老金合理调整机制
城乡居民基本养老保险	发放基础养老金和个人账户养老金,建立基础养老金水平合理调整机制
职工基本医疗保险	政策范围内住院费用医保基金支付比例稳定在75%左右
生育保险	支付生育期间的医疗费和生育津贴,生育津贴按职工所在用人单位上年度职工月平均工资计发
城乡居民基本医疗保险	政策范围内住院费用医保基金支付比例稳定在75%左右,大病保险的报销比例达到50%以上
失业保险	对符合条件的失业人员支付失业保险金、基本医疗保险费等,对符合条件的企业给予各类稳定岗位补贴
工伤保险	工伤保险基金和用人单位按规定支付工伤医疗和康复费用、伤残津贴和补助、生活护理费及工亡补助、丧葬补助金和抚恤金等

表7-13 "十三五"时期基本医疗卫生服务的服务指导标准

服务项目	服务指导标准
居民健康档案	为辖区常住人口建立统一、规范的居民电子健康档案,建档率逐步达到90%
健康教育	提供健康教育、健康咨询等服务
预防接种	在重点地区对重点人群进行针对性接种国家免疫规划疫苗,适龄儿童免疫规划疫苗接种率逐步达到90%以上

(续表)

服务项目	服务指导标准
传染病及突发公共卫生事件报告和处理	就诊的传染病病例和疑似病例以及突发公共卫生事件伤病员及时得到发现、登记、报告、处理，传染病报告率和报告及时率均达到95%，突发公共卫生事件相关信息报告率达到100%
儿童健康管理	提供新生儿访视、儿童保健系统管理、生长发育监测及评价和健康指导等服务，0～6岁儿童健康管理率逐步达到90%
孕产妇健康管理	提供孕期保健、产后访视及健康指导服务，孕产妇系统管理率逐步达到90%以上
老年人健康管理	提供生活方式和健康状况评估、辅助检查和健康指导等健康管理服务，65岁及以上老年人健康管理率逐步达到70%
慢性病患者管理	提供登记管理、健康指导、定期随访和体格检查服务，全国计划管理高血压患者约1亿人，糖尿病患者约3500万人
严重精神障碍患者管理	提供登记管理、随访指导服务，在册患者管理率和精神分裂症治疗率逐步均达到80%以上
卫生计生监督协管	提供食品安全信息报告、饮用水卫生安全巡查、学校卫生服务、非法采供血信息报告等服务，逐步覆盖90%以上的乡镇
结核病患者健康管理	提供肺结核筛查及推介转诊、入户随访、督导服药、结果评估等服务，结核病患者健康管理服务率逐步达到90%
中医药健康管理	为65岁以上老人提供中医体质辨识和中医保健指导服务，为0～3岁儿童提供中医调养服务，目标人群覆盖率逐步达到65%
艾滋病病毒感染者和病人随访管理	为艾滋病病毒感染者和病人提供随访服务，感染者和病人规范管理率逐步达到90%

(续表)

服务项目	服务指导标准
社区艾滋病高危行为人群干预	为艾滋病性传播高危行为人群提供综合干预措施，干预措施覆盖率逐步达到90%
免费孕前优生健康检查	提供健康教育、健康检查、风险评估和咨询指导等孕前优生服务，目标人群覆盖率逐步达到80%
基本药物制度	政府办基层医疗卫生机构全部实行基本药物零差率销售，按规定纳入基本医疗保险药品报销目录，逐步提高实际报销水平
计划生育技术指导咨询	提供计划生育技术指导咨询服务、计划生育相关的临床医疗服务、符合条件的再生育技术服务和计划生育宣传服务
农村部分计划生育家庭奖励扶助	发放一定数额的奖励扶助金，并根据经济社会发展水平实行奖励扶助标准动态调整
计划生育家庭特别扶助	根据不同情况，给予适当扶助，并根据经济社会发展水平实行特别扶助标准动态调整
食品药品安全保障	对食品药品开展监督检查，及时发现并消除风险，对药品医疗器械实施风险分类管理，提高对高风险对象的监管强度

表7-14 "十三五"时期基本社会服务的服务指导标准

服务项目	服务指导标准
最低生活保障	按照共同生活的家庭成员人均收入低于当地最低生活保障标准的差额，按月发给最低生活保障金
特困人员救助供养	提供基本生活条件和疾病治疗，给予住房救助和教育救助，对生活不能自理的给予照料

(续表)

服务项目	服务指导标准
医疗救助	对参加城乡居民基本医疗保险的个人缴费部分进行补贴，对经过基本医疗保险、城乡居民大病保险及各类补充医疗保险、商业保险报销的个人负担费用给予救助
临时救助	为救助对象发放临时救助金，根据需要发放衣物、食品、饮用水，提供临时住所
受灾人员救助	及时为受灾人员提供必要的食品、饮用水、衣被、取暖、临时住所、医疗防疫等应急救助，并给予资金、物资等救助
法律援助	提供必要的法律咨询、代理、刑事辩护等无偿法律服务
老年人福利补贴	对经济困难的高龄老年人逐步给予养老服务补贴，对生活长期不能自理、经济困难的老年人给予护理补贴
困境儿童保障	为困境儿童提供基本生活、基本医疗、教育等服务，落实监护责任
农村留守儿童关爱保护	强化家庭监护主体责任，落实县、乡镇人民政府和村（居）民委员会职责，加大教育部门和学校关爱保护力度
基本殡葬服务	为城乡困难群众提供遗体接运、火化等基本殡葬服务，为优抚对象及城乡困难群众免费或低收费提供骨灰节地生态安葬服务
优待抚恤	建立完善优抚对象待遇与贡献相一致的优抚保障体系，将优抚对象优先纳入各项社会保障制度体系
退役军人安置	自主就业的按规定享受扶持就业优惠政策，其他分别采取安排工作、退休、供养等方式予以安置
重点优抚对象集中供养	建立完善优抚对象待遇与贡献相一致的优抚保障体系，依托优抚医院、光荣院，给予符合条件的重点优抚对象集中供养、医疗等保障

表 7-15 "十三五"时期基本住房保障服务的服务指导标准

服务项目	服务指导标准
公共租赁住房	实行实物保障与货币补贴并举,并逐步加大租赁补贴发放力度
城镇棚户区住房改造	实物安置和货币补偿相结合,具体标准由市、县级人民政府确定,全国开工改造各类棚户区住房2000万套
农村危房改造	支持符合条件的贫困农户改造危房,各省份确定省级分类补助标准,基本完成存量危房改造任务,统筹开展农房抗震改造

表 7-16 "十三五"时期基本公共文化体育服务的服务指导标准

服务项目	服务指导标准
公共文化设施免费开放	公共图书馆、文化馆(站)、公共博物馆(非文物建筑及遗址类)、公共美术馆等公共文化设施免费开放,基本服务项目健全
送地方戏	根据群众实际需求,为农村乡镇每年提供戏曲等文艺演出服务
收听广播	为全民提供突发事件应急广播服务,通过直播卫星、无线模拟、数字音频等方式分别提供不少于17套、6套和15套广播节目
观看电视	通过直播卫星提供25套电视节目,通过地面数字电视提供不少于15套电视节目,未完成无线数字化转换的地区提供不少于5套电视节目
观赏电影	为农村群众提供数字电影放映服务,其中每年国产新片比例不少于1/3,为中小学生每学期提供2部爱国主义教育影片
读书看报	公共图书馆(室)等配备图书、报刊和电子书刊,并免费提供借阅服务,在城镇主要街道等人流密集地点设置公共阅报栏(屏),提供信息服务

(续表)

服务项目	服务指导标准
少数民族文化服务	提供民族语言广播影视节目,提供民族语言文字出版的常用书报刊、电子音像制品和数字出版产品,提供少数民族特色的艺术作品,开展少数民族文化活动
参观文化遗产	文物建筑及遗址类博物馆实行门票减免,文化和自然遗产日免费参观
公共体育场馆开放	有条件的公共体育设施免费或低收费开放,推进学校体育设施逐步向公众开放
全民健身服务	提供科学健身指导、群众健身活动和比赛、科学健身知识等服务,免费提供公园、绿地等公共场所全民健身器材

表7-17 "十三五"时期残疾人基本公共服务的服务指导标准

服务项目	服务指导标准
困难残疾人生活补贴和重度残疾人护理补贴	为低保家庭中的残疾人提供生活补贴,为需要长期照护的重度残疾人提供护理补贴
无业重度残疾人最低生活保障	经个人申请,可按照单人户纳入最低生活保障范围
残疾人基本社会保险个人缴费资助和保险待遇	为参加居民基本养老保险、居民基本医疗保险的服务对象提供个人缴费补贴,将符合规定的医疗康复项目、基本的治疗性康复辅助器具逐步纳入基本医疗保障范围
残疾人基本住房保障	对符合基本住房保障条件的城镇残疾人家庭给予优先轮候、优先选房等政策;同等条件下优先为经济困难的残疾人家庭实施农村危房改造
残疾人托养服务	支持日间照料机构和专业托养服务机构为残疾人提供护理照料、生活自理能力和社会适应能力训练等服务

(续表)

服务项目	服务指导标准
残疾人康复	提供康复建档、评估、训练基本康复服务，开展残疾儿童康复救助
残疾人教育	逐步为家庭经济困难的残疾学生提供12年免费教育，对残疾儿童普惠性学前教育予以资助
残疾人职业培训和就业服务	为城镇残疾人提供有针对性的职业技能培训、岗位技能提升培训、创业培训等就业创业服务
残疾人文化体育	能够收看到有字幕或手语的电视节目，在公共图书馆得到盲文和有声读物等阅读服务，配置适宜的体育器材器械
无障碍环境支持	推进公共场所和设施无障碍改造，对贫困重度残疾人家庭继续开展无障碍改造，逐步开展无障碍信息服务

4. 厘清支出责任

基本公共服务的支出责任是指基本公共服务供给资金的筹资主体结构，以及资金在各筹资主体之间分配比例的制度性安排。

第一，筹资主体结构。基本公共服务的筹资主体主要包括政府、社会、企业和个人，大多数领域和项目由政府出资，少数领域和项目由企业与个人出资，社会发挥参与作用。由企业和个人出资的基本公共服务主要是社会保险，而且承担的是主要出资责任，政府在城乡居民基本养老保险、城镇居民基本医疗保险和新型农村合作医疗上承担补助责任。其他公共服务项目基本上由政府出资，政府的支出责任在各级政府之间进一步细分，国家规划将支出责任在中央政府和地方政府之间划定，省级规划将支出责任在省级政府和地市级、县级政府之间划定。义务教育免费、自然灾害救助、药品安全保障等全国性公共服务由中央政府和地方政府共同分担，最低生活保障、基本养老服务补贴等地方性公共服务由地方政府负责。

第二，资金分配比例。依据领域和项目的不同，各筹资主体之间的分配比例有所不同，不同地区的各级政府出资比例也有差异。城镇职工基本养老保险的筹资来源中,用人单位缴纳份额一般不超过工资总额的20%,职工缴纳本人工资的8%。大多数公共服务项目,中央政府与地方政府的分担比例存在区域性差异,西部地区中央政府承担的比例较高,东部地区较低,中部地区处于中间。

第三,支出责任实现形式。政府责任有负责和补助之分,各级政府之间又有按比例分担、负责与补助相结合之分。除社会保险服务外,政府在其他基本公共服务项目上均负责出资。中等职业教育免费、优待抚恤、农村部分计划生育家庭奖励扶助、公共文化场馆开放、所有残疾人基本服务等项目由中央政府和地方政府按比例分担;寄宿生生活补助、学前教育资助、创业服务、所有基本公共卫生服务等项目实行地方政府负责和中央财政适当补助相结合;公共租赁住房由市、县政府负责,省级政府给予资金支持和中央给予资金补助。

二、基本公共服务水平显著提升

1. 提高投入水平

随着国民经济持续增长和城乡居民收入不断提高,保障和改善民生的重要性越来越突出,各级财政的基本公共服务投入呈现出迅速增长趋势。2010—2015年,教育、文化体育与传媒、社会保障与就业、医疗卫生与计划生育、住房保障的财政投入总体上呈稳定增长态势,投入总额从28028亿元增至66118亿元,增长135.9%。

表7-18 2010—2015年基本公共服务领域的财政投入(单位:亿元)

年份	2010	2011	2012	2013	2014	2015
教育	12550	16497	21242	22002	23042	26272
文化体育与传媒	1543	1893	2268	2544	2691	3077
社会保障与就业	9131	11109	12586	14491	15969	19019
医疗卫生与计划生育	4804	6430	7245	8280	10177	11953
住房保障	—	3821	4446	4433	4968	5797
合计	28028	39750	47787	51750	56847	66118

资料来源:2011—2016年《中国统计年鉴》,2011—2016年《中国社会统计年鉴》。

2010—2015 年，基本公共服务领域的人均财政投入也在快速增长。普通小学、普通初中、普通中职的生均经费分别从 4012.5 元、5213.9 元、4842.5 元提高到 8834.4 元、12105.1 元、10961.1 元，分别提高 1.20 倍、1.32 倍和 1.26 倍。基本公共卫生人均经费、人均政府卫生服务支出分别从 17.8 元、427.5 元增至 42.6 元、907.6 元，分别提高 1.39 倍和 1.12 倍。2011—2015 年，城镇居民基本医疗保险人均补助金额从 173 元增至 370 元，提高 1.14 倍。公共财政教育经费支出占公共财政支出的比重近年来虽略有下降，但仍稳定保持在 14% 以上。

表 7-19 2010—2015 年基本公共服务领域人均财政投入情况 （单位：元）

年份	2010	2011	2012	2013	2014	2015
普通小学生均经费	4012.5	4966.0	6129.0	6901.8	7681.0	8834.4
普通初中生均经费	5213.9	6541.9	8137.0	9258.4	10359.3	12105.1
普通中职生均经费	4842.5	6148.3	7564.0	8784.6	9128.8	10961.1
基本公共卫生人均经费	17.8	26.8	27.7	32.9	37.7	42.6
人均政府卫生服务支出	427.5	554.1	617.9	701.4	773.4	907.6
城镇居民医保人均补助	—	173	222	269	315	370

资料来源：2011—2016 年《中国统计年鉴》，2011—2016 年《中国社会统计年鉴》。

表 7-20 2010—2015 年全国公共财政教育经费支出占公共财政支出比重 （%）

年份	2010	2011	2012	2013	2014	2015
教育财政支出比重	15.8	16.3	16.1	15.3	14.9	14.7

资料来源：2011—2016 年《中国统计年鉴》，2010—2015 年《中国教育统计年鉴》。

2. 增强能力水平

随着公共财政投入的不断增长和社会力量的逐步进入，基本公共服务的能力建设得到显著提升，这不仅体现在服务对象规模上，还体现在服务主体的供给能力上。

教育方面，各类教育的生师比基本上呈现出逐年下降趋势。普通小学、初中、普通高中、中等职业教育的生师比分别从2010年的17.7、15.0、16.0、25.7下降到2015年的17.0、12.4、14.0、20.5，降幅分别达到4.0%、17.3%、12.5%、20.2%。2015年，九年义务教育、普通小学、初中、普通高中、中等职业教育的在校生和学前教育的在园幼儿分别达到14004.1万人、9692.2万人、4312.0万人、2374.4万人、1656.7万人和4264.8万人；九年义务教育免费住宿生、营养改善计划受益学生、普通高中家庭困难受资助学生、中等职业教育免费学生、中等职业教育受资助学生的规模分别达到3072.5万人、2969.1万人、494.9万人、1050.3万人和264.9万人。

表7-21 2010—2015年全国义务教育和高中阶段各级各类学校生师比（教师=1）

年份	2010	2011	2012	2013	2014	2015
九年义务教育	16.6	16.4	15.9	15.2	15.2	15.3
普通小学	17.7	17.7	17.4	16.8	16.8	17.0
初中	15.0	14.4	13.6	12.8	12.6	12.4
普通高中	16.0	15.8	15.5	15.0	14.4	14.0
中等职业教育	25.7	25.0	24.2	22.2	20.4	20.5

资料来源：2011—2016年《中国统计年鉴》，2010—2015年《中国教育统计年鉴》。

表7-22 2010—2015年全国各类教育在校生数（单位：万人）

年份	2010	2011	2012	2013	2014	2015
九年义务教育	15220.0	14993.2	14459.0	13800.7	13835.7	14004.1
普通小学	9940.7	9926.4	9695.9	9360.5	9451.1	9692.2
初中	5279.3	5066.8	4763.1	4440.1	4384.6	4312.0
普通高中	2427.3	2454.8	2467.2	2435.9	2400.5	2374.4
中等职业教育	2238.5	2205.3	2113.7	1923.0	1755.3	1656.7
学前教育在园幼儿	2976.7	3424.4	3685.8	3894.7	4050.7	4264.8

资料来源：2011—2016年《中国统计年鉴》，2010—2015年《中国教育统计年鉴》。

表7-23 2010—2015年全国各类教育受助学生数 （单位：万人）

年份	2010	2011	2012	2013	2014	2015
九年义务教育免费住宿	3343.5	3276.5	3092.1	2995.8	2872.9	3072.5
营养改善计划受益	—	2682.0	2542.4	3150.1	3216.2	2969.1
普通高中家庭困难受资助	481.6	481.4	491.2	498.4	494.8	494.9
中等职业教育免费	440.0	395.0	1244.4	954.4	1234.1	1050.3
中等职业教育受资助	1136.1	906.1	534.0	349.9	314.6	264.9

资料来源：2011—2016年《中国统计年鉴》，2010—2015年《中国教育统计年鉴》。

就业方面，就业和失业人数总体呈现平稳态势。2010—2015年，全国城镇单位就业人数总体呈增长趋势，2014年达到峰值18277.8万人，2015年略有回落；城镇登记失业人数从908.0万人增至966.0万人，略有增长但幅度不大。城镇登记失业率基本稳定在4.1%左右。

表7-24 2010—2015年全国城镇单位就业和失业人数 （单位：万人）

年份	2010	2011	2012	2013	2014	2015
城镇单位就业人数	13051.6	14413.3	15236.4	18108.5	18277.8	18062.5
城镇登记失业人数	908.0	922.0	917.0	926.0	952.0	966.0
城镇登记失业率（%）	4.1	4.1	4.1	4.05	4.09	4.05

资料来源：2011—2016年《中国统计年鉴》。

基本社会保险方面，参保人数持续增长。2010—2015年，职工基本养老保险和城乡居民基本养老保险的参保人数分别从19402.3万人、10276.8万人增至26219.2万人、50472.2万人，分别增长35.1%和391.1%；职工基本医疗保险、城镇居民基本医疗保险的参保人数分别从23734.7万人、19528.3万人增至28893.1万人、37688.5万人，分别增长21.7%和93.0%；新型农村合作医疗的参合人数从83560.0万人降至67028.5万人，降幅为19.8%；社会保障卡的持卡人数从 10340 万人增至 88361 万人，社保卡普及率从 7.7% 提高到 64.6%。

表 7-25　2010—2015 年全国基本养老保险参保人数（单位：万人）

年份	2010	2011	2012	2013	2014	2015
职工基本养老参保人数①	19402.3	21565.0	22981.1	24177.3	25531.0	26219.2
离退休人员参保人数	6305.0	6826.2	7445.7	8041.0	8593.4	9141.9
城乡居民养老参保人数	10276.8	33182.0	48369.5	49750.1	50107.5	50472.2

资料来源：2011—2016 年《中国统计年鉴》。

表 7-26　2010—2015 年全国医疗保险参保人数（单位：万人）

年份	2010	2011	2012	2013	2014	2015
职工基本医疗保险	23734.7	25227.1	26485.6	27443.1	28296.0	28893.1
城镇居民基本医疗保险	19528.3	22116.1	27155.7	29629.4	31450.9	37688.5
新型农村合作医疗	83560.0	83163.1	80530.9	80209.0	73627.3	67028.5

资料来源：2011—2016 年《中国统计年鉴》。

表 7-27　2010—2015 年全国社会保障卡持卡情况

年份	2010	2011	2012	2013	2014	2015
持卡人数（万人）	10340	19926	34136	54861	71242	88361
社保卡普及率（%）	7.7	14.8	25.2	40.3	52.1	64.6

资料来源：2011—2016 年《中国统计年鉴》。

基本社会服务方面，养老服务供给能力显著提升。2010—2015 年，养老服务机构数先升后降，2012 年达到峰值 44304 个，此后迅速减至 2015 年的 27752 个；但是每千名老年人口养老床位数从 17.8 张迅速增加到 30.3 张，增幅达到 70.2%；收留抚养老年人数从 229.1 万人提高到 309.2 万人，增幅达到 35.0%。2011—2015 年，每万人口拥有社会工作专业人才数从 0.40 人提高到 1.50 人，增长 2.75 倍。

---

① 不含离退休人员。

2015年，全国农村五保供养人数为516.8万人，集中供养162.33万人，占比为31.4%，集中供养标准为6025.7元/人年，比2010年提高1.04倍。

表7-28 2010—2015年全国养老服务情况

年份	2010	2011	2012	2013	2014	2015
养老服务机构数（个）	39904	42828	44304	42475	33043	27752
每千老年人口养老床位数（张）	17.8	20.0	21.5	24.4	27.2	30.3
收留抚养老年人数（万人）	229.1	265.2	277.3	297.9	320.3	309.2

资料来源：2011—2016年《中国统计年鉴》。

表7-29 2010—2015年全国农村五保供养情况

年份	2010	2011	2012	2013	2014	2015
供养人数（万人）	556.3	551.0	545.6	537.2	529.1	516.8
集中供养人数（万人）	177.39	184.54	185.26	183.49	174.26	162.33
集中供养标准（元/人年）	2952.0	3399.7	4060.9	4680.0	5371.3	6025.7

资料来源：2011—2016年《中国统计年鉴》。

表7-30 2011—2015年全国每万人口拥有社会工作专业人才数（单位：人）

年份	2011	2012	2013	2014	2015
人才数	0.40	0.62	0.90	1.16	1.50

资料来源：2011—2016年《中国统计年鉴》。

基本医疗卫生方面，医疗卫生机构床位和执业医师的人均覆盖能力显著提升。2010—2015年，每千人口医疗卫生机构执业医师数和每千人口中医类别执业医师数分别从1.80人、0.22人增至2.20人、0.33人，增幅分别为22.2%和50%；每千人口医疗卫生机构床位数和每千人口基层医疗卫生机构床位数分别从3.6张、0.89张增至5.1张、1.03张，增幅分别为41.7%和15.7%。2012—2015年，每万人口全科医生数从0.81人增至1.38人，增幅为70.4%；每千人口中医医疗卫生机构床位数从0.52张增至0.70张，增幅为34.6%。

表7-31 2010—2015年全国医疗卫生资源情况

年份	2010	2011	2012	2013	2014	2015
每千人口医疗卫生机构执业医师数（人）	1.80	1.83	1.94	2.04	2.12	2.20
每千人口中医类别执业医师数（人）	0.22	0.23	0.27	0.29	0.31	0.33
每千人口医疗卫生机构床位数（张）	3.6	3.8	4.2	4.6	4.8	5.1
每千人口基层医疗卫生机构床位数（张）	0.89	0.92	0.98	0.99	1.01	1.03
每千人口中医医疗卫生机构床位数（张）	—	—	0.52	0.58	0.64	0.70
每万人口全科医生数(人)	—	—	0.81	1.07	1.26	1.38

资料来源：2011—2016年《中国统计年鉴》，2011—2016年《中国卫生统计年鉴》。

残疾人公共服务方面，各项残疾人公共服务能力得到明显增强。三项基本医疗保险的残疾人参保率从2010年的90.6%增至2014年的96.9%，提高6.3个百分点。城乡居民基本养老保险的残疾人参保人数从2011年的1492.5万人增至2015年的2229.6万人，提高49.4%。接受康复服务人数从2010年的604.7万人增至2015年的754.9万人，提高24.8%。2010—2015年，社区康复服务覆盖率和无障碍建设改造率分别从44.9%、22.7%提高到59.6%、50.9%，增幅分别为32.7%和124.2%。

表7-32 2010—2015年残疾人基本公共服务情况

年份	2010	2011	2012	2013	2014	2015
三项基本医保参保率（%）	90.6	92.7	96.1	96.3	96.9	—
城乡居民养老保险参保(万人)	—	1492.5	1659.1	2039.8	2180.0	2229.6
接受康复服务人数（万人）	604.7	631.8	760.2	746.8	751.5	754.9
社区康复服务覆盖率（%）	44.9	50.8	54.8	57.2	58.6	59.6
无障碍建设改造率（%）	22.7	37.3	44.1	45.6	47.3	50.9

资料来源：2011—2016年《中国统计年鉴》。

3. 提升服务水平

在各级财政加大投入和服务能力不断提升的推动下，基本公共服务的总体水平得到极大提高。教育方面，九年义务教育巩固率、小学学龄儿童净入学率、初中升学率、学前三年毛入园率分别从2010年的89.7%、99.7%、87.5%和56.6%提高到2015年的93.0%、99.9%、94.1%和75.0%，小学升学率基本保持稳定。基本社会保险方面，月人均基本养老金从2010年的1362元提高到2015年的2240元，年均增长达到10.5%。

表7-33 2010—2015年全国义务教育巩固率和升学率 （%）

年份	2010	2011	2012	2013	2014	2015
九年义务教育巩固率（%）	89.7	91.5	91.8	92.3	92.6	93.0
小学学龄儿童净入学率（%）	99.7	99.8	99.9	99.7	99.8	99.9
小学升学率（%）	98.7	98.3	98.3	98.3	98.0	98.2
初中升学率（%）	87.5	88.9	88.4	91.2	95.1	94.1
学前三年毛入园率（%）	56.6	62.3	64.5	67.5	70.5	75.0

资料来源：2011—2016年《中国统计年鉴》，2010—2015年《中国教育统计年鉴》。

表7-34 2010—2015年企业退休人员月人均基本养老金

年份	2010	2011	2012	2013	2014	2015
月人均基本养老金（元）	1362	1511	1686	1856	2050	2240
增长率（%）	—	10.9	11.6	10.1	10.4	9.3

资料来源：2011—2016年《中国统计年鉴》。

城乡低保标准和实际平均水平得到大幅提升。2010—2015年，城市和农村低保标准分别从每人每年3014.4元、1404.0元提高到5412.6元、3177.6元，增幅分别为79.6%和126.3%；城市和农村低保平均水平分别从每人每年2268.0元、888.0元提高到3640.8元、1766.5元，增幅分别为60.5%和98.9%。从相对保障水平来看，城市低保标准与居民消费支出之比在0.22~0.25，农村低保标准与居民消费支出之比在0.32~0.35。

表7-35 2010—2015年全国最低生活保障情况

年份	2010	2011	2012	2013	2014	2015
城市低保人数（万人）	2310.5	2276.8	2143.5	2064.2	1877.0	1701.1
城市低保标准（元/人年）	3014.4	3451.2	3961.2	4479.6	4926.4	5412.6
城市低保平均水平（元/人年）	2268.0	2883.6	2869.2	3170.4	3427.6	3640.8
农村低保人数（万人）	5214.0	5305.7	5344.5	5388.0	5207.2	4903.6
农村低保标准（元/人年）	1404.0	1718.4	2067.8	2433.9	2776.6	3177.6
农村低保平均水平（元/人年）	888.0	1273.2	1247.9	1393.5	1552.3	1766.5

资料来源：2011—2016年《中国民政统计年鉴》。

表7-36 2010—2015年全国最低生活保障标准与居民消费支出比较

年份	2010	2011	2012	2013	2014	2015
城市低保标准/居民消费支出	0.22	0.23	0.24	0.22	0.25	0.25
农村低保标准/居民消费支出	0.32	0.33	0.35	0.33	0.33	0.34

资料来源：2011—2016年《中国民政统计年鉴》。

医疗卫生领域，我国主要健康指标已经达到国际较高水平。2010—2015 年，7 岁以下儿童健康管理率从 83.4% 提高到 92.1%，甲乙类传染病发病率从 238.7/10 万下降到 223.6/10 万，5 岁以下儿童死亡率从 16.4‰ 下降到 10.7‰，孕产妇死亡率从 30.0/10 万下降到 20.1/10 万。

表 7-37 2010—2015 年全国主要健康指标情况

年份	2010	2011	2012	2013	2014	2015
7 岁以下儿童健康管理率（%）	83.4	85.8	88.9	90.7	91.3	92.1
甲乙类传染病发病率（1/10 万）	238.7	241.4	238.8	225.8	227.0	223.6
5 岁以下儿童死亡率（‰）	16.4	15.6	13.2	12.0	11.7	10.7
孕产妇死亡率（1/10 万）	30.0	26.1	24.5	23.2	21.7	20.1

资料来源：2011—2016 年《中国卫生统计年鉴》。

住房保障领域，公共租赁住房和农村危房改造均取得显著成效。2010—2015 年，公共租赁住房实物保障户数从 122.4 万户提高到 989.3 万户，增长 7.1 倍；住房租赁补贴户数稳定在 300 万户以上，公共租赁住房新开工套数累计达到 1580.3 万套，农村危房改造户数累计达到 1931.6 万户。

表 7-38 2010—2015 年全国住房保障基本情况

年份	2010	2011	2012	2013	2014	2015
公共租赁住房新开工套数（万套）	219.5	410.1	322.5	270.0	201.3	156.9
公共租赁住房实物保障户数（万户）	122.4	200.1	271.5	406.9	720.8	989.3
住房租赁补贴户数（万户）	300.5	330.9	307.4	309.0	340.1	317.1
农村危房改造户数（万户）	120.0	270.0	560.0	266.0	260.3	455.3

资料来源：2011—2016 年《中国统计年鉴》。

公共文化体育领域，2010—2015 年，每万人公共文化设施从 255.8 平方米提高到 374.7 平方米，人均图书馆流通次数从 0.24 次提高到 0.43 次；广播节目综合人口覆盖率、电视节目综合人口覆盖率、有线广播电视用户覆盖率分别从 96.8%、97.6%、46.4% 提高到 98.2%、98.8%、54.6%；每千人口体育指导员人数从 0.4 人提高到 1.5 人，增长 2.75 倍。

表 7-39　2010—2015 年全国公益性文化服务

年份	2010	2011	2012	2013	2014	2015
每万人公共文化设施（平方米）	255.8	295.2	312.4	334.2	359.5	374.7
人均图书馆流通次数（次）	0.24	0.28	0.32	0.36	0.39	0.43
人均接受文化站服务次数（次）	—	0.29	0.33	0.32	0.37	0.40
人均参观博物馆次数（次）	0.30	0.35	0.42	0.47	0.62	0.57
广播节目综合人口覆盖率（%）	96.8	97.1	97.5	97.8	98.0	98.2
电视节目综合人口覆盖率（%）	97.6	97.8	98.2	98.4	98.6	98.8
有线广播电视用户覆盖率（%）	46.4	49.4	51.5	54.1	54.8	54.6
每千人口体育指导员人数（人）	0.4	0.5	0.8	1.0	1.3	1.5

资料来源：2011—2016 年《中国统计年鉴》。

三、基本公共服务均等化程度不断提高

1. 推动城乡均等化

城乡分割是城镇化进程中基本公共服务体系建设面临的最大问题，由此导致城乡基本公共服务待遇和服务水平差距等一系列问题。从基本公共服务体系的发展规律、国际经验和国内实践来看，城市基本公共服务制度往往先于农村基本公共服务制度诞生，也早于后者进入完善成熟阶段，但农村基本公共服务制度也将逐步完善成熟，并与城市基本公共服务制度统筹发展。当前我国基本公共服务体系中，部分基本公共服务项目和内容存在城乡之别，有些基本公共服务项目还进一步将城市居民区分为户籍人口、常住人口和流动人口。在基本公共服务体系发展早期，城乡制

度分割的存在具有一定的合理性,但随着城镇化水平的提高,这种制度差异的弊端日益显现,其负面效应也越来越大。

近年来,我国基本公共服务体系建设将推动城乡均等化放在更加突出的位置。一是加强制度衔接与整合。随着公共财政实力的不断增强,越来越多的农村基本公共服务制度向城市制度靠拢或转变,城乡之间的制度性差异大量减少乃至消除。例如,城镇居民基本养老保险制度与新型农村社会养老保险制度进行整合,形成城乡居民基本养老保险制度。二是推动城市公共服务制度向农村延伸。针对一时无法消除城乡差异的基本公共服务制度,让在城市生活的农民能够享受与当地居民同等的基本公共服务待遇。例如,城市基本公共卫生服务项目基本上实现常住人口全覆盖。再以教育为例,2010—2015年,九年义务教育的城镇在校生比例从53.1%猛增至73.8%,显著高于同期的城镇化率,这说明大量农村户籍学生在城镇学校就读,这一现象在县城和中心城市尤为突出。

表7-40 2010—2015年全国九年义务教育城镇在校生情况

年份	2010	2011	2012	2013	2014	2015
城镇在校生数(万人)	8083.3	9765.0	9832.4	9769.1	10037.4	10335.7
城镇在校生比例(%)	53.1	65.1	68.0	70.8	72.5	73.8

资料来源:2010—2015年《中国教育统计年鉴》。

2. 推动区域均等化

基本公共服务供给在各级政府之间有一个责任划分,一些基本公共服务项目和内容属于地方政府事权范畴。受各地经济发展水平和财力的影响,部分基本公共服务待遇和服务水平存在区域差距。近年来,国家层面在着力加强对经济欠发达地区的转移支付力度,以增强其对基本公共服务领域的财力支撑。

教育领域,东部地区优于中部地区、中部地区优于西部地区的格局非常明显。从九年义务教育免费住宿生所占比重和营养改善计划受益学生比重来看,中部地区和西部地区均高于全国平均水平,西部地区比中部地区高很多。进一步来看,区域性差距有缩小迹象,九年义务教育的生师比在2015年趋于完全一致,全部为15.3;

九年义务教育生均用房面积的东西部差距从 2010 年的 0.6 平方米下降至 2015 年的 0.5 平方米。

表 7-41 2010—2015 年东中西部地区九年义务教育免费住宿生所占比重（%）

年份	2010	2011	2012	2013	2014	2015
全国平均	22.0	21.9	21.4	21.7	20.8	21.9
东部地区	13.7	13.4	13.6	13.5	12.6	13.8
中部地区	24.2	23.5	22.6	22.7	22.9	24.2
西部地区	28.8	29.8	29.3	30.6	28.9	30.1

资料来源：2010—2015 年《中国教育统计年鉴》。

表 7-42 2011—2015 年东中西部地区九年义务教育学生营养改善计划受益学生比重（%）

年份	2011	2012	2013	2014	2015
全国平均	17.9	15.8	15.7	23.2	21.2
东部地区	1.0	1.0	1.9	2.4	3.7
中部地区	18.3	17.6	17.4	17.5	16.3
西部地区	36.8	37.4	54.3	55.8	49.3

资料来源：2011—2015 年《中国教育统计年鉴》。

表 7-43 2010—2015 年东中西部地区九年义务教育生师比（教师=1）

年份	2010	2011	2012	2013	2014	2015
全国平均	16.6	16.4	15.9	15.2	15.2	15.3
东部地区	15.7	15.6	15.4	15.1	15.2	15.3
中部地区	17.1	17.0	16.3	15.1	15.1	15.3
西部地区	17.2	16.7	16.1	15.4	15.3	15.3

资料来源：2010—2015 年《中国教育统计年鉴》。

表 7-44 2010—2015 年东中西部地区九年义务教育生均用房面积（单位：平方米）

年份	2010	2011	2012	2013	2014	2015
全国平均	3.4	3.4	3.7	4.1	4.2	4.3
东部地区	3.8	3.7	4.0	4.3	4.5	4.6
中部地区	3.3	3.3	3.6	4.0	4.0	4.1
西部地区	3.2	3.3	3.5	3.8	3.9	4.1

资料来源：2010—2015 年《中国教育统计年鉴》。

表 7-45 2010—2015 年东中西部地区普通高中受资助学生所占比重（%）

年份	2010	2011	2012	2013	2014	2015
全国平均	19.8	19.6	19.9	20.5	20.6	20.8
东部地区	11.6	11.5	11.6	11.8	11.6	11.3
中部地区	20.5	20.3	20.2	20.4	19.9	19.9
西部地区	30.1	29.4	30.1	31.0	31.9	32.7

资料来源：2010—2015 年《中国教育统计年鉴》。

医疗卫生领域，床位和人才等医疗卫生资源配置的区域差距有所缩小，均等化程度有所提高。从每千人口医疗卫生机构床位数来看，中部和西部地区的增长速度要快于东部地区，2012 年全面追上东部地区，2015 年已经实现反超，中部、西部地区分别比东部地区高出 0.3 张和 0.5 张。从每千人口医疗卫生机构执业医师数来看，东部与中部、西部地区之间的差距分别从 2010 年的 0.50 人、0.57 人降至 2015 年的 0.30 人和 0.30 人，中部地区和西部地区之间的差距几乎消除。

表 7-46 2010—2015 年东中西部地区每千人口医疗卫生机构床位数（单位：张）

年份	2010	2011	2012	2013	2014	2015
全国平均	3.6	3.8	4.2	4.6	4.8	5.1
东部地区	4.0	4.2	4.2	4.4	4.6	4.9
中部地区	3.3	3.5	4.2	4.5	4.9	5.2
西部地区	3.4	3.6	4.4	4.8	5.2	5.4

资料来源：2011—2016 年《中国卫生统计年鉴》。

表 7-47 2010—2015 年东中西部地区每千人口医疗卫生机构执业医师数 （单位：人）

年份	2010	2011	2012	2013	2014	2015
全国平均	1.79	1.82	1.94	2.04	2.12	2.20
东部地区	2.13	2.18	2.10	2.48	2.30	2.40
中部地区	1.63	1.61	1.83	1.79	2.01	2.10
西部地区	1.56	1.60	1.82	1.79	1.99	2.10

资料来源：2011—2016 年《中国卫生统计年鉴》。

第三节
基本公共服务体系的主要问题

一、基本公共服务理念存在偏差，资源总量不足与闲置低效并存

基本公共服务涉及十几个行业领域，部分领域区分基本公共服务和非基本公共服务的理念不强，甚至把政府提供服务直接等同于基本公共服务，从而出现扩大化倾向。部分行业部门从自身管理便利出发，不以需求为导向，从而影响了公共服务的效果和社会满意度。部分地区根据自身财力状况，大幅提高基本公共服务标准，从而造成同一基本公共服务项目的地方标准差距过大。近年来，各级政府加大对基层公共服务设施的建设投入，但由于基础薄弱和长效机制不健全，基本公共服务资源总体不足与大量闲置浪费并存的现象依然严重。

二、基本公共服务和非基本公共服务缺乏有效分类，政府、市场和社会在公共服务供给上没有形成合理分工

根据公共产品理论，政府、市场和社会在公共服务供给的主体方面存在明确界

定，政府是公共服务的责任主体，并重点供给保障型公共服务，优先供给发展型公共服务，市场和社会是公共服务的供给主体，但非责任主体。目前，由于公共服务在基本和非基本之间没有明确边界，政府在进行公共服务供给时缺乏相应的选择依据，而与社会公众日益增长的公共服务需求相比，财政投入永远都是有限的，这样导致政府不可能同时满足基本公共服务和非基本公共服务的供给。如果政府将有限资源同时投入基本和非基本公共服务，就会一方面导致基本公共服务难以保障到位，另一方面导致非基本公共服务为市场和社会留出的参与空间不够。最终的结果是，政府没干好应该干的，同时市场和社会在公共服务供给上也难以有所作为。

三、保障型公共服务和发展型公共服务缺乏有效分类，政府越位、缺位和错位现象并存

虽然同为基本公共服务，但保障型服务和发展型服务对政府供给责任的要求是不一样的，主要体现在强制性程度的差异。相比较而言，保障型公共服务被视为政府不可推卸的责任，即使政府供给到位、充分，其社会影响力有时候也难以与发展型公共服务相媲美，因此政府有轻保障型服务、重发展型服务的内生动力。最直接的结果是，政府在保障型公共服务供给上有可能缺位，在发展型公共服务供给上有可能越位，在两类服务供给上有可能错位。

四、公共服务供给的层级责任缺乏有效分类，中央和地方各级政府存在责任推诿现象

公共服务供给有一个分权和授权的机制，这既包括政府、市场和社会之间的分权和授权，也包括中央和地方各级政府之间的分权和授权。通常来说，财权和事权相匹配是政策设计的指导思想，但如何根据财权来划分事权是一项比较复杂的工作，公共服务供给的层级责任划分尤为突出。由于公共服务供给体制改革滞后，虽然明确了公共服务供给是政府责任，但在中央政府和地方各级政府之间如何分担这一供给责任，目前理论层面缺乏有力论证，实践层面缺乏有效探索和有力支撑，从而导致中央和地方各级政府在具体责任分担上相互推诿。虽然国家基本公共服务体系规划

中对中央和地方的保障责任进行了界定，但这种界定一方面缺乏强有力的理论支撑，地方政府认为中央事权太小，对这种责任划分不太满意；另一方面在具体责任分担上还是比较模糊，对新增责任也没有合理解释，从而在指导实践上缺乏信服力。

五、公共服务的生产主体缺乏有效分类，公办机构"一股独大"和社会力量参与不足并存

虽然同为公共服务的生产主体，但私人部门和社会组织与公办机构在参与地位上完全不平等。尽管近年来私人部门和社会组织的参与规模有所扩大，但总体上公办机构"一股独大"的格局并未改变。公办机构与主管行政部门有着千丝万缕的联系，同时享受着历史形成的资源优势。资源优势有些是显性的，有些是隐性的，这就使得私人部门和社会组织在公共资源使用上处于不对等地位。公办机构能够得到大量财政补贴，而私人部门和社会组织得不到或仅得到较少补贴。在服务定价或收费方面，公办机构可以在财政投入的保障下进行低价竞争，从而将私人部门和社会组织排挤出公共服务生产市场。在公共服务生产领域，公办机构有市场垄断、将私人部门和社会组织排挤出去的天然动机，如果不对公共服务的生产主体进行有效分类，并对公办机构的"侵略性"行为予以部分遏制的话，私人部门和社会组织参与公共服务生产就不可能成为现实。

六、公共服务分类标准及其动态调整机制欠缺，绩效评估考核机制无法科学制定并有效实施

公共服务供给必须实行绩效评估，以提高公共服务资源的使用效率和效益。公共服务供给既追求社会效益，也追求经济效益，而且社会效益优于经济效益。绩效评估体系的建立必须以明晰的组织目标为前提，同时要求合格的责任主体和规范的运行流程，以及独立的第三方评估机构。目前，我国公共服务供给没有建立明确的分类标准，更没有形成科学的动态调整机制，导致责任主体不分、流程不规范，加上第三方评估机构没有培育起来，从而使得绩效评估机制难以建立健全。从被评估对象来说，由于政府是公共服务供给的责任主体，政府及公共部门是公共服务生产的绝对主体，他们比较抵制绩效评估制度的建立和实施，因此需要外部给予强有力的制度约束。进一步来说，绩效评估机制不健全，将造成分类标准的制定和调整缺乏充足依据。因此，绩效评估机制不健全既是分类标准及其动态调整机制缺失的结果，也是导致后者缺失的主要原因之一。

七、基本公共服务人才支撑不足，瓶颈制约现象非常突出

近年来，伴随着国家基本公共服务体系的建立和健全，基本公共服务人才队伍迅速壮大，但是与日益增长的基本公共服务需求和基本公共服务均等化目标需要相比，基本公共服务人才在总量规模、结构比例、综合素质、体制机制等方面仍存在诸多不足。一是人才规模总体不足，与我国成为世界第二大经济体、迈入中高收入国家行列的大格局不相适应，与世界上其他同等收入水平国家的基本公共服务人才拥有量相比仍有较大差距。二是人才结构相对失衡，城镇基本公共服务人才的配置密度远远超过农村，也超过同期的城镇化水平，从事行政管理工作的人员占比较高，提供专业技术服务的人员相对被压缩，热门专业的人员占比较高，相对冷门专业的人员占比较低。三是在知识技能不断更新和信息技术广泛应用等新形势之下，基本公共服务人才的综合素质仍然偏低，主要体现在学历合格达标率和专业技能水平等方面。四是基层人才严重匮乏，长期面临着招不到、留不住、水平低等问题和挑战，西部地区、农村地区和贫困地区体现得尤为突出。

第四节
健全基本公共服务体系的总体思路

健全基本公共服务体系要做到构建理念更加明晰、制度框架更加健全、权利义务更加理顺、运行机制更加成熟，从扩大供给、完善结构、提高水平等角度综合施策施力，推动基本公共服务的均等化、标准化和法制化。

一、增加基本公共服务的内容项目

从历史角度来看,"十二五"规划确定的基本公共服务内容项目主要是与规划制定时所处的经济社会发展阶段以及对"十二五"时期的基本判断相适应的,经过"十二五"时期的发展变化,"十三五"时期基本公共服务内容项目有所增加。

考虑到基本公共服务的层级属性,其内容项目的多少具有较强的刚性特征,即基本公共服务的内容项目在数量规模上只增不减,除非出现项目合并或升级等特殊情况。基于教育、劳动就业、社会保险、医疗卫生等领域的个性化发展,基本公共服务各领域并不必然平行加项,有的领域增加得多,有的领域增加得少,甚至可能不增加。加不加项,加多少项,这都是取决于各领域的实际发展和需求情况的。

二、提高基本公共服务的基本标准

基本标准是指在一定时期内为实现既定目标而对基本公共服务活动所制定的技术和管理等规范,也是国家提供基本公共服务的最低要求。作为满足全体公民生存和发展基本需求的保障,基本标准由实现该项基本公共服务供给所需要的人力、财力、物力等因素来综合决定,因此通常具有不可逆性,即基本标准一旦确定,一般情况下就只升不降。同时,基本标准还会随着基本公共服务内容增加、物价变化和城乡居民收入增加来进行调整,总体而言是以提高标准为主基调。

"十二五"规划确定的基本公共服务基本标准与"十二五"时期的经济社会发展水平总体上是相适应的,既较好地体现了国家的基本公共服务供给责任,又相对充分地保障了社会公众的生存和发展需求。随着时间的推移,物价水平、公共服务成本等均有所增加,为了保证基本公共服务的供给水平不降低,以资金数额为衡量指标的基本标准理论上应该同步提高。与此同时,保障和改善民生的重要性日益凸显,公共财政尤其是新增财力向民生领域倾斜,特别是基本公共服务领域,更加坚实雄厚的财力支撑使基本公共服务的保障标准可以提高。具体而言,基本公共教育领域,义务教育的生均公用经费、生活补助、营养膳食补助,以及高中阶段教育和学前教育的困难资助，均可以适度提高。社会保险领域，基础养老金和基本医疗保险的政策范围内报销比例可以提高。基本社会服务领域，城乡居民低保标准、基本养老服务补贴和医疗救助标准可以提高。

三、扩大基本公共服务的受众群体

均等化是基本公共服务体系的基本理念，即让全体公民都能获得大致均等的基本公共服务，其核心是机会均等。根据服务对象的不同，基本公共服务的均等化有两个实施原则：一是普遍关联原则，即基本公共服务的受众群体就是全体社会成员，不附带任何条件，这类基本公共服务具有普惠性，如社会保险、基本药物制度等。二是条件关联原则，即只有满足了一定条件，社会成员才能享受某项基本公共服务，这类基本公共服务通常具有救助性或福利性，如困难学生资助、城乡居民低保、就业援助等。普遍关联原则和条件关联原则如何适用，主要取决于基本公共服务项目的属性。从理论分析来看，两项原则适用项目的边界总体上是清晰的，随着经济社会发展形势的变化，适用条件关联原则的项目有可能转为适用普遍关联原则，但这种转变通常是不可逆的。两种原则的转变，根本上就是基本公共服务受众群体覆盖面的扩大。

扩面有两个层面的含义：一是从一部分群体扩大到范围更广的一部分群体，但尚未延伸至全体社会成员；二是直接从部分群体扩大到全体社会成员。前者属于条件关联原则的内部扩大，后者属于条件关联原则向普遍关联原则的转变。具体而言，基本公共教育领域，建议将义务教育学生营养改善计划从贫困地区农村扩大到全体农村乃至城乡全体学生，将免费中等职业教育扩大到全体学生。劳动就业服务领域，建议将职业技能培训和技能鉴定扩大到全体劳动年龄人口。基本社会服务领域，建议将基本养老服务补贴扩大到全体失能半失能65岁及以上城乡居民。基本医疗卫生领域，建议将住院分娩补助扩大到城乡妇女。人口和计划生育领域，建议将独生子女政策直接扩大到二孩政策。公共文化体育领域，建议将免费提供文化信息、资源共享、电影放映、送书送报送戏等公益性文化服务向城市地区延伸。

第五节
健全基本公共服务体系的展望

一、推进基本公共服务法制化建设

当前我国尚未制定针对基本公共服务的专项立法，有关基本公共服务的部分内容散见于《中华人民共和国义务教育法》《中华人民共和国社会保险法》等法律以及条例和政策性文件，从而使基本公共服务缺乏应有的规范性和严肃性。无论是从基本公共服务法律的功能意义来说，还是从提高基本公共服务体系的权威性来说，抑或是考虑到部门规章带有一定的部门利益特征，研究制定并出台国家基本公共服务体系的专项立法将具有较强的必要性。而且经过多年来的不断调整和完善，我国基本公共服务制度在构建理念、体系建设和制度框架等方面都已经基本成型，加快推进法制建设应成为健全国家基本公共服务体系的重要着力点。

健全国家基本公共服务体系要求切实做到有法可依和有法必依。考虑到国家基本公共服务体系的综合性，建议将基本公共服务领域的现有立法进行梳理总结，将其中关于基本公共服务的内容项目、覆盖对象、基本标准、重点任务和保障工程提炼出来，在此基础上研究制定基本公共服务体系的专项立法。立法规定既不能太粗放，也不能过于具体，应考虑到国家基本公共服务体系在具体操作层面还需要进一步调整。同时需要注意的是，加强国家基本公共服务制度的普及宣传也非常重要，这需要政府、社会和个人的共同努力。政府需要将与基本公共服务有关的各项法律法规整理出来，并随时为公众提供咨询服务，制度调整和新政策的出台要及时告知公众，并对调整做出合理性解释，以最大限度满足公众对基本公共服务制度相关信息的知情权的实现。社会应积极主动配合政府的政策宣传，能够解决公众在具体操作环节上的困惑，并参与做好基本公共服务的提供。个人应积极主动地熟悉基本公共服务制度,特别是其中与个人权利和义务相关的规定,从而能够正确理解和把握国家基本公共服务制度。

二、促进城乡基本公共服务均等化

1. 加强城乡基本公共服务规划一体化

加强统筹规划和政策引导,编制并发布实施基本公共服务均等化规划,制定和完善促进基本公共服务均等化的一系列配套政策,强化政策之间的协调整合。贯彻区域覆盖、制度统筹的原则要求,以服务半径、服务人口为基本依据,打破城乡界限,统筹空间布局,制定实施城乡统一的基本公共服务设施配置和建设标准,重点保障义务教育、公共卫生与基本医疗服务、公共文化等基本社会保障。

2. 加强城乡基本公共服务制度衔接与整合

从城乡制度统一入手实现基本公共服务均等化,加快形成惠及全民的基本公共服务体系。加快建立制度统一、覆盖城乡居民的社会保障体系,建立统一规范的人力资源市场,建立覆盖城乡居民的公共卫生体系、医疗服务体系、医疗保障体系和药品供应体系,促进城乡教育、医疗卫生、文化等事业均衡发展。进一步完善农村义务教育经费保障机制,逐步提高新型农村合作医疗保障水平和农村最低生活保障标准,健全城市支援农村公共服务建设的长效机制,促进城乡公共服务制度有效衔接和资源公平配置。

3. 加大农村基本公共服务支持力度

进一步加大公共资源向农村倾斜力度,新增预算内固定资产投资要优先投向农村基本公共服务项目。制定并推行各类机构服务项目及其规范标准,提高农村基层公共服务人员专业化水平。鼓励和引导城市优质公共服务资源向农村延伸,包括充分利用信息技术和流动服务等手段,促进农村共享城市优质公共服务资源。

4. 健全以流入地为主的流动人口基本公共服务制度

加快建立针对农民工等流动人口的基本公共服务制度,逐步实现基本公共服务由户籍人口向常住人口扩展。结合户籍管理制度改革和完善农村土地管理制度,逐步将基本公共服务领域各项法律法规和政策与户口性质相脱离,保障符合条件的外来人口与本地居民平等享有基本公共服务。积极探索多种有效方式，对符合条件的农民工及其子女，分阶段、有重点地纳入居住地基本公共服务保障范围。

三、促进区域基本公共服务均等化

1. 落实主体功能区基本公共服务政策

以推进主体功能形成为出发点，以实现全国基本公共服务均等化为最终目标，针对不同类型主体功能区的政策作用重点，分阶段、分步骤稳步推进。近期以有利于主体功能形成的基本公共服务为推进重点，长期再逐步提高不同主体功能区的基本公共服务层次。就推进重点而言，优化开发区侧重于有序吸纳人口集聚，逐步消除城乡居民之间、本地居民与外来居民之间所享受基本公共服务的差异；重点开发区侧重加大基本公共服务投入，优化基本公共服务布局，完善基本公共服务体系建设，努力增强本区域人口吸纳能力；限制和禁止开发区优先提供有利于人口外迁的基本公共服务，依靠转移支付努力在集中居住区建立起具有较高水平的基本公共服务体系，促进本地居民向集中区集聚。就推进层次而言，先从浅层次的均等化入手，即硬件的标准化，通过统一建设标准化的各类基本公共服务设施，努力缩小城乡和区域之间基本公共服务差距；在此基础上，再推进基本公共服务制度的标准化，即通过统一城乡、区域之间基本公共服务制度，努力缩小同一个区域内城乡以及不同户籍之间基本公共服务差异，逐步统一不同区域的基本公共服务制度，实现基本公共服务跨区域的一体化；最后是要实现最高层次的均等化，即基本公共服务质量的均等化，使不同区域的居民都可以享受到相同质量的基本公共服务。

2. 加大困难地区基本公共服务支持力度

加大对贫困地区、革命老区、民族地区、边疆地区和集中连片特殊困难地区的基本公共服务财政投入和公共资源配置力度，政府基本公共服务投资项目优先向这些地区倾斜。鼓励发达地区采用定向援助、对口支援和对口帮扶等多种形式，支持这些地区发展基本公共服务，并形成长效机制。

3. 建立健全区域基本公共服务均等化协调机制

加强各级政府和各部门之间的磋商协调，保持区域间基本公共服务范围和标准基本一致,推动相关制度和规则衔接,做好投资、财税、产业、土地和人口等政策的配套协调。健全以地方政府为主、统一与分级相结合的公共服务管理体制,着力加强省级政府推进省域内基本公共服务均等化的统筹职能。适应区域一体化发展要求,完善现有各类区域协调机制,强化其促进区域内基本公共服务协作、资源共享、制度对接的作用。

四、加强基本公共服务均等化的财力保障

1. 明确各级政府之间基本公共服务的财权和事权

综合考虑法律规定、受益范围、成本效率、基层优先等因素,合理界定中央政府与地方政府的基本公共服务事权和支出责任,建立由中央和地方各级政府分类别、按比例合理负担基本公共服务的机制。中央政府主要负责制定国家基本公共服务标准和政策法规,提供涉及中央事权的基本公共服务,协调跨省(自治区、直辖市)的基本公共服务问题,以及对各省级政府提供的基本公共服务进行监督、考核与问责。按照国家统一制度框架,省级政府主要负责制定本地区基本公共服务标准和地方政策法规,提供涉及地方事权的基本公共服务,以及对市级和县级政府提供的基本公共服务进行监督、考核与问责。市级和县级政府具体负责本地基本公共服务的提供以及对基本公共服务机构的监管。逐步将适合更高一级政府承担的事权和支出责任上移,增加中央和省级政府在基本公共服务领域的事权和支出责任。强化省级政府在教育、就业、社会保险、社会服务、医疗卫生等领域基本公共服务的支出责任。

2. 完善转移支付制度

在明确划分各级政府基本公共服务事权和支出责任的基础上,逐步做到属于地方政府事务的,其自有收入不能满足支出需求的,中央财政原则上通过一般性转移支付给予补助;属于中央委托事务的,中央财政通过专项转移支付足额安排资金;属于中央地方共同事务的,明确各自支出的分担比例。增加一般性转移支付特别是均衡性转移支付规模和比例,加大对中西部地区转移支付力度,优先弥补禁止开发区和限制开发区的收支缺口。规范专项转移支付,充分发挥专项转移支付资金促进

基本公共服务均等化的积极作用。充分发挥省级财政转移支付有效调节省内基本公共服务财力差距的功能。已实施省直管县财政改革的地区，省级政府要根据本地区实际情况，加大对县级政府的转移支付力度。没有实施省直管县财政改革的地区，省、市级政府要采取多种方式，增加对县级政府的转移支付。

3. 健全财力保障机制

完善公共财政预算，优化财政支出结构。各级政府要优先安排预算用于基本公共服务，并确保增长幅度与财力的增长相匹配、同基本公共服务需求相适应，推进实施按照地区常住人口安排基本公共服务支出。加快构建以政府为主导、充分体现社会公平的再分配调节机制。拓宽基本公共服务资金来源。继续安排中央资金，支持贫困地区和薄弱环节提高基本公共服务能力，地方各级政府特别是省级政府要安排相应资金。充分利用国际金融组织贷款等有效融资形式，拓宽政府筹资渠道，增加基本公共服务基础设施投入。加大国有资本经营预算用于基本公共服务的支出比重。扩大全国社会保障基金规模。提高县级财政保障基本公共服务能力。中央财政制定县级基本公共服务财力保障范围和保障标准，并根据相关政策和因素变化情况动态调整。省、市级财政要按照本行政区划内基本公共服务均等化的要求，逐步提高县级财政在省以下财力分配中的比重，帮助困难县（市、区）弥补基本财力缺口。县级政府要强化自我约束，科学统筹财力，规范预算管理。中央财政要完善县级财政保障基本公共服务的激励约束机制，根据基层工作实绩实施奖励。

五、完善基本公共服务发展的宏观调控体系

政府要综合运用经济、法律和行政等手段实现公共服务宏观调控目标，更多地采用财税政策、金融政策和投资政策等措施来提高公共服务发展的宏观调控能力，做到经济社会发展综合平衡。国家基本公共服务体系规划是公共服务发展的战略蓝图，可以有效避免公共服务发展的无序，从而提高公共服务资源的利用效率。健全国家基本公共服务体系要求积极推进基本公共服务领域重大规划的制定与实施，发挥规划的引导和龙头带动作用，促进人才、文化、卫生、体育等重大资源规划布局和协调发展。同时为了提高基本公共服务体系规划的实施效果，政府应建立基本公

共服务体系规划实施监督和评估制度。

六、制定基本公共服务均等化标准体系

基本公共服务均等化标准是引导公共服务规范化、促进基本公共服务均等化和考核各级政府履行公共服务职责的重要依据，目前我国还没有出台国家基本公共服务标准，只是在教育、卫生、住房等部分领域制定了具体的工作标准。健全国家基本公共服务体系要求明确基本公共服务均等化的目标和范围，制定基本公共服务最低供给规模与质量标准，实行统筹城乡和区域发展的基本公共服务设施布局标准和建设标准；合理界定和划分各级政府发展公共服务的责任，建立由中央和地方各级政府分类别、按比例合理负担基本公共服务的机制；建立对各级政府履行基本公共服务的监测评价体系，并将基本公共服务均等化水平纳入政府绩效考核范围。

七、优化基本公共服务领域的资源配置

目前我国公共服务发展相对滞后，且公共服务发展存在较为严重的资源配置不合理、条块分割、分布不均等问题，这不利于基本公共服务均等化的有效实现。健全国家基本公共服务体系要求各级政府合理配置基本公共服务财政性资源，统筹协调，盘活存量，优化增量，有效整合公共服务资源。尤其是要统筹城乡基本公共服务资源配置，推进城乡基本公共服务一体化规划、建设和运营管理，促进城乡基本公共服务共建共享，努力避免城乡差距因基本公共服务非均等化而出现的代际转移。在基本公共服务资源合理配置的同时，政府要协调处理好基本公共服务的软硬件建设，特别要加强软件建设，实现基础设施建设与完善运行机制同步推进。

八、构建基本公共服务提供主体多元化格局

社会办机构和公办机构是基本公共服务领域的两大提供主体。长期以来，公办机构占据绝对主导地位，社会办机构只能处于从属地位。随着经济社会发展水平的

提高，社会办机构的功能和地位都发生大幅度的变化。理想的关系模式应该是：基本公共服务领域以社会办机构为主，公办机构发挥保障性的托底功能，二者相互配合与协调，同时社会办机构呈现多层次发展，以满足社会公众的多样化需求。

公办机构从政府的附庸角色中彻底摆脱出来，建立起完全独立的法人，实行现代社会组织治理结构或现代企业治理结构，参与政府购买服务的竞争，接受政府的绩效评估和行政监管。行业主管部门不再直接插手公办机构的具体事务，转变为代表政府行使评估和监管职能。除资产属性存在不同外，公办机构要与社会办机构逐渐趋同。

民间资本和社会组织是社会力量的两大构成主体。当前在社会力量参与基本公共服务提供总体不足的情况下，社会组织的参与相对滞后，而民间资本的参与相对活跃一些。从基本公共服务的本质属性来说，社会组织应该比民间资本更适合一些，社会组织的非营利性与基本公共服务的公益性更为契合，而民间资本的逐利性使其参与范围相对缩小。要逐渐提高参与基本公共服务提供的社会力量中社会组织的比重，使社会组织和民间资本在民办社会事业中合理分工、错位发展，民间资本从一些领域逐步退出来，社会组织相应填补进去。其中关键是要推动社会组织的有序快速发展，形成有利于社会组织承担社会事务的政策氛围。

九、深化社会事业管理体制改革

基本公共服务涉及教育、医疗卫生、人力资源和社会保障、公共文化体育、广播电视等相关行政部门，容易出现政府职能交叉、越位与缺位并存的局面。健全国家基本公共服务体系要求健全以政府为主、统一与分级管理相结合的多层次基本公共服务管理体制，明确各行政部门在公共服务发展中的职责和事权划分，加强各部门之间的沟通与协调。深化社会事业单位改革，探索建立新型的社会事业单位法人治理结构和产权制度，提高运行效率。合理界定政府基本公共服务投资职能，强化投资决策的科学化、民主化和法制化，加强项目管理和投资监管，提高政府对基本公共服务的投资管理水平和投资效益。各级政府、各部门要清理和修改不利于社会力量参与基本公共服务提供的法规政策规定，切实保护社会力量的合法权益，培育和维护平等竞争的投资环境。在制定涉及社会力量的法律、法规和政策时，听取社会力量和行业协会的意见与建议。尽快启动《民办非企业单位登记管理暂行条例》的修订工作，修改完善《中华人民共和国民办教育促进法实施条例》等。

十、创新政府购买服务机制

鼓励和引导社会力量以兼并、收购、参股、合作、租赁、承包等多种形式参与基本公共服务提供，积极探索基本公共服务、管理合同外包、特许经营等公私合作方式，拓宽社会力量进入渠道。逐步实现公共服务由政府直接提供转变为通过购买服务来间接提供，探索将一部分建设资金转变为购买服务资金，并完善购买服务资金的使用管理。通过市场机制能够有效购买的社会公共服务，原则上政府不再安排对公办机构的新增建设投入。对于社会力量参与提供的社会公共服务，政府优先购买。进一步完善政府购买社会力量提供社会公共服务的定价机制、招投标机制、购买流程和购买服务评估机制。

十一、强化政府基本公共服务职能

以 GDP 为核心的考核机制促使地方政府在市场化等方面展开竞争，同时也为招商引资在基础设施建设等有形政绩方面展开竞争，但对于教育和医疗这类软性公共物品，由于不能对 GDP 产生立竿见影的效果，且具有较大的外部性，地方政府并没有足够的激励来提供，反而会甩包袱式地交给市场。因此，在分权式改革下，这种以经济总量为导向的中央地方关系，会弱化地方政府提供公共服务的激励，导致政府公共服务职能缺位，在部分公共服务提供方面反而更容易出现政府失灵。如果前期改革主要运用了"用脚投票"机制，促使地方政府为追求 GDP 和吸引内外资而展开了竞争，下一步促进均等化就应当强化地方政府履行基本公共服务职责，打破 GDP 政绩观，建立符合科学发展的政绩考核指标体系，重点就是加强基本公共服务均等化情况的考核，把基本公共服务数量和质量指标纳入政府绩效考核体系，并逐步增加其权重。

十二、健全基本公共服务人才支撑

1. 加强人才资源规划

突出人才资源规划在基本公共服务体系建设中的重要性,将其列入基本公共服务领域各级行业部门的工作安排。尊重人才资源开发的一般规律和行业特点,各领域制定人才资源规划时要充分体现出相应的灵活性。第一,各级政府在制定基本公共服务体系规划时应对基本公共服务人才进行专门阐述,提出总体要求、发展目标和基本思路。第二,各行业部门在制定本领域发展规划时应突出基本公共服务人才的表述,包括人才需求、待遇报酬、体制机制和职业发展等,激发人才服务的积极性和能动性。在制定人才资源规划时,必须摸清现有人才底数,并结合人才需求,相应制定存量调整和增量优化的方案。

2. 优化人才配置结构

突出解决人才结构失衡问题的紧迫性,从城乡、岗位和技术等角度来加以优化。城乡结构方面,以城乡常住人口为基数,结合行政区划、服务半径、辐射能力等因素,对基本公共服务人才的分布结构进行优化调整,要与城镇化发展趋势相适应。农村地区人口规模相对分散,人才配置时要适当倾斜。岗位结构方面,适度压缩纯粹从事行政管理工作人员的比重,提高提供专业技术服务等实际业务工作人员的比重,考虑增加双肩挑人才的比例。技术结构方面,通过定向培养、提高待遇等多种方式,鼓励更多学生选择相对冷门专业,鼓励更多毕业生选择目前就业意愿较低的岗位,鼓励这些专业和岗位的人才热衷于本职工作。教育领域,加大对体育、美术等科目教师的培养和培训,提高中等职业教育中双师型教师的比重。医疗卫生领域,加大对儿科、妇产科、病理科等学科的投入力度,尽快使这些学科发展壮大起来。

3. 提升人才综合素质

提升人才综合素质既要提高学历水平,也要提高专业技能。一是进一步提高学历合格达标率。针对基本公共服务供给岗位的任职要求,新进入职的基本公共服务人才的学历必须符合标准,同时通过在职学习等途径,提高现有基本公共服务人才的学历水平，逐步提升整体学历合格达标率。提高学历合格达标率要分类实施，学历合格达标率已经较高的基本公共服务人才，要对未达标人员进行摸底排查，制定出细化的达标措施。学历合格达标率较低的基本公共服务人才，要制定出系统化的达标行动方案。二是进一步提高专业技能水平。结合行业发展趋势和信息手段等新技术应用，加大在岗学习、脱产学习、集中培训等途径的实施力度，尤其是重视远程教育培训的推广应用，加强现有基本公共服务人才的专业技能提升。

4. 推进体制机制改革

以全面深化改革为契机，大力推进基本公共服务人才的体制机制改革。一是深入推进事业单位管理体制改革，学校、医院、就业服务机构、社保经办机构、文化服务机构、体育服务机构、养老服务机构等事业单位去行政化，建立起完全独立的法人治理结构，摆脱对行业管理部门的组织依附。二是健全编制管理制度，按照服务对象规模等因素的变化来对人员总量进行适时调整，同时逐步剥离与编制相关联的经费核定等管理办法，增强基本公共服务人才编制管理的灵活性和适应性。三是健全基本公共服务人才任用制度，根据绩效考核结果来决定人才的岗位匹配，对不合格人员进行业务培训，培训合格后再上岗，如果仍不能满足岗位需要，考虑对其进行转岗或安置到其他渠道。四是健全职称管理制度，淡化职称在待遇报酬和职业发展的关键性作用，增强技能素质、服务期限和敬业态度等因素的权重，使职称管理回归到正常作用轨道。

5. 夯实基层人才队伍

基本公共服务均等化的重点之一是基层服务，基层人才是关键。要培养一批有志于扎根基层的人才队伍，在工作环境、待遇报酬、教育培训等方面要加大保障支持力度。对于西部地区、农村地区和贫困地区，要加大财政投入。长期来看，要使基层人才队伍能够安心服务。短期来看，对代课教师、赤脚医生等人员要尽快健全保障管理制度，妥善处理好新、老人员的更替。对于由基层干部兼任的基本公共服务人才，既要承认其存在的合理性，给予适当报酬来补偿其额外的工作付出，同时为了保证服务质量，也不能过度鼓励这种兼职行为。

第八章
社会治理体制改革

内容摘要：我国社会治理体制改革经历了探索期、发展期、深入期和深化期四个阶段。综合来看，构建理念不断更新，制度体系日臻完善，政策措施逐渐健全，实现途径日益创新。与此同时，社会治理的"六重""六轻"特征非常突出，行政干预过度与缺失并存，法制化程度过低，主体多元发育欠缺，地方创新实践成果亟待转化。为实现社会治理现代化，我国社会治理应该推动思想观念从重经济建设、轻社会治理向经济社会互促共进转变，制度理念从重刚性控制、轻柔性服务向刚柔兼济、沟通协调转变，治理主体从重政府主导、轻多元参与向政府、社会、个人相结合的多元主体转变，治理手段从重行政干预、轻多管并举向行政、法律、利益诱导和道德舆论等多种手段相结合转变，治理环节从重事后处置、轻源头治理向结果导向和过程监管相结合转变，治理机制从重单向线性、轻双向互动向双向互动、多维评估转变，形成党委坚持方向治理、政府完善行政治理、社会组织自我管理、公众积极参与治理的多元治理格局。具体政策措施包括：出台并完善社会治理相关法律法规，切实推进政府职能向社会治理回归，大力培育社会组织和公众参与意识，创新社区治理机制、流动人口治理与服务机制、群众权益保障机制、道德舆论引导机制和网络社会治理机制，创新社会治理宏观调控手段，合理配置社会治理公共资源，从而构建中国特色社会主义社会治理体系。

社会治理是现代国家治理体系的重要组成部分，社会治理现代化是国家治理体系和能力现代化的关键内涵，也是经济社会发展进入新阶段后提出的新命题。伴随着社会主义市场经济体制的建立和不断完善，我国社会治理也经历了一个不断调整与变革的过程。改革开放近40年来，我国社会治理的理念在逐步明晰，实践在不断探索，体系在日益完善，为形成中国特色的社会治理体系奠定了坚实基础，为推进国家治理体系和治理能力现代化提供了重要支撑。但是，社会发展与经济发展不相适应的问题仍然非常突出，社会治理体制改革滞后，社会治理方式过于僵化，导致诸多社会矛盾和社会问题，严重影响社会和谐甚至危及社会稳定。推进社会治理现代化，健全中国特色的社会治理体系，关系到经济社会协调可持续发展，关系到全面建设小康社会的实现和社会主义和谐社会的构建，关系到国家长治久安和人民幸福安康，关系到国家核心竞争优势和中华民族伟大复兴。

第一节
社会治理体制的改革历程

一、社会治理的内涵与中国特色

社会治理是人类社会必不可少的一项管理活动，是指包括政府、社会组织、公众在内的行为主体在法律法规框架内，通过各种方式对社会领域的各个环节进行组织、协调、服务、监督和控制的全部过程。社会治理的基本元素主要有主体、行为和目标。社会治理的主体包括政府、社会组织和公众。社会治理行为主要体现为协调社会关系、规范社会行为、应对社会风险、解决社会问题和化解社会矛盾等。社会治理的目标主要是应对社会风险、保持社会稳定、促进社会公正和促进共融共生。三者共同构成社会治理的有机统一体。具体到社会治理目标而言，四个目标之间有一个由低及高的递进过程，应对社会风险和保持社会稳定是社会治理的基本要求，促进社会公正和促进共融共生是更高层次的追求。

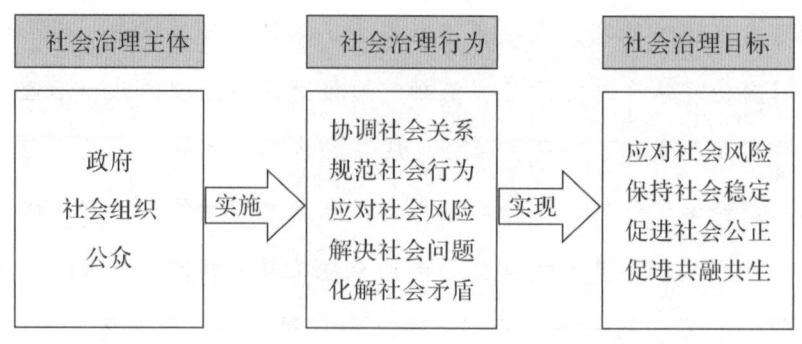

图 8-1 社会治理关系图

社会治理是法律法规、制度规范、行政干预、经济手段和道德舆论的组合体，单从内容框架上看，我国社会治理与其他国家并无二致，但由于治理主体、构建理念、道德体系等方面的差异，我国社会治理又体现出较强的中国特色。第一，党委在社会治理中发挥领导作用。中国共产党的领导是中国特色社会主义政治制度的根本保证和政治前提，党委在加强和创新社会治理中担负着总揽全局、协调各方、把握大政方针的领导核心职能，同时也推动基层党组织和8000多万党员在社会治理中发挥先锋模范作用。第二，社会主义核心价值体系在社会治理中发挥引导作用。社会主义核心价值体系决定着我国整体价值体系的基本特征和基本方向，也决定着加强和创新社会治理的目标方向。第三，中华民族传统文化在社会治理中发挥规范作用。中华民族传统文化源远流长、博大精深，蕴含着丰富的管理精髓和治理思想，在维护社会秩序、协调社会关系方面发挥着不可或缺的作用。第四，国有企业、事业单位和工会、青年团、妇联等社会团体在社会治理中发挥载体支撑作用。体制内单位与行政部门具有天然联系，在实施社会治理行为、实现社会治理目标方面比较容易达成一致。

中国特色的社会治理是法律法规、制度规范、行政干预、经济手段和道德舆论等方法的有机组合，各部分相辅相成、相得益彰。同时还应明确三个问题：第一，中国特色社会治理是具有中国特色的社会治理，但中国的社会治理并不都是中国特色社会治理。中国特色社会治理既要遵循社会治理发展规律，又要符合我国实际情况，还要经得起实践检验。第二，中国特色社会治理具有动态性，需要与时俱进。随着宏观环境的变化和社会事务的调整，社会治理也应作相应调整，法律法规和制度规范的作用范围逐步扩大，行政干预维持在适度水平上，经济手段、道德舆论分别从物质层面和精神层面发挥引导功能。第三，创新社会治理就是让社会治理更好地体现中国特色。由于政府职能转变尚未完全到位，道德舆论体系尚不健全，当前社会治理的中国特色虽然初具雏形，但体现得并不充分，各部分之间相对分散、协同性不强，需要进一步加强和创新，以更好地实现社会治理目标。

改革开放后，特别是党的十八大以来，党和国家始终高度重视社会治理，为建立适应我国国情的社会治理体系进行了长期探索和改革实践，形成中国特色的社会治理体系的基本框架，取得了重大成果和创新，积累了宝贵经验和财富。我国社会治理体制改革大致经历了四个阶段，即1978—1991年的改革探索期、1992—2001年的改革发展期、2002—2011年的改革深入期和2012年至今的改革深化期，分别对应着不同的历史背景和时代要求，各阶段在改革理念、改革重心、改革力度和改革措施上有所差异。

二、社会治理体制改革探索期（1978—1991年）

面对"文化大革命"给经济社会生活带来的严重破坏，1978年党的十一届三中全会拨乱反正，做出将党和国家的工作重心转移到社会主义现代化建设上来和实行改革开放的战略决策，开启了探索建设中国特色社会主义的历史新时期。十一届三中全会重新确立了马克思主义的思想路线、政治路线和组织路线，坚持解放思想、实事求是。在当时的历史背景下，社会治理体制尚没有作为整体被纳入改革的重点领域，只是对部分与经济体制关系密切的社会治理机制进行了局部调整，并且调整的目标非常明确，那就是为经济恢复和经济建设扫除障碍。

1982年党的十二大提出要以计划经济为主、市场调节为辅，集中资金进行重点建设和改善人民生活，扶助农民发展生产并增加收入，着力解决城镇居民在工资、就业、住宅和公用设施方面的问题。要求在建设高度物质文明的同时，努力建设高度的社会主义精神文明，重点加强文化建设和思想建设，包括教育、科学、文学艺术、新闻出版、广播电视、卫生体育、图书馆和博物馆等各项文化事业的发展。1984年党的十二届三中全会通过了《中共中央关于经济体制改革的决定》，认为增强企业活力是经济体制改革的中心环节，围绕这一中心环节重点解决好国家和全民所有制企业、职工和企业这两个方面的关系问题，要求政府实行政企分开和简政放权，应集中精力做好城市的规划、建设和管理，加强公用设施建设，搞好文教、卫生、社会福利事业和各项服务业，管好社会治安。

1987年党的十三大报告科学地判定我国当时正处在社会主义初级阶段，并提出要以经济建设为中心，坚持四项基本原则，坚持改革开放，为把我国建设成为富强、民主、文明的社会主义现代化国家而奋斗。十三大报告还创造性地提出了"三步走"发展战略，要在21世纪中叶使人均国民生产总值达到中等发达国家水平，基本实现现代化；要求在全社会加强社会主义精神文明建设，包括教育、科学、文化、艺术、新闻、出版、卫生和体育事业等的发展，以提高整个民族的思想道德素质和科学文化素质。

这一阶段的社会治理体制改革与经济体制改革密切相关，主要呈现出三个方面的基本特征。第一，社会治理体制改革以经济建设为中心，各项工作均为经济建设服务。为减少政府对社会经济生活的垄断和控制，一些协调企业利益关系并为企业提供服务的咨询机构、行业协会和律师事务所相继出现，服务于农业和农村经济发展需要的社会中介组织也逐渐成立，客观上推动了社会治理体制的改革与完善。民间组织也得到了较快发展，数量从1988年的4446个迅速增加到1991年的82814个，但全部为社会团体，反映出此时的民办非营利性组织尚未起步。第二，社会治理体制具有较强的单位属性。个人的绝大多数行为均依附于所在单位，生、老、病、死基本上均由单位负责，有一定规模的单位都开办自己的医院、学校、幼儿园和商店等，为本单位职工提供福利性住房，并且负责职工小区的基础设施建设、环境治理等相关事务，为职工提供"从摇篮到坟墓"的一揽子社会福利，甚至承担一些政府的行政管理职能。第三，社会治理体制的行政干预色彩较浓。政企不分导致企业不得不抽出大量的人力、财力和物力去承担社会治理职能，虽然在稳定职工队伍、改善职工生活和维护社会稳定等方面作出了一定贡献，但从长期来看，造成了社会资源的浪费和低效，降低了国有企业的市场竞争力。

这一时期的社会治理体制改革处于初步探索阶段，旨在减轻国有企业的非生产性负担以增强国有企业的经营活力,并试图改变不同企业之间社会负担畸轻畸重的问题,社会治理体制的改革重点之一是加强政府对社会事务的管理,并开始实行社会事务管理的社会化,使企业职工由"企业人"转变为"社会人"。虽然这一阶段社会治理体制改革的力度不大,但却迈出了第一步,具有重要的历史意义。但不可否认的是,这一阶段的社会治理体制改革具有较大的局限性。政府和企事业单位承担着绝大部分城镇居民的社会治理职能,少数游离于单位体制之外的城镇居民由社区负责管理,农村居民则在人民公社组织和城乡户籍制度的双重约束下无法自由流动。由于计划经济体制下的企事业单位、社团组织和社区组织都是政府行政机关的附属单位,从而缺乏应有的独立性和自主权,因此事实上国家是社会治理的唯一主体和社会服务的唯一提供者。强调以经济建设为中心而忽视了社会治理体制应有的独立性,强调为国有企业减负服务而忽视了社会事业的内在发展规律,使得社会治理中的行政干预色彩过浓,个人对所在单位的依附关系依然存在,现代意义上的社会治理体制还没有真正建立起来。

三、社会治理体制改革发展期(1992—2001年)

1992年党的十四大明确提出建立社会主义市场经济体制,指出20世纪90年代的主要任务是集中精力把经济建设搞上去,同时围绕以经济建设为中心加强社会主义民主法制和精神文明建设,促进社会全面进步。为建立和完善社会主义市场经济体制,十四大提出要深化分配制度和社会保障制度改革,具体包括加快工资制度改革,逐步建立起符合企业、事业单位和机关各自特点的工资制度和正常的工资增长机制,积极建立待业、养老、医疗等社会保障制度,努力推进城镇住房制度改革。1993年党的十四届三中全会通过了《中共中央关于建立社会主义市场经济体制若干问题的决定》,其中对收入分配制度、社会保障制度和教育体制进行了重点部署。在收入分配问题上,要求积极推进个人收入的货币化和规范化,允许属于个人的资本等生产要素参与收益分配。在社会保障制度方面,建立多层次的社会保障体系,重点完善企业养老保险制度和失业保险制度,强化社会服务功能以减轻企业负担,提高企业经济效益和竞争能力。在教育体制方面,继续强调优先发展教育事业的战略地位，形成政府办学为主与社会各界参与办学相结合的新体制，扩大地方和院校的办学自主权。同时还要深化文化体制改革，完善文化经济政策，要把社会效益放在首位。

1997年党的十五大报告提出建设有中国特色社会主义的政治、经济、文化的基本目标和基本政策，将收入分配制度改革、实施科教兴国战略和可持续发展战略、改善人民生活列为有中国特色社会主义经济的基本构成要素，将社会保障制度建设和住房制度建设作为加快国有企业改革的配套措施。强调要努力增加城乡居民实际收入，提高生活质量，逐步增加公共设施和社会福利设施，提高教育和医疗保健水平，到20世纪末基本解决农村贫困人口的温饱问题。

这一阶段的社会治理体制改革与建立社会主义市场经济体制有关，主要呈现出四个方面的基本特征。第一，社会治理体制改革开始逐步从经济体制改革中分离出来，社会治理体制被定位为有中国特色社会主义经济的重要组成部分，具有自己的相对独立性，不再被动地、单纯地为国有企业改革服务。虽然社会治理体制建设仍带有为经济体制改革服务的政策意图，但已经开始考虑到社会建设和社会治理的内在规律性，从而使社会治理体制改革更有逻辑性和连贯性。第二，社会治理体制改革的重点更为突出，目标更为明确，措施更为细化。收入分配、社会保障和教育体制之所以成为社会治理体制改革的重点领域，源于解决收入分配问题和社会保障问题是建立现代企业制度的基本前提条件，而教育体制改革是科教兴国战略和提升劳动力综合素质的实现路径。同时在实践层面，政策措施越来越具体，可操作性越来越强。第三，社会治理体制改革的政府行政干预色彩仍比较浓厚，但社会治理不再完全局限于政府力量，开始引入市场机制和社会力量，市场配置社会资源的体制机制开始建立，民间力量开始以各种方式参与社会事业的发展，这不仅体现出社会事业发展的本质要求，也是政府职能自发转变的信号。同时民办非企业组织也得到快速发展，数量由1999年的5901个发展到2001年的82134个，表明民间力量在迅速壮大。第四，社会治理领域的新事务和新形式不断涌现，对社会治理体制提出了全新的要求。非公经济成分的迅速发展迫使国有企业必须加快改革步伐，同时将更多的社会服务不足和社会治理欠缺问题抛向政府和社会，下岗职工再就业困难、收入差距过大、住房、教育、医疗卫生等问题接踵而至,社会治理体制不顺和社会利益机制不协调的负面影响相当严重,要求加快社会治理体制改革的步伐。

这一阶段的社会治理体制处于改革发展期,总体上取得了明显进展。首先,在治理方式上,政府不再单纯以行政指令的形式来实施社会治理,市场机制开始发挥重要作用,政府更多地通过财税政策、金融政策、产业政策等宏观调控手段来调节市场,提高了社会成员的自主选择权和参与积极性,各类民间的社会服务得到加大发展,逐渐突破完全由行政控制的社会治理方式。其次,在治理主体上,政府不再是事实上的唯一主体,更多的社会组织开始参与进来,群体自治初现端倪。虽然相当一部分社会组织和中介组织具有官方或准官方的背景关系,在社会治理和社会服务中也不可避免地采用一些行政或准行政手段,从而在社会治理效果上与政府基本类似,但这也可以被解读为社会治理多元化的开端,打破了政府对社会治理的垄断性地位,有助于提升社会组织的协调能力和社会成员的权利意识。最后,在治理手段上,利益机制的引导作用被逐渐重视,社会成员的利益诉求机制开始建立。倡导社会成员自身通过市场机制解决问题,政府重点对市场失灵的领域进行调节,并逐步出台相关法律法规,以提升政府调节的法制化和规范化。

这一时期社会治理体制改革的主要问题是:第一,社会治理体制改革仍没有完全摆脱国有企业改革配套措施的地位,应当面向全社会成员的社会治理在一定程度上难免偏重于某些特定社会群体。而社会治理体制不完善带来社会事业的发展差距又影响到城乡差距、地区差距和群体差距扩大,成为社会不稳定的潜在因素。第二,各类社会组织、中介组织虽然有很人发展,但"官办、官管、官运作"现象普遍,社会基层和普通群众的意见仍然难以找到正常、通畅的反映渠道,致使许多本应及时调解的社会矛盾积累为过激的大规模群体性事件。

四、社会治理体制改革深入期(2002—2011 年)

伴随着改革开放进程的逐步推进,我国 GDP 增长迅速,经济建设取得了显著成绩,同时,经济与社会发展不协调的现象也日益严重。为了解决经济社会发展"一条腿长,一条腿短"的问题,2002 年党的十六大报告提出了全面建设小康社会的宏伟目标，包括社会保障体系比较健全、社会就业比较充分、家庭财产普遍增加、人民生活更加富裕、形成比较完善的现代国民教育体系和医疗卫生体系等，其中社会发展的目标和内容分别体现在经济发展、政治发展和文化发展当中，社会治理体制改革还分散在经济体制改革、政治体制改革和文化体制改革当中。2004年党的十六届四中全会首次提出，要构建社会主义和谐社会，注重激发社会活力，促进社会公平和正义，要求加强社会建设和管理，推进社会治理体制创新。同时还提出，要深入研究社会管理规律，完善社会管理体系和政策法规，整合社会管理资源，建立健全党委领导、政府负责、社会协同、公众参与的社会管理格局。这是第一次对我国社会治理体制改革进行全面诠释。

2006年党的十六届六中全会通过了《中共中央关于构建社会主义和谐社会若干重大问题的决定》，要求以解决人民群众最关心、最直接、最现实的利益问题为重点，着力发展社会事业，完善社会管理，推动社会建设与经济建设、政治建设、文化建设的协调发展，推进经济体制、政治体制、文化体制和社会体制的改革与创新，首次将社会建设和社会体制提到一个全新的高度。同时提出要完善公共财政制度，加大财政在教育、卫生、文化、就业再就业服务、社会保障、生态环境、公共基础设施、社会治安等方面的投入，逐步实现基本公共服务均等化，这为我国社会事业发展和社会治理体制改革指明了方向。2007年党的十七大报告提出，要加快推进以改善民生为重点的社会建设，努力形成全体人民学有所教、劳有所得、病有所医、老有所养、住有所居的和谐社会，这成为今后相当长的一段时期内我国社会治理体制改革的行动指南。

这一阶段，社会治理体制改革与实现基本公共服务均等化和构建社会主义和谐社会结合起来，社会治理迈入改革和创新的新阶段。"社会管理"这一概念被正式提出来，并在各级党和政府的政策文件中体现得越来越充分。同时，劳动就业、收入分配、社会保障、教育、医疗卫生、住房、公共安全、社会治安等关系群众切身利益的问题成为社会各界关注的焦点，各领域自身在推行改革，社会治理面临着各种新情况和新问题，这使得社会治理必须从小调整进入大改革、大创新的新阶段。与此同时，全国各地在社会治理领域进行了大胆探索和实践，北京、上海、南京等地建立起社会工作委员会、社会建设委员会，北京实行社会组织枢纽型管理，无锡推行社区扁平化管理，这些为创新社会治理积累了丰富的实践经验。

五、社会治理体制改革深化期（2012 年至今）

2012 年党的十八大提出，要加强社会管理法律、体制机制、能力、人才队伍和信息化建设，提高社会管理科学化水平；增强城乡社区服务功能，引导社会组织健康有序发展，完善和创新流动人口和特殊人群管理服务；健全党和政府主导的维护群众权益机制，畅通和规范群众诉求表达、利益协调、权益保障渠道；建立健全重大决策社会稳定风险评估机制，完善立体化社会治安防控体系。

2013 年党的十八届三中全会提出，要创新社会治理体制，最大限度增加和谐因素，增强社会发展活力，提高社会治理水平，全面推进平安中国建设，确保人民安居乐业、社会安定有序；坚持系统治理，加强党委领导，发挥政府主导作用，鼓励和支持社会各方面参与，实现政府治理和社会自我调节、居民自治良性互动；正确处理政府和社会关系，加快实施政社分开，推进社会组织明确权责、依法自治、发挥作用；创新有效预防和化解社会矛盾体制，健全重大决策社会稳定风险评估机制。

这一时期的显著特征就是从社会管理迈向社会治理。"社会治理"与"社会管理"虽然只有一字之差，却存在巨大差异，其实质是对国家与社会关系认识的不同，而这种新的认识为我国现代化的社会治理体制创新指明了路径。从主体上来看，社会管理强调政府和国家对社会公共事务的强制性管理，社会治理强调除政府和国家之外的社会力量的参与。从方式上来看，社会管理强调自上而下的行政性，社会治理除政府和国家的行政方式之外还强调法治、思想、道德、制度等多种方式。从方向上来看，社会管理是自上而下的单向、线性管理，社会治理强调国家与社会的双向、多元沟通和互动。

第二节
社会治理体制改革的主要成绩

改革开放近40年来,为了适应新型工业化、信息化、城镇化、市场化、国际化的发展趋势,在经济发展和经济体制改革的直接推动下,我国社会治理体制在不断改革和完善,基本上适应了我国由高度集权的计划经济体制向社会主义市场经济体制转变的需要。

一、社会治理的构建理念不断更新

1. 社会治理的基本脉络不断合理

改革开放近40年来,我国社会治理体制构建理念的基本脉络是:从以经济建设为中心的配套措施到中国特色社会主义经济的重要组成部分,到基本公共服务均等化的重大举措,再到构建中国特色的社会治理体系的核心环节。这反映了社会治理体制的重要性日益突出。

2. 社会治理的基本内涵不断丰富

改革开放近40年来,我国由一个整体性社会转变为一个多样化社会,具体表现为经济成分和经济利益格局多样化、社会生活多样化、社会组织形式多样化、就业岗位和就业形式多样化,这带来社会结构的深刻变化。社会成员中,除政府公务员、事业单位工作人员和国有企业职工外,民营经济的创业人员和技术人员、外资企业的中方管理技术人员、个体户、私营企业主、中介组织从业人员和自由职业者等构成新的社会阶层,他们对个人利益的追求各不相同。随着物质生活水平的提高,人们的思想观念出现了多样化和多元化,这就涉及多样化资源的整合和多元化利益的调整,通过协商对话和平等交流的形式达成社会共识。

3. 社会治理的战略地位不断提升

从改革历程来看，我国社会治理的战略地位在不断提升。社会建设、社会发展和社会管理等概念的正式提出比较晚，但并不能否定它们长期以来的客观存在，而且是存在于政府宏观调控的重要领域。在1978年至1991年的改革探索阶段，社会管理与经济建设密不可分，很难将这一阶段的社会管理与经济管理完全区分开来，当时作为经济管理的一部分，社会管理在战略地位上具有从属特征。在1992年至2001年的改革发展阶段，社会管理被分解到社会主义物质文明建设和精神文明建设当中，但仍偏重于经济层面。当时提出要一手抓物质文明，一手抓精神文明，两者不可偏废，体现出社会管理的战略地位得到了提升。在2002年至2011年的改革深入阶段，全面建设小康社会目标的提出、科学发展观的确立，特别是十六届六中全会做出关于构建社会主义和谐社会若干重大问题的决定，使社会建设和社会管理的战略地位有了质的飞跃。社会建设与经济建设、政治建设、文化建设并驾齐驱，成为推进中国特色社会主义市场经济的四轮之一。2012年以来，社会治理作为全面深化改革的重要组成部分，被列入"四个全面"战略布局，社会治理的重要性得到进一步凸显。

二、社会治理的制度体系日臻完善

1. 法律法规陆续出台

社会治理的相关法律法规体系在不断完善，以提高社会治理的权威性和规范性。社会治理的外延宽泛，其所对应的法律法规也比较庞杂。在这些法律法规体系当中，既有发展比较成熟、在全国层面上具有强大约束力的综合性立法，也有发展相对成熟、在全国层面上具有规范功能的国务院法规，还有尚处于探索阶段、对某一领域问题进行具体指导的部门规章制度和地方性法规。在社会治理的不同领域，基本上都存在着综合性立法、国务院法规、部门规章制度和地方性法规并存的局面，这是法制化进程中的必然现象，也反映出社会治理体制在不断完善中对法律法规的新要求。

2. 法律知识广泛普及

由于牵涉到社会成员的实际切身利益，社会治理领域的法律法规比较容易为广大社会公众所认知。改革开放近40年来，我国政府有关部门在普法过程中，非常注重对社会治理体制法律法规的宣传教育工作，通过多种途径以群众喜闻乐见的方式将法律法规的相关内容普及到单位、社区和个人身上，以增强社会公众的法制观念。从1985年我国开展第一个五年普及法律常识活动以来，全体公民的法律意识逐步增强，依法治理工作得到深入开展，各项社会事务的法治化管理水平得到显著提高。

3. 执法力度不断加强

随着人们法制观念的增强，客观上要求以法律手段来公正、公平、合理地解决利益纠纷，政府因势利导并加大了执法力度，例如在解决农村征地、城市拆迁、工资拖欠、劳动纠纷、医疗纠纷等直接涉及群众利益的问题上，都加强了执法力度，维护了社会成员的合法权益。严格执法也对社会治理领域中的潜在违法行为产生强大的威慑作用，为政府赢取了民心，为社会赢得了稳定。

三、社会治理的政策措施逐渐健全

1. 政府直接行政干预力度逐步减弱

社会治理步入法制化轨道后，政府大幅度减少了社会事业的行政审批事务，严格按照行政许可法的要求确定行政许可的内容，在社会事务管理中坚持依法行政。同时政府自身不断转变职能，大力培育社会组织、中介组织和城乡基层自治组织，使之承担起一定的自我管理和自我服务的社会功能，社会治理的社会化取得了新进展。政府直接行政干预力度减弱不仅体现在促进社会组织和中介组织的发展上，还体现在行政管理体制改革和事业单位管理体制改革上，通过改革减少政府不必要的社会干预。

2. 城乡分割制度逐步被摒弃

城乡二元结构是我国社会治理体制改革所无法逾越的障碍，其稳定运行主要靠户籍制度来支撑。随着工业化和城镇化的迅速推进，城乡分割的社会治理体制越来越不适应经济社会的发展，迫切需要对其进行改革和调整。近年来我国社会治理体制针对城乡分割现象作出了诸多调整，逐步消除了对农村和农民的歧视性政策措施。在社会治安管理上，逐步消除对外来人员的偏见，很多地方改暂住证制度为居住证制度，给予其正常的市民待遇。

四、社会治理的实现途径日益创新

1. 健全多元利益导向机制

在市场机制对社会资源配置发挥基础性作用的背景下，单纯的行政指令已不再适合作为社会治理体制的实现途径，利益诱导机制应运而生。现在在调解各类社会利益纠纷方面，利益诱导机制逐渐占据主导地位，社会治理主体通过调整社会成员之间的利益关系来改变他们的社会行为，从而使得社会和谐和社会发展成为社会成员的自发行为。政府部门从行政强制到利益诱导，社会群体从被迫服从到自主协商，这既是社会治理体制完善的成效，更是社会进步的表现。

2. 推动多元主体参与机制

我国行业协会和非营利组织有着特殊的诞生背景，在社会治理体制改革中发挥着独特的协调作用。我国非营利组织具有明显的官民双重性，带有过渡性特征，在社会政治经济活动中发挥着各自不同的作用。由于大多数行业协会和一部分非营利组织带有官方或准官方的背景，使其在社会治理上具有某种先天的合法性。同时这些机构主动参与社会治理的愿望通常比较强烈，而且比较容易获取社会公众的认同感，从而使他们在社会治理中发挥着非常重要的协调作用。

3. 完善综合利益表达机制

出于促进社会公正和维护社会稳定的需要，政府主动建立和完善合理的利益表达机制，坚持把改善人民生活作为正确处理改革发展稳定关系的结合点，拓宽社情民意表达渠道，推行领导干部接待群众制度，完善党政领导干部和党代表、人大代表、政协委员联系群众制度，健全信访工作责任制，搭建多种形式的沟通平台，健全社会舆情汇集和分析机制，完善矛盾纠纷排查调处工作制度，建立党和政府主导的维护群众权益机制，积极预防和妥善处置人民内部矛盾引发的群体性事件，以消除人们对政府社会治理政策的排斥和社会成员之间的敌对情绪。近年来，我国开始实行听证会制度和网络征求意见制度，在与百姓生活密切相关的领域进行重大政策调整之前，听取和征询有关利益群体、社会各界的意见和看法，以完善社会治理政策。

第三节
社会治理体制改革面临的主要问题

当前我国正处在传统社会向现代社会、传统计划经济向社会主义市场经济的转型期，经济体制深刻变革，社会结构深刻变动，利益格局深刻调整，思想观念深刻变化，原有的社会治理方式已经不能适应新的现实要求。

一、"六重""六轻"特征非常突出

1. 思想观念上重经济建设、轻社会治理

长期以来，我国专注于经济建设和GDP增长，忽视了社会建设和社会治理，社会治理方式的受重视程度远远不及经济发展方式的受重视程度，其发展水平也远远不及经济发展水平，经济建设"一手硬"、社会治理"一手软"的结果就是"经济一条腿长，社会一条腿短"。社会治理方式的滞后，使经济增长给社会公众带来的社会福利为社会矛盾、社会问题所侵蚀，经济社会发展的净福利增速在快速下降，城乡居民收入的大幅增长并没有带来生活幸福感的显著提升。

2. 制度理念上重刚性控制、轻柔性服务

我国已经形成一定的社会矛盾化解机制，如信访制度、调解制度、仲裁制度等，通过法律、制度、行政等方式来化解社会矛盾，但这些制度还不能完全适应我国经济社会快速转型过程中出现的社会利益多元化的格局，一些地方政府对于群体性利益诉求往往采用简单的行政手段进行粗暴压制，结果反而使矛盾激化，成为导致大规模社会冲突的导火索。社会治理方式的刚性控制不仅严重影响到政府的公信力,而且影响到国家的长治久安。

3. 治理主体上重政府主导、轻多元参与

当前我国虽然正在大力推进政府职能转变,但尚未改变政府在社会事务管理上的主导地位。政府单一主体虽然能够提高社会治理的行政效率,但总体弊大于利,政府包揽一切容易出现越位、错位和缺位现象,政府失灵也会导致公共政策失效、公共物品供给低效率以及寻租腐败等,政府办社会的大政府状态应该被摒弃。在政府有意或无意的压制下,各类社会组织、行业协会和中介组织难以发展壮大,无力承接政府职能转变后转移出来的社会治理责任,这又给政府继续坚持单一主体地位提供了理由。

4. 治理手段上重行政干预、轻多管并举

传统社会治理模式下,政府对社会进行全面管制,主要手段为行政干预,即政府凭借政权力量,依靠自上而下的行政组织制定实施政策,实现对社会事务的领导、组织和管理,忽视法律法规、制度规范、经济手段、道德舆论等手段的协同使用。行政干预的明显局限性是缺乏民主精神,容易挫伤社会公众的积极性,并且不恰当行使行政干预手段容易导致主观主义、个人专断、滥用职权以及资源浪费,最终导致干预的失败,不利于社会矛盾的化解。

5. 治理环节上重事后处置、轻源头治理

由于缺乏必要的关注度和资源投入,当前各级政府在解决社会矛盾和社会问题时,基本上采取结果导向,实行事后救急,从而导致社会治理的"头痛医头、脚痛医脚",以及治标不治本,甚至有时候不仅没化解矛盾,反而会激化矛盾。

6. 治理机制上重单向线性、轻双向互动

传统社会治理模式下,社会治理主体在实施社会治理行为时,拥有绝对优势地位,不会或较少考虑其他利益主体的立场和需求,这样难以得到利益攸关方的认同和配合,有可能使原本简单的问题复杂化。同时在社会治理效益评估时,通常将社会矛盾爆发率和破坏程度作为主要考核指标,这样容易造成以偏概全、一叶障目。

二、行政干预过度与缺失并存

1. 行政干预越位

原本应通过法律法规、制度规范、经济手段和道德舆论来调解的社会事务，政府通过行政手段来加以干预；原本应由社会组织、企业和公众承担的社会治理事务，政府也不轻易放手。行政干预越位的后果是，一些需要而且可以上升到法律法规层面的社会事务管理缺乏权威性，如城乡基层群众自治等；一些需要而且可以通过制度规范约束的社会事务处理缺乏稳定性，如征地拆迁的相关补偿等；一些可以通过道德规范调解的社会矛盾化解缺乏人情味。同时社会组织无法健康有序地发展起来，公众参与社会治理的渠道始终难以畅通，其他主体参与社会治理的积极性也难以有效调动起来。

2. 行政干预缺位

一些社会治理领域暂时不具备立法和制定规章的条件，经济手段和道德舆论调解的效果也有限，本该由行政干预来发挥作用，但行政干预往往不到位。譬如，在流动人口的权益保障方面，流入地政府有责任在子女教育、医疗卫生服务、住房保障等方面为流动人口提供基本公共服务，流出地政府有义务提供相应的配合和支持，但现实情况是，两地政府都在推卸责任，流动人口的权益保障无法落实。

3. 行政干预错位

在一些社会治理领域，政府直接插手不属于行政干预范畴的事务，该管的事情反而没有管好。譬如，法律规定城乡基层群众自治，城市在社区，农村在行政村，群众对基层事务享有知情权、决定权和监督权，但现实情况是，社区和行政村基本上处于基层党组织和政府的直接掌控之下，从而将指导功能转变为主导功能，基层群众自治有其名无其实，居委会和村委会实际上成了党政机关的基层执行机构。

三、社会治理法制化程度过低

1. 无法可依

社会治理部分领域立法比较滞后，相当多涉及利益调整的社会事务和社会矛盾缺乏必要的法律依据，仅靠政策文件来规范，导致法律权威性不够。例如，近年来全国各地大规模出现的征地拆迁问题，因为缺乏相应的法律支撑，从而出现政府补偿不到位、补偿标准确定机制不健全等现象，使大多数民众对政府拆迁持抵触情绪，造成干群关系普遍紧张。在经济体制转轨和社会体制转型的特殊时期，立法滞后存在一定的合理性，但社会治理长期无法可依就很不正常，尤其是在关键领域和核心环节，将使社会治理主体陷入被动局面。

2. 有法不依和执法不严

有法不依和执法不严体现在社会治理部分领域已经制定出较为完备的法律法规，但相关社会行为主体的守法意识不强，行政部门和执法部门经常出现选择性执法或运动式执法，导致社会问题频发、社会矛盾重重。以食品安全监管为例，我国已经颁布了《中华人民共和国食品安全法》和《中华人民共和国食品安全法实施条例》，就食品安全风险监测和评估、安全标准、生产经营、食品检验、食品进出口等方面进行了详细规定，并明确了违法责任，但仍没有遏制三聚氰胺奶粉、瘦肉精、染色馒头、地沟油、毒豆芽等问题食品的出现，以致老百姓对食品安全的顾虑陡增，后果非常严重。从某种程度上来说，有法不依、执法不严比无法可依更可怕，它极大地降低了社会公众对法律权威的信赖程度，使创新社会治理方式的任务更艰巨。

3. 违法不究

社会治理部分领域出现比较明显的违法行为，但行政部门和执法部门不主动追究违法主体的法律责任，甚至有可能包庇或纵容违法行为，导致权益被侵者对社会产生不满情绪，严重时还会引发社会冲突和社会对抗。例如，拖欠农民工工资、不给工人缴纳社会保险费、故意压低工资、强迫加班等明显违反《中华人民共和国劳动合同法》《中华人民共和国社会保险法》《最低工资规定》的行为依然普遍存在，但很多地方政府相关部门往往置若罔闻，甚至从片面追求地方经济增长的角度来暗中支持。违法不究通过放弃追究法律责任来实现息事宁人的短期效应，这无异于饮鸩止渴，从长期来看将会导致社会矛盾越积越深、越来越难化解。

四、社会治理主体多元发育欠缺

社会组织发展严重滞后,从社会观念、数量规模和整体素质能力来看,均无法较好满足社会治理的客观需要。第一,目前大多数社会组织具有较强的官方或准官方背景,行政色彩浓厚。根据民政部的统计数据,截至2015年底,全国共有社会组织66.2万个,其中社会团体32.9万个,各类基金会4784个,民办非企业单位32.9万个。它们绝大多数与政府部门有着千丝万缕的联系,政社不分现象非常突出。虽然官方或准官方背景有助于社会组织开展工作,但也容易在社会公众心目中成为"二政府"或政府代言人的角色形象,难以获取公众对其中立地位的认同和信任。第二,社会组织发展面临着许多制度性障碍。社会组织管理体制仍以控制和限制为基本导向,如同一地区只允许成立一个同类行业协会,民办非企业单位不允许连锁运营,大量草根组织面临登记准入门槛高等问题,民间慈善捐赠机制不畅通。其后果是,官办社会组织继续做大做强、一股独大,民间组织在夹缝中生存,不平衡发展问题始终难以解决。第三,社会组织数量规模偏小,参与社会治理和服务的能力有限。同时,部分社会组织自身也存在运行机制不畅的问题,一些行业协会对会员单位缺乏吸引力,内部管理混乱,社会信誉较差,在社会治理领域产生负面影响。

公众参与社会治理的过程和效果均差强人意。一方面,公众参与社会治理的渠道严重缺乏,参与机制不畅通,真实的社情民意无法及时向上反映,良好的政策措施难以有效贯彻落实,自上而下和自下而上的交流机制严重受阻。基层调研中发现,老百姓普遍反映党中央、国务院出台的各项政策措施顺民心、合民意,但在基层实践中大多数走了形、变了样,向有关部门反映情况和意见时往往得不到合理答复。另一方面,公众参与社会治理的意识没有被激发,能力没有被培养,导致公众参与社会治理的主观能动性和积极性不高。以城乡基层自治为例,一方面,居委会和村委会没有为居民自治提供具有可操作性的参与机制,城乡居民不知道如何行使自治权利,同时自治权利也得不到有效保障;另一方面,城乡居民关心社会公共事务的意识不强,更多地采取"事不关己,高高挂起"的态度,导致一些公共事务无法决断，还得靠基层政府运用行政干预手段去完成。

五、社会治理应变能力较弱

当今世情、国情发生了深刻变化，国内外环境瞬息万变，社会治理不断面临新情况和新问题，这要求社会治理具有较强的应变能力，但现实情况却是社会治理方式比较僵化，无法应对社会治理形势变化的客观需要。

社会治理领域法律法规的制定、修订和完善跟不上社会治理任务变化的客观需要。目前社会治理法律体系中，综合性立法、国务院法规、部门规章制度和地方性法规并存，但很多法律法规都是20世纪八九十年代制定的，虽然与当时的国内外环境和社会事务相适应，但用于调解当前社会事务已明显存在不足。例如，《社会团体登记管理条例》和《民办非企业单位登记管理暂行条例》中部分条款已经过时，严重影响了社会组织的培育和发展，各地在社会组织登记管理上的创新做法实际上已经突破或绕过了这些条款，因此严格来说属于"违法"行为，但这些"违法"行为实际上更符合社会组织的发展方向。

政府行政干预教条有余、灵活不足，有可能导致社会治理效果事与愿违。在对待群体性事件方面，地方政府一味强调不让事态蔓延，采取高压政策，甚至不惜动用地方警力，而不首先查明事件起因并采取疏导措施。"维稳"高于"维权"的后果是，社会矛盾不仅没有得到妥善解决，反而有可能埋下了更大规模群体性事件的"火种"。在对待安全生产隐患方面，相关部门往往是在发生生产事故后才"一刀切"地要求进行隐患排查，而非建立起常规检查机制，"运动式"检查让生产单位有空可钻，对安全生产隐患防范效果甚微。在对待食品安全监管方面，农业、工商、质检、卫生等部门"自扫门前雪"，缺乏联合监管机制和信息共享机制，导致重复监管和监管缺失并存，既浪费了监管资源，又降低了监管效率。

道德舆论引导机制单调乏味，不适应不同社会群体的多样化需求。当前党政相关部门大力宣传社会主义核心价值观，极力倡导中华民族传统美德，努力形成积极向上、团结一致的社会氛围，但收效与预期相比仍有一定差距。究其原因在于，当前以"运动式"学习和宣传为主的主流道德舆论引导机制形式大于内容，说教成分过浓，没有与社会公众的工作、生活结合起来，没有形成人民群众自发接受道德舆论约束的良好氛围，对青年一代而言尤其如此。在互联网、微博、即时通信工具广为流行的信息化时代，传统媒体的影响力在逐步下降，传统宣传手段的影响范围有所缩小，道德舆论引导机制亟须创新。

六、地方创新实践成果亟待转化

近年来，全国各地掀起了一股加强和创新社会治理的新高潮。社会治理创新主要集中在城乡社区治理、社会组织管理、流动人口管理与服务、群众利益协调机制、社情民意表达机制、社会风险评估机制、突发事件应急处置机制、社会服务体系建设、社会治理信息化、社会治理专业人才队伍建设等方面，在社会治理的构建理念、体制机制上取得了一些突破和创新。

社会治理创新的有益探索主要归纳为五个方面：一是社会组织登记管理创新。北京市、深圳市等地方不再要求社会组织寻找行业主管部门，而是均可到民政部门登记注册，变双重管理为单一管理。二是社区管理创新。南京市建邺区、广州市越秀区等地方剥离社区的行政管理职能，将公共服务职能移交给社区服务站，逐步向社区自治回归。三是流动人口管理与服务创新。宁波市、浦东新区等地方逐步实现流动人口服务的本地化，外来人口享受与户籍人口同等的待遇。四是社会治理信息化创新。舟山市、宜昌市等地方探索网格化管理，将信息化手段植入社区管理。五是社会治理专业人力资源管理创新。深圳市、浦东新区等地方通过政府与社会组织合作，培育了一批专业化社会工作人才和社会治理人才。

第四节
社会治理创新面临的挑战和机遇

当前我国既处于发展的重要战略机遇期，又处于社会矛盾凸显期，这是进一步创新社会治理的关键时代背景。创新社会治理既面临着躲不开、绕不过的严峻挑战，又恰逢不可多得的历史机遇，需要认真研究并做好充分准备。

一、严峻挑战

我国已经进入中等收入水平国家行列，同时也存在掉进"中等收入陷阱"的可能性；我国正在发生社会阶层分化和社会结构调整，同时也面临社会矛盾多发且日益复杂化的困境；当前我国各种思想文化交流交融交锋更加频繁，需要进一步完善道德舆论的作用机制。经济、政治、社会、文化等领域不断暴露出新矛盾和新问题，这些矛盾和问题相互交织、相互影响，加大了社会治理的难度，也对创新社会治理方式构成了严峻挑战。

第一，经济发展不平衡、不协调、不可持续问题依然突出，引发诸多社会矛盾并使得社会矛盾更加复杂化，大大增加了创新社会治理方式的难度。我国国内生产总值已经跃居世界第二，但是，粗放式增长带来严重的生态破坏和环境污染问题，危害广大城乡居民的身体健康，近年来全国因此产生的群体性事件数量持续增长；地区发展不平衡继续拉大了居民收入差距和公共服务水平差距，社会仇富心理日盛，造成贫富群体之间的对立和冲突；经济体制改革不到位，使一些不法分子乘虚而入，大肆进行贪污盗窃、行贿诈骗、制假售假等犯罪活动，造成经济社会运行失序；企业管理体制没理顺，导致劳资矛盾不断加剧，职工合法权益被侵犯，集体上访、静坐堵路、暴力对抗等维权行动愈加突出。上述问题，已非简单地采取法律法规、制度规范、行政干预、经济手段、道德舆论等方式就能解决，需要从根本上找准造成这些问题的深层次原因，并采取措施更强、力度更大的综合性办法，这要求创新社会治理方式具有大智慧、大思路，以实现整体推进、有效解决。

第二，社会发展严重滞后，社会价值失范，社会心态失衡，引发新的不公正和不公平，大大增加了创新社会治理方式的难度。未来一段时期内，劳动力供求总量矛盾和结构性矛盾并存，城镇就业压力加大和农村富余劳动力向城镇就业转移速度加快叠加，劳动就业形势不容乐观；城乡居民社会保障体系仍很脆弱，实际覆盖面不高，保障水平偏低，城乡分割、群体分割带来严重的待遇不公平问题；城乡居民收入差距继续扩大,激化城乡之间的利益矛盾,也激化了党群之间、干群之间的矛盾;社会快速转型带来越来越多的不确定因素,使得部分社会群体的心态比较敏感、脆弱,心理失衡日趋严重;社会分层结构更加细化,但向上流动渠道呈现刚性化和固化趋势,加剧社会对立情绪。针对上述问题,当前社会治理方式已经有所改进,但明显力不从心,需要有更大的政治决心和改革措施来推动。

第三,城市化进程不断加快,城乡人口在更大范围内加速流动,催生了很多新的社会矛盾和问题,大大增加了创新社会治理方式的难度。城市化发展必然涉及城市拆迁和土地征用等问题,但在补偿标准、利益分配等方面没有建立起合理有序的协商沟通机制,相关部门采取强拆、强征手段,虽然中央部门一再发文严禁各地政府直接插手土地开发、拆迁等事务,但各地仍因强拆、强征频发群体性冲突事件。当前我国有2.4亿进城务工人员,无法以同等条件享受子女教育、看病就医、社会保障、住房保障等基本公共服务,并且遭受权利歧视和社会排斥,流动人口聚居区成为疾病多发区和犯罪高发区,同时留守在农村的"386199"("38"指妇女,"61"指儿童,"99"指老人)部队数量庞大,社会问题也很突出。城市化发展和人口流动带来的社会问题非常突出,短期内不可能完全靠立法来解决,制度规范的新建和调整也需要过程,行政干预的效力在加速衰退且为社会公众所反感,道德舆论的软约束难以有效发挥效用,创新社会治理方式任重而道远。

第四,新兴媒体迅猛发展,信息传播方式和交流方式发生重大变化,网络虚拟社会对现实社会的影响日益增强,对创新社会治理方式提出了新要求。当今社会是信息化社会,信息通信技术正在迅速发展和普及。我国有4.57亿网民、8.59亿手机用户、2.94亿博客用户,是世界上使用互联网人口最多的国家,从发展趋势看,网络力量已经成为直接影响社会治理的新生社会力量。网络具有独立的社会组织功能,即时性和匿名性使其极易形成号召、人气集合、信息汇总等网上行动,同时互联网也带来网络语言暴力、网络色情、网络谣言、网络思想渗透、网络黑客控制等新型社会问题。传统社会治理方式缺乏透明性和互动性,仅靠屏蔽、封锁等以堵为主的强力手段,缺乏必要的法律依据和制度规范,舆论引导机制不灵活,难以应对信息化社会和互联网时代的挑战。

二、历史机遇

当前我国国民经济持续快速增长，综合实力显著增强，社会治理的受关注程度空前提高，这为创新社会治理方式赢得了难能可贵的历史机遇。

第一，中央高度重视加强和创新社会治理，致力于扭转经济社会发展不协调、不平衡局面，创新社会治理方式是应有之义。党的十六大以来，我国明确了社会主义经济建设、政治建设、文化建设、社会建设"四位一体"的中国特色社会主义事业总体布局，突出强调要抓好包括社会管理在内的社会建设。党的十六届四中全会提出，要推进社会管理体制创新，完善社会管理体系和政策法规，建立健全党委领导、政府负责、社会协同、公众参与的社会管理格局，形成社会管理和服务合力。党的十六届六中全会强调，要创新社会管理体制，整合社会管理资源，在服务中实施管理，在管理中体现服务。党的十七大提出，要健全社会管理格局，健全基层社会管理体制。党的十七届五中全会提出，要进一步完善法律法规和政策，健全基层管理和服务体系，发挥社会组织作用，做好流动人口服务管理。尤其是2011年，多位中央领导在不同场合就加强和创新社会管理做了重要讲话，直接推动全国各地创新社会管理的政策实践，这既带来一系列的社会管理方式创新，同时也为进一步创新社会管理方式奠定了良好基础。

第二，我国经济实力大幅度增强，各级政府可支配财力显著提高，为创新社会治理方式提供坚实的经济支撑。改革是一种利益调整或利益再分配，必然涉及各主体之间的利益之争，尤其是经济利益，如征地拆迁补偿、养老金待遇调整、农民工工资支付等，因此容易遭到来自于利益受损方的阻力。着力于纾缓改革阻力，利益受损方应当被给予适度合理的经济补偿，社会治理方式中的经济手段也意在如此，近年来不断增强的财力正好能够提供经济保障。

第三，法制建设进程不断加快，法制化程度不断提高，为增强社会治理方式的法律权威性提供了重要保障。包括法律法规自身在内的各项社会治理方式在不同程度上都需要法律保障，这是社会治理方式赖以持续有效的基础。本着依法治国的基本理念，我国正在大力推进法制化建设，近年来社会治理领域制定并出台了一批法律法规，如《中华人民共和国劳动合同法》《中华人民共和国社会保险法》《中华人民共和国政府信息公开条例》等。特别需要指出的是，在立法过程中开始广泛征求社会公众的意见和建议，这有助于法律法规颁布后社会公众的自觉遵守。

第五节
社会治理体制改革的战略思考

社会主义社会治理体系是中国特色社会主义制度的有机组成部分，与社会主义市场经济体制、政治体制、文化体制相对应。当前我国提出建立健全中国特色社会主义社会治理体系和创新社会治理体系，其意义深远，内涵丰富，要求明晰社会治理理念，健全社会治理格局，强化社会治理意识，明确社会治理目标，完善社会治理体制，优化社会治理机制，创新社会治理方式，提升社会治理能力。社会主义社会治理体系也是一个包括价值取向、治理目标、治理主体、治理对象、治理方式、治理投入等内容的逻辑整体，各内容之间相互联系、有机统一。

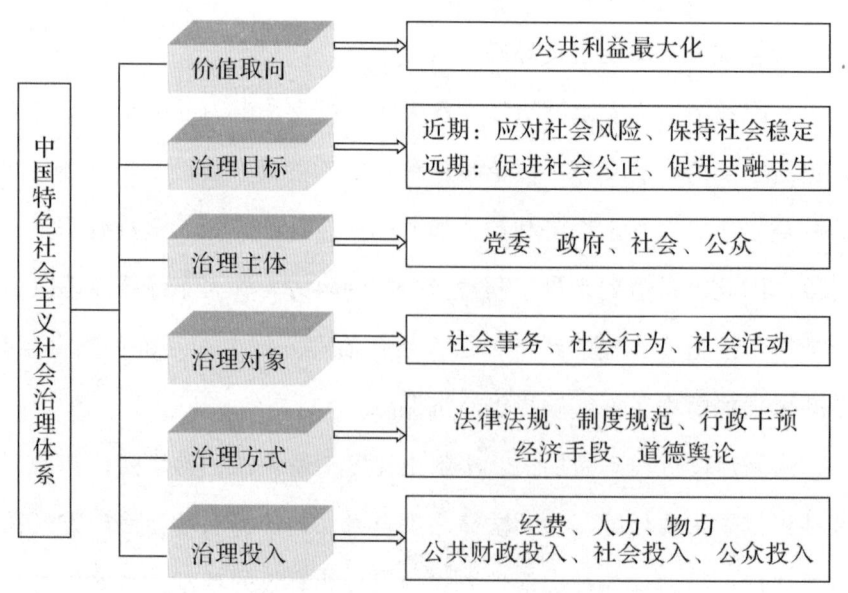

图8-2　中国特色社会主义社会治理体系结构图

一、社会治理体制改革创新的总体思路

改革创新社会治理的总体思路是：以和谐社会为基础，以利益协调为导向，以协商对话为机制，坚持以人为本，坚持全面推进与重点突破相结合，坚持他治、自治和共治相结合，处理好提高政府社会治理能力和增强社会自我治理能力的关系，处理好自上而下推行和自下而上创新的关系，健全群众权益保障机制、社会诚信机制、公共安全监管机制和网络舆论引导机制，切实推进五大战略性转变。

1. *思想观念从重经济建设、轻社会治理向经济社会互促共进转变*

社会治理是经济发展的催化剂和助推器，社会治理有序有助于营造竞争公平、分配合理的经济发展环境。我国已经从经济增长带动社会发展阶段迈入经济社会互促共进的新阶段，这要求将加快社会事业发展、创新社会治理作为重要而紧迫的战略任务，不断提高政府社会治理的能力和水平，努力取得加强和创新社会治理的新突破。

2. *制度理念从重刚性控制、轻柔性服务向刚柔兼济、沟通协调转变*

我国要改革以刚性控制为主的传统社会矛盾化解机制，创建以人为本、刚柔兼济、符合时代要求的有效矛盾化解机制，实现利益大体均衡的社会环境。创建有效沟通协调的社会矛盾解决机制主要包括三个方面的内容，即建立健全畅通的利益表达机制、建立完善合理的利益协调机制和健全利益导向机制。同时，我国要实行上下互动的"治理"权力运行方式，强调通过合作、协商、参与等方式来实现社会事务管理。

3. *治理主体从重政府主导、轻多元参与向政府、社会、个人相结合的多元主体转变*

要达到社会治理改革创新的目标"善治"，必须从威权式治理向协同式治理转变。政府不仅要主动从社会治理的单一主体变革为主导主体，还要通过发展社会组织来推动政府职能转变，从而可以从大量具体而微观的社会治理活动中解脱出来，并集中精力做好经济和社会发展中长期规划的研究与制定工作，加强宏观管理，提高决策质量和社会治理效率。社会组织发挥政府与民众之间的桥梁纽带作用，各类

社会组织协调各层次、不同群体间的利益冲突，通过广泛联系群众、了解民意、集中民情，把众多不同群体的意见和利益诉求反馈给政府，为政府决策提供资讯。各类社会组织、行业协会和中介组织具有协同政府进行社会治理的功能，实现社会治理资源的整合优化。公民不再是被动接受治理和服务的消极参与者，而是积极主动的参与者，具有参与公共事务管理的动力和能力。

4. 治理手段从重行政干预、轻多管并举向行政、法律、利益诱导和道德舆论等多种手段相结合转变

社会治理改革创新要实现依法治国，必须从"人治型"向"法治型"转变，从"领导权威治理"向"法律权威治理"转变。我国应在运用行政手段进行社会治理的同时，更多地运用法律规范、经济调节、道德约束、心理疏导、舆论引导等手段，规范社会行为，调节利益关系，充分发挥不同治理手段的优势，以最大限度地获取社会治理效益。

5. 治理机制从重单向线性、轻双向互动向双向互动、多维评估转变

创新社会治理要求利益攸关方有权利、有机会参与社会事务处理，在遇到利益冲突时相互协商和妥协。社会治理主体要主动建立起沟通交流的平台，在双向互动中明辨是非并达成共识，这样才有利于相关处置方案的实施。社会治理创新既要求重视社会矛盾爆发的显性效果，更要求重视和评估社会矛盾潜在的风险性，置社会矛盾和社会问题于动态监控、网格化治理当中，从而全面科学地对社会治理效益进行评估。

二、社会治理体制改革创新的目标方向

改革创新社会治理的目标方向是：党委坚持方向治理，政府完善行政治理，社会组织自我管理，公众积极参与治理，全部主体合作治理，健全党委领导、政府负责、社会协同、公众参与的社会治理格局，使社会治理的中国特色体现得更充分、更到位。

1. 党委坚持方向治理

方向治理是党委领导的具体体现。党委领导是我国社会主义现代化建设中必须

始终坚持的根本原则,这是中国特色的政治优势。只有坚持党的领导,才能确保社会治理的方向正确。党委坚持方向治理主要体现在四个方面:一是正确把握历史方向和时代要求,对社会治理领域的重大问题进行理论研究和战略思考,科学判断形势,制定出与经济社会发展阶段相适应的、符合社会发展规律的大政方针。二是从人民群众的根本利益出发,将反映群众利益的党的意志和主张上升为国家法律法规,以推动政府依法行政和依法管理社会事务,并对政府的社会治理职能进行规范和监督。三是及时研究社会治理中的新情况与新问题,建立科学化、规范化和制度化的体制机制。四是发挥党的组织协调能力和凝聚力,号召共产党员在社会治理中发挥先锋模范作用,尤其是充分发挥基层党组织和共产党员在服务群众、带头示范方面的作用。

2. 政府完善行政治理

行政治理是政府负责的具体体现。政府负责是国家履行社会治理职能的必然要求,是实现社会公平和社会稳定的基本保障。行政治理主要体现在三个方面:一是及时对市场机制进行补缺。凡公民、法人和其他组织不能自主解决的,政府要切实担负起应尽责任,包括制定社会治理的政策法规,依法管理和规范各类社会组织,建立健全处理人民内部矛盾、各种社会矛盾的协调机制和社会治安综合治理机制,制定针对自然灾害、公共卫生、事故灾难和社会安全等方面的应急预案,提高政府保障公共安全和处置突发事件的应对能力。二是推进社会治理信息化,及时发布公共信息,为群众生活和参与经济社会活动创造便利条件。三是推进政事分开,支持社会组织参与社会治理和公共服务。

3. 社会组织自我管理

自我管理是社会协同在社会组织层面的具体体现。改革创新社会治理要充分发挥各类社会组织的职能作用,加强政府与社会组织之间的分工与协作,加强不同社会组织之间的相互配合。政府将一部分社会治理职能转交给社会组织来承担,并将一部分社会服务交给市场来提供,提高了社会组织和市场主体的社会协同责任。社会协同要求民间组织利用植根于民间的优势,积极发挥他们在提供服务、反映诉求和规范行为等方面的作用。

4. 公众积极参与治理

参与治理是公众参与的具体体现。参与治理主要体现在三个方面：一是大力培养公众的参与意识。要激发公众参与到社会治理中来，通过参与将社会治理政策深入宣传到每位公众身上，并反映到日常行为中。二是不断拓宽公众参与的渠道。村民委员会、社区居委会和民间组织是公众参与的主要组织形式，民主选举、民主决策、民主管理和民主监督是公众参与的主要实现途径，除此之外，还应进一步拓宽参与渠道和扩大参与范围，增强政府社会治理决策的透明度和公正性。三是严格规范公民的参与行为，充分发挥法律法规和道德机制的规范约束作用，让公众以积极、负责、合法和理性的姿态来参与社会治理，从而最有效地反映社情民意。

第六节
社会治理体制改革的展望

创新社会治理是社会治理领域的一场改革。创新社会治理要服务于改善民生，让社会成员的生活更加体面；要服务于维护民权，让社会成员的生活更有尊严；要服务于增进民主，让社会成员的生活更加满意。在此基础上，创新社会治理还要体现到政策实践层面，使创新更有意义，使社会治理的中国特色更加鲜明。

一、社会治理体制改革创新的关键举措

1. 出台并完善社会治理相关法律法规

中国特色的社会治理体系要求切实做到有法可依、有法必依、执法必严、违法必究。第一，我国要大力推进社会治理领域的立法工作。要按照社会治理各领域的属性特点和现状水平，在总结现有规章制度和政策文件的实施效果的基础上，尽快制定并出台一批法律法规，让行政部门、企业、社会和个人参与社会治理具有法律依据，能够依法追究相关主体的社会治理责任，促进社会治理体制的健全和完善。

第二,我国要严格实施社会治理法律法规。随着人们法制观念的增强,利益纠纷不能再简单地依靠行政手段来解决,客观上要求以法律手段来公正、公平、合理地解决,这就需要加大执法力度。当前在解决农村征地、城市拆迁、工资拖欠、劳动纠纷、医疗纠纷等直接涉及群众利益的问题上,我国在一定程度上还存在着有法不依、选择性执法的问题,这在基层体现得尤为明显。社会治理领域一定要加大执法力度,这样既可以解决已经出现的利益纠纷,又可以对潜在违法行为产生强大的威慑作用。第三,我国要加大社会治理法律法规的宣传普及力度。只有让更广泛的社会公众认知法律、熟悉法律,人们才会有勇气、有能力同各种违法违规行为进行斗争,社会治理才会更加有序。第四,各级政府要率先遵法守法。当前社会治理主体中政府"一股独大",既给政府在选择行政作为和行政不作为上太大的自由裁量权,也极大地压缩了社会组织、企业和个人参与社会治理的活动空间。创新社会治理要求严格限制和约束政府的权力,促使政府依法行政和治理,让法治意识深入人心。

2. 切实推进政府职能向社会治理回归

创新社会治理的关键举措之一就是要转变政府职能,减少不必要的行政干预,以更好地履行社会治理和公共服务职责。第一,政企分开要坚决实行。政府要继续把不该管的事务交给市场、企业、社会组织和中介组织,更高程度地发挥市场在资源配置中的决定性作用。政府在加强经济调节和市场监管的同时,要更加重视社会治理和公共服务职能,提高公共服务水平和社会治理科学化水平。第二,政府要依法行政。各级政府要严格贯彻实施《中华人民共和国行政许可法》,使各项审批事务走向制度化、规范化和法制化。社会治理领域的行政干预必须依照法律法规进行,没有法律规定和相关条例授权,行政机关不得作出影响法人、公民和其他组织合法权益或者增加义务的决定。第三,政府要合理行政。行政机关实施行政干预行为,必须遵循公平、公正、公开的原则,平等对待利益相关者,行使自由裁量权应当合理适当,避免不相关因素的干扰。第四,政府行政干预要坚持权责一致。各级政府要依法行使社会事务管理职责,行政机关违法或不当行使职权应当依法承担法律责任,做到执法有保障、有权必有责、用权受监督、违法受追究、侵权须赔偿。

3. 大力培育社会组织和公众参与意识

创新社会治理方式离不开社会组织和公众的广泛参与，需要社会组织和公众积极承接党委和政府不该管、管不了、管不好的社会事务，并形成相互配合、相互促进的共赢局面。我国要大力培育发展社会组织，通过政府倡导支持、建立规范发展的制度体系等途径，顺应社会要求，整合社会治理资源，培育包括社会团体、行业组织、社会中介组织、志愿团体等在内的各类社会组织，发挥他们在参与社会治理方面的作用。一是发挥各类社会组织在社会监督方面的作用，提高社会的自主和自律能力，建立社会化的评估制度。二是发挥各类社会组织在满足社会多样性需求方面的作用，拓宽资金来源渠道，扩大群众对社会公共服务的选择空间。三是发挥各类社会组织的自治作用，促进社会融合，让社会成员互相帮助和解决社会问题，自觉维护安定团结。

促进社会组织发展需要从三个方面去努力：一是完善社会组织的管理法规，如修订《民办非企业单位登记管理暂行条例》等，完善促进社会组织发展的相关政策，鼓励和引导社会组织积极参与社会治理，通过购买服务引导社会组织积极参与基本公共服务的提供。二是对社会组织实行分类治理，要鼓励发展公益性、经济性、非营利性组织，要加强监督政治性、宗教性、法律性组织，重视草根组织的规范与发展，国际社会组织要兴其利、去其弊，建立联合治理机制，保护正当交往合作，同时依法加强治理。三是在培育发展社会组织的同时，进一步优化社会组织的功能，加强规范引导和监督管理，提高社会治理能力。

二、社会治理改革创新的体制机制

1. 创新社区治理机制

社区兼具社会属性和政治属性，社会属性体现在作为广大居民生活在一起的共同体，有共同或类似的利益诉求、行为规范和生活方式；政治属性体现在作为政府联系社会公众的基层单位，直接向社会公众提供社会治理和公共服务。创新社区治理方式要求明确社区党组织和居委会的职责分工，明确社会治理和公共服务的权责主体，明确社区居民和社会组织的参与方式，这涉及政治、经济、社会等领域，涉及条块职能协调和资源配置，因此是一项系统性改革，需要通盘考虑和整体设计。

创新社区治理机制要重点考虑四个方面的问题：第一，既要在改革理念、法律法规、制度规范等方面做到一致性，又要在体制机制设计上要考虑多样性需求，如经济发达地区与经济欠发达地区的差异、老旧小区与新兴小区的差异、民族社区的特殊性、居民需求的差异等，从而实现统一性与多样性的结合。第二，街道和社区应逐步减少乃至不承担经济职能，以便于将全部资源和精力投入到社会治理和公共服务中去，同时也需要有制度化的人力资源支持和经济基础，这需要有更高层次的整体设计和总体安排。第三，创新社区治理要激发驻区单位、居民和社会力量多方参与的积极性，采取自上而下和自下而上相结合的方式，重视居民、社会的利益表达和意愿诉求，使改革真正有利于改善居民生活，真正与居民和社会的需求相一致。第四，创新社区治理关键要解决好资源配置，让更多的资源下沉到社区，同时在资源配置上给予基层一定的自主权，让基层根据自身需要来灵活使用。资源下沉必将涉及相关行政部门的利益调整，这需要做出制度性安排。

2. 创新流动人口治理与服务机制

流动人口的治理和服务包括户籍治理、就业服务、居住服务、医疗卫生、社会保障、子女教育、人口计划生育服务、公共文化体育服务等，市民化是流动人口治理和服务的总体方向。

创新流动人口治理与服务方式主要体现在四个方面：第一，将户籍管理转变为居住证管理。在总结各地做法的基础上，在全国范围内逐步取消户籍登记管理，实行居住证管理制度，实现人口的自由流动。第二，实现流动人口在居住地的基本公共服务均等化。流动人口在劳动就业、子女上学、看病就医、社会保障、住房保障等方面享受与居住地居民同等的政策待遇，可以促使流动人口更好地融入城市生活中去，增强其对所在城市的认同感和归属感。第三，推进流动人口的自我管理。针对流动人口与居住地居民之间存在语言、习惯、文化等方面的差异，政府要鼓励和引导流动人口在一定程度上进行自我管理，充分发挥同乡组织的社会网络优势，加强组织内部的交流与合作。第四，加强流动人口治理和服务的信息化建设。我国要加快建成国家人口基础信息库和流动人口信息管理系统，通过网络技术和信息交流平台，实现流动人口的全国联网和信息共享。同时要加强流入地和流出地的信息沟通，协调户籍所在地、实际居住地和经常活动地三者之间的合作，以帮助流动人口更快更好地融入城市生活。

3. 创新群众权益保障机制

保障群众权益是社会治理的核心任务之一，需要重点明确并解决的问题是：群众权益是什么？群众权益为何被侵犯？群众权益如何有效维护？这是创新群众权益保障机制的关键。创新群众权益保障机制不能只是喊口号，要有实际行动，不能只是等群众权益受侵犯后才采取措施，要建立起科学有效的防范机制，加强社会矛盾的源头治理，以最大限度地减少群众权益损失。

创新群众权益保障机制要求形成科学有效的利益协调机制、诉求表达机制、矛盾调处机制和权益保障机制，切实维护群众的合法权益。第一，要增强群众权益知情权。立法机关和各级政府有责任、有义务向社会公众提供各类权益信息，让更多的社会公众知晓个人所应享有的各项权益，以及权益受侵时的维权渠道，而非将权益公开视为特权或者一种施舍。第二，要拓宽社情民意表达渠道。各级行政机关要通过公共决策的社会公示制度、公众听证制度和专家咨询制度，提高公众参与程度。切实推行政务信息公开，各级行政机关不能轻易以涉密等为由来拒绝信息公开，凡是依法应公开的，政府有责任主动公开相关信息。第三，要畅通民意收集渠道。充分发挥信访制度的独特作用，将信访机制与行政解决纠纷机制有效结合起来。充分发挥大众传媒尤其是互联网的社会利益表达功能，积极主动回应社会诉求。第四，要完善社会矛盾调解机制。社会矛盾和社会问题不可避免，关键是要建立起有效的调解机制，包括事前风险排查预警、事中及时疏导转化和事后调解处置，将人民调解、行政调解和司法调解结合起来，重点解决好劳动争议、征地拆迁、环境污染、食品药品安全、企业重组和破产等引发的社会矛盾。尤其是要建立起重大工程项目建设和重大政策制定的社会稳定风险评估机制，所有利益相关方都要参与风险评估，切忌走过场、流于形式，并将评估结果与项目建设、政策出台切实挂起钩来。

4. 创新道德舆论引导机制

创新社会治理要求加强社会主义核心价值体系建设和大力弘扬中华民族传统美德。我国要加强走中国特色社会主义道路和实现中华民族伟大复兴的理想信念教育，牢牢把握社会主义先进文化的前进方向，积极借鉴人类有益文明成果，倡导爱国守法、敬业诚信和勤俭节约，充分调动积极因素，凝聚力量、激发活力，进一步夯实全党全国各族人民团结奋斗的思想道德基础，形成全民族奋发向上的精神力量和团结和睦的精神纽带，为构建社会主义和谐社会提供精神动力和智力支持。

创新社会治理要求加强社会诚信机制建设。诚信是社会道德的基本要求，也是现代社会成员必须恪守的基本准则之一。这不仅体现了社会成员相互交往中的自我约束，同时也是保证市场经济下契约和文明规则实现的前提。社会诚信体系建设是一项全面、系统、复杂的工程，单靠某些部门、某些措施无法完成，必须得到政府部门、企业、社会组织和个人的通力合作。第一，要建立国家信用治理体系，具体措施包括尽快完善相关法律法规，加大法律法规的执行力度和执法力度，建立信用征集、评价、治理体系以及相应的数据库，推进社会信用服务中介机构发展。第二，要深化和完善政府信用建设，具体措施包括改革政府行政方式、提高政府运行透明度、强化公务员的诚信意识、提高政府公信力。第三，要健全企业诚信机制和个人诚信机制，建立信用档案，完善信用评估体系，加强信用信息共享，加大失信惩罚力度。第四，要营造弘扬诚信氛围，倡导"诚实守信者光荣，欺诈失信者可耻"，通过表彰鼓励、税费优惠等形式鼓励诚信行为，并将外在惩罚和内在自我约束结合起来。

5. 创新网络社会治理机制

信息网络是现代信息技术发展的必然产物，也是现代信息传播的主要载体，同时也对人们传统观念下的经济活动和生活方式产生强烈冲击。信息网络是真实的，也是虚拟的，已经深入渗透我们政治、经济、社会和文化生活的各个领域，并且拉近了社会成员之间的交往距离，这要求我们不能回避网络，更不能惧怕网络，而应积极主动地去适应网络并利用网络，以提高对虚拟社会的治理水平。

创新网络社会治理机制要求健全网络舆情引导机制。虚拟社会治理水平的高低直接取决于网络舆情引导机制是否健全,与网络社会的信息爆炸相比,人的治理能力相当有限,只有通过健全机制才能达到虚拟社会治理的最佳效果。网络舆情引导机制要求政府积极收集民众关心的热点问题,迅速了解民众的诉求并在第一时间作出回应。政府必须正视网络舆情存在的客观性、网络舆情影响范围的宽泛性和网络舆情引导机制的重要性,对民众特别关心的问题要及时公开,或者以负责任的态度来处理。

创新网络社会治理机制要求政府主动与网络媒体建立良好沟通合作关系。政府与网络媒体之间的关系具有多重性,既有行政监管和被监管的关系,也有被监督和监管的关系,还有互利合作的关系,这种关系也体现在信息网络治理领域。第一,网络媒体报道要遵守法律法规,不能违背行业道德,政府对其有行政监管的权力。第二,网络媒体有权利也有义务监督政府的各种行政行为,监督政府是否依法行政,是否存在行政不作为现象。第三,网络媒体在获取公众认知和认可方面具有政府无可比拟的优势,互联网已经成为公共舆论的重要平台,能够更加有力地保障公众的知情权和表达权,促进网民理性有序地参与,这为政府加强和创新社会治理开辟了新路径。

创新网络社会治理机制要求加强网络安全治理。网络安全主要包括青少年网络行为保护、网络虚拟财产安全、网络运营安全和网络产品质量监管等,这些均需要政府加大监管力度、创新监管方式,使人们能够放心、安全地利用网络。

三、社会治理体制改革创新的有效保障

1. 创新社会治理宏观调控手段

政府社会治理的主要事务是公民个人、家庭、基层自治社区和非营利社会组织所不能办理的公共社会事务,这些社会事务涉及社会整体的公共利益,必须依靠国家权力和政府权威予以办理,主要内容包括保障公民权利、协调社会利益、回应社会诉求、规范社区自治、监管社会组织、提供社会安全以及应对社会危机等。政府要不断完善规范政府行为、保障公民权益、促进社会公正、推动社会发展的社会法规体系,制定各种满足社会发展需要的有针对性的社会政策。

创新社会治理要求创新社会治理宏观调控的方法和手段。第一，我国要着力建立与经济社会发展阶段相适应的社会公共服务体系，建立更加完善的社会公共服务体制。第二，我国要完善社会治理的政绩考核机制，建立体现科学发展观要求的社会治理综合评价体系，把社会治理核心指标纳入各级政府的考核体系，全面落实社会治理的约束性指标，建立相应的责任追究制度。第三，我国要不断创新社会治理的宏观调控手段，综合采用经济手段、法律手段和行政手段，更多地采取间接调控方式，尽量减少直接行政干预。

2. 合理配置社会治理公共资源

国家公共资源对社会治理的投入，是社会治理最重要的财力资源保障。第一，我国要进一步加大社会治理的公共资源投入，避免出现区域差距和城乡差距，实现社会治理的均等化、合理化。第二，我国要构建财权与事权相匹配的社会事务公共资源配置体制，为社会政策和社会治理提供资金配套，减少只给政策不给钱的做法。第三，我国要推动公共资源社会投入配置重心向下，注重充实基层财政，有效提高基层政府提供治理和服务的能力，并把基层政府的工作重心转移到社会治理和公共服务上来。

我国要大力推进社会治理人力资源的职业化、社会化和专业化，提高政府相关部门、公办社会事业服务机构、社会团体和群众组织、基层社区自治组织以及非营利民间社会组织的社会治理人才的职业能力。志愿者队伍在社会治理中发挥着日益重要的作用，社会利益关系的调节、社会冲突矛盾的化解、公民素质的提升、新型社会规范的形成、现代公民意识的养成以及对社会治理工作的社会监督需要全体公民的广泛参与。我国要推进职业社会治理人才队伍的专业化，主要途径包括常规教育体系培养和相关业务培训。

后记　实现共享型社会的三个重大问题

改革开放以来我国取得了举世瞩目的发展成就。2010年，我国经济总量超过德国和日本，跃居全球第二，以增长趋势评估，有望在21世纪中叶超过美国。在经济高速发展的过程中，我国的社会事业和社会治理也有了很大进步，但与经济发展相比，在较长时间内相对滞后。21世纪初，曾出现过"经济这条腿长，社会这条腿短"的现象。党中央、国务院为此提出了经济社会协调发展的战略。近10多年来，我国社会事业快速发展，社会治理日渐完善。特别是党的十八大以来，以习近平同志为核心的党中央提出了创新、协调、绿色、开放、共享的五大发展理念，指导经济、社会、政治、文化、生态"五位一体"统筹推进，大大促进了社会事业和社会治理的进展。本书各章节以大量翔实的数据回顾并分析了改革开放近40年来我国教育、就业、医疗、分配、社保、养老以及基本公共服务和社会管理体制等方面所取得的历史性进展和巨大成就。这里想强调指出的是，在新的历史条件下进一步完善社会体制、发展社会事业需要特别注重的三个重大问题。

一、一次分配应当提高普通劳动者的收入

《中共中央关于制定国民经济和社会发展第十三个五年规划的建议》提出，"要实行有利于缩小收入分配差距的政策，明显增加低收入劳动者劳动的收入，扩大中等收入者比重"，这是当前中国经济社会面临的重大问题。但一些人在谈到经济发展方式转变的时候，对于旧常态特征的归纳一般只提过高的资本投入、过多的资源消耗、过大的环境污染这三个问题，而忽视旧常态还有一个特征，那就是过低的劳动力成本。例如，1992年到2001年的20年间，中国劳动收入占GDP的比重从54%左右下降到45%左右。我们认为，经济新常态的特征应当归纳为"资本投

入高效、能源资源节约、生态环境友好、收入分配公平、公共服务均等"。可以说，劳动力成本合理提高也是我国经济发展方式转变的重要指标之一。

目前我国经济处在下行期，对劳动力成本的分析，从宏观和微观两个不同的角度来看，似乎都存在很尖锐的矛盾。从宏观层面来看，在农业劳动力转移增量和新增劳动力总量逐年减少的背景下，中国劳动力成本受宏观供求关系变化的影响，存在需求大于供给的中长期趋势，从而客观上存在上升的压力。新增劳动力总量在最近这些年每年减少200万到300万，虽然农民工总量还在增加，但增幅锐减到只有1%~2%。此外，发展方式转变要求的制度性反弹也是重要因素之一。前一阶段劳动力成本压得过低了，而生活成本特别是大城市的房价等生活成本不断升高，迫使劳动者，尤其是农民工只好用脚投票——离开。各地只好通过提高最低工资标准来保护劳动力的简单再生产，一些省的最低工资标准连续几年提高幅度高于当地GDP增幅。

为此有些新闻媒体惊呼，中国劳动力成本已经高过美国了，所以一些中国企业到美国投资办厂。他们举了一些例子，但认真看看，就知道不少媒体是把企业经营总成本当成劳动力成本了。记者不清楚专业的经济学知识可以谅解，但有的经济学者和政府官员也跟着媒体跑就让人难以理解了。2015年国际劳工组织将中国和美国劳动力成本进行比较，按PPP元算，相差3.5倍，若按照汇率算，则相差5倍以上。制造业的劳动力成本，中国还远低于阿根廷、南非、印度尼西亚等国，更不用说日本、韩国了。此外，看劳动力成本占比变动不能只看2013年之后的两三年，要作中长期比较。1978年到2015年，中国人均GDP增长20倍，而城镇居民收入只增长了13倍，农村居民收入只增长了14倍。城镇居民收入的增长有30年低于GDP的增长，农村居民收入的增长有26年低于GDP的增长。2016年，城镇居民和农村居民的收入增长再次低于GDP的增长。宏观分析说明，无论是国际比较还是中长期比较，尽管近几年职工工资增长较快，但至今普通劳动者总体工资福利水平仍然偏低，还有较大的增长空间。

在微观层面，许多企业家反映近年来包括劳动力成本在内的企业经营成本大幅度上升，经营非常困难。具体情况如何？这里通过两类案例来进行说明。

一类是到美国办厂的。据江南化纤在美国投资办厂的个案分析，美国同行业的劳工成本是中国的5倍。据福耀玻璃集团董事长曹德旺提供的数据，蓝领劳工成本，美国是中国的8倍，白领劳工成本美国是中国的5倍。那为什么江南化纤和福耀玻璃要到美国去办厂？因为有很多项经营成本中国是高于美国的。据江南化纤的财务成本分析：土地成本，中国是美国的9倍，且美国是永久产权；物流成本，中国是美国的2倍；电力和天然气成本，中国是美国的2倍以上；蒸汽成本，中国是美国的1.1倍；配件成本，中国是美国的3.2倍；税收成本，美国税收优惠力度大；清关成本，美国无须支付进出口清关成本。当然也有美国高于中国的项目，如折旧成本，美国是中国的1.7倍；厂房建设成本，美国是中国的4倍。算总账，一些企业在美国投资划算。

另一类是国内企业劳动力成本占比大幅度上升的。齐重数控反映，该厂的劳动力成本占比从2010年的15.3%急速上升至2015年的36.4%。单看这个数据，很多人的第一反应是：这5年职工工资增长太快了。其实，齐重数控的劳动力成本占比5年增长了2.4倍，这并不是职工工资过快增长造成的。齐重数控人工成本从2010年的22686万元减少到2015年的12326万元，减少了10360万元，减幅为45.67%。其中职工工资一项，从17320万元减少到8475万元，减幅更是高达51%。既然如此，劳动力成本占比为何急速上升？主要原因是企业经营总成本大幅度降低所致。齐重数控的生产成本从2010年的148387万元减少到2015年的33858万元，减幅为77.18%。若在总成本中除去劳动力成本，则其他成本从2012年的125701万元减少到2015年的21532元，减幅高达82.87%。生产成本锐减的原因是产能利用率从2010年的107.9%大幅度减少到2015年的60.4%。

国内案例的分析说明，产能过剩导致企业减产，企业的能源、原材料成本大幅下降，而人工费用有较大的惯性或刚性，不可能与能源、原材料成本同幅度下降，因此在经济下行过程中，企业劳动力成本占比上升有其必然性。这也是发达市场经济国家在经济危机中企业大量裁员，失业率飙升的重要原因。一些研究单位和学者把近年来企业劳动力成本提高简单归咎于职工工资增长过快，这一结论对所有产能过剩产业来说，显然过于空泛了。中国收入分配研究院2016年《中国劳动力成本问题研究》课题报告说明,近年来盈利额下降的企业,劳动力成本占比有较大幅度的上升,而盈利额上升的企业,劳动力成本占比还是下降的。

实际上,钢铁、煤炭以及装备制造业行业的企业,这两年不仅高管减薪,一般职工也减薪。需要指出的是,齐重数控作为一家民资控股企业,有较大的用人自主权,职工人数从2007年改制时的12000多人精简到目前的1900多人。面对同样产能过剩的同行业国有企业呢?困扰它们的老问题依然存在,不仅企业冗员难以裁减,而且许多国有企业办社会的问题至今没有解决。对这些国有企业而言,在去产能的过程中,劳动力成本占比的剧增,将是更为严峻的考验。

因此,能否得出如下结论:

一是前阶段中国过低的劳动力成本掩盖了其他成本(如物流、土地、审批、融资等成本)过高的弊端,也掩盖了许多国有企业改革不到位的问题,而劳动力成本的合理提高有利于政府重新审视并改善企业的总体经营环境,并进一步深化国企改革。

二是当前许多企业经营困难,主要原因是产能大量过剩。这不是劳动力成本过高惹的祸,反而是前阶段一些地方为招商引资,过分压低劳动力成本埋下的恶果。

三是经济发展到一定阶段,工资水平的提高会"倒逼"企业改变"血汗工资"制度,推动企业技术进步,进而"倒逼"经济发展方式转变,推动全要素劳动生产率提高,提高就业质量。这已经被工业化国家以及新兴工业化国家的经济发展史所证明。

四是中国经济发展已经从以仿制与来料加工为主转向以创新与资本输出为主,人力资源大国转型为人力资源强国,必然要求劳动力成本合理提高。据《中国人才发展报告2017》,高级技工占比,日本是40%,德国是50%,中国只有5%,我国高级技工缺口达上千万。劳动力技术结构的提升,必然要求劳动力成本的提高。工资成本高了,低端产业资本会向低劳动力成本的国家转移,这是经济全球化过程中必然产生的现象,也是亚洲"四小龙"和所有新兴工业化国家都曾经历过的。

当然,我们也不赞成在短时间内过快、过高提高职工工资。经济下行期间,政府可以通过缓调最低工资增长幅度,适当控制工资成本过快增长的趋势,这两年各地实际上也是这样做的。

二、二次分配要坚持基本公共服务均等化方向

"十三五"规划所列的基本公共服务项目都可以视为政府的二次分配。政府提供基本公共服务的经费,主要来源于税收和企业、职工以及居民缴纳的社保基金。改革开放以来,我国的税收和社保制度改革取得了显著进展,如累进制个人所得税的建立、广覆盖社保制度的建立等,初步构建了符合社会主义市场经济要求的税制和社保制度框架。同时也应当看到,在初次分配差距仍然过大的背景下,我国二次分配平抑一次分配差距的作用发挥得还远远不够。发达市场经济国家通过二次分配大多可使基尼系数缩小30%~40%,而我国二次分配后的居民收入差距与一次分配没有多大改变。这种情况与义务教育、就业服务、医疗服务、社会保障等基本公共服务项目的城乡差别、地区差别以及不同群体差别过大直接相关。如一些中心城市的重点中小学与离城市仅几十公里的农村学校相比,大城市的中心医院与农村卫生院相比,确有云泥之别。落实共享发展的理念,构建共享型社会,一项紧迫的任务是以基本公共服务均等化为方向,发挥二次分配缩小一次分配差距的作用。

一是把基本公共服务均等化确定为区域协调发展的主要目标。十八届三中全会《关于全面深化改革若干重大问题的决定》指出,要发挥市场在资源配置中的决定性作用。在市场机制作用下,资源要素必然向发展条件较好、回报率较高的区域集聚。鉴于不同地区的自然禀赋与地理位置存在差异,如果以人均GDP大体相当作为区域协调发展的主要衡量指标,那么实现区域协调发展就是十分遥远的事情。我国由于前一阶段各地偏重总量GDP或人均GDP指标,基本公共服务均等化没有提到应有的位置,致使居民收入一次分配的地区差距经过二次分配反而扩大了。更何况区域之间的GDP竞争还必然导致各地盲目上重化工业项目,加剧产能过剩和生态污染。

在经济社会发展新阶段,应当考虑以基本公共服务均等化、公共设施基本完备作为衡量区域协调发展的主要指标。教育、医疗、社保、住房等民生指标大体相当,供水、供气、供电、供暖大体平衡,铁路、公路、民航等交通设施以及网络通

信设施基本具备,就可以认为区域发展水平大致协调了。国际经验也表明,政府建立面向全民的均等化基本公共服务和基本公共设施,是在发展过程中缩小地区居民收入差距的普遍做法。

二是合理划分基本公共服务方面中央与地方的财权、事权。把基本公共服务作为协调发展的主要衡量指标,必然要求调整基本公共服务方面中央与地方的财权、事权。现有的中央和地方财政关系方面,各级政府间职责、事权划分不清,中央和地方职责交叉,地方事权过大,财权过小,尤其是教育、卫生、社会保障、公共安全、环境保护等基本公共服务供给方面的事权集中由地方承担,但没有相对应的财权。这导致经济发达地区有财力进一步提高本地区的基本公共服务水平,而一些欠发达地区尽管得到了中央的转移支付,仍然远跟不上发达地区的基本公共服务财政投入水平。不仅东部与中西部地区基本公共服务的财政投入差距过大,就是一个省内部,如广东省、四川省,不同地区的基本公共服务投入同样差距巨大。就全国而言,包括义务教育、公共卫生、基本社会保障在内的许多基本公共服务项目,仍存在地区间二次分配扩大一次分配差距的逆向转移问题。

党的十八届三中全会《中共中央关于全面深化改革若干重大问题的决定》提出:"部分社会保障、跨区域重大项目建设维护等作为中央和地方共同事权,逐步理顺事权关系;区域性公共服务作为地方事权。中央和地方按照事权划分相应承担和分担支出责任。""对于跨区域且对其他地区影响较大的公共服务,中央通过转移支付承担一部分地方事权支出责任。"按照十八届三中全会决定精神,考虑到基本公共服务均等化是针对全国而言,建议中央政府在教育、医疗、社会保障等基本公共服务方面,担负更主要的支出责任。

首先,要明确界定基本公共服务的范围,并随同经济社会发展水平提高而相应调整。

其次,要明确全国实施基本公共服务均等化的标准,由中央政府平衡各地基本公共服务的投入水平,并建立科学的评价指标体系,在"十三五"时期坚决扭转地区间基本公共服务投入扩大一次分配差距的逆向转移趋势,再经过10年、20年的努力,力争初步达到基本公共服务主要项目全国均等化的目标。为此,要明确划分各级政府提供基本公共服务的权责，保证责任归属清晰、合理；完善财税制度，合理调整政府间财权配置，扩大地方税收来源，并且按照基本公共服务均等化的要求，完善财政转移支付制度。

最后，要提高基本社会保障的共济性。社会保障制度的基本功能，一是实行普遍关联原则，为鳏、寡、孤、独及残疾者等弱势群体提供生活保障，这主要表现在社会救助项目上；二是实行就业关联原则，为就业人员暂时或永久退出劳动力市场时提供生活保障，这主要表现在社会保险项目上；三是作为政府立法实施的基本社会保障，发挥二次分配的作用，缩小一次分配的差距，使社会各阶层在分享经济发展成果方面更加公平和谐；四是随着社会保障制度的发展，社会保障基金，主要是部分社会保险基金的积累和使用，对促进经济发展和平抑经济波动发挥了积极作用。第四项功能本来是派生的，但在中国前阶段把GDP高速增长作为主要目标的背景下，社会保障制度激励经济增长的功能被过分强调，而社会保障制度作为二次分配应缩小一次分配差距，从而保持社会稳定以利于经济持续发展的功能，则被忽视或弱化。

根据世界银行WDI数据库和联合国大学世界收入不平等数据库、世界概况数据库、经济合作与发展组织数据库提供的资料，18个欧盟国家市场收入的基尼系数为0.443，这与中国的初次分配基尼系数相差并不太多，但是在社会保障的作用下，这些国家的可支配收入基尼系数降为0.29，远低于中国的0.47左右。从下降幅度来看，欧盟国家政府的社会保障政策使其基尼系数的平均值下降了40%，相比之下，中国仅下降了12.3%。

一个国家社会保障制度建立与完善的历程应与本国经济社会的发展阶段、发展水平相适应。经过近40年的改革开放，中国的社会经济生活已经发生了巨大变化，但在创造了经济高速发展奇迹的同时，也逐步积累了一些问题，其中突出的是收入分配差距过大。中国城乡合计的基尼系数在10多年前就超过了国际0.4的警戒线，逼近0.5，近年来虽略有下降，但仍处在高位。在新的经济社会发展阶段，面临一次分配差距过大的现状，基本社会保障项目应当提高公平性、共济性，以平抑一次分配的差距。

针对当前理论界一些人指责基本社会保障共济性导致"穷人占富人便宜"因而不可持续的说法，我们想强调指出，国家立法强制实施的基本社会保障项目，不宜构建在个人私利的伦理平台上，而应构建在社会共济的伦理平台上。如果政策设计和舆论导向过分倾向和过多宣传所谓"多缴多得"的激励性，那么久而久之，势必引导参保人员斤斤计较，把个人得失放到第一位，基本社会保障的互助共济性将在道德伦理层面逐渐消逝，这一制度应有的政治认同、国家凝聚、社会团结、集体文化及收入再分配功能将会丧失。

三、以改革进一步激发社会组织活力

构建共享型社会，其内涵是指不同阶层或不同群体合理分享经济发展成果。从计划经济转向社会主义市场经济，我国社会治理面临的突出问题是"单位人"向"社会人"的转变。不同市场主体出现了，大的分层如雇主与雇员，细的分层如在雇主中还有不同所有制、不同行业的雇主，在雇员中还有农民工与城镇职工等区分。至于自由职业者、自雇个体工商业者等，更是分化为种类繁多的不同利益群体。在社会主义市场经济条件下，不可能再以指令性行政计划来平衡各类不同群体的利益，需要建立不同利益群体的自我维权和相互协调机制。以改革激活社会组织活力，是当前完善社会治理的关键环节。在市场竞争日趋激烈、社会生活日益多样化、社会群体不断分化的经济社会发展新阶段，诸多可以由社会组织自行管理调节的职能，如果政府再长期包揽，那么不仅是越俎代庖，更会难以为继。建立健全党委领导、政府主导、社会协同、公众参与、法治保障的社会治理体制，关键在于大力发展社会组织，培育包括行业协会、社会团体、基金会等在内的各类社会组织，提高不同社会利益主体的维权自律与相互协调能力，并发挥他们参与社会管理和协商民主的作用，扩大群众对社会公共服务的选择空间，同时建立社会化的评估制度。

改革开放以来，我国社会组织从无到有，发展很快。根据民政部的统计数据，截至2015年年底，全国共有社会组织66.2万个，其中社会团体32.9万个，各类基金会4784个，民办非企业单位32.9万个。社会组织不仅数量有了大幅增加，质

量也有一定提高,正在逐步摆脱政府机构附属物的地位,逐步转变为依法自治的现代社会组织。党的十八届三中全会提出,要"正确处理政府和社会关系,加快实施政社分离,推进社会组织明确权责、依法自治、发挥作用"。本届政府通过的《国务院机构改革和职能转变方案》也明确提出,到2017年基本形成"政社分开、权责明确、依法自治的现代社会组织体制"。这为深化社会组织管理体制改革指出了明确的方向。

一是加快实施政社分开。重点是改革社会组织双重管理体制,工商经济类、公益慈善类、社会福利类、社会服务类、文娱类、科技类、体育类和生态环境类社会组织由民政部门直接登记。在社会组织依法自治、政社分开的基础上,按十八届三中全会决定精神,"适合由社会组织提供的公共服务和解决的事项,交由社会组织承担";"限期实现行业协会商会与行政机关真正脱钩,重点培育和优先发展行业协会商会类、科技类、公益慈善类、城乡社区服务类社会组织,成立时直接依法申请登记"。例如,让行业协会承担行业标准的研究制定,对本行业的准入发挥行业自律作用;让雇主组织与工会组织进行协商、谈判,在国家劳动法律法规的框架内,制定行业或企业工资福利标准并调节日常的劳资矛盾;让环境保护社会组织积极参与生态治理与野生动植物保护等。在政社分开的基础上,政府采取契约化、合同化方式购买公共服务,让社会组织充分参与到公共服务供给中来,同时委托市场中介对社会组织提供的公共服务进行评估和验收,打破政府包揽公共服务的局面,实现公共服务供给模式的根本性变革。

二是正确贯彻党对社会组织的领导。随着政社分开的进程加快,加强党对社会组织的领导,方向无疑是正确的。需要思考的重大问题是:在社会主义市场经济条件下,如何处理好党代表广大人民群众根本利益与社会组织代表部分群体利益的关系?我们认为,党对社会组织的领导,应当主要体现在政治思想方面,体现在党领导制定的宪法和各项法律法规的执行落实方面,而不应当对社会组织的日常具体业务过多干预。

三是加强对社会组织的监管。社会组织是一个多样化的庞大体系,在积极培育社会组织成长和充分发挥社会组织作用的同时,要对社会组织分类进行监管,保证其依法自治。首先要按照十八届三中全会"激发社会组织活力"的精神，研究并尽快出台《社会组织法》，对社会组织的定位、分类、准入、退出等作出明确规定。社会组织依法注册，独立运作，民政部门及相关部门依法监管。其次要对社会组织实行分类监管。根据各社会组织的活动领域及其功能作用，将其划分为不同的类别，制定不同的监管框架，采取不同的监管政策。事实证明，在当前复杂的国际国内环境之下，国内外敌对势力打着社会组织或非政府组织的旗号进行违法活动的情况是存在的。因此，政府一方面要重点培育和发展一批积极参与公共服务和公共管理的社会组织，发挥它们在社会公共事务中的积极作用；另一方面要加大力度，毫不手软地打击、取缔那些具有反动政治倾向或非法牟利的所谓"社会组织"。

解决中国经济社会转型面临的诸多新问题，是依靠更全面、更精致、更强势的政府行政干预，还是依靠更广泛、更灵活、更和谐的社会协调机制，这取决于社会发展战略的选择。尽管这两者并非完全相互排斥，但侧重点不同，结局可能大不相同。现在有一种趋向，完善宏观调控、加强社会管理主要靠政府设立行政指标，落实到第一把手责任制，对发挥社会组织的作用认识还很不够。许多应当在政府与市场之间分割的职能，仍在中央与地方或部门与部门之间分割。我们认为，在国家法律框架内，发展完善社会组织，形成灵活的社会自协调机制，有效平衡不同社会群体的利益，是深化行政管理体制的内在要求，是清晰界定政府与市场边界的重要前提，是转变经济发展方式的题中应有之义。

参考文献

□ 第一章

[1] 商江. 眺望中国教育 [M]. 长春: 吉林大学出版社, 2007.

[2] 全国人大教科文卫委员会调研组. 加大教育经费投入, 保障教育事业发展 [J]. 求是, 2011 (4).

[3] 杨福家. 关于如何办好大学的思考 [N]. 学习时报, 2008-08-18.

[4] 沈茜蓉. 让出身不再决定命运——美国教育平权运动 40 年 [N]. 南方周末, 2011-08-04.

[5] 杨东平. 治理教育行政化弊端的思考 [J]. 教育发展研究, 2010 (19).

[6] 杨东平. 中国教育公平的理想与现实 [M]. 北京: 北京大学出版社, 2006.

[7] 杨东平. 2020: 中国教育改革方略 [M]. 北京: 人民出版社, 2010.

[8] 顾昕, 周适. 中国教育总费用的水平、构成和流向 [J]. 河南社会科学, 2010, 18 (4).

[9] 改革开放 30 年中国教育改革与发展课题组. 教育大国的崛起: 1978—2008 [M]. 北京: 教育科学出版社, 2008.

[10] 中华人民共和国教育部发展规划司. 中国教育统计年鉴 2008 [M]. 北京: 人民教育出版社, 2009.

[11] 中华人民共和国教育部发展规划司. 中国教育统计年鉴 2009 [M]. 北京: 人民教育出版社, 2010.

[12] 中华人民共和国教育部发展规划司. 中国教育统计年鉴 2010 [M]. 北京: 人民教育出版社, 2011.

[13] 宋晓梧. 中国社会体制改革 30 年回顾与展望 [M]. 北京: 人民出版社, 2008.

[14] 陶红，杨东平，张月清. 基于人口流动的义务教育资源配置 [J]. 上海教育科研，2010（11）.

[15] 中国经济体制改革研究会公共政策研究中心. 关于本轮教育改革若干重大问题的政策建议 [J]. 评价与管理，2010，6（2）.

[16] 戴家干. 坚持公平公正，深化高考改革 [J]. 求是，2011（2）.

[17] OECD. Education at a Glance 2011：OECD Indicators. OECD Publishing.

第二章

[1] 宋晓梧. 中国社会体制改革30年回顾与展望 [M]. 北京：人民出版社，2008.

[2] 李滔. 中国卫生发展绿皮书（2015年）——医改专题研究 [M]. 北京：人民卫生出版社，2015.

[3] 余晖. 一个独立智库笔下的新医改 [M]. 北京：中国财富出版社，2014.

[4] 饶克勤，刘新明. 国际医疗卫生体制改革与中国 [M]. 北京：中国协和医科大学出版社，2007.

[5] 方鹏骞. 中国医疗卫生事业发展报告2015 [M]. 北京：人民出版社，2015.

[6] 刘军民. 中国医改相关政策研究 [M]. 北京：经济科学出版社，2012.

[7] 王虎峰. 中国新医改：现实与出路 [M]. 北京：人民出版社，2012.

[8] 中国发展研究基金会. 中国医药卫生体制改革研究 [M]. 北京：中国发展出版社，2016.

第三章

[1] 白南生，宋洪远. 回乡还是进城——中国农村外出劳动力回流研究 [M]. 北京：中国财政经济出版社，2002.

[2] 常凯. 劳动关系的集体化转型与政府劳工政策的完善 [J]. 中国社会科学，2013（6）.

[3] 郭雪剑. 发达国家政府间社会保障管理责权的划分 [J]. 经济社会体制比较，2006（5）.

［4］胡晓义．走向和谐：中国社会保障发展60年［M］．北京：中国劳动社会保障出版社，2009．

［5］何平．深化社会保障管理体制改革问题解析［J］．行政管理改革，2013（2）．

［6］江治强，王伟进．城市低保制度管理运行现状与提升路径［J］．调研世界，2015（5）．

［7］李岩．我国现代劳动关系协调机制现状与发展［J］．人民论坛，2014（11）．

［8］刘庆唐．劳动经济论文集［M］．北京：中国劳动社会保障出版社，2003．

［9］赖德胜，张琪．中国就业60年［M］．北京：中国劳动社会保障出版社，2010．

［10］宋晓梧．改革：企业·劳动·社保［M］．北京：社会科学文献出版社，2006．

［11］宋晓梧．中国社会体制改革30年回顾与展望［M］．北京：人民出版社，2008．

［12］张小建．民生之本——为实现劳动者充分就业而奋斗［M］．北京：中国劳动社会保障出版社，2011．

［13］郑秉文．中国养老金发展报告2013——社保经办服务体系改革［M］．北京：经济管理出版社，2013．

［14］郑功成．中国社会保障30年［M］．北京：人民出版社，2008．

□第四章

［1］宋晓梧．社会发展转型战略［M］．学习出版社，海南出版社，2012．

［2］张东生，刘浩，王小卓．中国居民收入分配年度报告（2010）［M］．北京：经济科学出版社，2010．

［3］张车伟，张士斌．中国初次收入分配格局的变动与问题［J］．中国人口科学，2010（5）．

［4］张璐琴．合理定位政府职责　提高劳动报酬比重［J］．宏观经济研究，2011（5）．

[5] 余斌, 陈昌盛. 国民收入分配: 困境与出路 [M]. 北京: 中国发展出版社, 2011.

第五章

[1] 郭雪剑. 发达国家政府间社会保障管理责权的划分 [J]. 经济社会体制比较, 2006 (5).

[2] 胡晓义. 走向和谐: 中国社会保障发展60年 [M]. 北京: 中国劳动社会保障出版社, 2009.

[3] 何平. 深化社会保障管理体制改革问题解析 [J]. 行政管理改革, 2013 (2).

[4] 江治强, 王伟进. 城市低保制度管理运行现状与提升路径 [J]. 调研世界, 2015 (5).

[5] 宋晓梧. 改革: 企业·劳动·社保 [M]. 北京: 社会科学文献出版社, 2006.

[6] 宋晓梧. 中国社会体制改革30年回顾与展望 [M]. 北京: 人民出版社, 2008.

[7] 郑秉文. 中国养老金发展报告2013——社保经办服务体系改革 [M]. 北京: 经济管理出版社, 2013.

[8] 郑功成. 中国社会保障30年 [M]. 北京: 人民出版社, 2008.

第六章

[1] 宋晓梧. 中国社会体制改革30年回顾与展望 [M]. 北京: 人民出版社, 2008.

[2] 吴玉韶, 王莉莉等. 中国养老机构发展研究报告 [M]. 北京: 华龄出版社, 2015.

[3] 吴玉韶, 党俊武. 中国老龄产业发展报告 (2014) [M]. 北京: 社会科学文献出版社, 2014.

[4] 邬沧萍. 社会老年学 [M]. 北京: 中国人民大学出版社, 1998.

[5] 魏华林，金坚强. 养老大趋势：中国养老产业发展的未来 [M]. 北京：中信出版社，2014.

[6] 汪连新. 城市社区养老服务研究 [M]. 北京：中国社会科学出版社，2015.

[7] 周国明. 机构养老的宁波模式 [M]. 浙江：浙江大学出版社，2016.

[8] 杜鹏. 回顾与展望——中国人养老方式研究 [M]. 北京：团结出版社，2016.

□第七章

[1] HOOD, CHRISTOPHER, COLLIN SCOTT. Regulation inside Government [M]. Oxford：Oxford University Press, 1999.

[2] MUSGRAVE, RICHARD A.. The Theory of Public Finance：A Study of Public Economy [M]. New York：McGraw-Hill Book Company, 1959.

[3] MUSGROVE, PHILIP. Public and Private Roles in Health：Theory and Financing Patterns [M]. Washington D. C.：World Bank, 1996.

[4] HEERTJE, ARNOLD. The Economic Role of the State [M]. Oxford：Blackwell, 1989.

[5] [美] 约瑟夫·斯蒂格利茨. 公共部门经济学 [M]. 北京：中国人民大学出版社，2005.

[6] [印] 阿马蒂亚·森. 以自由看发展 [M]，北京：中国人民大学出版社，2002.

[7] 方铨喜，匡贤明. 以基本公共服务均等化为重点调整和改革中央地方关系的建议 [J]. 产经评论，2007 (1).

[8] 国家发展改革宏观经济研究院课题组. 促进我国的基本公共服务均等化 [J]. 宏观经济研究，2008 (5).

[9] 金人庆. 完善公共财政制度 逐步实现基本公共服务均等化 [J]. 求是，2006 (22).

[10] 吕炜，王伟同. 我国基本公共服务提供均等化问题研究——基于公共需求与政府能力视角的分析 [J]. 经济研究参考，2008 (34).

[11] 中国（海南）改革发展研究院. 基本公共服务与中国人类发展［M］. 北京：中国经济出版社，2008.

[12] 常修泽. 中国现阶段基本公共服务均等化研究［J］. 中共天津市委党校学报，2007，9（2）.

[13] 贾康. 公共服务的均等化应积极推进，但不能急于求成［J］. 审计与理财，2007（8）.

□第八章

[1] 包晓霞. 社会学关于现代社会管理和社会建设的理论［J］. 甘肃社会科学，2010（5）.

[2] 蔡昉. 中国流动人口问题［M］. 北京：社会科学文献出版社，2007.

[3] 丁开杰. 中国社会管理体制改革的深化：挑战、进展与问题［J］. 甘肃行政学院学报，2009（3）.

[4] 董立人. 以"包容性增长"推动社会管理的善治［J］. 党政干部学刊，2011（1）.

[5] 龚维斌. 深化社会管理体制改革——建立以政府为主导的多元化的社会管理新格局［M］. 行政管理改革，2010（4）.

[6] 国家民间组织管理局. 2010年中国社会组织理论研究文集［M］. 北京：时事出版社，2011.

[7] 何增科. 中国社会管理体制改革路线图［M］. 北京：国家行政学院出版社，2009.

[8] 胡锦涛. 扎扎实实提高社会管理科学化水平 建设中国特色社会主义社会管理体系［N］. 人民网，2011-2-20.

[9] 李立国. 加强基层社会建设，创新社会管理服务［J］. 求是，2011（3）.

[10] 李培林. 我国发展新阶段的社会建设和社会管理［J］. 社会学研究，2011（4）.

[11] 马凯. 努力加强和创新社会管理［J］. 求是，2010（20）.

[12] 宋晓梧. 政府、市场与中国模式［OL］. 中国改革网，2011-08-09.

[13] 唐铁汉. 建立与完善中国特色社会管理体制 [J]. 中国行政管理, 2010 (10).

[14] 向春玲. 论多种社会主体在社会管理创新中的作用 [J]. 中共中央党校学报, 2011 (5).

[15] 熊光清. 中国流动人口中的政治排斥问题研究 [M]. 北京: 中国人民大学出版社, 2009.

[16] 俞可平. 中国公民社会: 概念、分类与制度环境 [J]. 中国社会科学, 2006 (1).